【圖解】

大清帝國

1583年　1618年　1644年 ➤清兵入關　1661年　1689年 ➤中俄簽訂《尼布楚條約》　1735年 ➤乾隆登基　1765年　1796年 ➤白蓮教大起義　1820年

東方巨龍的盛世輝煌與末代哀歌

全面／從草原雄鷹到康乾盛世，見證中國最後一個封建王朝。
圖解／精選300餘幅圖片，完整重現清王朝的崛起到衰落。
易讀／通俗、簡潔的語言，讓讀者可以輕鬆從書中獲得閱讀的樂趣。

精心收錄了名家的學術論文，從細節處分析，
以寬廣的觀察角度來看歷史，注重對整體的理解及掌握，細緻入微、見解獨到。

每一個專題都經過精心設計，與文字緊密配合的圖表體系，
內容豐富而有趣，帶給讀者不一樣的閱讀感受。

陳楠【著】

U0085604

清朝是一個由少數民族統治全國的封建政權，也是中國歷史上最後一個封建王朝。

西元1616年，努爾哈赤建立後金；西元1636年，皇太極改國號爲「清」，大清帝國正式走上歷史舞臺；西元1644年，順治在多爾袞的幫助下入主中原。經康熙、雍正、乾隆三朝皇帝的努力，清王朝進入社會安定、經濟繁榮的「康乾盛世」。

可惜好景不長，西元1840年，鴉片戰爭打開了中國的大門，西方列強紛紛湧入，中國逐步淪爲半殖民地半封建社會。西元1911年，辛亥革命爆發，統治中國268年的清王朝宣告滅亡。

↑大清帝國疆域圖（1820年）

清朝統治者入關後，一直南征北戰，不斷擴大勢力範圍。順治後期，大部分反清勢力被鎮壓，中原地區基本被清政府所控制。康熙親政後，平三藩、收臺灣、擊沙俄、征蒙古、撫西藏，使清朝逐步成為統一的多民族國家。乾隆皇帝更是自詡為「十全老人」，武功赫赫，將大清帝國的疆域拓展到歷史最大版圖。

帝國興亡三百年

八旗制度——大清帝國崛起的利器

八旗的軍裝

↑正黃旗

↑鑲黃旗

↑正白旗

八旗制度起源於女眞族的狩獵組織——牛錄，人們平時從事生產勞動，戰爭時則應徵爲兵，上陣殺敵。八旗軍隊由於有嚴格的組織形式和共同利益，因此作戰勇猛，所向披靡，女眞民族正是憑藉著這樣的軍隊才能崛起於關外，逐步強大起來。

西元1601年，女眞首領努爾哈赤初建旗制，分黃、白、紅、藍四旗；隨著軍隊壯大，西元1615年，努爾哈赤將四旗分別命名爲正黃、正白、正紅、正藍，又增設鑲黃、鑲白、鑲紅、鑲藍四旗，合稱「八旗」。後來，皇太極建立蒙古八旗和漢軍八旗，旗制與滿洲八旗相同，至此，滿清八旗制度正式形成。

八旗中由皇帝直接統轄的三旗稱為「上三旗」。清軍入關之前，上三旗分別為正黃旗、鑲黃旗和正藍旗；入關後，多爾袞以自己統轄的正白旗取代了正藍旗。上三旗旗人身分高貴，待遇優厚，且只有滿、蒙旗人才能充任，漢軍八旗中並不存在上三旗之說。上三旗是皇帝最倚重的親軍，其主要任務是守衛紫禁城的要害，皇帝外出時也會從其中挑選侍衛，擔任扈從。

除上三旗外，正紅旗、鑲白旗、鑲紅旗、正藍旗、鑲藍旗被稱為「下五旗」。下五旗主要由親王、貝勒、貝子統領，除守衛京城外，下五旗常被派往各地駐防戍衛。起初，下五旗各旗可精選四千八百人為養育兵，由各旗自行負責訓練技藝，後來兵額屢增，到乾隆年間，各旗養育兵已達兩萬零三百餘人。

八旗的旗幟

鑲黃旗
上三旗之首，總人口約十三萬，清末兵力兩萬六千左右。

正黃旗
上三旗之一，總人口約十五萬，清末兵力三萬左右。

正白旗
上三旗之一，總人口約十三萬，清末兵力兩萬六千左右。

正紅旗
下五旗之首，總人口約十一點五萬，清末兵力兩萬三千左右。

鑲白旗
下五旗之一，總人口約十三萬，清末兵力兩萬六千左右。

鑲紅旗
下五旗之一，總人口約十三萬，清末兵力兩萬六千左右。

正藍旗
下五旗之一，總人口約十三萬，清末兵力兩萬六千左右。

鑲藍旗
下五旗之一，總人口約十三點五萬，清末兵力兩萬七千左右。

北京內城·八旗方位圖

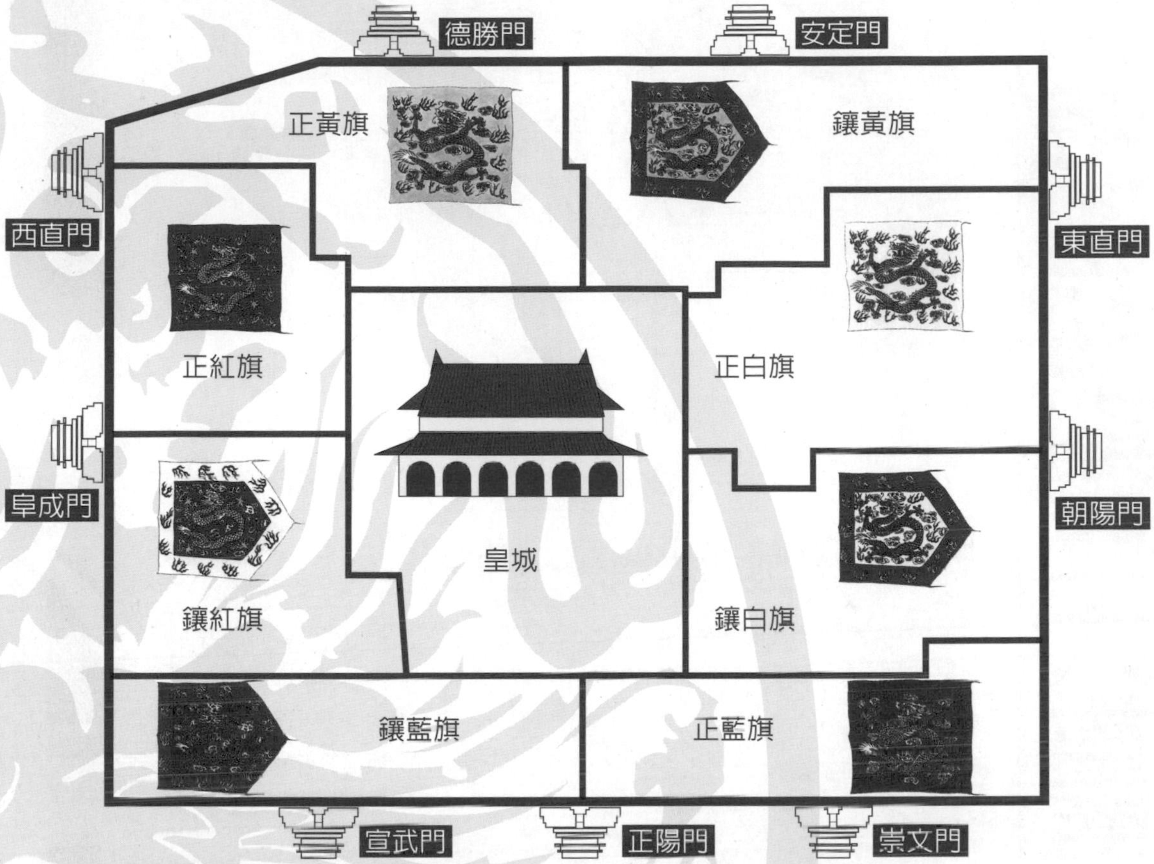

八旗組織體系與軍制

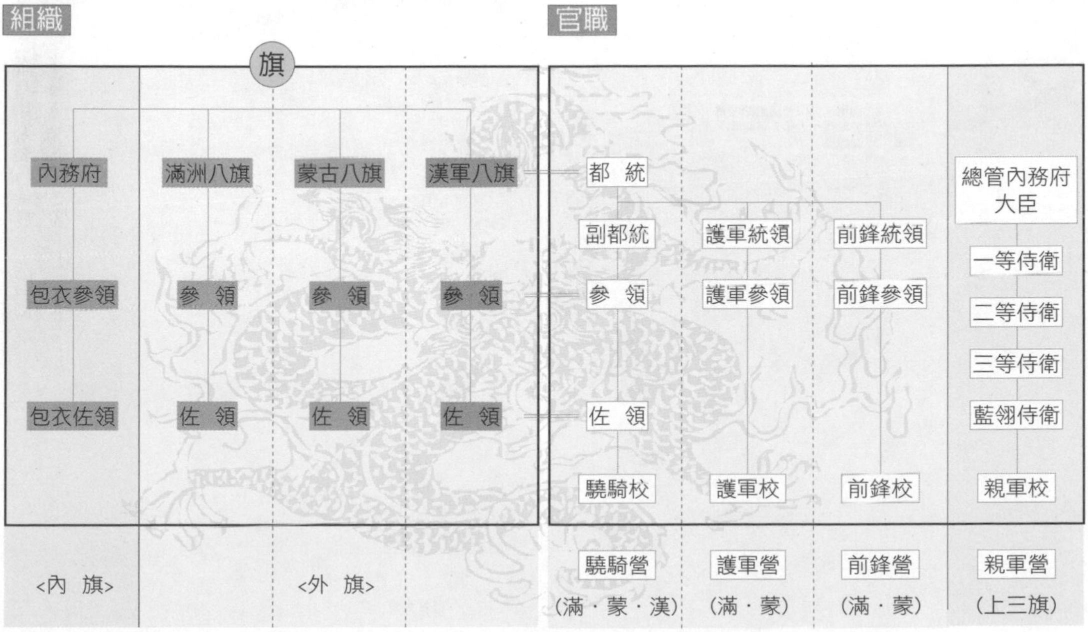

帝國初期三大重要戰役

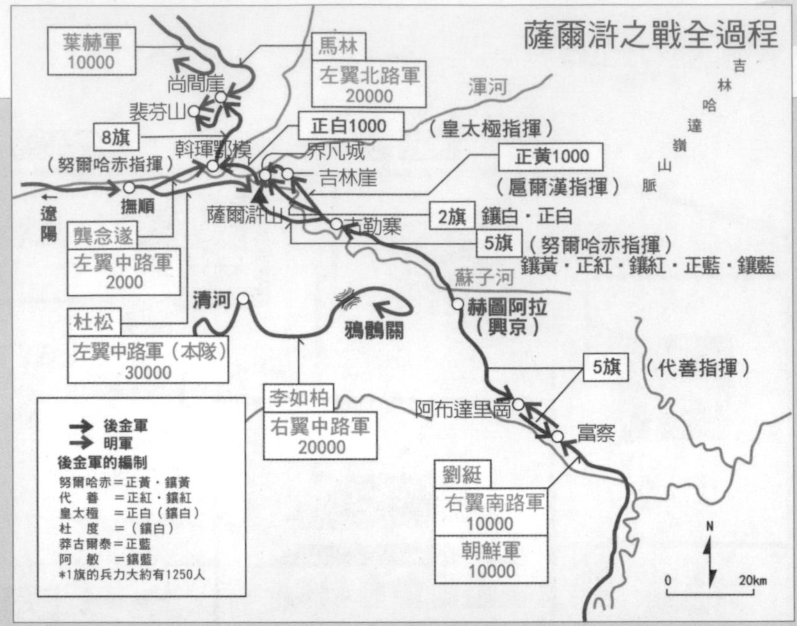

努爾哈赤・薩爾滸之戰

1619年，明廷調集十萬大軍，準備進攻後金國都赫圖阿拉。明軍兵分四路：杜松領西路軍出撫順關；馬林率北路軍經三岔口，攻蘇子河；劉則指揮東路軍出寬甸；南路由李如柏統帥，出清河，過雅鶻關。面對來勢洶洶的明軍，努爾哈赤採取「憑你幾路來，我只一路去」的作戰方針，集中兵力依次擊潰杜松、馬林、劉各部，李如柏被迫回撤。此役過後，明朝對關外的統治開始全面崩潰，後金的對明戰略由防禦轉為進攻。

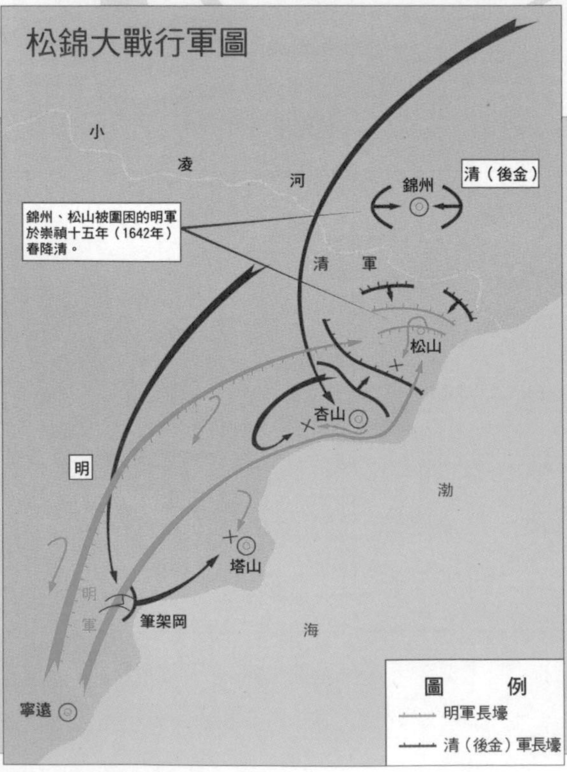

皇太極・松錦大戰

松錦大戰是明清兩軍的關鍵一役，由皇太極所發動，雙方投入的兵力皆多達數十萬。這場戰爭歷時三年，最終，清軍攻下松山、錦州、塔山、杏山四城，俘獲洪承疇、祖大壽等人，大敗明軍。松錦之戰的失利標誌著明朝的遼東防禦體系完全崩潰，明朝在關外僅剩山海關一座孤城。

多爾袞・山海關攻防戰

1644年，順治皇帝在叔父多爾袞的輔佐下繼位，清廷內政暫時穩定。此時的明朝卻在農民軍的衝擊下搖搖欲墜，多爾袞於是統軍西進，欲圖擊潰明朝，奪取天下。不久，多爾袞得知農民軍攻入北京的消息，立即改變策略，聯合前明朝總兵吳三桂，在山海關大敗李自成的農民軍。戰後，清軍乘勢占領北京，入主中原，開始統一全國的征程。

↑ 多爾袞

愛新覺羅・多爾袞（1612年～1650年），努爾哈赤第十四子。皇太極逝世後，他以攝政王身分率領清軍入關，輔佐年幼的順治皇帝在北京登基，完成大清統一全國的基業。

山海關攻防戰時間表	
三月十九	李自成的大順軍攻入北京，招降山海關總兵吳三桂。
四月初九	多爾袞以「奉命大將軍」身分統帥十萬八旗軍西進。
四月十一	多爾袞聞明朝已亡，納洪承疇建議，率兵經密雲、薊州南下，直趨北京。
四月十三	吳三桂拒降大順政權，李自成、劉宗敏率主力大軍前往山海關，派大將唐通率兵出長城，夾擊吳三桂；吳三桂向多爾袞求援，清軍遂改道連山、寧遠一線，向山海關進發。
四月二十	清軍抵達連山，聽聞李自成迫近山海關，日夜急行兩百餘里。
四月二十一	李自成抵達山海關，率軍猛攻，很快以地利占據北翼城，但被西羅城炮火所阻，未能順利進據羅城；深夜，唐通軍在一片石被清軍擊敗，退入關內。
四月二十二	吳三桂剃髮降清，多爾袞攜阿濟格、多鐸率八萬大軍分二路入關，令吳三桂為先鋒，與大順軍激戰；雙方血戰至中午，均疲憊不堪，清軍趁勢衝殺大順軍，大順軍猝不及防，傷亡慘重，大敗而歸。
四月二十六	李自成率餘部退回北京，不久棄京西撤。
六月六日	清軍入京，年僅六歲的順治帝於北京登基。

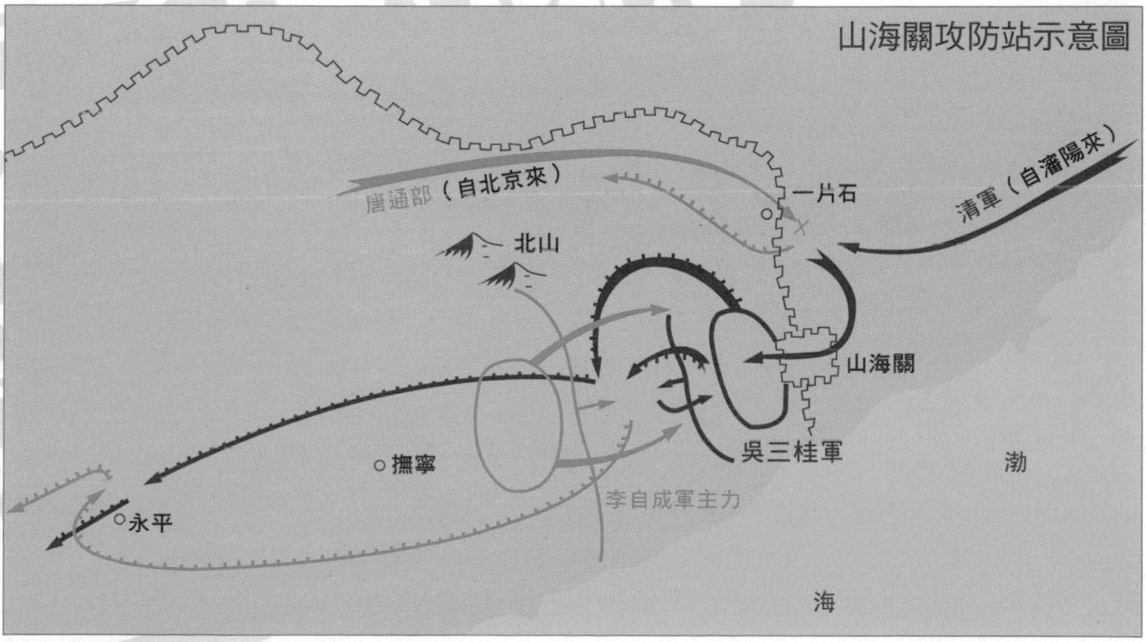

山海關攻防站示意圖

萬國來朝——清王朝的疆域拓展與對外交流

1583年，清太祖努爾哈赤以13副鎧甲起兵，於數十年間統一女眞各部，建立起自己的政權。經過努爾哈赤和皇太極兩代人的努力，清軍基本取得了關外的控制權。1644年，年幼的順治皇帝在叔父多爾袞的幫助下入主中原。之後，朝廷四處鎮壓各地反清鬥爭，逐步在政治、軍事和文化上形成對全國的統一。康熙親政後，平定三藩，收復臺灣，驅逐沙俄侵略者，親率大軍遠征蒙古，使大清帝國的版圖得以不斷擴大。乾隆皇帝更是以「十全武功」將清王朝的疆域發展至最大。在拓展疆域的同時，清朝統治者也十分重視對外文化交流。到乾隆時期，中外各族交流頻繁，各少數民族首領和西方各國使臣紛紛入京朝貢，其情形蔚爲壯觀，盛況空前。

↑ **萬國來朝**

清宮廷畫作，現藏於北京故宮博物院。圖繪各國使臣和少數民族首領入京朝賀，在紫禁城太和門外等候進宮的場景，真實而生動地反映了大清帝國威震四方、萬國來賀的盛大場面。

↓ **乾隆皇帝大閱圖**

【清】郎世寧繪，現藏於北京故宮博物院。圖繪乾隆閱兵時的威武形象，頭戴金盔、身披金甲的他騎在一匹紅白相間的高頭駿馬之上，莊重嚴肅，又於威武中透出儒雅之氣。

↑ **青玉鑲花把皮鞘腰刀**

此刀是英國使臣馬戛爾尼獻給乾隆皇帝的禮物。乾隆五十七年（1792年），馬戛爾尼率英國使團來華，提出開放通商、傳教自由等要求，都被清政府拒絕。不久，他只好帶著乾隆皇帝致英國女王的回信及禮物乘船回國。

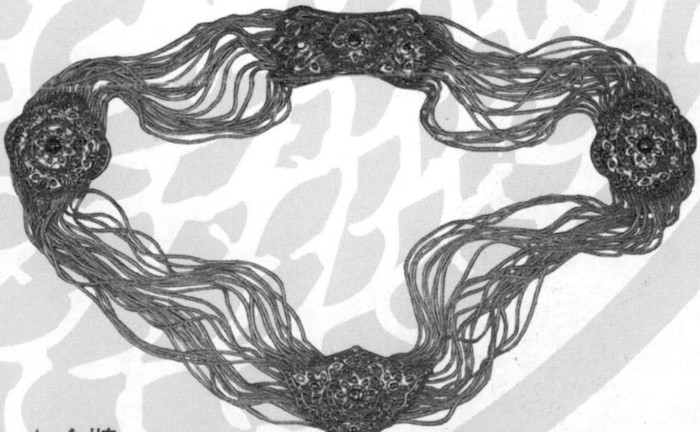

↑ **金牌**

乾隆十八年（1753年），緬甸國王遣使臣攜禮物前來中國朝拜，受到清王朝的隆重接待，圖中金牌即為當時的禮物之一。

鴉片戰爭

道光年間，英國開始向中國惡意輸入鴉片，導致中國大量白銀外流，人民身心飽受毒害，清政府於是展開轟轟烈烈的禁菸運動。1840年，英國不甘心鴉片貿易受阻，借機發動鴉片戰爭，清政府無力抵抗，很快宣告投降。戰後，英國逼迫清政府簽訂中國近代史上第一份不平等條約——《南京條約》，正式敲開閉關鎖國的中國大門。

◄ 鴉片吸食者

圖中的鴉片吸食者是中國眾多「菸民」的一個縮影。人民大量吸食鴉片不僅對身心造成嚴重傷害，而且大大增加了生活負擔。然而，這一切只是中華民族無盡苦難的開端。

➤ 虎門銷菸

1839年春，欽差大臣林則徐於廣州積極開展禁菸活動，共收繳鴉片兩萬多箱，並在虎門當眾銷毀。這一舉措展現了中華民族的氣節和尊嚴，但也使得中英衝突迅速激化，導致第一次鴉片戰爭的爆發。

▼ 鴉片戰爭

1840年，第一次鴉片戰爭爆發，清政府被有備而來的英國軍隊打得毫無還手之力。圖為兩軍交戰時，一艘中國戰艦被英國戰艦開火擊中的場面。

▲ 圍剿太平天國戰鬥圖

太平天國運動爆發後，清政府立刻組織各地武裝力量對其進行鎮壓，圖為清軍圍剿太平軍的場景。

太平天國運動

1851年，洪秀全領導飽受壓迫的農民發動金田起義，成立太平天國。儘管這個政權最終只存在了14年，但它仍具有十分深遠的影響，其「平等自由」的思想成為中國近代民主的開端。

太平天國年表

1843年	7月	洪秀全與馮雲山在家鄉創建拜上帝會。
1851年	1月	拜上帝會發動金田起義，建號「太平天國」。
	12月	實施「永安建制」。
1852年	6月	南王馮雲山傷重而亡。
	9月	攻克長沙，西王蕭朝貴戰死。
1853年	3月	攻陷南京，將其易名為「天京」，定為首都；頒布《天朝田畝制度》。
	5月	出兵北伐、西征。
1854年	4月	湘潭之戰、靖港之戰，曾立昌所率北伐援軍潰敗。
1855年	1月	翼王石達開於鄱陽湖口大敗湘軍。
	3月	清軍攻克連鎮，北伐主將林鳳祥被俘處死。
	5月	北伐軍全軍覆沒，李開芳被俘處死。
1856年	9月	天京事變，諸王內訌，東王楊秀清、北王韋昌輝、燕王秦日綱先後被殺。
1857年	6月	翼王石達開帶兵出走。
1858年	9月	李秀成、陳玉成破清軍江北大營。
1859年	4月	洪仁玕從香港抵天京，封幹王；封陳玉成為英王，李秀成為忠王。
1860年	4月	太平軍破江南大營，迫近上海。
	6月	中外反動勢力成立常勝軍，開始聯合鎮壓太平軍。
1862年	5月	李秀成擊斃常勝軍主帥華爾。
1864年	6月	洪秀全病逝，其子洪天貴福即位，是為「幼天王」。
	7月	天京陷落。
	10月	洪仁玕及幼天王先後在江西被俘並處死。

◀ 天王洪秀全塑像

洪秀全年輕時屢次科考不中，遂轉而學習西方基督教義，他吸收其平等思想，創立拜上帝會，主張建立「天下為公」的太平盛世。

➤ 《舊遺詔聖書》封面

太平天國成立以後，先後出版了多種基督教書籍，《舊遺詔聖書》就是《新約》中譯本《馬太傳福音書》的一卷。

甲午中日戰爭

甲午戰爭是19世紀末日本發動的一場侵略中國和朝鮮的戰爭，清政府的軟弱無能，致使戰爭以中國的慘敗而收場。戰後，清政府與日本簽訂喪權辱國的《馬關條約》，中國半殖民地化的程度進一步加深，中華民族已經迎來空前嚴重的危機。不過，北洋水師的全體官兵在對日海戰中所表現出來的民族氣節，深深鼓舞著廣大中華兒女。

← 鄧世昌
（1849年～1894年）

「致遠」號管帶，北洋水師愛國將領之一。黃海海戰中，「致遠」號官兵奮勇殺敵，卻不幸被日本炮彈擊中，艦艇沉沒，全艦官兵皆壯烈殉國。

↓ 甲午中日戰爭進軍路線圖

甲午中日戰爭是清政府與日本帝國主義之間進行的一場大規模戰役，這次作戰包括海、陸兩條路線，其中以北洋水師和日本聯合艦隊的海上交戰最為激烈。

日本浮世繪·日清戰爭

① 1894年7月，數十名清軍於朝鮮安成渡伏擊日本軍隊，以寡敵眾，全數犧牲。

② 1894年9月，日本軍隊集中火力攻陷朝鮮平壤城。

③ 1894年10月，日本奪取虎山陣地，占領九連城和安東縣，擊潰清軍鴨綠江防線。

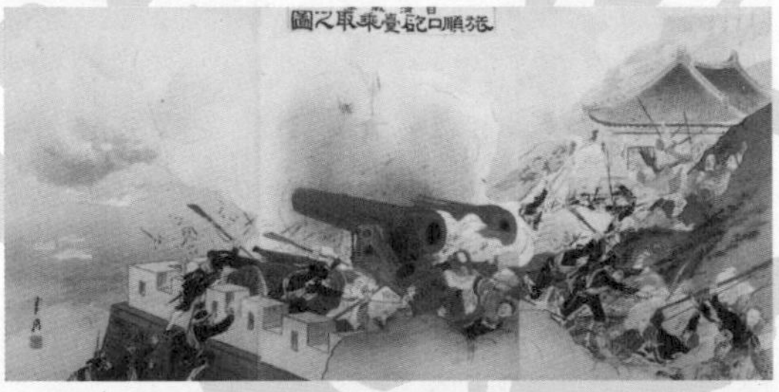

④ 1894年11月，日本占領旅順，北洋艦隊暴露於日本火力之下。

⑤ 1895年1月，威海營務處提調牛昶昞假借北洋水師提督丁汝昌之名向日本投降，威海衛海軍基地陷落，北洋艦隊全軍覆沒。

19世紀末20世紀初中國政局演變

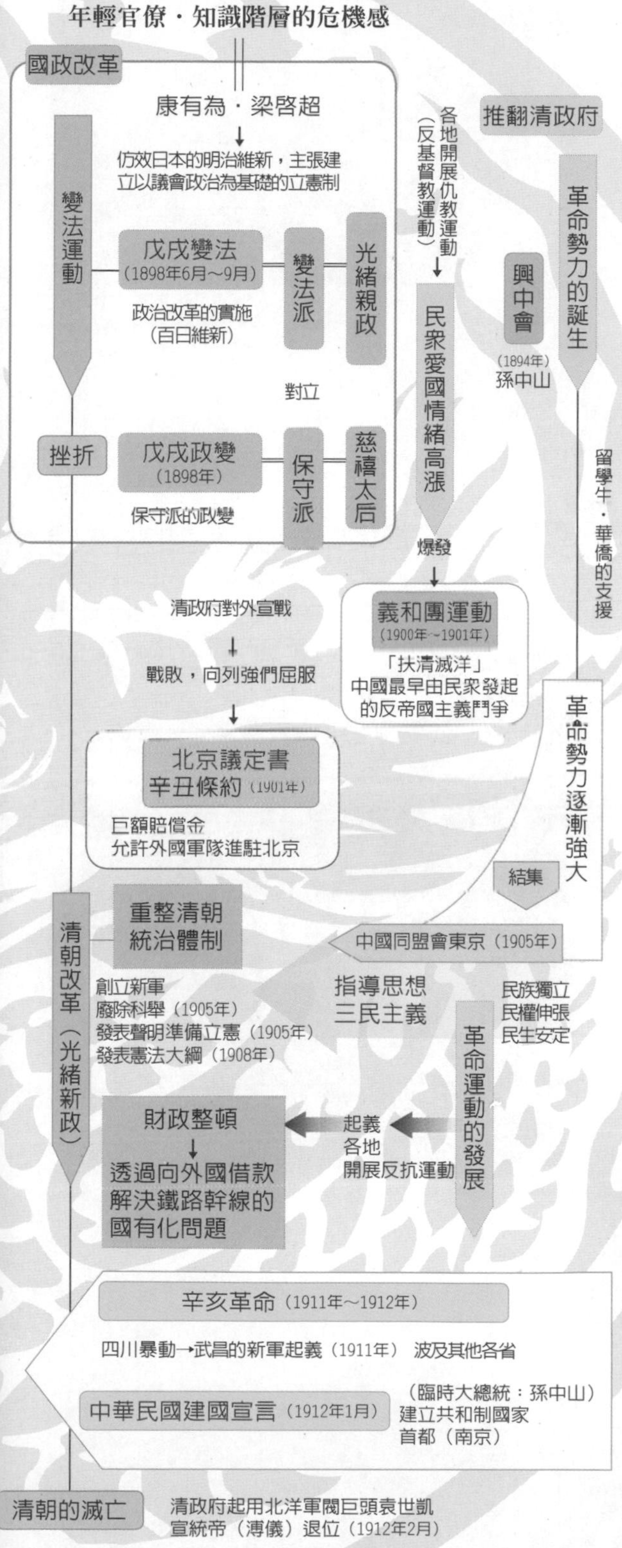

辛亥革命

1911年，武昌起義爆發，是為辛亥革命的開端。不久，清朝末代皇帝溥儀宣布退位，統治中國兩千多年的封建君主專制制度就此終結。辛亥革命在政治、思想等各方面給中國人民帶來不可估量的影響，它是20世紀中國歷史的第一次偉大轉變。

➤ 孫中山
(1866年～1925年)

三民主義的倡導者，他首舉徹底反封建的旗幟，「起共和而終帝制」。孫中山一生都在探索中華民族的發展道路，被尊為「中華民國國父」。

▼ 武昌起義後各省形勢圖

1911年10月10日，湖北新軍發動武昌起義，大獲全勝，武昌全部光復。不久，全國各地的革命黨人相繼起兵響應，至1911年底，全國已有17個省市宣布獨立。

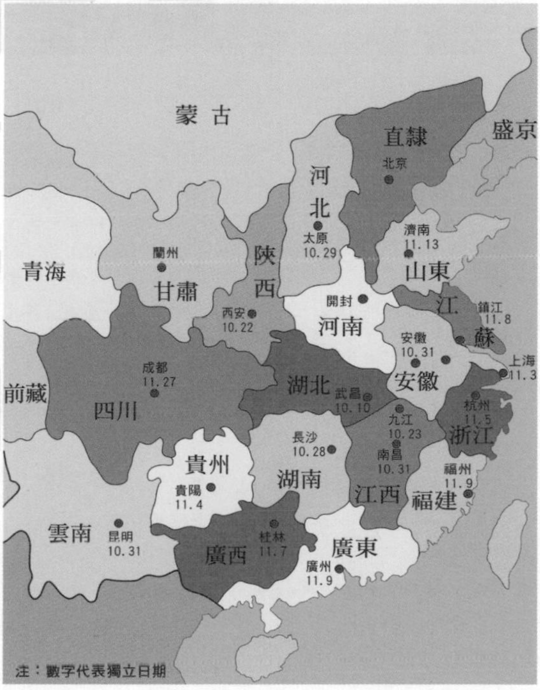

清末海港城市的別樣風情

1842年，中英《南京條約》簽訂，規定開放廣州、廈門、福州、寧波、上海為通商口岸，閉關鎖國多年的中國大門再次打開。各國商人和傳教士頻繁來往於這些城市，儘管在政治和經濟上，外國領事和商人受益更多，但中西文化的碰撞和交流卻使得這些城市能夠迅速發展，散發出獨特的魅力。

上海

上海開埠後迅速發展成為亞洲最繁華的國際化大都市，租界的存在使上海享有獨立的地位和充分的國際聯繫，為今後的繁華奠定下基礎。上圖是華爾碑後的外灘，左圖是黃浦江沿岸的風景。

福州

福州位於福建省東部，是近代中國最早開放的五個通商口岸之一。洋務運動興起後，清政府在這裡設立福州船政局，福州因此成為我國造船業的發祥地。圖為左宗棠所創立的福州船政局。

廣州

廣州也是中國最早開放的通商口岸之一，儘管他在對外貿易中的經濟自主權逐漸喪失，但西方文化的衝擊卻為日後的革命積蓄了巨大能量。圖為廣州的英國領事館。

香港

鴉片戰爭以後，香港逐步被英國強占。左圖為畢打街上西洋建築與中國轎子交織在一起；右圖為英國愛丁堡公爵乘坐皇家軍艦抵達畢打碼頭，香港從此走上轉變之路。

序言

日落紫禁城

十載江南事已非，與君辛苦各生歸。愁看京口三軍潰，痛說揚州十日圍。
碧血未消今戰壘，白頭相見舊征衣。東京朱祐年猶少，莫向尊前嘆式微。
不論鹽鐵不籌河，獨倚東南涕淚多。國賦三升民一斗，屠牛那不勝栽禾。

歷史是什麼？

歷史是古人詩詞中的回望與惆悵，歷史是千年戰場上的金戈鐵馬，歷史是侯門深宮裡的政局風雲、萬千變幻……這樣的歷史，讓人嚮往而陶醉。

一直以來，很多人對歷史都有一種深深的誤解，認為歷史是一門枯燥乏味的學說，研讀歷史就是與一堆毫無感情的年代符號和深奧難懂的古文字打交道。之所以會有這種誤解是因為他們只看到歷史事實的羅列與陳述，而沒有注意到歷史背後那些生動的故事。其實，歷史遠比我們想像的有趣得多。

為了讓讀者能夠真正地走進歷史，體會到閱讀歷史的樂趣，我們特地策劃出版了這個系列的叢書。這套圖書以新穎的視角、獨特的形式全面而生動地反映了中國幾個盛世王朝的興衰榮辱。本書則為大家講述了大清帝國的風雨歷程，它猶如一幅長長的畫卷，將大清王朝兩百多年的故事一幕幕展現在讀者面前。

西元1559年，建州左衛蘇克素護部赫圖阿拉城的一個女真小貴族家裡，一個男孩呱呱墜地，他就是日後馳騁草原的雄鷹——努爾哈赤。西元1583年，努爾哈赤以13副鎧甲起兵，在短短數十年間基本統一女真各部，建立起後金政權。

西元1618年，努爾哈赤發布「七大恨」檄文，正式與明朝宣戰。金兵勢如破竹，接連攻取關外大部分地區。然而，勝利沖昏了努爾哈赤的頭腦，西元1626年，過於輕敵的他敗於寧遠守將袁崇煥之手，最終憂憤而逝。

努爾哈赤死後，皇太極繼承父業，積極整頓內政，正式建立大清帝國。可惜的是，皇太極一生鷹揚天下，發動了數次入關大戰，嚴重削弱明軍在關外的力量，卻始終未能入主中原。不久，深得歷史眷顧的順治帝在叔父多爾袞的扶持下，順利入關，成為清朝定都北京的第一位皇帝。之後，清廷逐步在政治、軍事和文化上，形成對全國的統一。

西元1661年，順治帝英年早逝，年僅八歲的皇三子玄燁登基，改元「康熙」。西元1669年，16歲的康熙鏟除奸臣鰲拜，開始施展胸中宏圖大志。他平定三藩，收復臺灣，驅除沙俄侵略者，遠征蒙古大草原，使大清帝國的版圖不斷擴大；同時，他振興文教，興修水利，鼓勵農桑，發展經濟，開啟「康乾盛世」的輝煌景象。

康熙晚年時，諸皇子陷入奪位紛爭，最終四皇子胤禛脫穎而出，是為雍正帝。雍正在位13年，從政治、經濟、軍事、文化等方面進行了多項改革，扭轉了大清王朝自康熙晚年以來的種種不利局面，帝國即將迎來它最美好的時代。

西元1735年，雍正四子弘曆登基，改元「乾隆」。乾隆皇帝年輕時銳意進取：政治上，繼續推行父親的改革措施，進一步加強中央集權；軍事上，以「十全武功」將清王朝的疆域發展至最大；文化上，編纂《四庫全書》，積極推動漢文化發展……然而，晚年的乾隆卻好大喜功，生活奢華，寵信貪官，致使大清帝國開始走向衰落。

西元1840年，鴉片戰爭爆發，西方列強用堅船利炮轟開中國國門。清政府面臨「三千年未有之變局」，卻只能一次次簽訂喪權辱國的不平等條約。在民族危急存亡之際，四方有識之士紛紛尋求救國之路。最終，孫中山領導的辛亥革命推翻封建王朝，大清帝國黯然落幕。

清王朝的興衰榮辱已經成為過去，對我們今天的人來說，閱讀歷史最重要的還是「以古鑑今」。歷史的功能在於立足往事以預知未來，這是一種大智慧，也是讀史的一種最高境界。西方史學家說：「歷史是現在與過去之間永無止境的問答與交流。」我們現在正處於一個有史以來最偉大的變革時代，中華民族正在實現偉大復興，過去歷史進程中的興盛、衰敗、復興的奧秘，都能給今天的我們帶來啟示。讀史能開闊我們的眼界和胸懷，增加我們的歷史責任感和信心，為我們前進的道路打開一盞明燈。

本書主要有以下三個特點

❶ 精心收錄了三篇歷史名家的學術論文，內容涉及政治、軍事、社會、經濟、文化等各方面，讓讀者能更加詳盡地瞭解大清帝國的興衰起伏。史學大師呂思勉先生的《明清兩代的政治和社會》重點介紹了明清兩朝的官制、教育選舉、兵制、刑制、賦稅制度等五個方面，並對明、清兩朝各項制度的異同進行了分析。國學大師梁啟超先生的《清代學術變遷與政治的影響》以時間順序對清代學術變遷進行梳理，重在剖析學術與政治的關係，內容涉及到文字獄、乾嘉學派、科舉八股、中西方文化碰撞等諸多重要話題。日本學者加藤繁先生的《清朝後期的財政》則詳細闡述了自嘉道中衰以後，清政府的財政收支情況，並分析了造成這種現狀的政治原因。這些文章，有的從細節處分析，有的進行宏觀總結，皆細緻入微、見解獨到，他們提出的許多問題至今仍值得我們學習和深思。

❷ 書中設計了一系列鑑賞插頁，共分為四大主題，可看成是對文章的一個延伸閱讀。其中有對帝都風貌的精彩描繪，有對重大歷史事件的詳細解讀，也有軍事、經濟、文化等各方面的內容。每一個專題都經過精心設計，圖文結合，內容豐富而有趣，帶給讀者不一樣的閱讀感受。

❸ 本書創造了一個與文字緊密配合的圖表體系，讓讀者在閱讀的同時體會到審美快樂。書中收入了兩百餘幅精美的圖片，包括人物畫像、文物照片、傳世名畫、行軍地圖等等；另有七十餘個細緻的表格，比如錯綜複雜的人物關係、重要事件的發展過程等。這些圖片和表格能給讀者帶來更直觀、更生動的閱讀體驗。

小節標題

概括每節的主要內容，並輔以本節事件發生的主要時間。

圖片名稱

每幅圖片都有相應的名稱，方便讀者辨認。

第四章
奪嫡勤政，千秋功過，誰與評說
最具爭議性的雍正
第1節
九子奪嫡
公元1708年～公元1722年
康熙四十七年（1708年），康熙巡遊塞外，不久後即返回。九月初四，眾人行至木蘭圍場的布爾哈蘇台行宮，他將隨從的諸王、大臣、侍衛等皆招集到行宮前，當眾宣詔：廢除皇太子胤礽。
胤礽是康熙的元配孝誠仁皇后赫捨里氏之子，也就是康熙的嫡長子。當年孝誠仁皇后在生育胤礽時難產而死，令康熙十分惋惜，也倍加疼愛這個用皇后生命換來的兒子。胤礽兩歲時，康熙就將其立為太子。因雍正後來創立了秘密立儲制度，胤礽也成為大清帝國唯一一名皇太子。胤礽從小接受良好的教育，他自己也十分聰明，國語騎射樣樣精通。康熙對他也十分滿意，在征戰或出巡時，常讓他留守京師，幫忙處理政務。但時間一久情況就發生了變化。
皇太子金寶
康熙末年，在社會經濟出現停滯的形勢下，雍正登上歷史舞台。他在位13年，勵精圖治，進行多項改革：整頓吏治、加強集權、管理西藏、改土歸流、攤丁入畝等。雍正上承康熙遺風，下　乾隆英華，成爲康乾盛世不可或缺的重要一環。
96 上篇 史傳篇
明清兩代的政治和社會
文/呂思勉
210 下篇 名家論史篇

章副標題

以簡練的語言概括本章主要內容。

章主標題

用文學性的語言對本章歷史事件進行概括和評論。

章概述

透過百字左右的篇幅概括出本章主要歷史事件，展現大清王朝各時期的興衰榮辱及其歷史意義。

論文標題

歷史學家的論文標題。

篇　名

本書包括兩大篇，此處是對篇名的展示和提醒。

閱讀導航

本書收錄了兩百餘幅精美的圖片，包括人物畫像、文物照片、行軍地圖等；另有七十餘個細緻的表格，如錯綜複雜的人物關係、重要事件的發展過程等。這些圖片和表格形成一個與文字緊密配合的輔助體系，給讀者帶來更直觀、更生動的閱讀體驗。

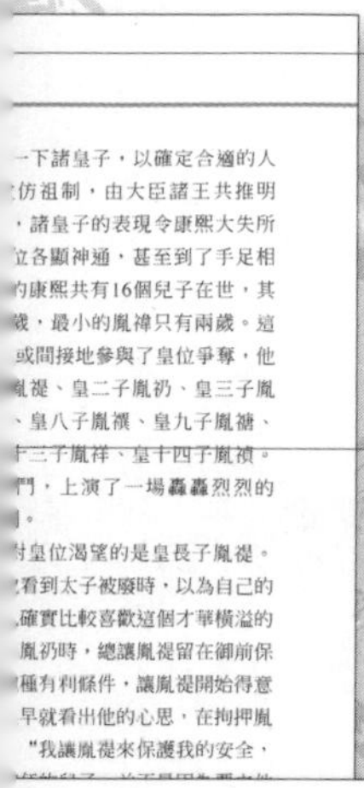

圖片說明

對圖片信息的介紹及其延伸閱讀。

精美圖片

近兩百幅精美的圖片，使讀者對歷史有更加生動形象的認識。

尚書，滿漢各一。侍郎，滿漢各二。又於其上設管理部務的大臣。……以至尚侍的權柄，亦不完全。理藩院雖名為院，亦設尚侍，官制和六部相同。但所用都系滿蒙人。五口通商以前，西洋各國的交涉，也都是由理藩院辦理的。咸豐十年，才特設總理各國事務衙門。派王大臣管理。光緒二十七年，改為外交部。有管部大臣一，會辦大臣一，尚書　侍郎一，又有左右丞及左右參議。派公使駐紮各國，起於光緒元年。其初系以京卿出使，仍留原職。後來才獨立為一官，隸屬外務部。分頭二三等。平時所派，大概是二三等；遇有特別事務，才派頭等。又有總副領事和領事，駐紮各國，以保護僑民。光緒三十二年，改設外務、吏、民政……、度支……、農工商……、郵傳、理藩……、法……十一部。除外務部外，都設一尚書　兩侍郎，不分滿漢。宣統元年，又增設海軍部諮議府。尚書都改為大臣。而將吏禮部併入內閣。裁軍機處政務處，另設總協理大臣，以圖設立責任內閣。

明清兩朝，都察院的權最重。明制：有左右都御史，左右副都御史，左右僉都御史，及十三道監察御史。……在外則巡按，清軍，提督學校，巡鹽，巡漕等事，都以委之。而巡按御史，代天子巡守，權最重。總督巡撫，本系臨時派遣的官。後來因與巡按御史，不相統屬，所以巡撫常派都御史。總督亦兼都御史。清朝則左都副御史，都滿漢並置。右都副御史，但為在外督撫的兼銜。……

理藩院

★理藩院是清朝特有的中央行政機構，主要負責蒙、回、藏等少數民族地區事務，同時也負責對俄羅斯的外交事務。

歷史沿革	主要職責
崇德元年（1636年），清政府設立蒙古衙門，主要處理蒙古事務。	管理各少數民族王公、土司等官員的封襲、年班、進貢、隨圍、宴賞、給俸等事宜。
崇德三年（1638年），蒙古衙門改名為“理藩院”，隸屬禮部，其長官為承政、參政。	管理喇嘛事務，保護藏傳佛教格魯派。
順治元年（1644年），改承政為尚書、參政為侍郎，擴大機構，增加人員。	管理蒙古會盟、劃界、驛道及商業貿易事務。
康熙元年（1662年），理藩院從禮部獨立，地位與中央六部相當，內設錄勳、賓客、柔遠、理刑四司。	修訂關於少數民族的法律，參加審理刑名案件。
康熙三十八年（1699年），划柔遠司為二，分別為柔遠前司和柔遠後司。	掌管部分外交、通商事務。
乾隆二十二年（1757年），改錄勳司為典屬司，賓客司為王會司，柔遠後司為旗籍司，柔遠前司復為柔遠司。	
乾隆二十六年（1761年），增設徠遠一司專管新疆南部事務。	
光緒三十二年（1906年），清政府預備立憲，理藩院更名為理藩部。	
民國元年（1912年），清帝退位，理藩部改為蒙藏委員會。	

明清兩代的政治和社會　211

論文注釋

名家論文中的注釋語句，以灰色小字表示。

精確圖表

以表格或流程圖的形式對歷史事件進行詳解，更加直觀易懂。

頁腳

包含章標題或論文標題、頁碼，方便讀者翻閱。

目錄

上篇 史傳篇

第一章 白山黑水間，智降九部，馬背奪得天下

——努爾哈赤開國稱汗

第二章 攻明入關，自定江山，從此一統中原

——清朝統治的開端

第三章 千古一帝，指揮倜儻，奠基大清盛世
——康熙的文治武功

第四章 奪嫡勤政，千秋功過，誰與評說
——最具爭議性的雍正

第五章 逍遙皇帝，承揚祖業，潛藏盛世危機
——乾隆的帝政風雲

第六章 盛極而衰，內憂外患，共譜亡國殤音
——末代封建王朝的終結

下篇　名家論史篇

上篇 史傳篇

1583年，草原雄鷹努爾哈赤以13副鎧甲起兵，經過三代人的努力，年輕的順治帝在叔父多爾袞的扶持下順利入關，成爲清朝定鼎中原的第一位皇帝。之後，清廷逐步在政治、軍事和文化上，形成對全國的統一。1669年，16歲的康熙帝鏟除鰲拜，開始親政，大清帝國迎來自己最美好的時代——「康乾盛世」。不過，乾隆晚年昏庸，寵信貪官，帝國開始走向衰落。1840年，鴉片戰爭爆發，西方列強入侵，中國逐步淪爲半殖民地半封建社會，四方有識之士紛紛尋求救國之路。1911年，辛亥革命爆發，大清帝國黯然走下歷史舞臺。

第一章

白山黑水間，智降九部，馬背奪得天下

努爾哈赤開國稱汗

大清帝國的建立者是一個騎在馬背上的民族，在這個民族的成長過程中，有一個人功不可沒，他就是天命汗努爾哈赤。努爾哈赤以13副鎧甲起兵，短短數十年間平定女眞各部並開始進軍明朝，爲大清朝的數百年江山打下了堅實的基礎。

第1節 草原上的雄鷹

西元1559年～西元1583年

明嘉靖三十八年（1559年），努爾哈赤出生在建州左衛蘇克素護部赫圖阿拉城（後改稱興京，今中國遼寧省撫順市新賓縣）的一個女真小貴族家裡。關於他的先祖淵源，還流傳著一個美麗的傳說。

相傳，在長白山一帶，有一個美麗的湖泊，名叫布爾瑚里。有一天，三位仙女——大姐恩古倫、二姐正古倫、三妹佛古倫——從天而降，當時天清氣爽，風和日麗，姐妹三人便在湖中沐浴玩耍。等三人浴畢上岸，恰巧有一隻神鵲，銜一枚朱果，落在三妹佛古倫的衣服上。佛古倫見朱果鮮妍，便含在口裡，吞入腹中，猶如一股靈氣注入體內，從而有了身孕。於是，佛古倫對二位姐姐說：「我懷孕了，身體也重了，不能升天，怎麼辦呢？」二位姐姐說：「天意如此，等你分娩，再升天相會。」說完，大姐和二姐飄然離去。後來，佛古倫生下一個男孩，取名布庫里雍順。布庫里雍順長大成人後，舉止非凡，相貌奇偉，仙女佛古倫就給了他一條船，讓他乘船順牡丹江而下，之後佛古倫便升天了。布庫里雍順則漂流到了牡丹江與松花江匯流處的斡朵里，成為滿洲的始祖。

努爾哈赤最早見於史料的直系祖先，是他的六世祖猛哥帖木兒。猛哥帖木兒是大金的後裔，原是元朝斡朵里萬戶府的萬戶，明永樂三年（1405年）應明成祖朱棣的招撫，入京朝貢，授封建州衛指揮使，後掌建州左衛，晉升至右都督，此後數代受到明朝冊封。努爾哈赤的祖父覺昌安和父親塔克世，都擔任過明朝的官職，史籍記載說是「都督僉事」，也有「都督」一說。

努爾哈赤的出生地赫圖阿拉是一座平頂崗丘，北瀕蘇克素護河（蘇子河），東臨其支流黃寺河，西是其另一支流加哈河，南為里加河。赫圖阿拉除四面環水之外，又四面臨山，東為黃寺山，南為雞鳴山，西為菸筒山（呼蘭哈達），北面更是群山起伏，一望無盡。其地勢山水相依，平地兀凸，崗頂平展，是一座天然的山寨城。這裡的部名蘇克素護部也是因地處蘇克素護河而得名。其實，努爾哈赤祖上並不在赫圖阿拉，而是居於黑龍江北岸，金朝滅亡之後，又遷徙到松花江下游。後來，為了躲避蒙古人的不斷侵擾，幾經輾轉，直至明正統年間，才在蘇克素護河上游定居。無論努爾哈赤的祖先是出於何種考慮，最終定居於蘇克素護河一帶都無疑是一次偉大而明智的遷徙。蘇克素護河那時水量較大，可以行船，水產豐富。蘇克素護河谷地土層深厚，土壤肥沃，雨量充沛，宜於農耕、牧獵、種植、採集、捕魚，是名副其實的生存寶地，這也為之後建州女真的發展提供了優越的自然條件。

努爾哈赤的父親塔克世是一個富庶的女真奴隸主，共有五子一女。他的正妻，即努爾哈赤的母親，是建州右衛都督王杲的長女喜塔拉·額穆齊。額穆齊身為建州女真的大家之女，聰穎賢惠，知書達理，向來寬容待人。她為塔克世生有三子一女，也就是長子努爾哈赤、三子舒爾哈齊、四子雅爾哈齊和塔克世唯一的女兒。塔克世的繼妻納喇·肯姐是哈達貝勒萬所養的族女，只生育一個孩子，即第五子巴雅喇。第二子穆爾哈奇則是塔克世的另一個妻子李佳氏生養的。

身為長子的努爾哈赤龍顏鳳目、偉軀大耳、聲若洪鐘，生來便好似一副帝王之相。他不僅相貌出眾，還聰敏伶俐、機智好學，自小便喜愛習武，勤於勞作，因此深受父親塔克世及生母的疼愛。然而好景不長，努爾哈赤10歲時，母親額穆齊便不幸辭世，他原本快樂無憂的童年也自此結束。他的繼母納喇氏心胸狹窄、尖酸刻薄、薄情寡義，還愛無中生有、挑撥離間，弄得家中很不和睦，幾個兄弟都鬧著要分家。父親塔克世聽信繼母讒言，在分家的時候給努爾哈赤的家產少之又少，根本不夠維持正常的生活，這使努爾哈赤

▲ 愛新覺羅·努爾哈赤（1559年～1626年）出生於建州左衛蘇克素護部赫圖阿拉城。初為明總兵李成梁部下，後統一女真各部，建立後金；並揭開了攻打明朝、進軍中原的序幕。清朝建立後，努爾哈赤被尊為清太祖。

很早就學會了自謀生計，也使他很長一段時間都生活在飢餓貧寒的狀態下。據史料記載，他青少年時期就曾多次參加勞動。每年三月至五月、七月至十月的採集季節裡，努爾哈赤和同伴們一起進入莽莽林海搭棚棲居。當時每棚能住三四人，大家白天採集，晚上就在棚裡睡覺。

明萬曆元年（1573年），年僅15歲的努爾哈赤帶著弟弟舒爾哈齊離開故鄉，投奔外祖父王杲。王杲本名阿突罕，曾被明朝巡撫張學顏帶往撫順，教授漢文和武藝，並賜名為「王杲」。史書記載，王杲「黠慧彪悍」、「有才辯，能解番漢語言字義」，是個文武兼備的人，以至於「建州諸夷，悉聽杲調度」，是當時建州女真的著名領袖。

幼年的努爾哈赤對外祖父非常崇敬，而王杲對這位機智勇敢的外孫也是疼愛有加，深信他能成就一番大事業。於是，文武兼備的王杲孜孜不倦地教授努爾哈赤弓馬騎射、漢語文化、兵書戰策，不僅教授了他一身武藝，更讓年幼的努爾哈赤學會了用頭腦辦事。可以說，王杲是努爾哈赤最好的啟蒙老師。

不幸的是，明萬曆三年（1575年），由於反對明王朝在女真地區推行民族壓迫政策，王杲帶兵進犯明遼東首府遼陽，殺死指揮王國棟。之後，明遼東總兵李成梁率兵攻破王杲屯寨，王杲隻身逃走，終被明朝捕獲。李成梁派人將其押送進京，明廷將其處死並曝屍街頭。機敏的努爾哈赤在李成梁攻破外祖父大寨時，立即跪在李成梁馬前，痛哭流涕，用漢語請賜一死。李成梁見努爾哈赤聰明伶俐、乖敏可憐，不僅赦免了他，而且把他留在帳下做了書僮，專門伺候自己。

努爾哈赤七八歲開始練習騎射，因為天資聰慧、勤奮好學，到這時早已經是弓馬嫻熟、武藝高強。因而在李成梁帳下，每逢征戰，他總是勇

李成梁年表（1526年～1615年）	
時間	主要事件
嘉靖五年（1526年）	李成梁生於遼寧鐵嶺地區。
嘉靖四十五年（1566年）	40歲的李成梁以生員襲職，擔任險山參將。
隆慶元年（1567年）	遷為副總兵，協守遼陽。
隆慶四年（1570年）	擢為遼東都督僉事，駐守廣寧（今北鎮城內）。
萬曆元年（1573年）	下令增築寬甸六堡。
萬曆二年（1574年）	王杲大舉進犯遼陽、瀋陽，李成梁率兵圍剿其營寨，斬首千餘，俘努爾哈赤及其弟舒爾哈齊，將努爾哈赤留為己用。
萬曆八年（1580年）	萬曆帝為表彰李成梁軍功，於錦州建李成梁石坊；王杲再犯邊境，為明軍所敗，被捕處死。
萬曆十年（1582年）	王杲之子阿臺為父報仇，與明朝作對，李成梁進攻阿臺之古勒寨。
萬曆十一年（1583年）	再度發兵古勒寨，努爾哈赤的祖父覺昌安、父親塔克世皆無辜死於這場戰鬥之中。
萬曆十九年（1591年）	因奢侈無度被言官彈劾，罷官。
萬曆二十九年（1601年）	復起遼東，已無遠志，以閱視敘勞，加封太傅。
萬曆三十四年（1606年）	棄遼左六堡，徙民六萬四千戶於內地，大受朝野譴責。
萬曆四十三年（1615年）	卒於北京，葬於仰山之北。

猛衝殺，屢立戰功，如同一隻草原上的雄鷹，無畏而狡黠。努爾哈赤一直對李成梁百般順從，李成梁因此對他更加賞識，讓他做了自己的隨從侍衛。兩人關係密切，常形影不離，情同父子。

然而，努爾哈赤只是表面上對李成梁表示恭順和效忠，實際上他對外祖父的被殺始終懷恨在心，只是攝於李成梁的威名，暫時不敢輕舉妄動。這隻看似乖順的雄鷹私下裡早已有了自己的打算，只待時機成熟再採取行動。三年的時間就這樣風平浪靜地過去了，努爾哈赤已到了娶妻生子的年齡，於是他便以回家相親為由，藉機離開李成梁，回到闊別已久的故鄉。此時的努爾哈赤已經19歲，他遵照父命，入贅女真貴族佟佳家族，娶了塔本巴晏之女哈哈納扎青為妻。

離開李成梁帳下的努爾哈赤雖然已重獲自由，但還需要面對生存的難題。於是，他每天去挖人參、採蘑菇、揀榛子、摘木耳、拾松子，然後將這些東西運到撫順、清河（今本溪北清河城）等地去賣，以此來維持家人生活。這一時期，努爾哈赤因參加勞動，接觸部民，對他以後的政治生涯產生了很大影響。

當時，漢人與女真、蒙古人的貿易，集中在鎮北關（在開原城東北七十里）、清河關（在開原城西南六十里）、廣順關（在開原城東六十里靖安堡）、新安關（在開原城西六十里慶雲堡）和撫順關（在城東三十里）等地。這種集市叫做「馬市」，當開市時，漢人、蒙古人、女真人等熙熙攘攘，匯於一市。女真人帶著人參、松子、蘑菇、榛子、木耳、蜂蜜、東芝、麻布、馬匹、貂皮、猞猁猻皮等參加貿易，從漢人那裡買來耕牛、木炊等生產工具以及布匹、鐵鍋、水靴、針線等生活用品。透過互市貿易，使漢族和女真族加強了經濟文化交流，促進了當地的經濟發展，並使各族人民的關係更加密切。

努爾哈赤經常往來於撫順關的馬市進行貿易。他廣交漢人朋友，瞭解漢族經濟情況，熟悉明朝政治動向；在漢族知識分子的幫助下，他開始接觸漢族文學，據說努爾哈赤十分喜愛《三國演義》及《水滸傳》，從中學習韜略兵法；在日常的勞動與生活中，他也漸漸對遼東山川的地形瞭如指掌。這些對努爾哈赤之後的戎馬生涯都起著非常重大的作用。他在與蒙古人和漢人廣泛接觸的同時，還學會了蒙古語，並略懂漢語、識漢字。撫順關馬市就像是一所大學校，使努爾哈赤從中學習社會經濟、政治、文化、民俗、語言、軍事和地理等知識，從而增長了見識，豐富了智慧，開闊了胸襟，磨練了意志。

建州女真金杯

▲ 據史料記載，建州女真訂婚時「婿家先以甲冑弓矢為幣而送於女家，次以金杯，次以牛二頭馬二匹，次以衣服奴婢，各因其家之貧富而遺之」。可見金杯在女真人的生活中占有重要地位，僅次於代表勇猛的武器、鎧甲等物。

第2節

攻占圖倫城

西元1583年～西元1586年

萬曆十一年（1583年），努爾哈赤25歲的時候，更大的不幸降臨了。這一年，努爾哈赤的祖父覺昌安、父親塔克世，同時死於明軍攻城的炮火中。

事情的起因，還要從努爾哈赤的外祖父王杲之死說起。自從王杲慘死京城以後，他的兒子阿臺為父報仇，屢屢帶兵襲殺明軍。終於導致在萬曆十一年（1583年）二月，李成梁領兵直搗阿臺駐地古勒寨。本來古勒城位於撫順馬市與赫圖阿拉的中間位置，又建在山上，寨城陡峭，三面壁立，易守難攻。然而，李成梁畢竟是當朝大將，他招降了建州女真蘇克素護部圖倫城的城主尼堪外蘭合兵攻打古勒城。這樣一來，阿臺便成了甕中之鱉，一旦開戰，阿臺及其部族都必死無疑。阿臺妻子的祖父正是努爾哈赤的祖父覺昌安，俗話說骨肉連心，覺昌安為了使孫女免於戰難，也為了減少傷亡，便帶著兒孫們前去營救。努爾哈赤的父親塔克世也一同進城，打算勸說阿臺投降。而尼堪外蘭則早在阿臺的駐地安排了內奸，他利用內奸引來明朝大軍，並誆騙城上守軍說：「李太師有令，誰殺死阿臺，誰就做古勒城的城主！」果然，阿臺手下士兵一片大亂，紛紛棄甲投降，明軍很快就攻破古勒城。之後，明軍對古勒城進行屠城，覺昌安與塔克世也不幸被牽連其中。

努爾哈赤得到祖父、父親蒙難的噩耗，捶胸頓足，悲痛欲絕。他憤然來到遼東都司，義正詞嚴地質問明朝邊吏，為何殺他一向忠順於朝廷的祖父和父親，並一臉怒容地講道「你們與我有不共戴天之仇」。明朝邊吏被努爾哈赤的勇猛所震懾，而且自覺理虧，便送還覺昌安和塔克世的遺體，並派人跟他解釋說：「我們並不是有意的，只是誤殺了他們。」隨後朝廷又賜予努爾哈赤敕書30道，戰馬10匹，讓他承襲祖父之職，當了建州左衛都指揮使。

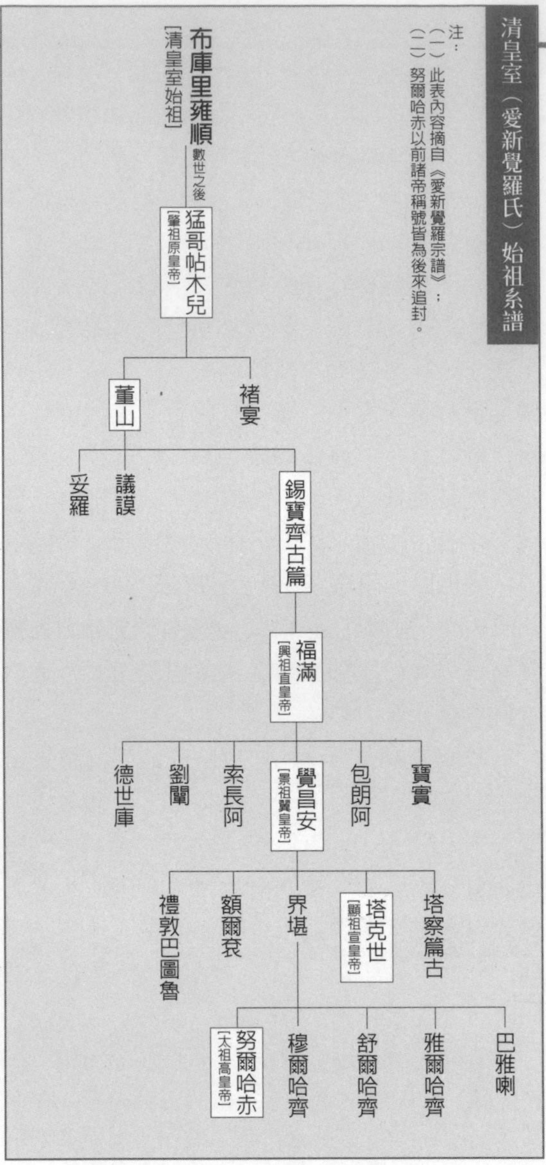

努爾哈赤的怒火並沒有就此消除，祖父、父親一貫忠於明朝卻落得慘死的結局，努爾哈赤暗下決心定要報仇雪恨。但他很清楚，此時若與明朝鬧翻，就無異於自取滅亡，於是努爾哈赤表面上接受了明朝的撫慰，把滿腔怒火發洩到尼堪

外蘭身上。況且覺昌安與塔克世的死確實和尼堪外蘭有著重大的關係，如果不是尼堪外蘭利用內奸破城，祖父和父親就有充足的時間來規勸阿臺投降，便不會發生之後的殺戮。基於這些考慮，努爾哈赤向明廷提出了一個自認為合理的請求，他希望明臣將尼堪外蘭交給他處置。不料這一要求，竟惹惱了驕橫跋扈的明朝邊將，他們說努爾哈赤是無理取鬧，一口拒絕他的請求，並宣稱築城，扶持尼堪外蘭為「建州國主」。這樣一來，尼堪外蘭威望大升。當時建州女真的許多部，見尼堪外蘭勢力很大，又得到明朝的扶持，都投歸了尼堪外蘭，就連與努爾哈赤同族的寧古塔諸族的子孫也「對神立誓」，想要殺掉努爾哈赤去投奔尼堪外蘭。老奸巨猾的尼堪外蘭也儼然以建州國君自居，趁機逼迫努爾哈赤一同歸附。

這個時候的努爾哈赤處境異常艱難，祖父、父親冤死在先，族人叛離在後，加上又得罪了明朝邊廷，仇人尼堪外蘭還得到明朝的維護，努爾哈赤陷入四面楚歌的絕境。但是，嚴峻的形勢反而激起了他的鬥志，暗下決心要報祖父、父親之仇。

努爾哈赤要報家仇、殺尼堪外蘭，需要組建一支隊伍。問題是女真各部幾乎都已歸附尼堪外蘭，要去哪裡找同盟？當時，蘇克素護河部落的一些首領都和尼堪外蘭有過節，薩爾滸寨主卦喇曾經因為尼堪外蘭的誣陷而受到明朝邊關的責治，卦喇的弟弟諾米納、嘉木湖寨主噶哈善、沾河寨主常書和弟弟揚書等也都對尼堪外蘭的統治不滿，努爾哈赤想把這些人拉到自己一邊。但是，這些首領考慮到尼堪外蘭的聲望和地位，以為必敗無疑，因此並不願意與努爾哈赤聯合。比起死亡，他們更願意接受尼堪外蘭的統治。努爾哈赤在跟隨外祖父王杲的幾年裡飽讀史書，熟知歷史上很多以少勝多的著名典故，他就一一講給這些心中充滿仇恨的首領聽。這些平時只懂得如何殺人、如何騎馬的族人因為不懂漢語，很少接

《欽定滿洲源流考》

▲《欽定滿洲源流考》，【清】阿桂等撰，圖為乾隆時期的武英殿刻本。該書是阿桂等人奉乾隆皇帝聖旨編修而成，全書二十卷，詳細描述了滿洲的源流與歷史，是研究清王朝起源的重要歷史資料。

觸漢族文化，聽完努爾哈赤講的故事都很受啟發，最後表示願意與努爾哈赤共同討伐尼堪外蘭。他們對這位年輕的首領也很是敬佩，在投歸努爾哈赤之後便說：「我們最早與你結盟，希望你能將我們編入你的隊伍中，像親兄弟一樣互相對待。」努爾哈赤非常高興，於是眾人殺牛祭天，共同立誓，結為盟友。

經過一番精細的準備之後，萬曆十一年（1583年）五月，時年25歲的努爾哈赤，藉著為祖父、父親報仇的名義，以遺甲13副和部眾30人，向尼堪外蘭的駐地——圖倫城進攻。只是，讓努爾哈赤及其部眾沒有想到的是，這個尼堪外蘭早已外強中乾，其實根本不堪一擊，手下的士兵也個個膽小如鼠，毫無鬥志。當努爾哈赤整頓軍隊，向他正面挑戰時，他早就被努爾哈赤的氣勢嚇破了膽，竟然丟下圖倫城，只帶著家人倉皇逃竄到渾河部的嘉班去了。努爾哈赤不費吹灰之力便攻破圖倫城，首戰告捷。

萬曆十四年（1586年），努爾哈赤再次發兵進攻尼堪外蘭。尼堪外蘭聞風而逃，他想到當年曾在討伐阿臺的戰役中立過功，便欲投奔明朝邊吏，企圖得到明朝撫順關守將的保護。但他沒有想到，明朝看到尼堪外蘭在圖倫城戰役中的怯懦，早已對他失望至極，此時明朝對兩人的態度已經發生重大

努爾哈赤戰績

攻打尼堪外蘭

萬曆十一年（1583年），努爾哈赤率部攻打尼堪外蘭為祖父、父親報仇，攻占圖倫城，尼堪外蘭逃至嘉班；萬曆十四年（1586年），努爾哈赤攻克鵝爾渾，尼堪外蘭逃到明朝領地，被明軍交出，努爾哈赤將其處死。

↓

古勒山大捷

萬曆二十一年（1593年），葉赫、輝發、烏拉、哈達、錫伯、卦勒察等九部聯軍襲擊努爾哈赤軍駐紮的古勒山，努爾哈赤率軍反擊，大勝九部之師。

↓

統一女真各部

萬曆二十七年（1599年），努爾哈赤派兵攻打哈達，並於萬曆三十一年（1603年）將其徹底收服；萬曆三十五年（1607年），輝發部出現內亂，努爾哈赤趁機將輝發部滅掉；萬曆四十一年（1613年），努爾哈赤發兵烏拉，將其征服。

↓

薩爾滸之戰

萬曆四十六年（1618年），努爾哈赤發布「七大恨」，起兵反明；萬曆四十七年（1619年），明朝集結十四萬大軍討伐努爾哈赤，努爾哈赤掌握戰機，集中兵力，在薩爾滸之戰中大敗明軍，殲滅明軍六萬人，取得重大勝利。

↓

稱霸遼瀋地區

智取開原、鐵嶺，明朝在遼東地區失去守禦後金的最後屏障；天啟二年（1622年），奪取遼西重鎮廣寧；天啟五年（1625年），遷都瀋陽。

變化。守將把尼堪外蘭拒於邊臺之外，根本不願理會。努爾哈赤的部下趕到，殺死了尼堪外蘭。努爾哈赤終於報了祖父、父親大仇，了卻一樁心願，創造了以13副遺甲雪家仇的英雄傳奇。

比起努爾哈赤之後的一系列征戰，攻占圖倫城只是一次很小的戰役，但是對努爾哈赤來講卻有著非同尋常的意義。正是透過這場戰役，讓更多的人認識到這隻翱翔在草原之上的雄鷹，願意臣服在他的腳下。自此以後，努爾哈赤聲威大震，成為當地家喻戶曉的英雄，但他並未就此罷手，而是將目光投向了更遠的地方。在追殺尼堪外蘭的戰役中，努爾哈赤已經成長為一名優秀的帥才，在他心裡，漸漸萌生統一整個女真部族的偉大抱負。

第3節

九部歸一

西元1584年～西元1619年

攻占圖倫城後，努爾哈赤被族人說得神乎其神，很多人慕名而來，努爾哈赤也就此拉開統一女真戰爭的歷史帷幕。俗話說，時勢造英雄，相比於風平浪靜的和平時代，激盪的時代更能孕育英雄，也更能彰顯領袖人物的氣魄與魅力。努爾哈赤就是處於這樣一個激盪的亂世。當時，關外地域主要有四大政治、民族利益集團：南為大明、東為朝鮮、西為蒙古、北為女真。各大利益集團之間及其內部縱橫捭闔，明爭暗鬥。而混亂動蕩則是女真內部最為突出的現象，努爾哈赤正是巧妙地利用了女真各部的內部矛盾，加速了女真的統一。

女真族在明朝中葉分為海西、建州、東海三大部，由奴兒干都司管轄，散居白山黑水一帶。海西女真主要居於松花江及其上游的輝發河、烏拉河以及東遼河流域；建州女真主要居住於明朝撫順關以東、鴨綠江以北及長白山南麓地區；東海女真則主要散居於長白山北麓、烏蘇里江濱海及黑龍江中下游地區。

海西、建州、東海三部女真生產水平不同：東海女真即野人女真，他們以漁獵為主，「無市井城郭，逐水草而居」。其他兩部則生產水平較高，以農業為主，開始接觸冶煉，會製造農業用的斧頭、鐮刀和軍事用的甲衣和箭簇，已經產生階級，到了氏族制末期的家長奴隸社會階段。

女真各部又分為若干個小的部落，如蘇克素

▲ 女真族是東北地區的古老民族，明初分為建州女真、海西女真、野人女真三大部。他們擁有自己的文化，圖中所書即為女真文字。17世紀初建州女真滿洲部的努爾哈赤建立後金政權，皇太極基本統一女真後改族號為「滿洲」。

護部便有圖倫、薩爾滸、嘉木湖、沾河、安圖瓜爾佳等城寨。各部落都相互不服，一時間，「群雄蜂起，稱王號，爭為雄長」。加上明朝對女真一直採取分而治之、相互牽制的分化政策，更加劇了各部之間的混戰。而夾縫中生存的建州女真，更是掠奪財貨、兄弟反目、四分五裂、征戰不息。

努爾哈赤首先將戰爭矛頭指向建州女真。他起兵之後，很快便征服了蘇克素護部，然後又分別於萬曆十二年（1584年）、萬曆十三年（1585年）、萬曆十五年（1587年）、萬曆十六年（1588年）連克董鄂部、渾河部、哲陳部和完顏部，逐漸統一了建州五部。建州歷來都是富庶之地，盛產東珠、人參、紫貂、玄狐、猞猁猻等稀有物種，努爾哈赤利用這一天然優勢，與明朝在撫順、清河、寬甸、叆陽等地開展貿易活動。這樣一來，他的糧食更多，兵力更強。之後，日漸壯大的努爾哈赤又於萬曆十九年（1591年）統一長白山三部——鴨綠江部、訥殷部、珠舍里部。

努爾哈赤的接連勝利，引起了以葉赫為首的海西女真的恐慌。當時海西女真又稱做扈倫四部，即哈達部、輝發部、烏拉部和葉赫部，各部首領不願意看到努爾哈赤強大，便企圖聯合起來以武力對其進行遏止。

萬曆二十一年（1593年）九月，以葉赫部首領布齋、納林布祿為首的海西四部，聯合蒙古科爾沁、錫伯、卦勒察三部，再加上長白山的珠舍里、訥殷二部，共九部組成聯軍。聯軍共有三萬兵力，分作三路，向建州女真蘇克素護部的古勒山而來。努爾哈赤半夜聽說九部之兵正往駐地攻殺而來，就告訴諸將，不要驚擾已經安歇的百姓，天亮後再開拔部隊，說完就去睡覺了。妃子富察氏聽說有敵軍攻來，心裡十分著急，對努爾哈赤的反應很是不解，就把努爾哈赤叫醒，問道：「九部兵打來，您為什麼反而酣睡呢？是亂了方寸，還是害怕？」努爾哈赤以天命之說回答她：「我如果害怕，哪能睡得著？我如果輸給九部之師，就說明上天厭惡我，到那時才會害怕呢。現在我順天命、安疆土，但有人不喜歡我，聚集九部之師來殘害無罪之人，上天一定不會保佑他們。」說完努爾哈赤繼續安睡。

第二天，建州偵騎探報說敵軍人數眾多，官兵聽完都神色大變、焦急萬分，因為當時建州兵力尚不足萬人，軍事形勢十分嚴峻。努爾哈赤在強敵壓境、面臨覆巢的危急下，仍然沉著冷靜，毫不慌張。他對部將解釋說：「別害怕，敵兵雖

建州女真八部

★建州女真共有八部，因鴨綠江部、訥殷部和珠舍里部偏居長白山地區，因此又被稱為「長白山三部」，而其餘五部則被稱為「建州五部」。

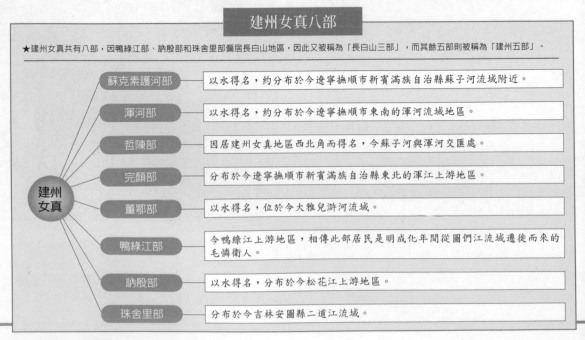

建州女真	
蘇克素護河部	以水得名，約分布於今遼寧撫順市新賓滿族自治縣蘇子河流域附近。
渾河部	以水得名，約分布於今遼寧撫順市東南的渾河流域地區。
哲陳部	因居建州女真地區西北角而得名，今蘇子河與渾河交匯處。
完顏部	分布於今遼寧撫順市新賓滿族自治縣東北的渾江上游地區。
董鄂部	以水得名，位於今大雅兒滸河流域。
鴨綠江部	今鴨綠江上游地區，相傳此部居民是明成化年間從圖們江流域遷徙而來的毛憐衛人。
訥殷部	以水得名，分布於今松花江上游地區。
珠舍里部	分布於今吉林安圖縣二道江流域。

然多，不過是烏合之眾，一定會互相觀望。現在我們占據險要地形，如果有哪一個先派兵攻來，我們就殺他一兩個頭目，不怕他們不退。」將士們聽了努爾哈赤的話，恢復了鬥志。努爾哈赤把兵帶到古勒山據險布陣，九部之師攻扎喀、黑濟格兩城均不得手，就來到了古勒山下，此時建州兵早已在山上嚴陣以待。努爾哈赤先命額亦都率領百騎前去挑戰，敵騎衝來，卻有9人落馬。葉赫部首領布齋貝勒被激怒，他策馬揮刀，向前直衝而去。額亦都佯退，布齋驅馬急追，不想布齋的坐騎因衝突過猛，被木樁絆倒。此時建州兵士眼急身快，猛撲過去，騎在布齋身上，將他殺死。納林布祿見兄長被殺，驚呼一聲、昏倒在地；九部的另一頭目科爾沁貝勒明安看到這情景嚇壞了，所騎的馬又受驚陷進泥沼，他便下馬掉頭逃跑了。葉赫官兵見此情景，急忙救起納林布祿貝勒，撥轉馬頭，奪路而逃。事後，葉赫向建州索要布齋的屍體，努爾哈赤命剖其一半歸還，建州與葉赫遂結下不解之仇。

古勒山之役，九部之師大敗，兵馬俘獲不計其數。努爾哈赤趁機滅了訥殷、珠舍里兩部，將整個建州女真歸於自己的統治之下，這一年，他35歲。古勒山之役是女真各部統一戰爭史上的轉折點，努爾哈赤打破九部軍事聯盟，改變了建州與海西的力量對比，成為建州女真勝利和海西四部滅亡的決定點。從此，努爾哈赤軍威大震，遠近皆為之懾服。

擊敗九部之師後，努爾哈赤並沒有就此停息，他利用古勒山之役勝利的有利形勢，又對海西四部展開攻勢，先近後遠，先弱後強，集中兵力，逐個擊破。

萬曆二十七年（1599年），努爾哈赤乘哈達部飢荒並與葉赫不和之機，出兵討伐哈達部。這次戰役中，努爾哈赤令弟弟舒爾哈齊率先出發，由於哈達部有所準備，當舒爾哈齊到達後，哈達已經出城迎戰。舒爾哈齊正在猶豫之時，努爾哈赤率兵趕到，他看舒爾哈齊並未按照他的意願進攻，大為惱怒，狠狠地斥責了舒爾哈齊。這次討

清太祖努爾哈赤盔甲

▲ 努爾哈赤征戰一生，英勇無敵，成功奠定了大清帝國的萬世基業。紅閃鍛鐵葉甲冑是努爾哈赤生前常穿的戰袍之一，此盔甲分為頭盔與鎧甲兩部分，是乾隆命人依照努爾哈赤遺物重製的。

海西四部國主世系表

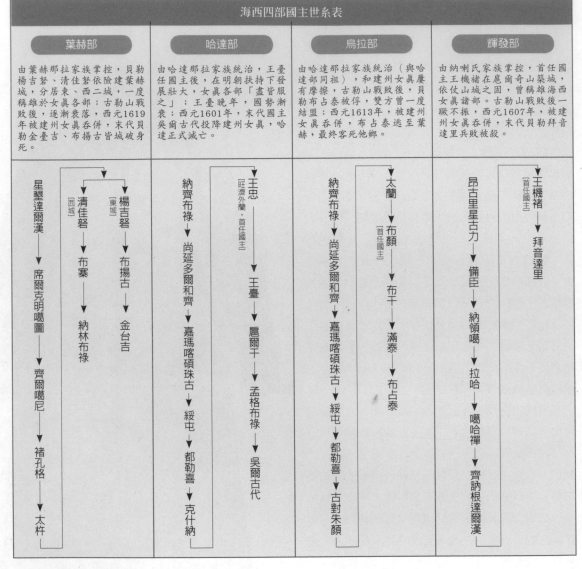

葉赫部	哈達部	烏拉部	輝發部
由葉赫那拉家族掌控，貝勒楊吉砮、清佳砮依險建葉赫城，分居東、西二城，一度稱雄於女真各部；古勒山戰敗後，逐漸衰落，西元1619年被建州女真吞併，末代貝勒金臺吉、布揚古皆城破身死。	由哈達那拉家族統治，王臺任國主後，在明朝扶持下發展壯大，女真各部「盡皆服之」；王臺晚年，國勢漸衰；西元1601年，末代國主吳爾古代投降建州女真，哈達正式滅亡。	由哈達那拉家族統治（與哈達部同祖），和建州女真屢有摩擦，古勒山戰敗後，貝勒布占泰被俘，雙方曾一度結盟；西元1613年，被建州女真吞併，布占泰逃至葉赫，最終客死他鄉。	由納喇氏家族掌控，首任國主王機褚在扈爾奇山築城，依仗山城之固，曾稱雄海西女真諸部。古勒山戰敗後一蹶不振，西元1607年，被建州女真吞併，末代貝勒拜音達里兵敗被殺。
星墾達爾漢→席爾克明噶圖→齊爾噶尼→褚孔格→太杵→楊吉砮［東城］→布揚古→金台吉；太杵→清佳砮［西城］→布寨→納林布祿	納齊布祿→尚延多爾和齊→嘉瑪喀碩珠古→綏屯→都勒喜→克什納→王忠［旺濟外蘭，首任國主］→王臺→扈爾干→孟格布祿→吳爾古代	納齊布祿→尚延多爾和齊→嘉瑪喀碩珠古→綏屯→都勒喜→古對朱顏→太蘭→布顏［首任國主］→布干→滿泰→布占泰	昂古里星古力→備臣→納領噶→拉哈→噶哈禪→齊訥根達爾漢→王機褚［首任國主］→拜音達里

伐哈達的戰役雖然以勝利告終，但努爾哈赤與弟弟舒爾哈齊之間卻開始出現分裂。

萬曆三十五年（1607年），烏拉部屬下的東海瓦爾喀部歸附努爾哈赤，努爾哈赤派弟弟舒爾哈齊與長子褚英、次子代善率兵迎接其首領家眷，途中遭到烏拉部的堵截，努爾哈赤率軍趕到，大破之。這次大捷，努爾哈赤共斬首三千人、俘獲馬匹五千、繳獲鎧甲三千，自此烏拉大衰。這場戰役中，弟弟舒爾哈奇更是表現出對努爾哈赤的不忠，在褚英和代善拼死奮戰時，舒爾哈齊卻在一旁觀戰。隨後，努爾哈赤剝奪了舒爾哈齊的軍事權力。同年九月，輝發部出現內亂，努爾哈赤又趁機將輝發部滅掉。萬曆四十一年（1613年），努爾哈赤再次發兵烏拉部，將其一舉滅掉。

哈達、輝發、烏拉先後滅亡，海西就剩下葉赫部。葉赫向明朝求救，明朝派出千人持火器相助，努爾哈赤攻下七城、十九寨而歸。後來直到萬曆四十七年（1619年），努爾哈赤建立汗國、起兵反明之後，才再次率兵攻打葉赫，葉赫滅亡。

經過30多年的征戰，努爾哈赤終於統一建

州五部、海西四部及東海大部分地區。在統一女真族的同時，努爾哈赤對鄰國採取了「遠交近攻」策略，與蒙古、朝鮮保持友好關係，與明朝保持君臣關係。萬曆十七年（1589年），明朝封努爾哈赤為都督僉事，萬曆二十三年（1595年）又封他為龍虎將軍。每次封賞後，努爾哈赤皆入朝謝恩。所以直到萬曆四十六年（1618年）以「七大恨」誓師伐明之前，努爾哈赤一直沒有受到明朝的征討，這也極大地促進了女真統一的順利進行。

第4節

建立後金政權

西元1587年~西元1616年

在統一女真各部的過程中，努爾哈赤積極建立國家政權。萬曆十五年（1587年），努爾哈赤在呼蘭哈達東南加哈河、碩里加河兩界中的平崗築城三層，作為衙門樓臺；六月二十四，努爾哈赤訂立國策、制度、法規，禁止部族隨意作亂、盜竊、欺詐等。萬曆二十三年（1595年），努爾哈赤自稱「女真國建州衛王子」；萬曆三十三年（1605年），努爾哈赤又自稱「建州地方等處國王」、「建州王」、「建州國汗」。

自努爾哈赤統一女真諸部以來，建州的生產力得到了很大發展，女真各部空前團結，女真社會的一個強有力的統治階級集團已經形成。而作為發展和保衛這個國家的軍隊，也正式確立了它的組織形式，即所向披靡而又獨具特色的八旗制度。

女真是一個主要以狩獵、採集為主的民族，早在氏族社會時，就有一種叫「牛錄」的制度。族人在出獵或行軍時，參加者按族寨結合，十人為一「牛錄」，立一總領，這個總領叫做「牛錄額真」。「牛錄」作為一種臨時組織，為女真族的發展作出了貢獻。但是「牛錄制」是為狩獵而設，組織結構非常鬆散，只能用於小規模作戰，不利於努爾哈赤的統一大業。

努爾哈赤看到了這一制度的弊端，逐漸對其進行改造，在統一女真各部的軍事行動中，把不斷合併的諸申（滿人）、伊爾根（自由民）編

清朝佩刀

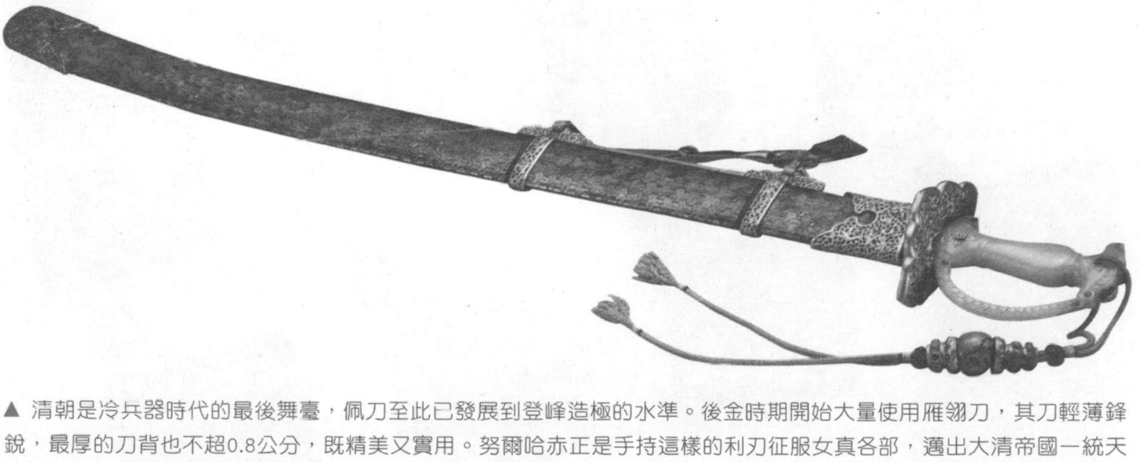

▲ 清朝是冷兵器時代的最後舞臺，佩刀至此已發展到登峰造極的水準。後金時期開始大量使用雁翎刀，其刀輕薄鋒銳，最厚的刀背也不超0.8公分，既精美又實用。努爾哈赤正是手持這樣的利刃征服女真各部，邁出大清帝國一統天下的第一步。

入「牛錄」，並把它加以擴大。規定300人為一個牛錄，每一牛錄設置一位首領——牛錄額真；五個牛錄組成一「甲喇」，首領為甲喇額真；五個甲喇組成一個「固山」，首領為固山額真。每個固山以一旗為標誌，所以固山就是我們所說的「旗」，固山額真就是旗主，又稱「和碩貝勒」，掌管一旗之事務。

萬曆二十九年（1601年），努爾哈赤正式建立黃、白、紅、藍四旗。四旗顏色的確立，源於女真人射獵時各方所用旗的顏色，總領四方的，為居於北方的「汗旗」，以黃色為標誌。居於東方、西方、南方的，則是貝勒旗，分別以白旗、紅旗和藍旗為標誌。後來隨著戰爭的不斷取勝，隊伍不斷擴大，努爾哈赤又於萬曆四十三年（1615年）增加了四個旗，將原來的四色旗幟周圍鑲上邊，黃旗、藍旗、白旗鑲紅邊，紅旗鑲白邊，即鑲黃、鑲白、鑲紅、鑲藍四旗。這樣一來，就有了正黃旗、鑲黃旗、正白旗、鑲白旗、正紅旗、鑲紅旗、正藍旗、鑲藍旗這八旗。於是，一個具有軍事、行政和生產職能的八旗制度就正式確立了。

建旗之初，努爾哈赤親領兩個黃旗，次子代善為兩個紅旗的主旗貝勒，八子皇太極為正白旗主旗貝勒，長子褚英之子杜度為鑲白旗主旗貝勒，五子莽古爾泰為正藍旗主旗貝勒，舒爾哈齊之子阿敏為鑲藍旗主旗貝勒；同時，努爾哈赤總攬大權，統轄八旗。

之後皇太極又逐漸增設蒙古八旗和漢軍八旗，共24旗，但統稱為「八旗」。八旗制度以旗統治軍民，出則為兵，入則為民。以八旗為紐帶，將全社會的軍事、政治、經濟、行政、司法和宗族統制起來，聯結成為一個組織嚴密、生氣勃勃的社會機體。

努爾哈赤時期，八旗的軍民沒有什麼區別，各旗之間也是平等的。後來，因為旗主身分的不同，正黃旗、鑲黃旗、正白旗成了上三旗，而其他旗成了下五旗。

努爾哈赤規定，所有人員都必須編入設定

八旗佐領圖印

▼ 八旗制度由努爾哈赤於明萬曆二十九年（1601年）所創立，共有正黃、正白、正紅、正藍、鑲黃、鑲白、鑲紅、鑲藍八旗，後來皇太極設置蒙古八旗和漢軍八旗。佐領是八旗中的基層管理者，官階正四品，統領300人左右。

八旗概況				
旗幟	著名人物	清末兵力	總人口	備註
鑲黃旗	費英東、鰲拜、遏必隆、降科多、傅恆、福康安、慈禧	84個佐領、2個半分佐領 約26000兵力	約13萬人	八旗之頭旗，上三旗之首
正黃旗	揚古利、額爾德尼、索尼、索額圖、明珠、納蘭性德	92個佐領、2個半分佐領 約30000兵力	約15萬人	上三旗之一，人口最多
正白旗	多爾袞、多鐸、董鄂妃、曹雪芹、阿桂、榮祿、婉容	86個佐領 約26000兵力	約13萬人	上三旗之一
正紅旗	代善、何和禮、和珅、豐紳殷德、烏蘭泰、英斂之	74個佐領 約23000兵力	約11.5萬人	下五旗之首
鑲白旗	扈爾漢、明安圖、善耆、鐵良、金壁東、川島芳子	84個佐領 約26000兵力	約13萬人	下五旗之一
鑲紅旗	光緒寵妃珍妃、瑾妃	86個佐領 約26000兵力	約13萬人	下五旗之一
正藍旗	莽古爾泰、達海、賽尚阿、耆英、趙爾巽、啟功	83個佐領、11個半分佐領 約26000兵力	約13萬人	下五旗之一
鑲藍旗	安費揚古、鄂爾泰、顧太清、穆彰阿、肅順、端華	87個佐領、1個半分佐領 約27000兵力	約13.5萬人	下五旗之一

★在清初的官方文獻上，曾對八旗排序作過多次修改，最後一次是在順治中期，至此八旗排序正式確定下來，直到清末。

的八旗裡面。八旗人員居住同一地區，互為婚娶，耕田種地，牧馬放羊，採參打獵，遵守國法，納稅服役，聽從汗、貝勒統率，使用滿語滿文。服飾也要求一律，婦女不得再纏腳，男子都要剃髮留辮。這樣一來，使原本來自不同地區、制度相異、習俗不一的幾十萬女真、蒙古、漢人，在生產力、生產關係、賦役負擔、國家法令、語言文字和風俗習慣等各方面，大體上達到同樣的水平。這樣，一個新的民族共同體——滿族就形成了。

八旗的建立使女真人形成一個整體，在旗主的管轄下，享有獲得土地、奴僕、牲畜和財產的權利，同時，也承擔著征戰的義務。八旗制度「以旗統軍，以旗統民」，是努爾哈赤獨具特色的創舉，也是清朝前期一個重要的社會制度，它在清初的一系列戰役中都發揮了決定性的作用。

除了建立八旗制度，努爾哈赤還完成了另外一項重要的歷史任務——創制滿文。

女真人起初並沒有自己的文字，金建國後，公文曾經使用過契丹字。西元12世紀初，金太祖完顏阿骨打創制了女真大字。它以契丹大字和漢字為基礎，加、減或變化其筆畫而製成。金天眷元年（1138年），金熙宗又頒布改造後的新字，稱為「女真小字」，並將女真文字作為金國的官方文字使用。但在金國統治中原的百餘年間，女真字應用者實際僅限於統治階層。蒙古滅金以後，進入中原的女真人逐漸漢化，大都改用漢語；生活在東北地區的女真人雖仍用女真文，至明朝正統年間卻逐漸消失，女真字由此成為無人可識的「密碼」。

直到努爾哈赤時，女真人仍然是借用蒙文和漢文，語言和文字二者間的差異，成為文化發展和社會發展的嚴重桎梏。萬曆十五年（1587年），努爾哈赤在呼蘭哈達東南加哈河、碩里加河兩界中的平崗建立新政權之後，內外聯繫更為頻繁。朝廷發布政令、布告，記錄各項公務事宜等，因為沒有自己的文字，皆需藉助蒙古文來完成，這給新政權帶來諸多不便。同時，因為缺少眾多懂蒙文的人，使得各部之間溝通相當困難，嚴重阻礙了新政權的發展。努爾哈赤深知，女真人要想問鼎中原，沒有自己民族的文字是不行的。客觀形勢的需要，迫使努爾哈赤的新政權急需一種與滿語相配合的文字，如同漢語漢文、蒙語蒙文一樣。於是，努爾哈赤決心創制滿語自己的文字。

萬曆二十七年（1599年），努爾哈赤命巴克什額爾德尼和扎爾固齊噶蓋用蒙古字目拼寫滿文，兩人推辭說：「我們學習蒙古字，要先通曉蒙古語言，如果用我們的國語來創造文字，我們實在無能無力啊。」努爾哈赤說：「漢人念漢字，讀不讀書的人都知道；蒙古人念蒙古字，讀不讀書的人也都知道。而我們國家寫蒙古文字，不學習蒙古文的人就不能看懂。為何你們會說編寫自己國家的文字難，而學習別人國家的文字反而容易呢？」見二人仍然面有難色，不得要領，努爾哈赤接著又說，「阿字，下面寫一個『瑪』字，不就是『阿瑪』嗎（阿瑪，父親）？額字，下面寫一『默』字，不就是『額默』嗎（額默，母親）？我的決心已經下定了，你們就這麼寫吧，一定會成功的。」

於是，巴克什額爾德尼和扎爾固齊噶蓋開始了十餘年的女真文編創歷程。經過認真的研究和反覆實驗，他們參照蒙文的字形、維文的線條、藏文的結構、女真的語音、漢文的意境，把字母和聲母拼讀成句，撰造出最初的女真文字。這種初創的女真文字，形成了「中間一根棍，兩邊都是刺」的字形結構，後人稱其為「無圈點滿文」，也被稱為「老滿文」；皇太極時對其進行了改進，變為有圈點的新滿文。滿文是拼音字母，有6個元音字母，22個輔音字母，10個特定字母；字母不分大小寫，在構成音節出現於詞首、詞中和詞尾時，均有不同的形式；書寫自上而下，行款自左至右。

滿文的創制和頒行是滿族文化史上的一件大事，它促進了滿族文化社會的進步，擴大了與相鄰民族的交往，並對後來女真的全面統一，建立「後金」政權，以至於入主中原都產生了非常重要的作用。滿文後來成為清朝官方文字，促進了

大清帝國年表1

皇帝（朝）	時間	主要事件
天命汗（1）	1583	努爾哈赤襲封為指揮使，以祖父、父親遺留13副鎧甲起兵，開始統一女真各部的戰爭。
	1588	努爾哈赤基本統一女真各部。
	1603	遷都至赫圖阿拉城。
	1616	努爾哈赤統一女真各部，稱汗，國號「大金」，史稱「後金」，年號「天命」，定都於赫圖阿拉城。
	1618	努爾哈赤以「七大恨」告天伐明；攻取撫順；薩爾滸之戰爆發。
	1619	薩爾滸之戰大敗明軍；征滅葉赫部，女真各部完全統一。
	1621	後金占領遼陽並遷都於此。
	1625	後金遷都於瀋陽，稱「盛京」。
	1626	努爾哈赤統兵攻打寧遠，被袁崇煥重傷，鬱憤而逝；皇太極受擁戴繼位，改元「天聰」。
天聰汗（2）	1627	後金興兵攻打朝鮮，大勝，兩國訂立「兄弟之盟」。
	1629	皇太極繞道內蒙古突襲北京，巧施反間計，袁崇煥下獄冤死；始設文館，振興文教。
	1631	皇太極仿照明制，設六部；率領大軍圍攻大凌河城，明將祖大壽獻城投降，後用計逃脫。
	1635	皇太極廢除「女真」族名，將族名改為「滿洲」。
	1636	皇太極稱帝，改國號為「大清」，改元「崇德」。

《軍機處滿文錄副奏摺》

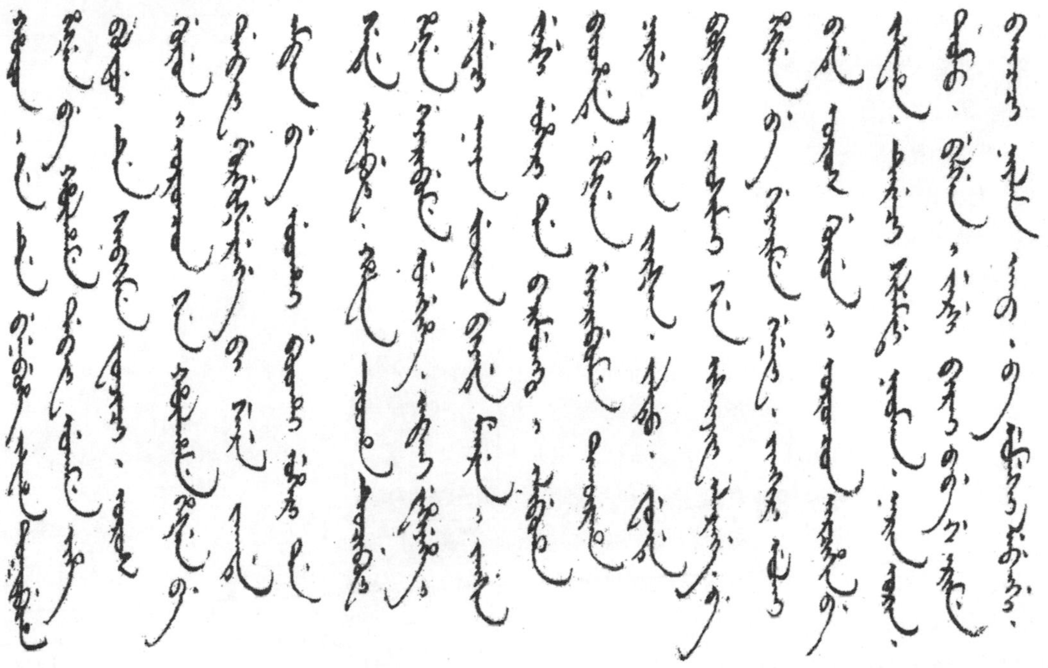

▲ 滿文作為清朝的法定文字，最早是按照蒙古文字母創制而來。圖中的《軍機處滿文錄副奏摺》為清代公文書，是大臣上報皇帝，經皇帝閱後形成朱批奏摺，是現存珍貴的滿文研究資料。

民族的統一和清王朝的建立與鞏固。當時，東北亞的通古斯諸族除滿族外都沒有文字。所以，努爾哈赤主持創制滿文，是滿族發展史上一塊里程碑，是中華文化史上、也是東北亞文明史上的一件大事。而且，因為滿文的頒行，才能為我們留下這些大批的滿文檔案，成為今天研究滿族和清朝歷史的寶貴財富。

努爾哈赤經歷了長達30多年的艱苦奮戰，基本統一了女真各部，並創立了滿文和八旗軍隊。萬曆四十四年（1616年）正月，努爾哈赤終於在撫順的赫圖阿拉建立了屬於自己的國家，國號「大金」，史稱「後金」，年號「天命」，隱喻有天命所歸的意思，努爾哈赤也因此被稱為「天命汗」。他將赫圖阿拉城改名興東城，定為國都。赫圖阿拉城是一個地理位置很重要的寶地，西距撫順200里，既有關山阻隔，也有大路通遼瀋。努爾哈赤以這裡為基地，圖謀發展，將後金領土擴大到東至日本海、北至庫頁島和外興安嶺、西至青海、西北至貝加爾湖、南至長城的廣大地區。

從萬曆十一年（1583年）含恨起兵到建立後金政權的33年中，努爾哈赤不僅很好地處理了女真族內部的關係，而且與明朝也維持了表面的和平。在此期間，努爾哈赤曾兩次長途跋涉進京朝貢，以麻痺明朝。而此時的明朝，社會矛盾空前激化，土地兼併日益激烈。以皇帝、貴族、權臣、縉紳為首的大小地主集團，都在瘋狂地掠奪土地，使得軍屯破壞、兵無月糧。同時，朝廷內部腐敗不堪，宮廷紛爭、黨禍橫行。這一系列的矛盾使得明朝根本無暇顧及在東北地區迅速崛起的努爾哈赤，也為日後的滅亡埋下了禍根。

努爾哈赤黃衣稱汗，建立後金，有一個歷史發展的過程，他沿著通向汗位寶座的階梯，一步一步拾級而上。

第一步，萬曆十五年（1587年），努爾哈赤起兵四年之時，大體上統一建州本部，在費阿拉圍築城柵，建起衙門樓臺。從此，努爾哈赤在蘇克素護河地區，初步建立起政權，這是後金政權的雛形。

第二步，萬曆十七年（1589年），努爾哈赤一面接受明朝冊封，一面在費阿拉稱王。

第三步，稱「女真國建州衛管束夷人之主」。努爾哈赤在大敗葉赫九部聯軍後，被明朝封為龍虎將軍；萬曆二十四年（1596年），努爾哈赤完全統一建州女真之後，在與朝鮮南部主簿的回帖中，自稱「女真國」，又署建州左衛之印。

第四步，稱「建州等處地方國王」。努爾哈赤統一女真之後，創制滿文，吞併哈達，建立四旗，萬曆三十一年（1603年）遷都至赫圖阿拉。

第五步，稱「昆都侖汗」。萬曆三十四年（1606年）蒙古恩格德爾引領喀爾喀五部貝勒使臣，到赫圖阿拉謁見努爾哈赤，尊稱努爾哈赤為「昆都侖汗」，這既為他自稱後金汗作了輿論準備，又為他登臨汗位做了預演。

第六步，建元稱汗。努爾哈赤稱汗，是建州由小變大、由弱變強的一個重要政治標誌。萬曆四十四年（1616年），努爾哈赤在赫圖阿拉稱汗，建立後金軍事農奴制政權。這一年，努爾哈赤58歲，他在隆重的禮儀中登上汗位。同時，努爾哈赤宣布後金四大和碩貝勒：次子代善為後金大貝勒，侄子阿敏為後金二貝勒，五子莽古爾泰為後金三貝勒，八子皇太極為後金四貝勒。此外，大臣額亦都、費英東、安費揚古、扈爾漢和何和禮五人被任命為輔政五大臣。

這樣，努爾哈赤便建立了一個完全屬於自己的政權，此時的他已經是一隻羽翼豐滿的雄鷹。接下來，他便將兵鋒指向一直想要推翻的大明王朝，這隻在東北崛起的雄鷹終於將攻伐明朝提上了日程。

努爾哈赤建國全過程

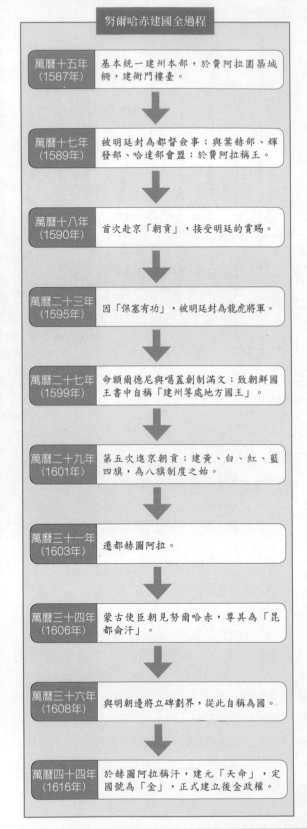

萬曆十五年（1587年）	基本統一建州本部，於費阿拉圍築城柵，建衙門樓臺。
萬曆十七年（1589年）	被明廷封為都督僉事；與葉赫部、輝發部、哈達部會盟；於費阿拉稱王。
萬曆十八年（1590年）	首次赴京「朝貢」，接受明廷的賞賜。
萬曆二十三年（1595年）	因「保塞有功」，被明廷封為龍虎將軍。
萬曆二十七年（1599年）	命額爾德尼與噶蓋創制滿文；致朝鮮國王書中自稱「建州等處地方國王」。
萬曆二十九年（1601年）	第五次進京朝貢；建黃、白、紅、藍四旗，為八旗制度之始。
萬曆三十一年（1603年）	遷都赫圖阿拉。
萬曆三十四年（1606年）	蒙古使臣朝見努爾哈赤，尊其為「昆都侖汗」。
萬曆三十六年（1608年）	與明朝邊將立碑劃界，從此自稱為國。
萬曆四十四年（1616年）	於赫圖阿拉稱汗，建元「天命」，定國號為「金」，正式建立後金政權。

第5節
發布「七大恨」起兵反明
西元1618年

努爾哈赤建立後金的這一系列舉措，給明朝帶來巨大的威脅，於是明朝開始在政治、經濟等方面對後金進行限制。例如利用葉赫部干擾努爾哈赤統一女真、停止貿易、挑起邊界糾紛等。

明萬曆四十六年（1618年，後金天命三年），恰是努爾哈赤六十大壽，這一天後金興京的宴殿上，紅燭將大廳照得如同白晝，努爾哈赤的兒子們頻頻向他敬酒。酒過三巡，努爾哈赤鄭重宣布：「我已經下定決心，今年內一定要討伐大明！」

雖然當時努爾哈赤喝了一些酒，又是在大宴之上宣佈，不免讓人認為是酒後玩笑。但努爾哈赤說的這些話並非酒後胡言亂語，相反的，這是他思慮已久的事情。他非常瞭解當時的形勢，對明朝也確實無多大顧慮，才敢於公開同明朝鬧翻。當時的明朝，統治者忙於鎮壓關內人民的起義，根本無力顧及遼東防備；加之近年來努爾哈赤表面對明朝恭敬，曾多次向明朝皇帝進貢，使明朝放鬆警惕。駐守遼東的明軍，早已荒廢了訓練，裝備設施也陳舊不堪，缺少糧餉，對外宣稱有10餘萬兵馬，其實根本沒有這麼多。加上長期以來一直處於和平狀態，守備又極為分散，軍隊戰鬥力差。努爾哈赤正是看到了明軍的這些弱點，認為時機已經成熟，他已經有足夠的力量與明朝抗衡，於是有了必勝的信心。

向來雷厲風行的努爾哈赤很快便召集貝勒諸臣討論方略，制定了具體的戰略方針。四月十三，努爾哈赤在興京「告天」誓師，宣讀了征討明朝的檄文，其中提到明朝政府欺凌自己和廣大女真人民的「七大恨」：

第一件大恨，是關於祖父覺昌安與父親塔克世無辜被害的舊帳。——「我祖宗與南朝看邊進

《飢民圖說》

▲《飢民圖說》，【明】楊東明編繪。明萬曆年間，黃河沿岸發生嚴重水災，大量房屋農田被毀，百姓流離失所。監察官員楊東明親眼見到災區人民的悲慘經歷，於是編繪出這本圖冊，連同奏摺一起上呈萬曆皇帝，希望能夠引起朝廷重視。

貢，忠順已久，忽將我二祖無罪加誅。恨一。」

第二件大恨，是建州左衛與葉赫均為明朝外藩，但明朝待葉赫好，對建州左衛不好。當時明朝在開原葉赫的附近，築了一個「鎮北關」，因此葉赫也常被混稱為「北關」。——「我與北關，同是外藩，事一處異。恨二。」

第三件大恨，是某一年努爾哈赤的部下殺掉了幾十個私自出邊採蔘挖礦的漢人，明朝卻命令他交出十人償命。努爾哈赤便從牢裡牽出十個倒霉的哈達俘虜，押到邊界上殺了，搪塞過去。——「漢人私出挖蔘，遵約傷毀，勒要十夷償命。恨三。」

第四件大恨，是明朝幫助葉赫，抵抗努爾哈赤的進攻。——「北關與我，同是屬夷，衛彼拒我，畸輕畸重。恨四。」

第五件大恨，是關於「葉赫老女」東哥的糾紛。葉赫由於得到明朝的支持，背棄盟誓，將答應嫁給努爾哈赤的滿蒙第一美女東哥轉嫁他人。——「北關老女，改嫁西虜。恨五。」

第六件大恨，是明朝勒令女真人退還柴河、三岔、撫安等處的土地，不得從事耕種與牧畜。——「逼令退地，田禾丟棄。恨六。」

第七件大恨，是明朝遼東當局派遣「遼陽無賴」蕭伯芝赴建州，他在當地作威作福，對努爾哈赤很不客氣。——「蕭伯芝大作威福，百般凌辱。恨七。」

發布「七大恨」告天的背景主要有三：第一，努爾哈赤深知明萬曆皇帝晚年政治更加腐化，遼東軍備更加廢弛；第二，除了明朝支持的葉赫部，努爾哈赤已經基本完成女真的統一，而且建立了屬於自己的後金政權；第三，遼東女真地區荒災嚴重，景象悲慘，使本來尖銳的階級矛盾更加激化，努爾哈赤便利用這個機會，將女真人的不滿指向明朝。

明朝的皇帝，從太祖朱元璋到萬曆帝朱翊鈞，都要女真尊他們為「尊皇帝」。遼東的明朝文武官將，也對少數民族採取歧視的態度，稱蒙古為「西虜」、「北虜」，稱建州女真為「東夷」，稱努爾哈赤為「奴兒哈赤」，這引起當地民眾的極大不滿。

不過，努爾哈赤發布的這「七大恨」，除了他要報祖父、父親之仇外，其他都可以說是不大不小的事情。就以努爾哈赤借葉赫老女抒發飲恨為例：葉赫老女是葉赫貝勒布齋之女，名為東哥，布齋在古勒山之役中被殺，葉赫請求歸還屍體，努爾哈赤只送還了一半，所以兩族結下不解之仇；其後，葉赫部將東哥許配給努爾哈赤，但又悔婚，努爾哈赤等待了22個年頭，已經36歲的老姑娘東哥卻最終嫁給喀爾喀的一個王子。原本這只是葉赫部與努爾哈赤之間的恩怨，他將其作為興師伐明的一個藉口，未免小題大做。努爾哈赤之所以要公開這「七大恨」，就是要激起女真人的民族情緒，並藉助對明朝戰爭的勝利掠奪漢人財富，以緩解後金的社會危機。從此，努爾哈赤的目標已經不是統一女真部落，而是要與明朝爭雄天下了。

「七大恨」檄文

大金國主臣努爾哈赤詔告於皇天后土曰：

我之祖父，未嘗損明邊一草寸土，明無端起釁邊陲，害我祖父，此恨一也；明雖起釁，我尚修好，設碑立誓，凡滿漢人等，無越疆土，敢有越者，見即誅之，見而顧縱，殃及縱者，詎明復渝誓言，逞兵越界，衛助葉赫，此恨二也；明人於清河以南，江岸以北，每歲竊逾疆場，肆其攘奪，我遵誓行誅，明負前盟，責我擅殺，拘我廣寧使臣綱古里方吉納，脅取十人，殺之邊境，此恨三也；明越境以兵助葉赫，俾我已聘之女，改適蒙古，此恨四也；柴河三岔撫安三路，我累世分守，疆土之眾，耕田藝谷，明不容留獲，遣兵驅逐，此恨五也；邊外葉赫，獲罪於天，明乃偏信其言，特遣使遺書詬言，肆行凌辱，此恨六也；昔哈達助葉赫二次來侵，我自報之，天既授我哈達之人矣，明又擋之，脅我還其國，己以哈達之人，數被葉赫侵掠，夫列國之相征伐也，順天心者勝而存，逆天意者敗而亡，豈能使死於兵者更生，得其人者更還乎？天建大國之君，即爲天下共主，何獨構怨於我國也？今助天譴之葉赫，抗天意，倒置是非，妄爲剖斷，此恨七也！

欺凌實甚，情所難堪，因此七恨之故，是以征之。

——選自《清太祖高皇帝實錄》

「七大恨」告天後的第二天，努爾哈赤便披甲上馬，親率步騎兵兩萬，直撲遼東明軍邊防重鎮撫順。在進軍前，努爾哈赤向全軍申明軍紀：「陣中所得之人，勿剝其衣，勿淫其婦，勿離其夫妻；拒敵者殺之，不拒敵者勿妄殺。」同時頒布《兵法之書》，整修器械，嚴明軍令，八旗官兵士氣昂揚、飛馳前進。

撫順城濱臨渾河，是建州女真與明朝互市的重要場所。幼年的努爾哈赤遭到繼母排斥，只能靠撿松子、挖人參，然後運到撫順販賣維持生計。常年來撫順貿易，使努爾哈赤對這裡的山川地理形勢瞭如指掌、熟爛於心。當時守衛撫順的是明游擊將軍李永芳，以前努爾哈赤也曾和他打過交道，對他有些瞭解。努爾哈赤在每次戰役中都會想到用計策取勝，這一次當然也不例外。他派出先遣部隊冒充商人來撫順，將撫順商人和軍民誘出城外貿易，後金主力乘機突入毫無戒備的城內，守將李永芳投降，撫順很快被攻下。李永芳投降後，努爾哈赤不僅沒有為難他，反而以禮厚待，將他提拔為副將，更是將姪女嫁給他。

同年，後金軍左四旗兵又攻占東州（今瀋陽東南）、馬跟單（在赫圖阿拉西南）兩座城池。當後金撤走時，明廣寧（今遼寧北鎮）總兵張承胤率領一萬餘人前來追趕。後金軍在努爾哈赤的指揮下，利用風沙大作的有利天時，全殲明軍。此次戰役中，後金軍俘戰馬9000匹、鎧甲7000副，兵仗器械不計其數。初戰大勝後，努爾哈赤又於同年七月，親統八旗軍圍攻清河城（今遼寧本溪東北），明朝守將並不出戰，而是固守城門並施放火器，八旗兵馬死傷千餘人。努爾哈赤見狀，命令士兵從城下挖牆而入，終於將清河城攻占。至此，明撫順以東諸堡都為後金所有。

撫順、清河之役勝利後，後金軍隊士氣大增，努爾哈赤將一名漢人俘虜的雙耳割去，令其鮮血淋漓地回明朝送信，要求明朝正式稱他為王，向他輸彩幣、納金銀。萬曆皇帝對此作出的回應是「調兵遣將，犁庭掃穴」。努爾哈赤得知後，也下令築城界藩山，作為進取退守的處所，擺開架勢準備與明軍大戰到底。

努爾哈赤策馬揚鞭

▶ 努爾哈赤發布「七大恨」之後，迅速對明朝發起進攻，取得一系列勝利。他攻撫順、陷清河，在薩爾滸大敗明軍主力，基本奪取了遼東地區。努爾哈赤一生征戰，劍指中原，雖然未能完成消滅明朝的心願，但為大清帝國的建立打下了堅實的基礎。

親藩習射圖

第6節 薩爾滸之戰

西元1619年

萬曆四十七年（1619年，後金天命四年）正月，努爾哈赤再次親率大軍進攻葉赫部，這一次給了葉赫部以沉重的打擊。葉赫部趕緊向明朝告急，請求援助。明朝在努爾哈赤攻陷撫順、清河以後，已任命兵部左侍郎楊鎬為遼東經略，起用山海關總兵杜松、遼東總兵李如柏等大舉討伐努爾哈赤。接到葉赫部被討伐的消息，明朝便日夜催促楊鎬等進兵，還命令福建、浙江、陝西、四川、甘肅等省發兵馳遼，「期滅此奴（努爾哈赤），以雪敗亡之恥」。於是，一場你死我活的戰役——「薩爾滸之戰」，就這樣拉開了序幕。

楊鎬等明朝諸將誓師後，商議兵分四路，分進合擊，直搗赫圖阿拉。楊鎬坐鎮瀋陽，指揮全局。計畫的四路中，東路由遼陽總兵劉綎率領明軍1萬人和朝鮮援軍1萬人出寬甸；南路由遼東總兵李如柏率領25000人，由清河出鴉鶻關；西路由山海關總兵杜松率領3萬人由瀋陽出撫順關，入蘇子河谷；北路由開原總兵馬林率領明軍及葉赫軍2萬餘人，從開原出三岔口（今遼寧開原南）。四路兵馬，以西路為主力，齊向赫圖阿拉逼近。這本來是一個十分精妙的計畫，可惜在明軍出動前就被努爾哈赤探知了。

努爾哈赤得知明軍四路進擊的軍事部署後，並沒有分兵迎擊，而是採取「憑爾幾路來，我只一路去」的作戰策略，集中優勢兵力逐一擊破。於是，努爾哈赤親自率領6萬八旗兵，迎擊來勢洶洶的明軍。

萬曆四十七年（1619年，後金天命四年）三月初一，東路的劉綎軍從寬甸出發向西開進；北路的馬林軍從開原出發，葉赫軍還沒開始行動；南

◀《親藩習射圖》，清人繪，現藏於故宮博物院。滿人從馬背奪得天下，因此對騎射技術十分重視。清朝入關以後，為保證軍隊戰鬥力，依然緊抓八旗子弟的騎射訓練，圖中所繪正是康熙年間貴族子弟練習射箭的場景。

路的李如柏雖然已經從清河堡出發，但行動也是相當遲緩；只有西路主力杜松部儼然一股人無畏的陣勢，浩浩蕩蕩地前往赫圖阿拉。不過這位杜松將軍雖然「勇健絕倫」，卻是個有勇無謀之人，他為了搶立頭功，竟不顧將令，擅自先行。待杜松趕至渾河時，努爾哈赤早已在山林深處埋下精兵，並派人堵住渾河的上游，給杜松製造河水很淺的假象。杜松哪會料到努爾哈赤這一舉措，見水很淺便率兵渡河，不料等杜松軍一下水，後金軍便決堤放水，此時河水驟漲、淹沒肩頭，明兵被河水衝散的就有幾千人。還未開戰，努爾哈赤已經取得了一次小小的勝利，後金軍士氣大漲。

杜松帶領剩餘的部隊到達薩爾滸之後，得知後金正在加緊趕修「形勢險要，扼鎖陽之咽喉」的界凡城（位於赫圖阿拉西北鐵背山上）以阻擋明軍東進，便決定迅速攻占界凡城。界凡城北臨渾河東岸的吉林崖（位於薩爾滸東北），為界凡第一險要之處；南連扎喀關，為界凡第二險要之地；西隔蘇子河與薩爾滸山相望，兩地相距10餘里；東至後金都城赫圖阿拉100餘里，而且道路平坦。就是說，若攻下界凡城，後金國都赫圖阿拉就近在眼前了，因此這裡成為兩軍必爭之地。杜松將兵力一分為二，以一部在薩爾滸山下結營駐守，他親率另一部渡過界凡渡口，準備從界凡城下的吉林崖攻入。

努爾哈赤認定杜松軍是明軍的主力，只要破了杜松，其餘幾路人馬都不足為患，因此他只派了500人防守自寬甸來攻的劉綎軍先頭部隊，而將主力集中來迎戰杜松。他派遣大貝勒代善率兩旗兵力增援吉林崖，截擊杜松，使得杜松兩部不能互援；自己則親率八旗軍衝向薩爾滸，進攻薩爾滸的杜松軍主力。明軍戰車陣發射巨炮，炸彈爆發，血肉橫飛。後金鐵甲騎兵奮力衝擊，在吶喊聲中，狂撲明軍薩爾滸大營。鐵騎集中一點，拼死進攻，終於突破戰線，縱橫馳突。經過一場激烈的戰鬥，薩爾滸的明軍被擊潰，傷亡十分慘重。而後，努爾哈赤又馳兵與代善會師，打算擊破進攻吉林崖的杜松軍另一部。此時進攻吉林崖的杜松軍，聽到薩爾滸大營失陷的消息後，早已軍心動搖，成為驚弓之鳥，失去戰鬥力。突然遇到從吉林崖山上壓過來的後金軍，士氣更加低落，明軍被殺得丟盔棄甲。杜松率官兵奮戰數十餘陣，企圖占據山頭，突然大風揚塵，無法辨認方向，明軍只好打起火把。明軍身在明處，看不見敵人，銃炮都打到叢林中去了；後金軍卻是從暗處擊明，百發百中。隨後，後金軍以數倍於杜松軍的兵力四面圍攻，杜松軍左右衝擊，矢盡力竭，大部分明兵戰死，剩下的明兵向北一直潰退到渾河，由於搶著渡河，你推我擠，人馬雜沓，被殺和淹死者不計其數。有些明兵過河後，經營盤逃至碩欽山，被追擊的後金兵全部殲滅。

努爾哈赤初戰告捷，消滅了西路的明軍主力，便將目標轉移到北路明軍。總兵馬林率領的北路明軍，原計畫從開原出發、出靖安堡，可是臨時改由經三岔口進入後金地界。三月初一晚間，馬林率軍到達富勒哈山的尚間崖（在薩爾滸西北30餘里），在此安營紮寨，命潘宗顏等率一支人馬駐守斐芬山，這樣和因運送輜重退守斡琿鄂模的西路龔念遂部，互為犄角，可以彼此聲援。

努爾哈赤消滅西路明軍以後，便揮軍北上追敵，因天已昏黑，他率軍宿於巴爾達崗，大貝勒領兵宿於哈克山，其他諸貝勒大臣率軍沿土木河警戒。第二天清晨，代善帶領三百餘騎馳往尚間崖，當時馬林已經得到杜松部被殲的消息，心頭也有一些害怕。見後金兵到達，便「回兵結營寨，四面向，環營浚壕三匝，列火器，俾習火器者步行立壕外，其外密布騎兵，又列諸火器，他士卒皆下與結方陣，列於壕內」。於是代善將偵查情況派人報告努爾哈赤，努爾哈赤便命諸貝勒大臣領兵與代善會合，他與四貝勒皇太極率領一千人馬進攻。努爾哈赤與皇太極率軍迅速進抵尚間崖，登山瞭望，見明兵已布陣待戰。他企圖命令後金軍先占領山巔，然後向下衝擊，正準備揮軍登山，忽見明營內外合兵，正要衝殺。努爾哈赤看到這個情況，立即收回成命，要八旗兵下馬步戰，可是此時明兵已從西邊突至，代善便怒馬迎戰，直入其陣。二貝勒阿敏、三貝勒莽古爾泰與諸大臣等，亦率旗衝陣。一陣激戰，明兵再次大敗。同時，尚未參戰的六旗兵，不待布列行陣，就縱馬

▲ 愛新覺羅．代善（1583年～1648年），清太祖努爾哈赤次子。天命元年（1616年），代善被封為和碩貝勒，在攻打女真、蒙古、明朝的戰役中屢次建功。後因擁立皇太極有功，被尊為禮親王，為清初八大鐵帽子王之一。

飛馳，直衝馬林明軍大營，馬林怯戰，策馬先奔，逃回開原，副將麻岩戰死，餘眾大潰，全營皆沒。

努爾哈赤消滅尚間崖明兵以後，隨後揮軍東進，攻打駐守斐芬山的明軍潘宗顏部。這時葉赫貝勒金臺石、布揚古等率軍相助明兵，與潘宗顏部合軍，行至開原中固城，得知尚間崖明軍已敗，於是回軍。努爾哈赤命後金兵半數下馬步戰，另一半騎馬在後，向山上推進，已成包圍之勢。斐芬山的明軍進行頑強抵抗，不斷發射火器，但是後金兵仍奮勇衝擊，潘宗顏陣亡，全軍被殲。至此，後金又粉碎了北路的明軍。

奪得尚間崖和斐芬山後，努爾哈赤立即轉兵南下，迎擊明東路劉綎軍。劉治軍一向嚴整，行則成陣，止則成營，炮車火器齊備，裝備精良，戰鬥力強。努爾哈赤根據劉綎軍的這一特點，採取誘敵速進、設埋伏全部殲滅的打法。當時，劉綎軍並不知道西路、北路已經失守，正向距離赫圖阿拉50里的阿布達里崗行軍。努爾哈赤知道阿布達里崗一帶山路險隘，重巒疊嶂，很容易設下埋伏。於是親率4000兵守城，派遣主力埋伏於阿布達里崗，並命令少數人冒充明朝士兵，拿著杜松令箭，詐稱杜松已經逼近赫圖阿拉，讓劉綎軍速去與他會合。劉綎果然中計，下令輕裝進城，等他們到達阿布達里崗時，劉綎讓兵馬單列行進。後金軍突然衝出，只見伏兵四起、首尾齊擊，劉力戰而亡，全軍潰敗。隨後，努爾哈赤又乘勝迫降了與劉綎協同作戰的朝鮮軍。

楊鎬坐鎮瀋陽，掌握著一支機動部隊，但是當他聽聞三路喪師，卻沒有作出絲毫的應戰反應，還急令李如柏率領的南路明軍火速撤往清河。李如柏受命撤軍時，沿途聽到山上後金哨兵的鳴螺聲，還以為有伏兵或追兵，明軍驚慌逃命，自相踩踏，死傷千餘人。至此，薩爾滸戰役落下帷幕。

薩爾滸戰役是戰爭史上以少勝多的典型戰例，在戰鬥中，努爾哈赤充分顯示了其機動靈活的指揮才能，還有後金將士勇猛戰鬥的作風。五天之內，在三個地點進行了三次大戰，戰鬥前部署周密，戰鬥中勇敢頑強，戰鬥結束後迅速脫離戰場，立即投人新的戰鬥。明軍慘敗的消息傳到開原、鐵嶺、瀋陽、遼陽等地，眾人皆懼怕，紛紛逃竄。從此，明朝在遼東的統治動搖，軍事力量一蹶不振，對於後金的威脅只有招架之功，再無還兵之力。

薩爾滸戰役之後，明朝的遼河以東基本淪陷，後金則繼續與明朝爭奪遼西地區。最終，努爾哈赤連奪遼寧、瀋陽、廣寧等地，達到40年戎馬生涯的頂峰。

薩爾滸之戰（1619年）		
地點	薩爾滸（今遼寧撫順市東大伙房水庫東南岸）	
參戰方	明朝、朝鮮、海西女真葉赫部	後金
指揮官	山海關總兵杜松 遼東總兵李如柏 開原總兵馬林 遼陽總兵劉綎 遼東經略楊鎬 朝鮮都元帥議政府左參贊姜弘立	後金可汗努爾哈赤 大貝勒代善 二貝勒阿敏 四貝勒皇太極 努爾哈赤第十三子賴慕布
兵力	約14萬（其中8萬出征，6萬駐防各地）	約8萬（6萬出戰）
傷亡	死傷約5萬	死傷不詳
結果	後金軍在此役中大敗明軍，從此改變了遼東的戰略格局。	

第7節

寧遠戰亡

西元1621年～西元1626年

後金在努爾哈赤的征戰中日漸強大，薩爾滸大捷，智取開原、鐵嶺，攻克瀋陽、遼陽、廣寧，明朝一次又一次在與後金的戰鬥中敗下陣來。天命六年（1621年），努爾哈赤率領八旗大軍以銳不可當之勢挺進遼東，並將都城從赫圖阿拉遷至遼東重鎮遼陽，在此大興土木，修築宮室。

不過，努爾哈赤並不滿足於此。天命十年（1625年）三月初三早朝的時候，努爾哈赤突然召集眾臣和貝勒商議，提出要將都城遷至盛京，也就是今天的瀋陽。此提議遭到貝勒諸臣的強烈反對，大家都認為此事過於倉促，之前毫無徵兆，著實令人摸不著頭腦。但此時天命汗努爾哈赤已經決意遷都，同時責備諸臣目光短淺。努爾哈赤解釋說：瀋陽是四通八達之處，地理位置非常有利，北征蒙古，西征明朝，南征朝鮮，進退自如；其次，遼陽滿漢民族矛盾日益嚴重，瀋陽只是一個中等城市，人口少，易於管理，這樣可以避免滿漢之間矛盾的激化。諸貝勒及大臣聽後也覺得確實如此，於是後金遷都瀋陽。瀋陽因此第一次在中國歷史上成為都城，經過努爾哈赤、皇太極父子兩代的經營，遼河地區的經濟與社會得到了全面的開發與發展。清朝入關以後定都北京，但瀋陽仍作為陪都，在大清帝國的統治中占有重要地位。

遷都瀋陽之後，努爾哈赤並未止步，他野心勃勃，發誓要奪取全國政權，問鼎中原。天命

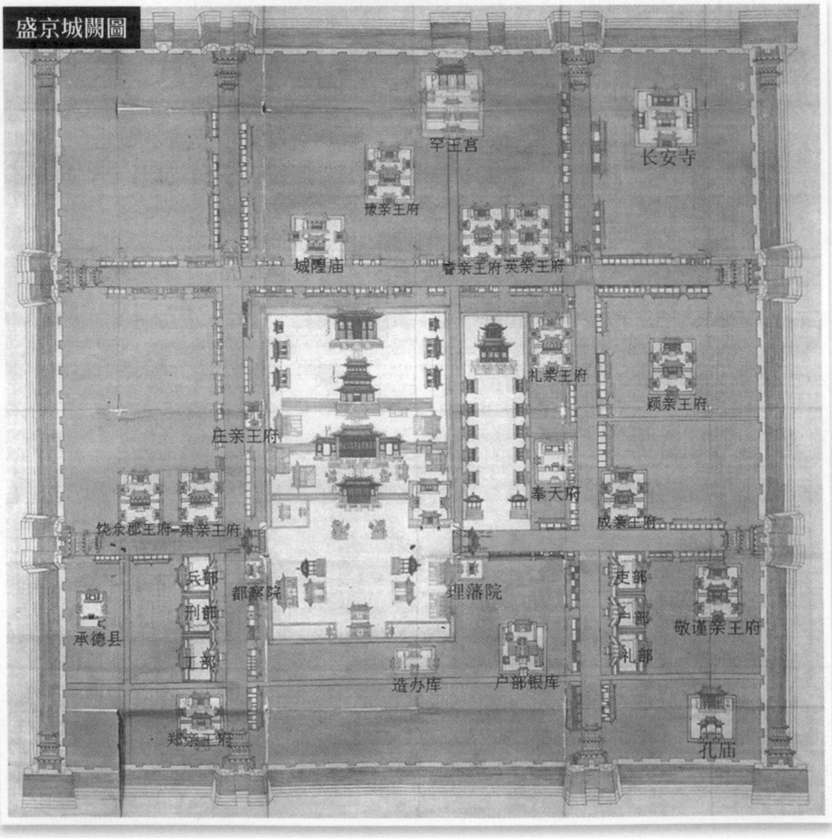

◀《盛京城闕圖》，現珍藏於中國第一歷史檔案館。此圖為康熙年間所繪，原圖用滿文標注了盛京宮殿、王府、衙署、寺院的位置，是當時瀋陽的平面圖。清朝是瀋陽最為繁華的時期，即使後來定鼎中原，瀋陽仍為陪都，在大清帝國中占有重要地位。

◀ 圖中火銃製造於景泰元年（1450年），是明朝中葉於謙率軍擊敗瓦剌部的歷史見證。火銃是明代軍隊的重要武器裝備，自永樂年間始，當時的銃炮有大有小，大的用於守城，小的則用於衝鋒陷陣，這也是明朝軍隊對付後金最大的優勢所在。

十一年（1626年）正月十四，68歲的努爾哈赤再次御駕親征，率領諸貝勒及6萬勁旅征討大明。只是，努爾哈赤沒有想到，他在這場戰役中遇到了生平最強勁的對手——袁崇煥。

當初，努爾哈赤連克廣寧、義州等40餘座城堡，並企圖占領遼西和山海關的時候，明朝面對後金的猛烈進攻卻束手無策。遼東經略王在晉主張死守山海關，以保衛京師。而寧前兵備僉事袁崇煥則認為：若守關內，必守關外；若保關外，必守寧遠。他的主張，得到前往山海關視察的明朝兵部尚書孫承宗的支持。不久明朝任用孫承宗取代王在晉經略遼東，孫承宗立即命袁崇煥與副總兵滿桂領兵萬餘人駐守寧遠，袁崇煥到達寧遠之後抓緊築城、部署防備。可惜，因孫承宗是東林黨的領袖，與以大太監魏忠賢為首的閹黨水火不相容，在黨爭中受到排擠，只好辭官回京，而接任孫承宗任遼東經略的則是閹黨黨羽高第。

正月十六，後金軍隊抵達東昌堡，十七日渡過遼河。這時，身為兵部尚書、遼東經略的高第下令從錦州、右屯衛、大凌河、小凌河、杏山、松山、塔山等城撤防，將這些城中的屯兵與居民悉數趕入關內，並焚燒房舍，企圖留下一座座空城，不讓後金掠走任何財物。但此舉實在興師動眾、勞民傷財，一路上民怨不斷、哭聲震天，許多人在入關途中便死去了。後金軍隊一路上沒有遇到任何抵抗，於二十三日抵達寧遠城郊，努爾哈赤率軍在離寧遠城五里的地方安營，把寧遠整個包圍了起來。

就在寧遠危急的時刻，遼東經略高第卻擁兵死守山海關，不來救援。這樣一來，寧遠就成為一座孤城，與外界所有的聯繫都已中斷，只剩城中這孤零零的一萬人。這個時候，努爾哈赤派人捎去勸降書，告訴袁崇煥說：金軍有20萬大軍，寧遠是絕對守不住的，如果袁崇煥投降，必將封高官，給豐厚的賞賜。但袁崇煥並不為所動，而是誓死守衛寧遠。這時的袁崇煥42歲，在這之前並沒有指揮過任何戰鬥。但是，就是這麼一位毫無經驗的將領，帶給努爾哈赤生平第一次敗仗。他決定採取堅壁清野的辦法，組織軍民共同守城，並在將士面前刺血為書以表示守城的決心，這樣很快就穩定住軍心和民心。

正月二十四，努爾哈赤派兵攻城，寧遠軍民在袁崇煥的帶領下浴血奮戰。努爾哈赤眼看久攻不下，便採用之前攻取清河城的辦法，命軍士以盾牌和板車掩護，冒死鑿城挖洞。袁崇煥看到這個情景，親自帶兵用鐵索裹著棉絮，然後蘸油點燃，再從城牆垂下來，火燒這些挖城的金兵。此時袁崇煥身上也受了傷，但是還在堅持指揮，這樣一來，軍民備受鼓舞，越戰越勇。

二十五日，努爾哈赤終於迎來了自己戎馬生涯的最後一戰。袁崇煥命人搬來西洋大炮，從城牆往下轟擊，努爾哈赤雖然威風不減當年，可是他所有的自信都被一個年輕將領的火炮輕而易舉地擊碎了。

努爾哈赤率領的後金軍隊連續攻城兩天，精於騎射的八旗兵面對火炮卻毫無辦法。努爾哈赤不但沒有拿下寧遠，反而傷亡慘重。二十七日，疲憊的努爾哈赤帶著後金士兵開始撤退，並於二月初九回到瀋陽。

寧遠戰敗的原因很多，但最重要的就是努爾哈赤的輕敵。晚年的努爾哈赤逐漸頭腦僵化、思想驕傲，他對於寧遠守將袁崇煥沒有深入瞭解，對寧遠守城的重要武器火炮也沒有偵查清楚。他只看到明朝邊防不利的因素，卻沒有進一步地分析，沒有做到知己知彼便貿然攻城，以致吞下失敗的苦果。

寧遠兵敗後不久，努爾哈赤就與世長辭了。關於他的死亡，後人多有爭議。

有人說努爾哈赤在是寧遠戰爭中被紅衣大炮射傷的。但這個說法並不可信，因為努爾哈赤死於寧遠兵敗後的八個月，其間還曾親征蒙古，若他已身受重傷，又怎麼會堅持到離瀋陽距離遙遠的蒙古草原？何況袁崇煥給皇帝的奏章中也並未提到努爾哈赤受傷一事，倒是說道努爾哈赤在寧遠戰敗，心情鬱悶，後來患上毒疽才去世的。

也有人說努爾哈赤是因為寧遠兵敗鬱悶而死，這個說法為今日多數人的觀點。努爾哈赤一生征戰無數，此次出征寧遠，他也是抱著必勝的決心去的。之前努爾哈赤譜寫過一曲又一曲以少勝多的傳奇戰歌，而這次卻在自己兵將遠勝對方的時候失利。可以說，這讓從未打過敗仗的努爾哈赤極度憤恨，精神上受到很大打擊，加上年事已高，平日鞍馬勞頓、積勞成疾，終導致一代英才的隕落。不過，無論努爾哈赤因何而死，他的死必定與寧遠戰敗有著千絲萬縷的聯繫。這一戰，給努爾哈赤留下的是永遠的遺憾。

努爾哈赤擁有輝煌的戎馬生涯，他一生謹慎，攻無不克。他以13副遺甲起兵，平定女真各部，消滅宿敵葉赫部，奪下遼東、遼西大部分地區，可謂所向披靡、戰無不勝。他在16世紀後期和17世紀初期，趁明朝政治腐敗之際，利用人民群眾的力量，領導統一女真各部的戰爭，促進滿族共同體的形成，推動了女真社會由奴隸制向封建制的轉變，後來努爾哈赤被尊為「清太祖」。但晚年的努爾哈赤思想僵化，驕傲輕敵，敗於年輕的明朝將領袁崇煥之手，飲恨而終。努爾哈赤的一生可謂跌宕起伏，從少年時代的悲慘經歷，到橫掃千軍的輝煌戰績，再到最終兵敗寧遠，他的人生也從高潮走向了落幕。

努爾哈赤去世後，後金政權裡開始了一場充滿血雨腥風的汗位爭奪戰。最終，努爾哈赤的第八子皇太極成為最後的贏家，大清帝國也由此開始了一段全新的征程。

袁崇煥雕像

▲ 袁崇煥（1584年～1630年），明末著名文官將領。萬曆四十七年中進士，後進兵部，守衛山海關及遼東地區，曾多次擊退後金的進攻並在寧遠重創努爾哈赤。後來崇禎皇帝中皇太極反間之計，將袁崇煥冤殺，大明王朝抵禦清兵的最後一座壁壘倒塌。

福陵圖

▲ 福陵，又稱「東陵」，為清太祖努爾哈赤及孝慈高皇后葉赫那拉氏的陵墓，位於瀋陽東郊。始建於天聰三年（1629年），完工於順治八年（1651年），後來康熙、乾隆諸朝多有增建。福陵後倚天柱山，前臨渾河，陵園中萬松聳翠，大殿凌雲，氣勢磅礴，頗顯努爾哈赤的英勇氣概。圖中所繪為福陵的整體格局以及陵區景象。

第二章

攻明入關，自定江山，從此一統中原

清朝統治的開端

皇太極繼承父親基業，改革各種政策，正式建立大清帝國。但他一生鷹揚天下，卻終究未能完成問鼎中原的夢想。深得歷史眷顧的順治帝在多爾袞的幫助下，成爲清朝入關、定都北京的第一位皇帝，但不幸英年早逝的他卻在歷史上留下無數謎團。

第1節 皇太極稱帝

西元1626年～西元1636年

努爾哈赤生前曾有意立自己的嫡長子褚英為皇太子。褚英為原配佟佳氏所生，又很有軍事才幹，深得努爾哈赤信任。明萬曆四十年（1612年）六月，努爾哈赤授命褚英輔佐國政。不料，褚英因為年輕、資歷淺，心胸不豁達且操之過急，輔政時出現了一些問題，受到了五位大臣（費英東、額亦都、何和禮、安費揚古、扈爾漢）和四大貝勒（代善、阿敏、莽古爾泰、皇太極）的反對。隨後，努爾哈赤在眾大臣的狀告聲中，查出褚英存在的問題，便下令將其幽禁，並於不久後處死。

長子褚英被廢，四大貝勒成了汗位的主要繼承人。二貝勒阿敏是努爾哈赤的侄子，舒爾哈齊的兒子。當年舒爾哈齊在討伐哈達的時候只是觀戰而不發兵，因而惹怒了努爾哈赤，奪去舒爾哈齊的軍事權力。之後舒爾哈齊想投靠明朝，被努爾哈赤設宴用計騙為階下囚，終於在牢中鬱悶致死。因為父親的緣故，阿敏沒有了爭奪汗位繼承權的資格。三貝勒莽古爾泰是努爾哈赤的第五子，生性魯莽，有勇無謀，軍力也比較弱。他的母親是繼妃富察氏，富察氏和莽古爾泰一樣魯莽粗俗，晚年失寵之後還竊藏珠寶，被人告發。努爾哈赤一怒之下，下令休妻。當莽古爾泰聽說母親富察氏被休的消息後，羞怒不已，悄悄潛入富察氏的住所將她殺死。莽古爾泰親弒生母，冷血殘暴，更沒有資格爭奪汗位。大貝勒代善生性寬柔，深得眾心，他軍功多、權勢大，努爾哈赤也曾多次預示日後由他承襲汗位。四貝勒皇太極雖心懷大計，有帝王之才，但在同兄長代善爭奪汗位的過程中，各方面都處於不利地位，於是施盡機關。

皇太極曾指示努爾哈赤的小福晉德因澤去告發大福晉，說大福晉與大貝勒代善之間有些曖昧不清的關係，大福晉曾送佳餚給大貝勒，並常常深夜出宮。努爾哈赤不願家醜外揚，便藉故修理了大福晉。不過，這件事仍在滿洲貴族中曝光，使代善在諸王貝勒中的威望大降，也無力爭奪汗位繼承權，這樣一來，形勢對皇太極就非常有利了。

就這樣，經過數次變故，努爾哈赤一直未能將汗位繼承人確定下來。寧遠戰敗後，他突然去世，空缺的汗位也成為各人貝勒爭奪的焦點。當時，在諸貝勒中，皇太極取得汗位的可能性最大，但他不便自己說出來，還必須等大家商議之後，才能確定。最初，大貝勒代善的兒子貝勒岳託、薩哈廉想請皇太極繼承汗位，他們二人對父親代善說：「國不可一日無主，應當早些確定汗位繼承者。四貝勒（皇太極）才德冠世，深得先帝之心，眾人皆心悅誠服，趕緊請他登基吧。」代善說：「我也是這樣想的。」就這樣，父子三人達成了一致。第二天，代善將他們的意見告訴二貝勒阿敏、三貝勒莽古爾泰以及其餘諸貝勒，眾人見代善支持皇太極，便都不再反對。於是大家恭請皇太極即位，皇太極假意推辭，代善等人又堅持請

皇太極朝服像

▲ 愛新覺羅．皇太極（1592年～1643年），滿清第二任皇帝。他繼位後改國號為「清」，正式建立大清帝國；他大力改革各項政策措施，以鞏固政權；他計除袁崇煥，為日後順治和多爾袞入主中原鋪平了道路。

他即位，皇太極方才允諾。

天命十一年（1626年）九月初一，皇太極登上汗位，次年改元「天聰」，後金政權從此邁入一個新的歷史時期。皇太極即位後，修訂並完善了努爾哈赤時期確定的一些方針政策。其中最值得稱道的是，皇太極拋棄了野蠻殺戮漢人的政策，採取了一系列措施爭取漢族知識分子的支持，並且優待明朝降將，一些漢人開始效忠後金政權。

當初，努爾哈赤初涉明朝遼東地區，面對該怎樣處理大量漢族居民的問題時，他沒有擺脫思想的局限性，採取了大量屠殺漢人以及將大批漢人分給八旗貴族為奴這兩條基本措施。這是一種野蠻落後的政策，其直接惡果就是激發了嚴重的民族矛盾，引起廣大漢人對後金政權的強烈不滿和反抗，對社會生產力造成了極大破壞。

清王朝民族政策（漢族）

清朝統治者一方面對漢人採取懷柔政策，極力拉攏人心；另一方面又在某些方面嚴格區分兩族人民的身分，並對不支持朝廷的漢人大肆殘害。

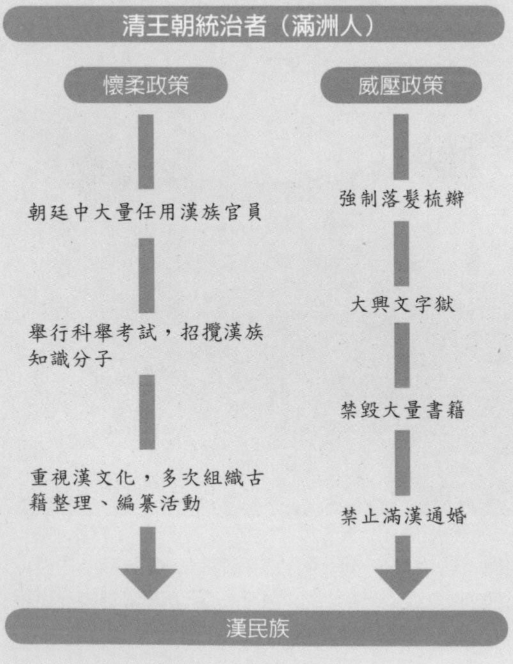

皇太極即位後不久，從現實需要和長遠利益出發，提出了「治國之要，莫先安民」的總體思想。他針對當時遼東地區異常尖銳的滿漢矛盾，很有策略地強調「滿漢之人，均屬一體，毋致異同」，要求各族打破狹隘的民族思想，滿人、蒙古人、漢人之間和諧相處，還制定了一系列相關措施。在對待漢民逃亡的問題上，皇太極採取既往不咎的態度，並把大量漢人編為「民戶」，改變漢人的社會地位，使他們成為後金的個體農民而不再是奴隸。皇太極還從制度上保證漢人的人身安全，限制女真貴族濫殺漢人奴隸，對新占領的漢人實行「歸降我，即我民人」的政策。

此外，為了籠絡人心，皇太極大量錄用明朝降官、降將，並用考試的方式把漢族的知識分子吸收到後金政權。在他的努力下，後金政權內部逐漸形成一個漢人官僚集團，這些漢官對後金政權的建設、制度的創新和完善、國家機器的運轉以及入關後對全中國的統治都發揮了極其重要的作用。不過，皇太極在利用漢族知識分子為後金政權服務的同時，更注意保證本族人民的利益，具體措施就是只讓漢族官員做事但不給予實權。

皇太極的另一項重要改革就是建立以「滿洲貴族為核心，與蒙漢王公貴族地主聯盟」的政治體制。皇太極制定優禮漢官的政策，又擴大同蒙古的特殊關係，聯姻結親，從血緣上鞏固聯盟。在取得蒙漢貴族的支持後，皇太極創建了蒙古八旗、漢軍八旗，與滿洲八旗並列成三大八旗組織。皇太極創立的這一新的政權體制，成為清代立國的基石和指導國內民族關係的基本方略。

皇太極對國家體制、官制和各項政策進行的變革，最終打破了農奴制的框架，把一個落後的、一度陷入危機的政權，改變為一個封建專制強國。

皇太極在鞏固後金政權的同時，也繼續著努爾哈赤未完成的開拓事業。他知道，有袁崇煥把守錦州、寧遠、山海關，自己暫時無法攻破明朝的防線，除非繞道內蒙古採取迂迴戰術。鑑於當時的情況，皇太極選擇了先統一後方的策略。他先後平定了黑龍江和吉林東部的女真部落，又在對付明朝的同時，擊敗了與明朝關係友好的朝鮮以及稱雄蒙古的察哈爾部林丹汗。

天聰元年（1627年）正月初八，皇太極命令阿敏等人率領3萬大軍征朝鮮。阿敏採用「潛師夜襲，急如風雨」的戰術通過鴨綠江，一路上勢如破竹，陷義州，占平壤。朝鮮宮廷亂作一團，大官紛紛逃跑，國王李倧也攜帶子女和王妃跑到江華島。李倧反對抗戰派的主張，請求與後金議和，三月五日，雙方代表在江華島定下「兄弟之盟」。

崇德元年（1636年）皇太極稱帝大典時，朝鮮使臣以「兄弟」為由拒不跪拜，雙方關係發生新的摩擦，皇太極決定再次對朝鮮用兵。十二月初二，皇太極親自率領滿洲八旗和蒙古兵渡過鴨綠江，正式攻打朝鮮。清軍長驅直入，前鋒部隊直逼國都漢城，李倧逃到了南漢山城，皇太極也率軍到南漢山城駐營。朝鮮派兵前來會戰，都以失敗告終。崇德二年（1637年）正月，皇太極向李倧發出最後通牒。李倧原本希望一向關係友好的明朝能增援自己，哪知明朝卻見死不救，李倧內困外絕，決定投降。於是，後金與朝鮮重新確定了「君臣之盟」。

皇太極第一次戰勝朝鮮以後，朝鮮已如驚弓之鳥，後金攻打蒙古時也就沒有後顧之憂了。明清之際，蒙古主要分為漠南蒙古、漠北蒙古和漠西蒙古三大部。漠南蒙古位於明朝和後金之間，並且同明朝定有共同抵禦後金的盟約。其中察哈爾部的林丹汗，是元太祖成吉思汗的後裔，勢力強大，一直有重新統一蒙古的壯志，他帶領的察哈爾部成為漠南蒙古諸部對抗努爾哈赤父子的堅強堡壘。後金透過各個擊破的辦法，一一收降蒙古各部，逐漸削弱林丹汗的實力。最終，皇太極在達勒鄂漠（今內蒙古克什克騰旗達來若爾）一帶大敗林丹汗，並於不久後統一了漠南蒙古。

統一北方並不是皇太極的真正目標，他的夢想是入主中原。天聰三年（1629年）十月，皇太極親自領兵攻下長城的大安口與龍井關，占領遵化，之後又接連攻陷薊州、三河、順義、通州等地，直逼北京城。大軍殺到北京城下後，皇太極安排主力在土城關紮營，兩翼分布在北京的東郊與北郊。此時，大同總兵滿桂、宣化總兵侯世祿、錦州總兵祖大壽、寧遠都師袁崇煥都奉旨率兵回援京城，分別駐紮在沙窩門與德勝門，並且皆由袁崇煥調度。

清軍駐紮下來後，眾貝勒和大臣們都提議立刻攻城，皇太極卻並不冒進，他吸取努爾哈赤寧遠失敗的教訓，沒有硬攻，而是召開軍事會議，希望想出一條對策。這時，漢臣范文程

朝鮮人

▲ 朝鮮曾與明朝共同抗倭，因此關係一向比較親密。後金崛起，朝鮮因懼怕努爾哈赤而與其口頭交好，但仍與明朝保持聯繫。皇太極即位後發兵攻打朝鮮，迫使其定下盟約，並與明朝徹底斷絕來往。圖為當時朝鮮人的裝扮。

向皇太極獻上一計，獲得了採納。范文程，字憲斗，是宋朝名臣范仲淹的後裔，祖籍江西，其先祖在明初的時候被貶到了瀋陽。他生於明萬曆二十五年（1597年），自幼好學，才智過人，並於明萬曆四十三年（1615年）在瀋陽縣學考取了秀才，時年18歲。天命三年（1618年），努爾哈赤攻打撫順的時候，他和他的哥哥一起投靠了後金政權，此後一直受到重用。努爾哈赤死後，皇太極在處理與各屬國及對外關係的事情上，更是倚賴范文程。

第二天，明軍在京城的德勝門和永定門外，撿到皇太極寫給袁崇煥的兩份議和書。第三天，清軍後退五里紮營，並捉了兩名明軍的太監監軍。第四天，明朝的兩名太監逃跑了。第五天，消息傳開，明朝督軍袁崇煥被捕下獄了。

這是怎麼回事呢？其實，這都是范文程使的反間計。皇太極寫給袁崇煥的「議和書」，袁崇煥根本就沒有看到，就被明軍撿去，送到了崇禎皇帝那裡。被抓去的兩名太監，也是清軍有意安排的。晚上，皇太極故意派人在太監的帳外說「袁崇煥已答應議和」、「不要讓明朝監軍知道」這樣的話，然後故意放跑他們，讓他們回去向明廷彙報。

崇禎皇帝是個既多疑又容易衝動的人，一聽到兩名監軍的話，便在十二月初一召見袁崇煥，將他當場逮捕，關入天牢。朝廷中痛恨袁崇煥的大小官僚很多，有人說皇太極是袁崇煥勾引來的，還有人說他帶兵回師北京是擅自行動。總之，次年八月，袁崇煥被判通敵之罪，凌遲處死。更為悲慘的是，處死袁崇煥的時候，老百姓根本不知道真相，都來爭食其肉。皇太極的這個反間計，沒用一兵一卒，就讓崇禎皇帝「自毀長城」，後金攻打明朝的最後障礙已經清除。

天聰十年（1636年）四月，皇太極在盛京（瀋陽）祭告天地，受尊號大典，即皇帝位。改國號為「大清」，改女真為「滿洲」，改年號為「崇德」，天聰十年即崇德元年。皇太極登上皇帝寶座的時候，滿朝勳臣貴戚之中，不僅有滿洲貴族，蒙古十六部四十九貝勒，還有大批漢族官僚。他們手捧滿、蒙、漢「三體表文」，俯首參拜，齊呼萬歲，大清帝國正式建立。

第2節

松錦之戰

西元1636年～西元1643年

此時的明朝雖然已經千瘡百孔，內外交困，但在山海關一帶的防守力量還是比較雄厚的，清軍要想正面攻打山海關，時機還不夠成熟。因此，已經稱帝的皇太極沒有貿然行動，而是採取較為謹慎的措施：一方面不斷派遣大軍繞過山海關，從長城的喜峰口、得勝堡等地方入關攻打明朝腹地，對明朝進行一些襲擊和騷擾，一度對北京城造成很大的威脅；另一方面又向明朝提出議和，只要明朝公開承認滿洲政權具有和明朝一樣合法的平等地位，雙方就可以結束戰爭。皇太極想用這種拖延戰術，充實自己的力量，以便把主要精力放在對清朝的建設和對長城以北地區的控制上，等時機成熟再出擊。但是，以崇禎皇帝為軸心的明王朝，作為中原正統的代表，在心理上是無法接受議和的。議和失敗後，明清雙方在遼東繼續展開持久戰。

從皇太極即位到明崇禎十四年（1641年，崇德六年）的十五六年裡，皇太極曾三次入關，卻總是因為沒有控制山海關和錦州而行動不便。第一次入關，在明崇禎二年（1629年，天聰三年），皇太極親自帶領大軍，繞道蒙古地區，攻破長城的大安口、龍井關才得以進入；第二次是明崇禎八年（1635年，天聰

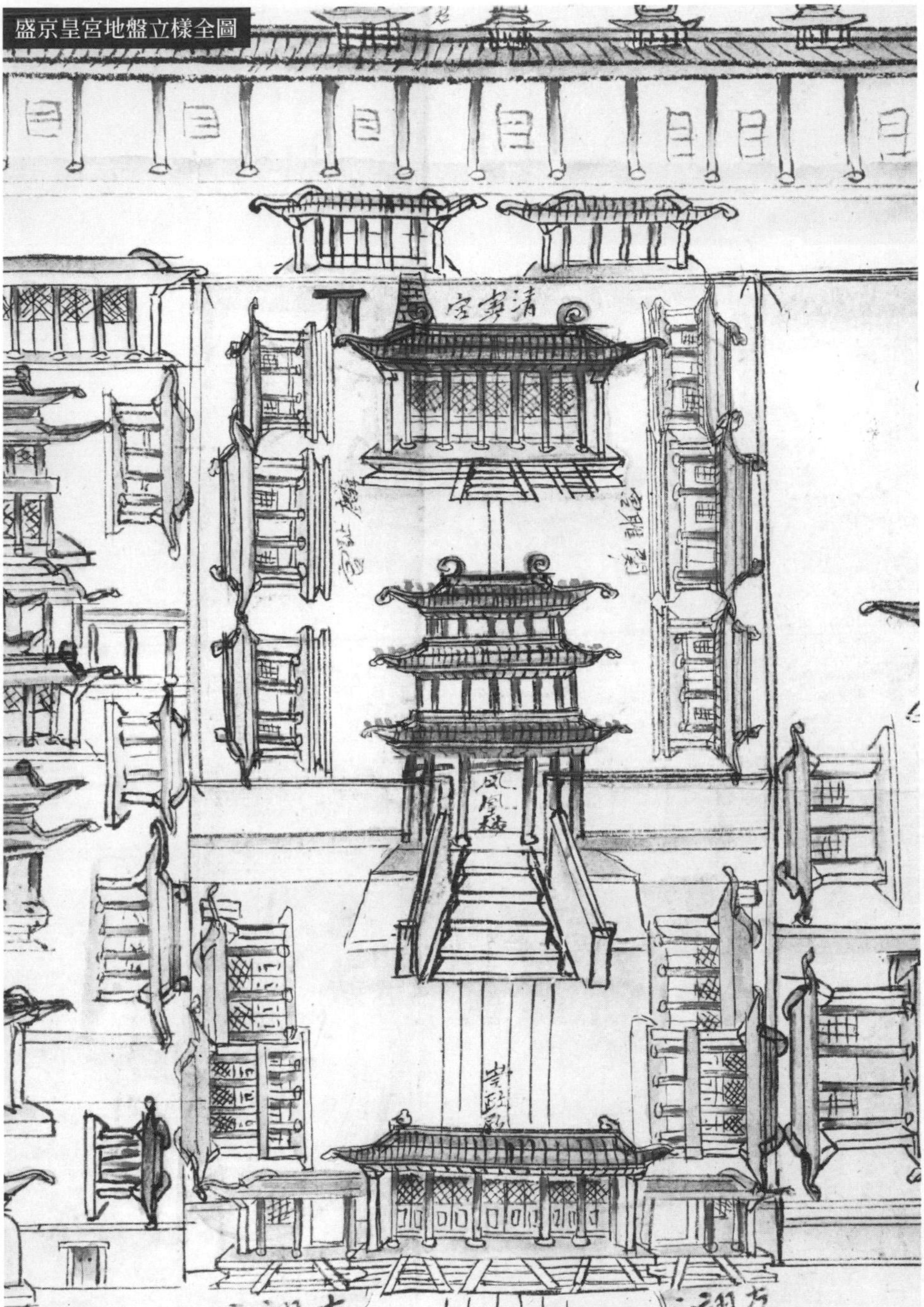

▲《盛京皇宮地盤立樣全圖》，清內府彩繪本。此圖繪盛京皇宮（今瀋陽故宮）的平面圖及五十餘處建築的立樣圖，其中有四十餘處標注名稱。皇太極登基後，調集東北各族百姓建造盛京皇宮，其占地六萬多平方米，共有大小建築七十餘所，房屋樓閣三百餘間。

九年），清軍從平虜衛進入翔州，然後毀長城而入；第三次在明崇禎九年（1636年，崇德元年），皇太極命多羅武英郡王阿濟格、貝勒阿巴泰率軍入關，這次是從密雲東南的牆子口、董家口和青山關之間進入的。三次入關，共攻克了一百多個城鎮，但始終不能大量殲滅明軍的有生力量，明朝的主力軍仍然橫亙在山海關

▼ 洪承疇（1593年～1665年），字彥演，原為明末重臣，曾多次擊敗李自成等農民起義軍，深為朝廷倚重。松錦之戰後，他被俘降清，又招降了多位明朝官員，為清朝問鼎中原立下重要功勞。

洪承疇像

和錦州一帶。皇太極要想進入中原，就必須要占領山海關；而要占領山海關，又必須奪取關外四城——錦州、松山、杏山、大凌河。大凌河城已在崇德三年（1638年）十月攻下，於是皇太極便把松山、錦州作為重點進攻目標。

錦州是明朝設置在遼西的軍事重鎮之一，有廣寧中屯衛、廣寧左屯衛兩軍。自從明清交戰以來，錦州的戰略地位日益重要。明朝派遣重兵駐守，加固城池，力圖使錦州成為阻止清兵西進的防線。崇德四年（1639年）二月，皇太極率領四萬親兵攻打松山，但死傷兩千餘人還是沒有攻下。這使皇太極意識到想要攻破錦州，必須做好萬全的準備。崇德五年（1640年）三月，皇太極見漠南蒙古已經歸附，朝鮮也已稱臣，後顧之憂完全解除，於是決定用10萬兵力攻取錦州，打通遼西入關通道。他令多爾袞、豪格、濟爾哈朗等屯田義州，以備糧草；六月，又任命多爾袞為統帥準備攻取錦州。多爾袞在錦州城外30里地駐紮，允許士兵輪流回家，城裡人可以自由出入。皇太極知道後大怒，將多爾袞降職為多羅郡王，罰款兩萬，其他圍攻錦州的將領如阿巴泰等也皆受處罰。皇太極令鄭親王濟爾哈朗為右翼主帥，代替多爾袞職務，同時命多羅貝勒多鐸為左翼主帥，繼續圍攻錦州。濟爾哈朗在錦州四周挖深壕，把錦州圍得像個鐵桶一般，松錦之戰就這樣拉開了序幕。

實行圍困是對付明朝比較有效的措施。明朝對遼東的作戰方略一直沿用袁崇煥時期的死守，用大炮防守，不輕易出城與清軍較量，十幾年來，清軍無可奈何。現在，皇太極進兵義州屯田，目的也是為長期圍困錦州提供後勤支持。

當時，鎮守錦州城的是遼東名將祖大壽。祖大壽本來在天聰五年（1631年）大凌河之戰中已投降後金，他向皇太極獻計奪取錦州，說：「我向錦州守衛謊稱我是突圍出來的，然後殺了他們，接應你們進城。」皇太極相信了他的話，就放他回去，結果他一去不復返，還當上了錦州的守將。祖大壽及其外甥吳三桂在

松錦大戰		
時間	1639年2月～1642年4月	
地點	松山、錦州	
參戰方	明軍	清軍
指揮官	洪承疇	皇太極
參戰將領	王樸（大同總兵） 唐通（密雲總兵） 楊國柱（宣府總兵） 馬科（山海關總兵） 曹變蛟（玉田總兵） 白廣恩（薊州總兵） 吳三桂（寧遠總兵） 王廷臣（前屯衛總兵） 祖大壽（錦州總督）	濟爾哈朗（鄭親王） 阿濟格（武英郡王） 多爾袞（和碩睿親王） 多鐸（多羅貝勒）
兵力	約23萬	約13萬
傷亡	53783	約14000
結果	明軍大敗，皇太極攻破錦州、松山、塔山、杏山四城，洪承疇、祖大壽降清；明朝在遼東的防禦體系完全崩潰，其最後防線僅剩下山海關及寧遠一座孤城。	

遼東有強大的軍事實力，是明朝倚重的軍事集團。祖大壽見濟爾哈朗包圍了錦州城，連忙向朝廷告急，要求增援。

此前，明朝已經將陝西三邊總督洪承疇從西線戰場調回。洪承疇是晚明不可多得的一位帥才，在鎮壓農民起義軍中多次立功，可謂戰功赫赫。他俘殺過「闖王」高迎祥，又屢次打敗李自成。李自成由四川返臨潼，他設下伏兵，打散了起義軍，迫使李自成只剩下十八騎走入商洛。此時，由於受到清兵的極大威脅，崇禎帝正式任命洪承疇為兵部尚書兼副都御使總督薊遼軍務。

洪承疇十月出山海關，調集八總兵以解錦州之圍。他們分別是王樸（大同總兵）、唐通（密雲總兵）、楊國柱（宣府總兵）、馬科（山海關總兵）、曹變蛟（玉田總兵）、白廣恩（薊州總兵）、吳三桂（寧遠總兵）、王廷臣（前屯衛總兵），這八人共有步兵13萬、騎兵4萬。當時錦州有松山、塔山、杏山三城，互為犄角，祖大壽傳話給洪承疇：自己還可支持一時，切不可貿然作戰。

洪承疇也態度謹慎，他採取「步步為營，且戰且守，待敵自困，一戰解圍」的戰略，在崇德六年（1641年）七月，率兵進駐松山和錦州間的乳峰山。兩軍初次交戰，清軍失利，兵馬死傷無數，幾乎就要潰敗了。失敗的消息傳入盛京，皇太極見形勢危急，於八月親自領兵出戰，經過6天匆忙行軍，到達松山。

皇太極親征，極大地鼓舞了清軍的士氣；而明軍雖號稱13萬，能戰者其實只有白廣恩（薊州總兵）、馬科（山海關總兵）、吳三桂（寧遠總兵）三部。皇太極採取大包圍的攻勢，他部署清軍橫截大路、綿亙駐營，又在高橋設伏，並挖深壕將明軍困死在松山城內。洪承疇知道形勢危急，想與清軍決一勝負，但其部將卻各懷鬼胎，皆以沒有糧食為由，商議要回寧遠取糧食。還沒等洪承疇下令出擊，王樸等總兵紛紛乘夜率領本部兵馬撤退，卻在半路遭到清軍伏擊，明軍13萬兵被斬的就有5萬。此役皇太極大獲全勝，洪承疇只剩下1萬餘人退守在松山城內，曹變蛟（玉田總兵）、王廷臣（前屯衛總兵）也突圍入松山城，與洪承疇一同堅守。然而此時的松山城內缺糧草，外失救援，處於絕望孤立的境地，洪承疇幾次想要突圍都失敗了。

崇德七年（1642年）二月，松山副將夏成德暗地裡投降清朝，約為內應。二月十八，清軍入城，洪承疇、曹變蛟、王廷臣及巡撫邱民仰等皆被俘，皇太極下令殺掉曹變蛟、王廷臣、邱民仰，並押解洪承疇到都城瀋陽。三月初八，錦州城內的祖大壽因孤立無援，率領錦州守軍投降清朝。四月，清軍又接連攻克塔山、杏山二城。至此，持續兩年的松錦之戰終告結束。

自天命三年（1618年）明朝與後金在撫順第一次交鋒開始，至順治元年（1644年）清軍入關，近30年的時間裡，共有三次大戰對明清的興亡產生了極其深遠的影響，它們分別是薩爾滸大戰、遼瀋之戰和松錦之戰。薩爾滸之戰使明朝失去了遼東主動權；遼瀋之戰幾乎終結了明朝在遼東的勢力；松錦之戰則使清軍完全占據關外地段，為其入主中原奠定了基礎。

錦州淪陷，使明朝經營了20年的寧錦防線全部崩潰，這不僅使山海關變成一座孤城，而且大大加深了北京的危機。沒過多久，皇太極便發兵侵擾河北、山東，攻破3府、18州、67縣，共88個城鎮。當時明朝百姓為支持抗清砸鍋賣鐵，但是明朝的官吏卻只知飲酒作樂，虛奏捷報蒙蔽朝廷，甚至清軍途經北京時竟不阻攔，任其回師出關，放虎歸山。

松錦之戰另一個重要意義就是明將洪承疇的歸降。當時皇太極正急欲尋找一位明朝重臣作為入關的領路人，因此當洪承疇被押回瀋陽後，皇太極想盡辦法勸說他投降。不過洪承疇也是條硬漢子，無論金錢還是美色，他都不為所動，始終大義凜然、不肯屈服。皇太極就派范文程勸降他，范文程並不提招降之事，只說些閒話，卻暗中觀察洪承疇。范文程發現洪承疇很愛惜衣服，每次梁上的灰塵落在他的衣服上，他都要拍掉。范文程覺得洪承疇既然還在意身上的灰塵，就說明他還是愛惜生命的，於是范文程向皇太極稟報了這件事。皇太極知道後，便親自去看洪承疇，還將身上的御衣脫下來給洪承疇披上，並問道：「先生難道不冷嗎？」洪承疇睜大眼睛感激地看著皇太極，沉默了半天，嘆息道：「這才是好君王啊！」於是就歸順了清朝。後來，洪承疇隸屬漢軍鑲黃旗，順治二年到南京總督軍務，經略湖廣、貴州；順治親政後，他積極貫徹順治的懷柔政策，成績顯著。

▼《直隸長城險要關口形勢圖卷》繪於清代中期，圖中詳細記錄了當時長城全景及其重要關口，各處山川、城隘、村莊皆有標注。山海關又稱「榆關」，素有「天下第一關」之美稱，它是明朝抵禦清兵的最後一道屏障。松山、錦州失陷後，山海關成為一座孤城；幾年之後，清軍就在吳三桂的幫助下從這裡輕鬆進入中原。

大清帝國年表2		
皇帝（朝）	時間	主要事件
天聰汗（2）	1636	皇太極稱帝，改國號為「大清」，改元「崇德」。
	1640	明清松錦之戰爆發。
	1642	攻下松山、錦州、杏山三城，明將洪承疇、祖大壽歸降。
順治帝（3）	1643	皇太極中風逝世，葬於盛京昭陵，廟號「太宗」；皇九子福臨繼位，改元「順治」。
	1644	李自成攻陷北京，崇禎帝自縊於景山，明朝覆滅；吳三桂引清兵入關，大敗李自成軍；清王朝正式定都北京；明宗室福王、魯王、唐王、桂王先後建立南明政權(1644年～1661年)抗清。
	1645	清朝正式舉行科舉考試；豫親王多鐸攻克南京，弘光政權滅亡；頒布剃髮令，引起漢族人民強烈反抗；清政府殘暴鎮壓漢族人民，發生「揚州十日」、「嘉定三屠」等事件。
	1651	攝政王多爾袞逝世，順治帝開始親政。
	1659	吳三桂攻克雲南，永曆帝逃亡緬甸，清朝基本統一中國大陸。
康熙帝（4）	1661	鄭成功占據臺灣繼續反清；永曆帝被俘，最後一個南明政權滅亡；順治駕崩，皇三子玄燁繼位，改元「康熙」。

除了洪承疇，祖大壽也在松錦之戰後真心歸降了皇太極。當年大淩河之戰，祖大壽投降後，誘騙皇太極說要回錦州做內應，皇太極就將他放回。三天後，他捎來書信說帶的兵太少，不能立即獻城，要伺機而動，皇太極就捎話給他莫忘約定，祖大壽回話說自己並非不守信用的人。但是，皇太極等了很久都沒有祖大壽的消息，便率軍撤離大淩河。回到瀋陽後，皇太極仍不斷寫信給祖大壽，但他一封信也沒有回，還多次與後金軍交戰。此時，祖大壽的子侄中，還有很多人留在後金大營做人質，但皇太極並沒有因為祖大壽的不守信用而為難他們，反而一如既往地優待他們。皇太極一直耐心等待，他相信總有一天祖大壽會心服口服地歸順。終於，松錦戰役後，祖大壽再一次被抓，皇太極仍對他禮遇有加，祖大壽也就真心投降了清朝。滿清入關後，由於洪承疇和祖大壽的勸降，永曆政權中也有很多官員投降了清朝，這對於瓦解西南的抗清力量起了很大的作用。

崇德七年（1642年），皇太極發動了生前最後一次入口之戰。這次，皇太極派阿巴泰率軍入關，橫掃山東一帶，俘獲人口37萬，牲畜32萬餘頭。清軍每次掃蕩關內，皆會俘虜大量人口回到盛京瀋陽，男人做耕農、奴僕，女人做妻妾、奴婢。這雖然可以緩解勞力匱乏的局面，但是卻使中原漢民家破人亡。所掠奪到的牲畜、財帛雖然可以緩解經濟的困難，但是不能促進經濟的發展，達不到用兵的經濟目的，所以這些戰爭實際上使滿漢的民族矛盾進一步激化。

崇德八年（1643年）八月初九亥時，皇太極在皇后博爾濟吉特氏的清寧宮南炕上謝世，時年52歲，歸葬昭陵。昭陵的石像中有一對石馬，是仿照皇太極生前喜愛的坐騎——「大白」、「小白」雕刻的，稱為「昭陵二駿」。皇太極盛年而逝，最大的遺憾就是無緣坐上紫禁城的寶座。他在世的時候，清軍一直沒有通過山海關，但他發動的幾次入口之戰——攻打北京、並略中州、陷落濟南，可見其膽識、氣魄。可以說，若沒有皇太極的一系列軍事措施，就不可能有日後多爾袞帶領清軍入關的成功。

第3節

清軍入關

西元1643年～西元1644年

崇德八年（1643年）八月初九，皇太極死於瀋陽清寧宮之時，沒有留下任何遺言，也沒有交代由誰繼位。於是，在皇太極死後的第五天，也就是八月十四那天，一場激烈的皇位爭奪戰，在崇政殿中打響了。當年努爾哈赤曾留下遺詔，規定皇位的繼承由滿洲貴族討論決定。當時夠資格參與討論的有七個人，分別是禮親王代善、鄭親王濟爾哈朗、睿親王多爾袞、肅親王豪格、英郡王阿濟格、豫郡王多鐸和穎郡王阿達禮。其中，最有希望繼承皇位的是豪格和多爾袞。

豪格的有利條件是：第一，身為皇太極長子，正值壯年，豪格在世的8位弟弟年齡都很小，最大的四阿哥葉布舒12歲，最小的十一阿哥博穆博果爾年僅2歲；第二，人才出眾；第三，久經沙場，戰功赫赫；第四，皇太極生前親掌的正黃、鑲黃和正藍三旗大臣擁護豪格，尤其兩黃旗貝勒大臣更是誓死效忠；第五，有鄭親王濟爾哈朗的支持；第六，有眾大臣擁護。

多爾袞的有利條件是：第一，身為努爾哈赤第十四子，皇太極弟弟；第二，多爾袞為正白旗的主旗貝勒；第三，有兩位胞兄弟英郡王阿濟格、豫郡王多鐸的支持，且多鐸為鑲白旗的主旗貝勒；第四，也是最重要的一點，多爾袞隨努爾哈赤、皇太極多次出征，立下赫赫戰功。

此外，禮親王代善及其子孫掌正紅、鑲紅兩旗，鄭親王濟爾哈朗掌鑲藍旗，因此兩人的決定也成為這場爭奪中的重要籌碼。

八月十四的黎明，兩黃旗大臣在大清門盟誓，擁護豪格繼承皇位，兩白旗也不甘示弱，力勸多爾袞即位。此時代善提出豪格為「帝之長子」，應當由他繼位，這樣一來，豪格就有兩黃、正藍和兩紅旗的支持。豪格見自己已占上風，故意謙讓，想在眾人的「堅請」之下再登皇位，哪知兩白旗堅決不讓，他內心憤恨，表示暫退。就在雙方僵持不下時，鄭親王濟爾哈朗提出了一個折中的方案，讓皇太極第九子、年僅6歲的福臨即位。多爾袞權衡利弊之後，接受了濟爾

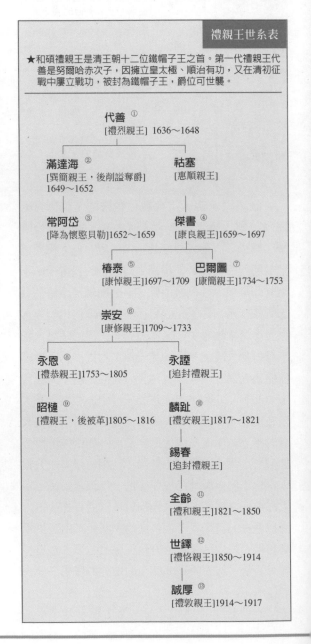

禮親王世系表

★和碩禮親王是清王朝十二位鐵帽子王之首。第一代禮親王代善是努爾哈赤次子，因擁立皇太極、順治有功，又在清初征戰中屢立戰功，被封為鐵帽子王，爵位可世襲。

- 代善 ① [禮烈親王] 1636～1648
  - 滿達海 ② [巽簡親王，後削謚奪爵] 1649～1652
    - 常阿岱 ③ [降為懷愍貝勒]1652～1659
  - 祜塞 [惠順親王]
    - 傑書 ④ [康良親王]1659～1697
      - 椿泰 ⑤ [康悼親王]1697～1709
        - 崇安 ⑥ [康修親王]1709～1733
          - 永恩 ⑧ [禮恭親王]1753～1805
            - 昭槤 ⑨ [禮親王，後被革]1805～1816
          - 永譓 [追封禮親王]
            - 麟趾 ⑩ [禮安親王]1817～1821
              - 錫春 [追封禮親王]
                - 全齡 ⑪ [禮和親王]1821～1850
                  - 世鐸 ⑫ [禮恪親王]1850～1914
                    - 誠厚 ⑬ [禮敦親王]1914～1917
      - 巴爾圖 ⑦ [康簡親王]1734～1753

哈朗的建議，讓福臨即位，由濟爾哈朗和多爾袞輔政。於是，年僅6歲的福臨就這樣在一場鬧劇中登上了皇帝寶座，次年改元「順治」，大清帝國也由此掀開新的一頁。

此時的明朝並沒有趁清朝內部動亂的時候組織力量去收復關東失地，卻集中大量兵力想撲滅李自成、張獻忠的農民起義烈火。誰料，烈火不但沒有撲滅，反而愈演愈烈。順治元年（1644年）正月，李自成在西安正式建國，國號「大順」；三月，李自成起義軍攻下太原和代州；四月，起義軍從居庸關向北京進發，不久便攻下北京。

在起義軍攻入北京之前，崇禎皇帝眼見大勢已去，便親手砍死袁妃和坤儀公主並逼死周后。隨後，崇禎騎馬出了東華門，但是被亂箭所阻；他又跑到齊化門（朝陽門），成國公朱純臣閉門不納；後轉向安定門，此地守軍也已經星散，大門深鎖。三月十九日清晨，大火四起，崇禎無奈之下只得重返皇宮。此時城外已經是火光映天，崇禎在前殿鳴鐘召集百官，卻沒有一個人來。最終，絕望的崇禎皇帝在景山的歪脖樹上自縊身亡，他死時光著左腳，右腳穿著一隻紅鞋，身邊僅有提督太監王承恩陪同。明朝276年的統治，終於被李自成起義軍徹底砸碎。

李自成在圍攻太原的時候，就曾發出征討明朝的戰鬥檄文，揭露明朝統治的腐朽。檄文中提到崇禎皇帝忠奸不分，用人不當。這也的確不假，崇禎重用吳三桂，就是一個典型的例子。

吳氏一家，本來是高郵籍貫，後遷入遼東，到吳襄、吳三桂父子時，吳家在遼東已經有十處莊田，好幾百畝土地。朝廷任命他們為總兵，父子倆卻並沒有一心報效朝廷，屢屢臨陣脫逃，導致戰役失敗。對於這樣一對敗軍之將，崇禎皇帝不但不加以處分，反而封吳三桂做了山海關總兵。李自成向北京進軍的時候，崇禎皇帝還加封吳三桂為平西伯，封他的父親吳襄為提督，總管京師的兵馬。

吳襄父子平日生活奢靡，當然不甘心讓李自成的農民軍來搶他們的糧田，但也不敢正面與農民軍交鋒。因此，吳三桂接到崇禎帝入京戍衛的命令後，帶領關內外幾十萬大軍拖拖拉拉向北京行進；走到豐潤，聽說北京已經被李自成的起義軍攻破，便急急忙忙地逃回了山海關。不久後，李自成派唐通送來吳襄的勸降書和犒師銀四萬兩，招吳三桂入京，並派來兩萬軍兵守關。吳三桂接受了賞銀，卻在九門口屯兵給自己留了一條後路，才向京城出發。吳三桂走到灤州時，聽人說自己家產被抄、父親被囚、愛妾陳圓圓被擄後，立刻掉頭打回山海關，擊退了李自成派來接守的兩萬人。又以明朝大臣的身分，向昔日的宿敵清軍遞去了請兵書，希望多爾袞「合兵以抵都門，滅流寇於宮廷，示大義於中國」，誓與農民軍決一死戰。

▲ 西元1644年，李自成率領的農民起義軍攻入北京，明朝末代皇帝崇禎企圖衝出城外，但並未成功。無奈之下，崇禎皇帝選擇在景山自縊，結束了自己的生命，也結束了明王朝276年的統治。圖為西方人所繪的崇禎皇帝自縊圖。

關於吳三桂倒向清朝同農民軍作對的原因，後人多有猜測。明末清初的大才子吳梅村曾於順治九年（1652年）寫了一首《圓圓曲》，其中有

明兵部報告李自成活動情況行稿

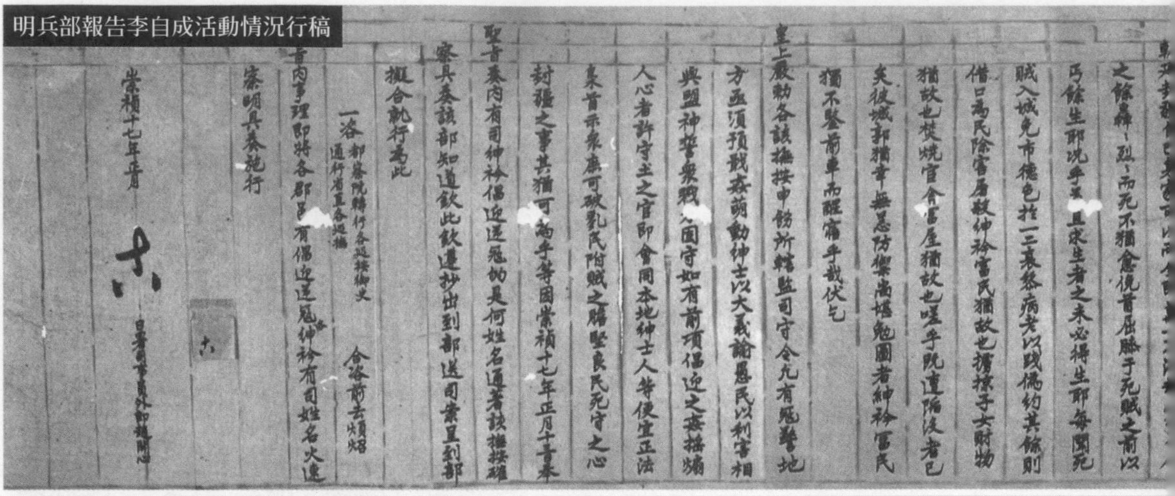

之餘焰烈烈而死不猶愈俛首屈膝于死賊之前以
丐餘生耶況乎且求生者之未必得生耶每聞死
賊入城先市德色於一二衰殘病老以賤價約其餘則
借口為民除害屠戮紳衿富民猶故也擄掠子女財物
猶故也焚燒官舍民屋猶故也嗟乎既遭陷沒者已
矣彼城郭猶幸無恙防禦尚堪勉圖者紳衿富民
獨不鑒前車而醒痛乎哉伏乞
皇上嚴勅各該撫按申飭所轄監司守令凡有賊警地
方亟須預戢姦萌勸紳士以大義諭愚民以利害相
與盟神誓衆戮力固守如有前項倡迎之姦搖煽
人心者許守土之官即會同本地紳士人等便宜正法
梟首示衆庶可破亂民附賊之膽堅良民死守之心
封疆之事其猶可為乎等因崇禎十七年正月十二日奉
聖旨奏內有司紳衿倡迎送賊的是何姓名通著該撫按確
察具奏該部知道欽此欽遵抄出到部送司案呈到部
擬合就行為此
一咨都察院轉行各巡按御史
通行各直各巡撫 合咨前去煩爲
旨內事理即將各郡邑有倡迎送賊紳衿有司姓名火速
察明具奏施行
崇禎十七年正月 六

陳圓圓像

這樣幾句：「全家白骨成灰土，一代紅妝照汗青。痛哭六師皆縞素，衝冠一怒為紅顏。」詩中的這位紅顏就是吳三桂的美妾陳圓圓。陳圓圓原為秦淮名妓，被國舅周奎物色入宮，原本周后想利用陳圓圓跟田妃爭寵，不料田妃反將陳圓圓送給自己的父親田弘遇。田弘遇見局勢動蕩，就將陳圓圓送給吳三桂以巴結他，吳三桂果真對陳圓圓十分寵愛。後來，崇禎皇帝催派他駐守山海關，他只好把陳圓圓留在家中，沒想到卻被農民軍首領劉宗敏所奪。吳三桂一怒之下投奔清朝，請當時的攝政王多爾袞派兵共擊農民軍，沒想到卻遭到多爾袞的假意推辭。

其實，清朝對入主中原一事已早有準備。范文程早在李自成進京前，就察覺到明朝將要滅亡，便奏請清廷趁這個機會占領關內。在李自成進京後的第十五天，清廷召見正在養病的范文程到盛京商議入關事宜。范文程提出，李自成肆意刑訊拷問明朝大臣，強行向官僚商人追贓，貪圖女子玉帛，必定不得人心，一戰就可將其滅亡。多爾袞本來就有進軍中原的野心，聽了范文程的話，立即下令調集兵馬。一時間，10萬八旗精銳迅速湧向中原。

原本清軍打算從西協和中協（今北京市北面及其附近的

◀ 陳圓圓本姓邢，名沅，字畹芬，明末清初蘇州名妓，後為吳三桂小妾，被李自成軍所搶占。據民間傳說，吳三桂因為她而「衝冠一怒為紅顏」，遂引清兵入關。圖為清代女畫家繆嘉惠所繪的陳圓圓像。

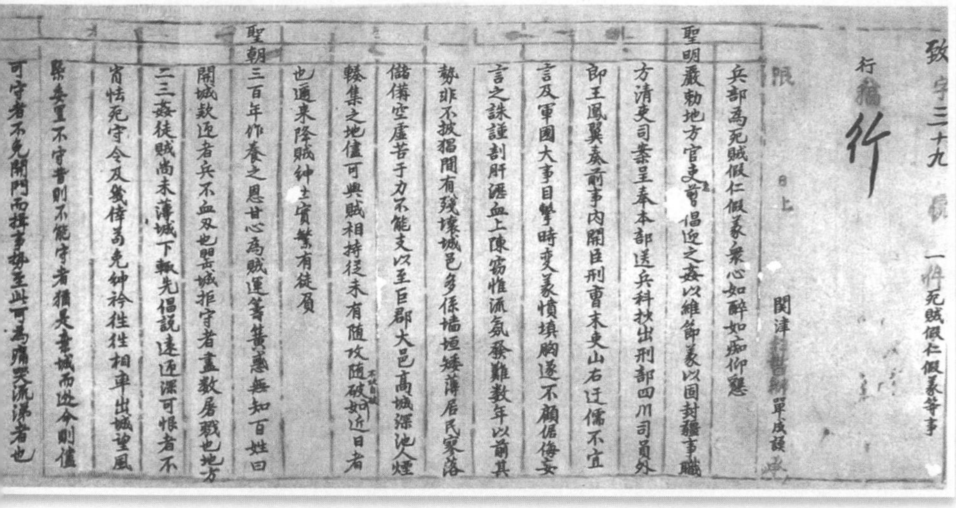
致字二十九號 一件死賊假仁假義等事
行稿 限 日上 閱 律
兵部為死賊假仁假義衆心如醉如痴仰懇
聖明嚴勅地方官吏曾倡迎之姦以維節義以固封疆事職
方清吏司案呈奉本部送兵科抄出刑部四川司員外
郎王鳳翼奏前事內開臣刑曹末吏山右迂儒不宜
言及軍國大事目擊時變義憤填胸遂不顧僭越妄
言之誅謹剖肝瀝血上陳竊惟流氛發難數年以前其
勢非不披猖間有殘壞城邑多係墻垣矮薄居民寥落
儲備空虛苦于力不能支以至巨郡大邑高城深池人煙
輳集之地僅可與賊相持從未有隨攻隨破如近日者
也通來降賊紳士實繁有徒夙
聖朝三百年作養之恩甘心為賊運籌策畫無知百姓曰
開城款迎者兵不血刃也嬰城拒守者盡數屠戮也地方
二三姦徒賊尚未薄城下輒先倡說遠迎深可恨者不
肖怯死守令及簽俸為先紳衿往往相率出城望風
繫妻孥不守者則不能守者猶是棄城而逃今則僅
可守者不免開門而揖事勢至此可為痛哭流涕者也

◀ 西元1644年年初，明朝兵部曾向各地方政府發布行稿，要求官員迅速報告李自成大軍的活動情況；兩個月後，李自成率軍攻破北京，明朝滅亡；不久，清軍入關，李自成匆忙離開北京，四處潰逃，最終消失在湖北通城的九宮山上。

長城）入關，沒想到卻接到吳三桂的「乞師」之信。多爾袞為讓吳三桂能徹底投降清朝以便順利入關，並沒有立即答應吳三桂，而是假意拒絕了他的請求。吳三桂沒有辦法，只能剃髮稱臣、徹底歸降清朝，多爾袞才答應出兵對付李自成。

得到清朝幫助後，吳三桂又發布檄文號召漢族地主階級和富商人賈支持自己反攻農民軍。吳三桂與清統治者的結合，給農民軍造成了不利的形勢。李自成派大順兵政部尚書王則堯去最後招降吳三桂，吳三桂不僅沒有投降，還扣留了王則堯，此時的吳三桂已正式成為清軍的馬前卒。

李自成招降失敗，便派唐通出撫寧東北的長城外扼守，自己率領20萬大軍迎戰吳三桂，並帶上了吳襄，想以此要挾吳三桂。兩軍列陣山海關前，多爾袞叫吳三桂軍以白布系在繫上作為標記，先和李自成的農民軍衝殺，自己卻率領清軍觀戰。吳三桂正在氣頭上，也不再顧及生死，只想一洩心頭之恨，於是親自上陣與農民軍戰了數十回合。到了中午，突然大風驟起，飛沙走石，軍士們眼前皆一片模糊。就在這時，清將阿濟格、多鐸率領兩萬騎兵，突然從吳三桂的右翼殺出。農民軍完全沒有料到清軍會參戰，加上飛沙走石、眼睛不適，於是很快就被清軍擊敗了。

李自成敗逃回京後，立即殺了吳襄及吳三桂其他家人。四月二十九，李自成在武英殿匆匆稱帝，第二天便撤出北京，退往西安。

五月初二，多爾袞率領清軍從朝陽門進入北京城，明朝官吏用明朝皇帝的儀仗、車架迎接，請多爾袞乘輦。多爾袞推辭說：「我效法周公輔佐幼主，不應乘輦。」眾人說：「周公曾背靠屏風代理朝政，今天王爺應該乘輦。」多爾袞又說：「我來這裡是為了平定天下，不應違背大家的意願，既然大家執意如此，我也就聽從了。」於是多爾袞乘輦入座，明臣齊呼萬歲。從此多爾袞坐鎮北京指揮進軍全國。六月，他與諸貝勒商議建都北京，派人到盛京迎接順治皇帝和太后進京。

八月二十，順治皇帝福臨與孝莊太后在文武百官的簇擁、保護之下，離開盛京，九月十九抵達北京。福臨入宮後第一件大事就是舉行登基大典，在多爾袞的授意之下，禮部將登基大禮的日子定在十月初一。當天，福臨於紫禁城祭告天地，登上設在皇極門的寶座，接受百官的朝賀，正式成為君臨天下的皇帝。

祖父、父親奮鬥了28年未能實現的願望，年僅6歲的順治卻實現了。他在多爾袞的輔佐下入主關中、定鼎中原，成為清廷入關後的第一任皇帝。從此，清王朝統治中國近270年的歷史正式拉開序幕。

第4節

絞殺農民軍和南明小朝廷

西元1645年～西元1651年

順治皇帝坐上紫禁城的龍椅之後，仍然面臨著兩個強大的對手：一是農民起義軍——李自成、張獻忠及其餘部；二是幾個南明小朝廷——南京福王的弘光政權、杭州的魯王政權、福州唐王的隆武政權及廣西桂王的永曆政權。

清兵進駐北京之後，攝政王多爾袞就命多鐸、阿濟格、吳三桂等人率兵追擊李自成的農民軍。當時，北京周圍的三河、昌平、保定、真定、大名、順德、廣平等地的廣大農民都舉起抗清的義旗，北京近郊的農民軍幾乎把北京城包圍了。他們割斷北京內外的交通，這樣西山的煤炭就不能運到京城，致使城內謠言四起，有人說清軍要屠城，有的說清軍在北京待不下去，要轉回關外老家。山東一帶的農民軍也依山據險，紛紛起義；運河沿岸的濟寧、嘉祥等地的農民，以滿家洞作為根據地，進行

順治皇帝朝服像

◀ 愛新覺羅．福臨（1638年～1661年），清朝入關後的第一位皇帝。他即位時年僅6歲，在叔父多爾袞的幫助下入主中原；親政後以「文教治天下」，提高漢人地位，拉攏蒙古貴族，為統一的多民族國家形成作出了重要貢獻。

反清鬥爭；魯西、魯州一帶的榆園起義軍挖了很多地道以對付清兵；李自成部下的旗鼓趙應元，也在青州掀起抗清的浪潮；而大順政權的主力軍——郝永忠、劉體純、李過等率領的隊伍，還盤踞在陝西一帶。

此時全國的形勢對李自成來說，還是很樂觀的。只可惜，這個時候的李自成早已沒有當初的鬥志，面對分散於全國各地的起義軍，他不僅沒有把大家聯絡起來，壯大自己的力量，相反，卻只帶了大量的金銀珠寶，匆匆向西逃去。

李自成到山西平陽時，河南的地主武裝推翻了大順起義軍所建立的政權，李岩聽說後，請求李自成分兵兩萬到河南去恢復政權。李自成不但沒有給他兵力，反而聽信牛金星的讒言，以為李岩要謀叛自立，就把他給殺了。忠心耿耿的李岩被殺，起義軍中人心開始渙散，士氣更難恢復，李自成只好率兵退向陝西。多爾袞卻並不放過李自成，命清軍窮追不捨，一定要徹底消滅大順政權。清軍得到多爾袞的命令，馬上兵分兩路進攻西安，一路由阿濟格、吳三桂、尚可喜和一些蒙古貴族率領，由山西奔西安而來；一路由多鐸、孔有德率領，由河南奔潼關而來。

順治二年（1645年）年初，多鐸軍逼近潼關。此時清軍的大炮還沒有運來，李自成和潼關守將劉宗敏卻沒有抓住時機殲滅多鐸軍，只是圍困了三天。沒多久，清軍大部隊將大炮運來，同時阿濟格也已從延安逼近西安，李自成只能趕回西安。見清軍來勢洶洶，李自成不及應戰，又匆匆出武關，入襄陽，退到武昌。清軍還是緊追不放，李自成繼續南下，經咸寧、蒲圻，直至湖北通城九宮山。五月某日，他留下幾十萬大軍守寨，自己率20餘人上山，卻不幸遇難身亡，但關於他的死因，至今仍是歷史一大謎團。

李自成死後，偏居四川建立大西政權的張獻忠就孤立地暴露在清軍面前，此時清軍在陝西屯駐了重兵，隨時準備進攻張獻忠。順治三年（1646年）春，在四川地主勢力和清軍的雙重逼迫下，張獻忠決定由四川入陝西，奪取西安，重振旗鼓。在離開成都之前，他殺死了自己的幼兒，並對部將孫可望說：「我亦一英雄，不可留幼子為人所擒。」大西軍保寧守將劉進忠直奔清軍告密，並引豪格和吳三桂入川。順治三年（1646年）年底，清軍乘著大霧，埋伏在西充和鹽亭之間的鳳凰山上，部下多次把這個消息報告給張獻忠，張獻忠都不相信。最後一次報告的時候，張獻忠正在吃飯，嘴裡嚼著飯就帶著十來個人出來瞭望，劉進忠立刻認出他來，清將雅布蘭便一箭射死了張獻忠。

大西驍騎營都督府禁約碑拓片

▲ 大西驍騎營都督府禁約碑是張獻忠的大西政權向軍隊和官員發布禁約的文告碑，由當時的驍騎營都督劉進忠所立。碑文中列舉了不許擾害地方等多項官員和軍人需遵守的紀律，說明張獻忠治軍嚴明，受到當地百姓歡迎。

南明政權一覽表						
皇帝				都城	著名將領	持續時間
姓名	廟號	謚號	年號			
朱由崧	明安宗	簡皇帝	弘光	南京	史可法、黃得功、劉肇基	1644 年～1645年
朱以海	無	無	（監國）	紹興 舟山	張煌言、錢肅樂、王之仁	1645年 ～1655年
朱聿鍵	明紹宗	襄皇帝	隆武	福州	張肯堂、黃道周、鄭成功、鄭鴻逵	1645年～1646年
朱聿鐭	明文宗	節皇帝	紹武	廣州	蘇觀生、何吾騶	1646年～1647年
朱由榔	明昭宗	匡皇帝	永曆	肇慶 安龍 滇都	瞿式耜、何騰蛟、郝永忠、李定國、劉文秀	1646年～1662年

清軍入關後，除了這些抗清的農民起義軍，還有幾個與清王朝對立的南明政權：福王政權、魯王政權、唐王政權、桂王政權。前幾個政權，很快就被清政府消滅了，只有最後一個政權因為農民起義軍的加入，堅持了十多年的時間。

順治二年（1645年），李自成攻破北京、崇禎殉國的消息傳到南方後，南京方面立即擁立福王朱由崧，先稱監國，後來即皇帝位，建元弘光，是為福王政權或弘光政權。朱由崧的父親是萬曆皇帝和鄭貴妃的兒子、曾威脅到太子地位的福王常洵，常洵則在李自成攻下洛陽的時候被殺了。

南京朝廷的大臣主要分成兩派：一派是以史可法為代表，過去東林黨人都依附他，他們很不情願擁立福王，害怕他會給他的父親和祖母報仇；一派是以萬曆進士馬士英、阮大鋮為首，他們勾結江北四總兵（劉澤清、劉良佐、黃得功、高傑）擁立福王，只是為了自己的利益。建立弘光政權後，馬士英等人開始把持朝政、狼狽為奸、招權納賂，東林黨的大臣盡遭驅除，史可法也被迫到揚州去督師。

與此同時，他們還對復社名流極力摧殘。明朝士子經常以文會友，一起揣摩文章風氣，學習八股寫作，因而有結社的活動。崇禎初年，張溥集合南北文社中的一些志同道合之士，在蘇州組成了一個社團，稱為「復社」。因為這個張溥很有領導才幹，沒過多久復社就在當地產生了很大的聲勢，他們互相標榜、彼此引薦，頗能影響到科第的得失，歸附他們的人較多。他們一邊研究文章、切磋學問，一邊譏彈時政、衡量人物，構成一種清議，參加者以東林黨的後裔較多，因此又被稱為「小東林」。他們的政治活動曾經促成大學士薛國觀被殺、周延儒入閣，還用輿論討伐過阮大鋮，這使阮大鋮懷恨在心。福王即位後，他在馬士英的幫助下，大量逮捕、殘害復社諸子。

當時福王不理朝政，只留心於歌舞聲色。他派出大量宦官到大街小巷搜羅美女，只要看上，就在額上貼塊黃紙帶走了，百姓們都很害怕，家裡的女兒一到婚嫁的年齡就匆匆嫁人了。而那些手握重兵的總兵們，除史可法、黃得功等少數將領外，都不出兵抗清，只為搶奪地盤相互攻擊。更有甚者，弘光政權以農民起義軍為敵，卻派人到北京議和，幻想透過割地、納款為手段與清朝結盟，還封吳三桂為薊國公，賞賜銀五萬兩，米十萬石。

順治二年（1645年）四月，多鐸南下江淮，包圍了揚州，劉澤清立馬投降。四月二十五，史可法被擒，多鐸勸他投降，對他說：「先生為我收拾江南，一定不惜封你高官。」史可法回答說：「我頭可斷，身不可屈。」多鐸又勸他說：「你知道洪承疇吧，投降則富貴終身。」史可法回答說：「我豈能仿效他的所為，我早已下定決心，城亡我亡。」史可法被關押了三天，任憑清軍如何勸降，皆不為所動，終被殺害。由於當時天氣暴熱，死屍太多，史家人來收屍時，已辨認不出哪個是史可法的遺體，只能將他生前的衣服埋葬在揚州的梅花嶺上。五月初十，清軍渡江，劉良佐投降，也勸說黃得功投降，遭到了黃得功的叱喝與怒罵。後來，黃得功被射中喉嚨，自覺復國無望，便自殺了。順治三年（1646年）五月，弘光政權的禮部尚書錢謙益與大學士王鐸等迎降多鐸，馬士英在太湖被殺，福王被俘，不久後死於北京，弘光政權滅亡。

南京失守後不久，南明福建巡撫張肯堂、禮部尚書黃道周以及盤踞福建的鄭芝龍、鄭鴻逵兄弟共同擁立唐王朱聿鍵為皇帝，定都福州，改元「隆武」。隆武帝本人頗有能力，他在即位之初，就召集群臣商議抗清戰略。他下詔親征，同時安撫難民，積極聯絡抗清義軍，一時間各地義軍紛紛響應。可惜，當時隆武皇帝並不能完全控制局勢，其軍政大權都掌握在

多鐸入南京圖

◀《多鐸入南京圖》，清人繪，現藏於中國國家博物館。順治二年（1645年），豫親王多鐸率軍南下，馳騁江南，戰無不勝，很快消滅弘光政權。圖中所繪正是多鐸率軍進入南京城的場景，多鐸騎於馬上，威風凜凜，兩隊士兵正列隊迎候。

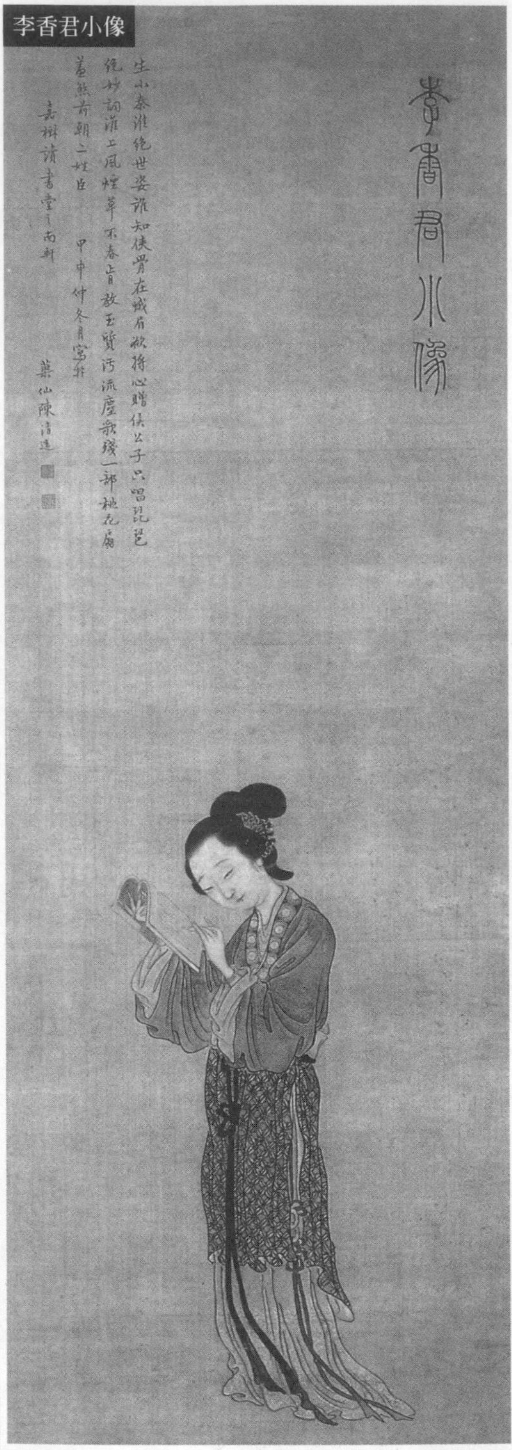

▲《李香君小像》，【清】陳遠清繪，現藏於清華大學美術學院。李香君為「秦淮八豔」之一，她才華卓絕，俠肝義膽，不讓鬚眉。「秦淮八豔」雖身於風塵，卻滿懷愛國之心，南京淪陷後皆不降清，羞煞多少鬚眉男兒。

鄭芝龍手裡。鄭芝龍原本是稱霸一方的海盜，崇禎初年接受熊文燦的招撫，歸順了朝廷，但在福建一帶仍擁有很大勢力。鄭芝龍擁兵自重，不願與清軍為敵，黃道周十分著急，就自請到江西募兵抗清，最終在徽州被俘，不屈就義。順治三年（1646年）七月，清軍南下，鄭芝龍暗地投降清朝，清軍得以長驅直入，隆武帝逃至汀州被清軍擒殺，隆武政權滅亡。

就在隆武政權建立的同時，浙東地區也出現了一支南明政權。崇禎舉人張煌言、進士錢肅樂等人將明太祖朱元璋的十世孫魯王朱以海從臺州接到紹興監國，原明總兵方國安、王之仁也領著部隊前來投靠。魯王政權初建時，擁有浙東紹興、寧波、溫州、臺州等地，且有錢塘江天險為倚仗，一時間還能劃江而守。但其政權腐敗，只顧與當時同存的隆武政權爭奪皇統地位，不思抗清。另外，方國安、王之仁的部隊又與錢肅樂的義師因軍餉問題發生衝突，兩隊人馬不能聯合，戰鬥力大大削弱。順治三年（1646年）六月，清兵渡錢塘江攻陷紹興，魯王出海至舟山，浙東迅速淪陷，魯王政權建立不到一年即宣告滅亡。之後，魯王一直在海上漂泊，堅持組織抗清。順治八年（1651年），他在張名振、張煌言的陪同下投靠了當時據守廈門的鄭芝龍之子鄭成功，並繼續抗清直到去世。

福王政權、唐王政權、魯王政權命運都不長久，只有廣西的桂王政權在農民軍的參與中，消耗了清廷一些實力。順治三年（1646年）十月，晚明重臣瞿式耜、丁魁楚擁立崇禎皇帝堂弟朱由榔稱帝，居肇慶，年號「永曆」。朱由榔在位16年，最初兵多將廣，地盤很大，又先後與明湖廣總督何騰蛟、湖北巡撫堵胤錫，李自成餘部郝永忠、劉體純、李過、高一功等人聯合，抗清形勢十分樂觀。可惜朱由榔十分膽小怕事，一遇戰事就東奔西走，是一個名副其實的「走天子」。

當時大家擁立朱由榔的時候，唐王手下的大學士蘇觀生也想參加，丁魁楚卻把他拒之門外，因此，蘇觀生等人就在廣州擁立唐王的弟弟朱聿

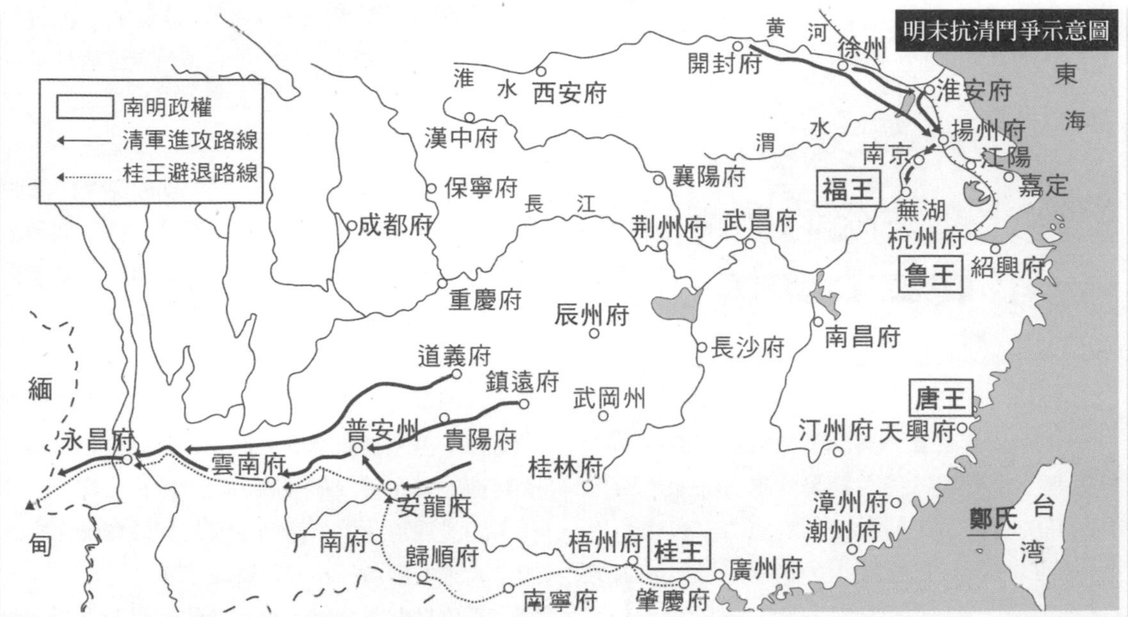

▲ 清軍入關以後，定都北京，劍指中原。許多仁人志士不願投降，他們秉承民族氣節，組織抗清義師，於各地爆發起義，其中以江南地區和東南沿海一帶的鬥爭最為激烈。

鍥即位，年號「紹武」。之後，他們殺了桂王的使臣，發兵進攻肇慶，南明這兩家同姓政權開始互相殘殺，最終紹武政權獲勝。可惜好景不長，順治四年（1647年）年初，清軍李成棟開始進攻廣州，蘇觀生率眾激戰，最終在內奸的逼迫下自縊而死，朱聿　也絕食自盡。

廣州淪陷，身在肇慶的永曆皇帝不知如何是好，有個曾經跟過崇禎和福王的宦官勸他撤退，永曆皇帝立即沿梧州、平樂逃至桂林。順治四年（1647年）的二三月裡，清軍李成棟打下肇慶、梧州、平樂，他又像驚弓之鳥一樣，匆匆逃向全州。李成棟來到桂林後，指揮士兵攻上文昌門，登樓俯射留守府。當時的兵部尚書瞿式耜鎮守桂林，他不慌不忙，先穩定軍心，隨後開始反攻。瞿式耜的部下直貫清軍大營，從卯時（早晨五六點）一直殺到中午，把李成棟大軍衝成了三截，打退了清軍。瞿式耜乘勝出擊，攻取了陽朔、平樂、梧州，恢復了廣西的故土，但永曆皇帝仍然不敢回桂林，而是一路跑到武岡。

順治四年（1647年）九月，清軍趕到武岡，永曆帝先後逃至靖州、柳州、象州，後來聽說何騰蛟、郝永忠帶領義軍在泉州大敗清軍，他才於順治五年（1648年）年初在瞿式耜的迎接下回到桂林。但在桂林待了不到兩個月，他聽說清軍攻下興安，就不聽瞿式耜的勸告，又逃到了南寧。

順治五年、六年間（1648年～1649年），清朝對永曆政權發動大規模進攻。濟爾哈朗、孔有德進攻湖南，拿下湖南、湘潭、衡州，何騰蛟在湖南被殺。尚可喜等進攻兩廣，於順治七年（1650年）攻下韶州，永曆帝逃往梧州；年底，廣州、桂林皆陷，瞿式耜被俘，後不屈而死。順治八年（1651年），永曆帝再次逃至南寧，清軍又進攻南寧，他只得藏身於當地土司家中方才躲過一劫。

永曆皇帝的四處奔逃和臣子們的朋黨、派系之爭，斷送了曾經大好的反清形勢，倘若後來沒有農民軍的繼起奮戰，永曆政權也會和前幾個南明政權一樣迅速垮臺。

第5節

鎮壓此起彼伏的反清鬥爭

西元1645年～西元1661年

張獻忠犧牲後，其部將孫可望、李定國、劉文秀、馮雙禮等仍有數萬兵馬，大家一致推舉孫可望為首領，襲重慶、陷遵義，入雲南貴州一帶，隊伍又日益壯大，建立了以昆明為中心的政權。

走投無路的永曆皇帝，看到孫可望抗清勢力的強大，決定投靠他，孫可望等人為了反抗民族壓迫，也同意與永曆聯合。順治八年（1651年），這支農民軍的首領接受了桂王的封號：孫可望被封為親王，李定國被封為西寧王，劉文秀被封為南康王。順治九年（1652年），永曆帝移駐安隆所（今貴州安隆縣），農民軍一年供他八千兩銀子、一百石大米，同時決定征討清軍。這樣，農民軍便在全國範圍內，掀起了第二次反清高潮。

第二次反清高潮中，李定國的表現極為突出。李定國算得上是一位軍事奇才，他10歲參加張獻忠的起義軍，因功勳卓著與孫可望、劉文秀一同被張獻忠提拔為將軍。與南明朝廷聯合後，李定國奉命去收服桂林。順治九年（1652年），李定國率軍出全州，在桂林外圍大敗清軍定南王孔有德，後圍困桂林城，逼得孔有德自殺。桂林大捷後，李定國乘勝進軍，攻下梧州、柳州、辰州，隨後揮軍北上，衡州、長沙守將望風而逃，李定國連取兩城，在長沙駐軍半年。四川方面，劉文秀也打敗吳三桂，攻克敘州，奪回重慶，迫使吳三桂退回漢中。

李定國等農民軍收復了南方大部分地區，給清朝一個沉重的打擊。清政府特派敬謹親王尼堪為定遠大將軍，由洪承疇辦糧餉，統領精銳部隊15萬人，救援湖南。李定國採取誘敵深入的策略，又一次大獲全勝，主帥尼堪當場斃命。清朝

李定國年表（1620年～1662年）	
時間	主要事件
明萬曆四十八年（1620年）	李定國生於陝西榆林。
明崇禎三年（1630年）	跟隨張獻忠於米脂起義，被張獻忠收為義子。
明崇禎四年（1631年）	幾年間，隨張獻忠轉戰於晉、豫、楚、陝諸省，屢立戰功。
明崇禎十年（1637年）	長大成人，武藝高強，軍中人稱「小尉遲」；率領兩萬人馬襲擊安慶，目標直指南京。
明崇禎十六年（1643年）	破武昌，克長沙，被賜姓「張」。
明崇禎十七年（1644年）	張獻忠攻克成都，建立大西政權，封李定國為安西將軍。
清順治三年（1646年）	清軍入川，張獻忠戰死，李定國等人轉戰雲、貴等地。
清順治六年（1649年）	赴貴州拜見永曆帝，商議「扶明逐清」之事。
清順治七年（1650年）	回守雲南，訓練三萬精兵，準備東進抗清。
清順治九年（1652年）	率十萬大軍從雲南出發開始東征，連克桂林、衡州，被永曆帝封為「西寧王」，賜名「如靖」。
清順治十三年（1656年）	率精兵迎永曆帝入駐昆明，受封為晉王。
清順治十五年（1658年）	與清兵大戰於曲靖，最終獲勝。
清順治十六年（1659年）	於騰越阻擊清兵，幫助永曆帝逃往緬甸。
清康熙元年（1662年）	永曆帝被吳三桂絞殺，李定國聞訊憂憤病倒。終不治身亡，齎志以歿。

街邊剃髮

▲ 清軍入關以後，要求漢人「剃髮易服」，遭到漢族人民的強烈反對，南方各地爆發了多次反清運動。不過，清政府統一中原、穩定政局後，人們也逐漸習慣這一風俗，圖中眾人皆自覺到街邊修理長髮，再無反抗之心。

遭此重創，深感害怕，甚至一度產生了放棄南方七省，與南明劃地議和的想法。不過，此時形勢大好的南明朝廷內部卻出現了裂痕。原來，隨著李定國的節節勝利，聲望逐漸超過孫可望，這使孫可望十分妒忌，他不僅不為前方戰士提供援助，還意圖加害李定國等人。李定國為穩定局勢，只好放棄梧州、桂林等地，退回武岡。

順治十年（1653年）到十二年（1655年）的三年時間裡，李定國又從柳州出發，連克肇慶、平樂、高州、廉州和雷州等地，並攻下高明，包圍新會。後來清軍猛撲，他又殺到南寧，劉文秀也殺回貴陽牽制一部分清軍。李定國和劉文秀，就像是兩條鋼繩，牽住了清軍的力量，在南方的廣大土地上與清軍周旋。

順治十三年（1656年）春，孫可望將永曆皇帝劫持至雲南，意圖取而代之。李定國率軍殺回雲南，與劉文秀合力擊敗孫可望，永曆政權也因此轉移到雲南。順治十四年（1657年）十月，孫可望率領十萬大軍進攻雲南，不料將士們一致反對內戰，紛紛倒戈。孫可望眼見大勢已去，就領了親信一千來人到長沙投奔洪承疇，還向清軍獻出了農民軍根據地的地圖，密報軍中虛實。清朝於是命多鐸之子譚尼為安定大將軍，領兵三路向李定國進攻。

順治十六年（1659年）年初，清軍攻陷昆明，李定國主張突圍去廣州，但是永曆皇帝卻力主西逃，他又先後逃到永昌（今雲南寶山縣）、騰越（今雲南騰衝縣西），李定國也只能隨之西撤扈衛。雲南馬龍縣的磨盤山是橫斷山脈的西支，西離怒江二十里，鳥道羊腸，是由永昌進入騰越的必經之路，李定國料定清軍來必無備，便設下埋伏，清軍果然中計。此戰雖未全殲清軍主力，但殺死軍官十數人，軍士數千，迫使清軍不敢再進。可惜此時永曆皇帝聽了沐天波的話，逃入緬甸，從此再也未能與李定國會合，最終被吳三桂擒獲，在雲南被殺。

李定國聯明抗清11年，一直堅定不屈，直到康熙元年（1662年），終因復國無望而憂憤病逝。他不但在軍事上顯示出非凡的能力，而且在經濟、政治方面也顯示出超人的才幹，將西南一帶治理得井井有條，使百姓於亂世中得到一些安定。

當李定國帶領農民軍在西南地區與清軍周旋時，祖國東南地區也湧現出大批抗清志士，他們秉承民族氣節，帶領民眾組成抗清義師，上演了一幕幕慷慨悲歌。

順治二年（1645年）六月，清廷頒布「剃髮」令，要求所有人將額角以上的頭髮剃掉，後面的頭髮編成辮子盤在頭頂或耷拉在背上。這是滿洲人的習俗，早在努爾哈赤時期就曾在東北地區實行過這個命令，引起了廣大漢族人民的不滿。後來皇太極為穩定民心、緩和民族矛盾，取消了「剃髮」令。沒想到清軍入關以後，多爾袞又重新搬出「剃髮易服」的命令，並且態度蠻橫，提出「留頭不留髮，留髮不留頭」的說法。漢族自古以來就十分注重衣冠服飾，所謂「身體髮膚，受之父母，不敢毀傷，孝之始也」，所以漢人成年以後是不可剃髮的。清朝的強硬態度無疑嚴重傷害了漢族人民的感情，於是嘉定、松江、昆山、蘇州、嘉興、紹興、江陰等地掀起了一輪抗清高潮。

順治二年（1645年）閏六月十三，嘉定知縣強制剃髮，激起人民反抗，大家推舉黃淳耀、侯峒曾出面領導抗清。明朝降將李成棟率軍攻城，此時大雨環繞，城中居民冒雨奮戰，最終清軍使用大炮轟城，才攻入城中。清軍來後，黃淳耀自縊，侯峒曾投河，城中無一人投降。清軍大肆屠殺城中居民，掠奪金銀財寶，魁首李成棟所掠財帛女子竟裝滿三百大船。七月二十四，江東人朱瑛又率領五十餘人來到嘉定城，會同城內居民將清軍趕出城外。李成棟再次派兵進攻。二十六日清晨，清軍趁城內武裝尚不完備之時攻入城內，並進行了第二次屠城，因天色尚早，許多居民還未起床就在家裡被殺害。八月二十六，南明總兵吳之播又率領餘部反攻嘉定城，仍有許多民眾前來投靠，但終究敵不過強大的清軍，以失敗告終，清軍再次屠城。這就是歷史上有名的「嘉定三屠」。史載三次屠城中，嘉定城內民眾無一投降，死亡者達兩萬餘人。

就在嘉定人民英勇抗清的同時，松江府的夏允彝、夏完淳父子以及復社名流陳子龍等人也舉

侯峒曾石刻像拓片

黃淳耀石刻像拓片

▲ 侯峒曾與黃淳耀皆為抗清義士。弘光政權滅亡以後，清軍一路南下至嘉定城，兩人率眾力守孤城十多天，終因彈盡糧絕而破城。城破後，侯峒曾投池、黃淳耀自縊，用自己的生命表現了不屈的民族氣節。

兵起義。但因力量薄弱，糧餉不足，松江義軍僅堅持了兩個月便宣告失敗，夏允彝投水殉國。夏允彝死後，其子夏完淳追隨老師陳子龍與太湖義軍聯繫，並投入太湖義軍首領吳易的麾下，繼續從事抗清活動。不久，太湖義軍被包圍消滅，夏完淳泅水脫險。儘管遭遇一次又一次打擊，但夏完淳復明意志並未改變，他曾寫下詩句「縞素酬家國，戈船決死生」、「戰苦難酬國，仇深敢憶家」，表明不顧身家、誓死戰鬥的決心。順治四年（1647年）四月，陳子龍聯絡江南義軍起義事洩被捕，清軍本想將他押往南京，行至松江境內跨塘橋時，他趁守衛不備，投江自沉以明其志。兩個月後，夏完淳也被清軍捕獲，洪承疇親自審訊並欲勸降，他卻將洪承疇罵得手足無措。九月十九，夏完淳於南京西市英勇就義。

東南地區的抗清義士中，聲勢最大且堅持時間最長的當屬後來割據臺灣的鄭成功。鄭成功（1624年～1662年），原名森、字大木，福建泉州南安石井鄉人。父親鄭芝龍原來是海盜顏思齊的部下，後來投降於明朝福建巡撫熊文燦。明崇禎六年（1633年）荷蘭艦隊侵擾廈門，當時的福建巡撫鄒維璉派軍反擊，鄭芝龍作為先鋒，奮勇作戰，擊沉敵艦五艘，俘獲一艘，後因戰功官至都督同知。鄭成功的生母是日本平戶田川氏的女兒。鄭成功7歲的時候歸國，之後一直居住在福建晉江的安海，他讀書刻苦，考試總是名列前茅。

清軍入關後，21歲的鄭成功到南京福王的太學裡念書，曾經跟隨過錢謙益。福王失敗後，錢謙益投降，鄭芝龍兄弟擁立唐王，並命鄭成功入侍以監視唐王的行蹤。不過鄭成功並不聽從父親的命令，反而對唐王忠心耿耿。一天，鄭成功見唐王悶悶不樂，就對唐王說：「陛下悶悶不樂，莫非是我父親（挾持）的緣故？我深受國家的厚恩，定當義無反顧地報效朝廷！」並給唐王獻上許多復興計畫，唐王被鄭成功的忠誠所感動，感慨道：「真是將門出虎子啊！」 並賜鄭成功為「朱」姓，後人也因此稱呼他為「國姓爺」。

鄭成功弈棋聽軍情圖

▲《鄭成功弈棋聽軍情圖》，【清】黃梓繪，現藏於中國國家博物館。圖繪鄭成功在金門抗清時，有一日邊弈棋邊聽取小校彙報軍情的場景。鄭成功能於軍情緊張時仍從容對弈，可見他臨危不懼的大將氣度。

後來鄭芝龍投降清朝，鄭成功屢諫不從，就燒掉了儒服，與鄭芝龍斷絕父子關係，並宣誓道：「我現在是孤臣遺子，該幹我的事了！」隨後他就到廣東沿海一帶招募軍隊，改奉永曆正朔，攻克海澄、泉州、同安、詔安、惠來、潮陽、廈門、金門、漳浦、漳州等福建沿海各州縣，聲威大震。永曆皇帝知道後，晉封鄭成功為漳國公。清廷命鄭芝龍寫了招降書，派其子鄭世忠至海澄勸降，被鄭成功堅決拒絕。鄭成功多次派兵支援永曆皇帝，順治十二年（1655年），他接受了永曆朝廷詔封的延平郡王爵號。

當初清軍攻克舟山後，張煌言隨同魯王歸依鄭成功。順治十四年（1657年），清廷撤走舟山軍民，張煌言再占舟山。順治十六年（1659年），永曆帝從雲南逃入緬甸，為了牽制清軍的行動，張煌言與鄭成功的船隊從舟山上溯長江，攻克沿江許多重要城鎮。兩人分兵而進，張煌言進取皖南各州縣，鄭成功則要直取南京。部將甘輝勸鄭成功先取揚州，北斷山東之師，南絕江浙之糧，再取南京。結果鄭成功不聽，執意攻取南京，卻中了敵人的緩兵之計。當時清江西總督郎廷佐派人哀求鄭成功，說：「我朝軍律，只要守城超過30日，就不會連累家眷，請寬限我們30天的時間。」甘輝與張煌言看出有詐，皆力勸鄭成功迅速進攻，以防敵人援兵，但鄭成功仍答應給郎廷佐30日投降的期限。結果數日後，清崇明總兵梁化鳳率領數千兵卒趕到，與郎廷佐前後夾擊，大敗鄭成功，甘輝也於此戰中被俘犧牲。此役鄭成功損失戰船500艘，許多部將犧牲，只得暫時退回廈門。而張煌言依然在海上孤軍奮鬥，堅持抗清，直到康熙三年（1664年），魯王病逝，他見大勢已去，才解散義軍，隱居不出。但清軍並沒有放過他，派出大量人馬搜尋，終將其擒獲。張煌言被捕後拒不降清，最終於杭州英勇殉國。

鄭成功退守廈門後，覺得恢復事業不是一朝一夕就能完成的，於是謀劃要取臺灣作為抗清根據地。臺灣從明天啟四年（1624年）就被荷蘭殖民主義者侵占，先後築有熱蘭遮城（今臺南市安平區）和赤嵌城（今臺南市）。

順治十八年（1661年），鄭成功親率兩萬五千名兵將，分乘百艘戰船，從金門出發，冒著風浪，越過澎湖，準備直取臺灣。荷蘭人聽到鄭成功進攻臺灣的消息後，萬分驚恐，他們將軍隊集中在熱蘭遮城和赤嵌城中，並鑿沉港口的船隻以阻止鄭成功船隊登陸。鄭軍則趁海水漲潮之際將船駛進鹿耳門內海，讓主力從禾寮港登陸，以便從赤嵌城的背後攻入，同時也可以切斷臺灣城過來的援軍。此時荷蘭軍開出戰艦，鄭成功一聲令下，鄭軍60多艘戰船把敵艦緊緊圍住，一齊發炮擊沉了荷蘭艦。荷蘭軍海上失利，城內的水源也被切斷，最終在孤立無援的情況下向鄭成功投降，撤回了巴達維亞（今印尼雅加達）。至此，鄭成功收復了被荷蘭侵略者占領38年的臺灣島。

獲勝後，鄭成功在赤嵌城設承天府，定為京都，改熱蘭遮城為安平鎮，另置天興（今臺灣嘉義市）、萬年（今臺灣鳳山市）二縣，他還設立軍政組織，制定法紀，臺灣島漸漸自成規模。在此期間，清廷曾令東南五省的沿海居民內徙30到50里，防止鄭成功的進攻，並對臺灣實行經濟封鎖，但是臺灣此時已能憑藉島上資源自給自足，這種方法對臺灣影響不大。此後鄭氏家族一直堅守臺灣抗清，直到康熙二十三年（1684年）才被施琅平定，清朝才真正統一了全國。

《從征實錄》

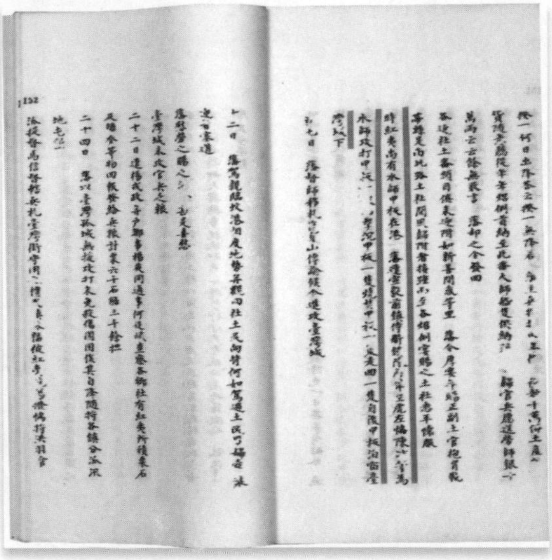

▲《從征實錄》（民國影印版），【清】楊英著，此書詳細記載了鄭成功收復臺灣的有關事蹟。楊英是鄭成功手下的戶官都事，長期追隨鄭成功征戰，因此能比較完整地記錄鄭成功的事蹟，該書也成為研究鄭成功生平的重要資料。

第6節

順治年少有為

西元1644年～西元1661年

順治即位時年僅6歲，原定由睿親王多爾袞和鄭親王濟爾哈朗共同輔政，以相互制衡。但多爾袞在輔政之後，就開始打壓諸王、排斥異己，一步步將大權收於自己手中。他首先取消了軍政大事由八旗貝勒共同商議的制度，改由兩位攝政王決定，又逼迫濟爾哈朗退居次位，自己成為「首席攝政王」，獨斷朝綱。

皇太極長子豪格雖然在皇位爭奪中失利，但手握重兵，仍是多爾袞專權的最大威脅，因此多爾袞在獨攬大權之後，開始打擊豪格集團。順治元年（1644年）四月，多爾袞派人誣告豪格，將其貶為庶民，並以知情不舉為由，將其親信處死、抄家或流放，極大地削弱了政敵的實力。但此時正值清軍入關的特殊時刻，多爾袞也知豪格作戰勇猛，於是讓他以庶人身分隨軍出征，豪格立下大功，順治在北京登基時又復封他為和碩肅親王。不久，多爾袞封豪格為靖遠大將軍，派他西征盤踞四川的農民軍張獻忠。當時南京的弘光小朝廷政治腐敗、不堪一擊；李自成的軍隊也一路潰逃、無心戀戰；只有張獻忠的大西軍訓練有素、軍紀嚴格，又有四川天然的地理優勢，應該是當時清政府最頭疼的敵人。多爾袞將豪格派往四川，其目的不言而喻。不過豪格英勇作戰，一路平陝西、進四川，連戰連捷，最終射殺張獻忠、消滅大西政權，凱旋而歸。然而，大功之後等待豪格的並不是獎賞，而是一個更大的陰謀。順治五年（1648年）二月，豪格班師回朝，多爾袞立即網羅罪名將豪格入獄，儘管諸王大臣都知道豪格的冤屈，但此時多爾袞早已大權在握，無人敢與之抗衡。沒過多久，豪格就猝死獄中，至於他是憂憤而死，還是被多爾袞毒死，就不得而知了。

豪格死後，多爾袞更加囂張，不僅獨攬朝綱，還禍及後宮，甚至傳出他與順治生母孝莊太后關係曖昧的流言。其中最著名的是南明張煌言的一首《建夷宮詞》：「上壽觴為合卺尊，慈寧宮裡爛盈門，春官昨進新儀注，大禮恭逢太后

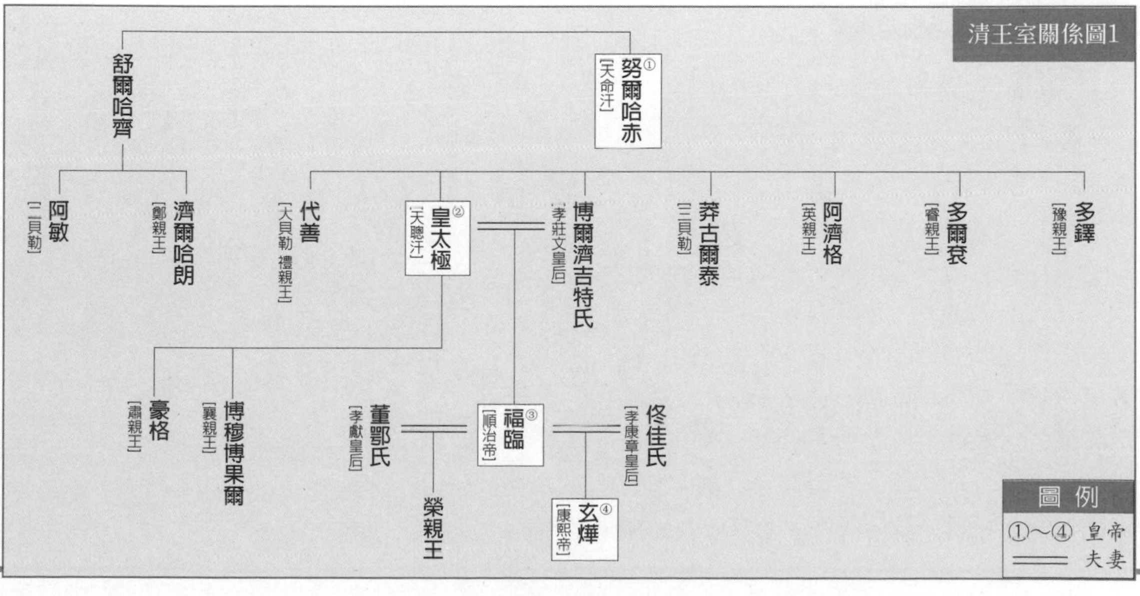

清王室關係圖1

婚。」不過，張煌言作為抗清名將，對滿清統治者懷有不滿情緒甚至詆毀也有可能，他的詩並不能定史。另外，乾隆年間蔣良騏的《東華錄》以及朝鮮《李朝實錄》中都記載多爾袞「又親到皇宮後院」，但《清世祖實錄》中卻故意將此話刪除，使得這件清宮疑案更加撲朔迷離。當然，對於這些宮闈秘事，統治者一般都會盡力遮掩，以至於我們無法從現存的文獻中尋找出關於「太后下嫁」的可信史料，這段歷史也成為目前清史研究中的一大懸案。

順治七年（1650年）十二月初九，叱吒一時的攝政王多爾袞病逝於塞外圍獵的途中，年僅39歲。多爾袞沒有子嗣，由多鐸之子多爾博承襲親王爵位，俸祿仍是諸王的三倍。同時，多爾袞靈柩迎回京城，順治親自到東直門外迎接，又按皇帝禮儀為其舉辦喪禮，並追贈多爾袞為義皇帝，廟號「成宗」。不過，這些都不是順治的本意，只是為穩住多爾袞黨羽做的表面文章。

順治八年（1651年）正月十二，順治皇帝在太和殿頒布詔書，宣布親政，接受群臣朝賀。他親政後的第一件大事就是追究多爾袞的種種罪名。早在親政的前六天（正月初六），他已經以謀亂的罪名將多爾袞的同母兄長英親王阿濟格囚禁，籍沒家產，諸子皆貶為庶民。二月十五日，順治頒布多爾袞十大罪狀：一、私製御用服飾藏於館內；二、欲率兩白旗陰謀篡逆；三、陷害肅親王豪格，致其死於獄中，又納其妃，收其財產；四、擅自專權，剝奪攝政王濟爾哈朗輔政權力；五、妄自尊大，自稱皇父攝政王；六、各項禮制皆越級使用天子禮；七、揮霍國家府庫財產；八、擅自將皇上所轄旗內人丁歸於自己旗下；九、將其生母入太廟；十、擅稱「太宗皇太極之即位，原系奪立」。公布完十大罪狀後，順治立即下令取消多爾袞爵位，撤其廟享，沒其財產，毀其陵墓，鞭其屍體，繼子多爾博還宗。順治對多爾袞的這一系列處罰，是在他受盡多年壓制後心中怨恨的爆發，因此難免有過激與失當之處。123年後，乾隆重新為多爾袞翻案，肯定他攝政多年的功勳，特別是他率領清軍入關的戰功，還復其睿親王封號，並以多爾博四世孫淳穎承襲爵位。至此，關於多爾袞的功過是非有了一個最終的官方定論。

順治親政後，開始刻苦學習，希望成為一個勵精圖治、勤政愛民的好皇帝。當初多爾袞攝政時，只讓他學習騎射武功以及滿文，關於漢族文化的教育卻有意疏忽，以致順治漢文學得不好，親政後竟然連漢臣的奏章都看不明白，於是順治發憤學習漢語。透過對《論語》、《孟子》、

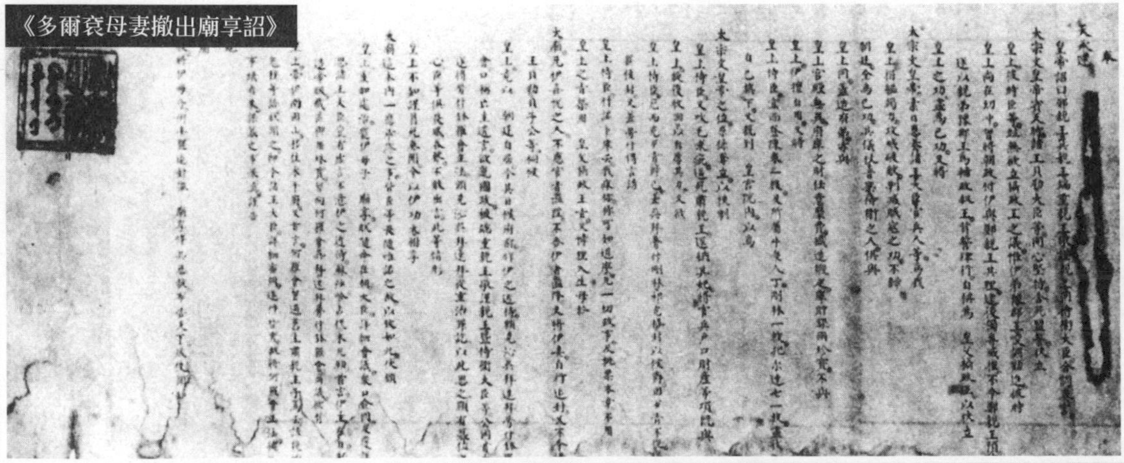

▲ 多爾袞攝政期間，一手遮天，曾將自己的母親、努爾哈赤大妃阿巴亥放入皇后才能配享的太廟。順治親政後，撤銷多爾袞的一切榮譽，廢棄「義皇帝」尊號，將其撤出太廟，隨同撤出的還有多爾袞的母親和妻子。

《左傳》、《史記》等大量典籍的閱讀，順治形成一套「文教治天下」的思想理念，並在其執政期間始終貫徹這一理念。

當時清政府入關時間不長，多爾袞又多次採取一些強硬措施，致使廣大漢人對清朝政府充滿仇恨，各種抗清鬥爭此起彼伏，民族矛盾十分激烈。這是順治親政後面臨的第一大難題，他為收攏人心、安定社會，努力推行教化，以尊孔和提倡封建禮教來鞏固清朝統治。

順治崇尚儒家學說，深知儒家思想對漢族人民的影響，因此經常號召滿族臣民閱讀經典，提倡忠孝節義。他親政後曾多次祭祀孔子，並親自實行兩跪六叩之禮；他命令內院諸臣翻譯四書五經，編纂各類經典著作，特別是關於忠義節孝的內容；他敕封關羽為「忠義神武關聖大帝」，以神化關羽的忠義；他為「身殉社稷」的崇禎皇帝立碑，追謚為「莊烈愍皇帝」。透過這一系列的舉動，順治成功樹立了清政府尊崇漢族文化的形象，消除了漢族人民對朝廷的隔閡，對爭取、安定人心產生了積極作用。與此同時，順治重用漢官、積極提高漢官權力，希望實現滿漢官員和諧共事的局面。為收攏更多的漢族文人，順治實行開科取士。清朝科舉仿照明朝舊例，分為鄉試、會試、殿試，採用八股文章的體例，考查儒家經典。在他親政的10年間，共有1500人考中進士，這些人皆入翰林，成為清政府倚重之臣。

清軍入關之後，多爾袞沿用明朝政治體制，仍將六部作為國家重要權力機關，並實行滿漢分任的制度。此外，保留明朝的六科十三道，又引進議政王大臣會議、理藩院等滿洲機構，形成一個初步的官僚制度。然而，當初清軍還未在關中站穩腳跟，於倉促間訂立的制度難免有很多弊病，許多官吏原是明朝舊臣，將明末官場陋習帶入新朝。因此，順治親政後進行的又一項工作就是整頓吏治。

首先，嚴令禁止宦官干政。宦官專權是中國古代封建王朝的一大難題：強極一時的秦王朝毀於宦官趙高之手；東漢末年，宦官左右王朝局勢，以致天下分崩離析；曾經鼎盛的唐王朝也是因為宦官走向衰落，直至滅亡；明末魏忠賢等宦官把持朝政，對清初統治者來說更是活生生的教訓。因此順治親政後立即效仿明太祖朱元璋的做法，樹立鐵牌，作出以下規定：宦官品級不得超過四品，十三衙門內滿洲近臣與宦官兼用，宦官不得結交、評論各級官員，禁止宦官擅自奏報外事等等。這一政策得到堅決執行，並於康熙時不

孝莊文皇后朝服像

▲ 孝莊文皇后（1613年～1688年），博爾濟吉特氏，科爾沁貝勒寨桑之女，皇太極側福晉，福臨生母。皇太極稱帝時封她為永福宮莊妃，順治即位後尊為聖母太后。她曾在順治、康熙兩朝參政多年，為大清帝國走向輝煌作出了重要貢獻。

斷加強，於是，困擾中國封建王朝兩千多年的宦官問題終於在清朝得到解決。

其次，懲治貪官污吏。順治知道，要穩定當時的社會局勢，除了改善滿漢民族間的關係，根本的問題還是要讓百姓過上好日子，而治國安民的首要任務就是嚴懲貪官。他親政後不久，連下四道諭旨，斥責貪官「蠹國害民」，表明自己懲治貪官的決心。不過當時很多官員對此不以為意，他們以為順治只是做些表面文章，就繼續在各地收取賄賂、陷害無辜，造成無數冤案。這其中包括順治十分信任和賞識的順天巡按顧仁、原巡按御史劉嗣美、江南按察使盧慎言等人，順治查明他們的罪行後絲毫沒有放鬆，按罪責大小分別處以斬首、流放、抄家等刑罰。順治這些舉措，使吏風大為好轉，不過由於種種原因，吏治問題在順治一朝並未得到徹底解決。

同時，在民族問題上，順治親善蒙古、結交西藏的五世達賴，這些都成為清朝和平統治的重要籌碼。順治八年（1651年）至十八年（1661年）的十年間，順治採取了一系列措施為清初的社會經濟發展打下了堅實基礎，這是他對大清帝國，乃至整個中國封建社會的重要貢獻。

順治是一個博學多才的皇帝，他不僅傾心漢化，對天主教和佛教也有濃厚的興趣，其中對他影響頗深的是天主教耶穌會士湯若望。湯若望是德國人，萬曆末年來到中國傳教，他通曉天文、曆法、數理、機械等，在明朝時即受到皇帝尊重。清朝入關後，多爾袞令其編修

順治帝與湯若望

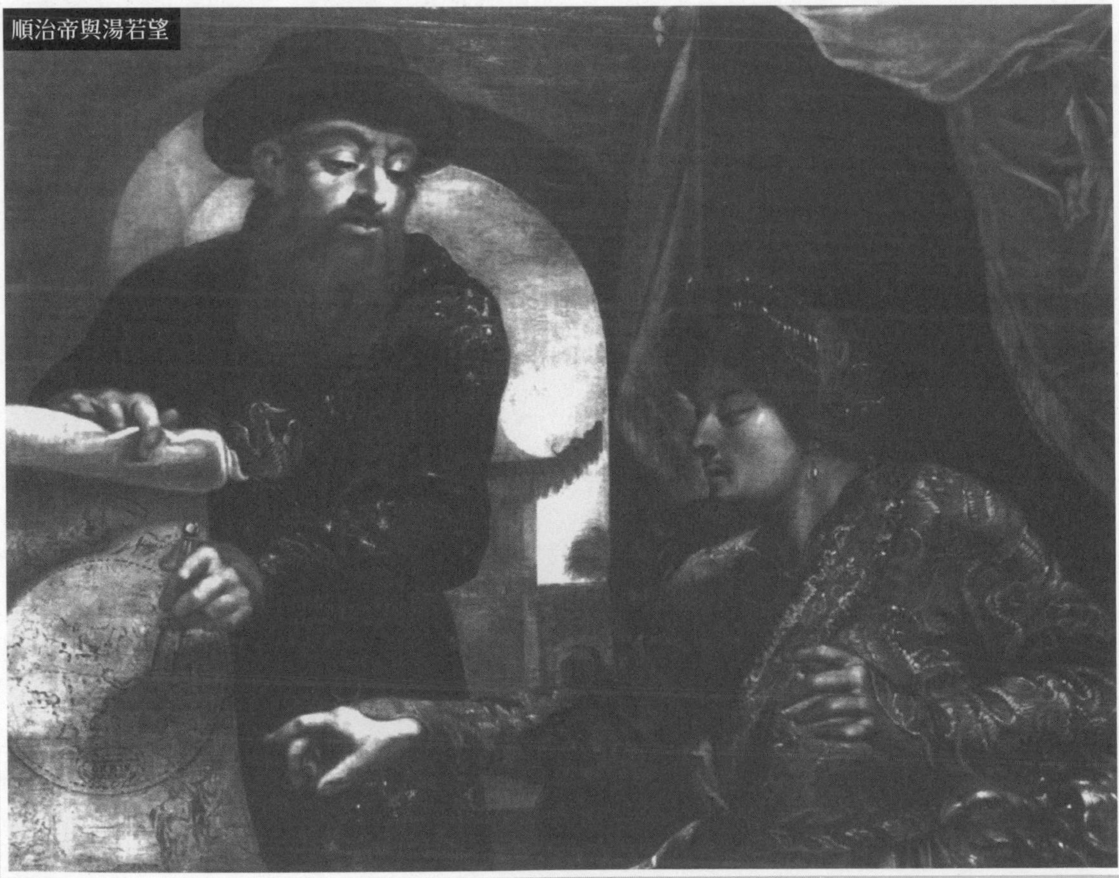

▲ 湯若望（1592年～1666年），原名亞當·沙爾，德國人，萬曆末年來中國傳教。順治十分信任湯若望，多次與他探討從國家政事到人生哲理等各種問題，兩人的關係早已超越君臣，結下亦師亦友的深厚友誼。

清王朝皇帝列表（愛新覺羅氏）							
姓名	在位	父/母	皇后（嫡配）	年號	廟號	謚號	陵寢
努爾哈赤	1616年～1626年	塔克世/喜塔拉氏	太祖元妃（佟佳氏）	天命	太祖	…高皇帝	瀋陽東陵福陵
皇太極	1626年～1643年	努爾哈赤/葉赫那拉氏	太宗元妃（鈕祜祿氏）	天聰 崇德	太宗	…文皇帝	瀋陽昭陵
福臨	1643年～1661年	皇太極/博爾濟吉特氏	孝惠章皇后（博爾濟吉特氏）	順治	世祖	…章皇帝	清東陵孝陵
玄燁	1661年～1722年	福臨/佟佳氏	孝誠仁皇后（赫舍里氏）	康熙	聖祖	…仁皇帝	清東陵景陵
胤禛	1722年～1735年	玄燁/烏雅氏	孝敬憲皇后（烏拉那拉氏）	雍正	世宗	…憲皇帝	清西陵泰陵
弘曆	1735年～1795年	胤禛/鈕祜祿氏	孝賢純皇后（富察氏）	乾隆	高宗	…純皇帝	清東陵裕陵
顒琰	1795年～1820年	弘曆/佳氏	孝淑睿皇后（喜塔臘氏）	嘉慶	仁宗	…睿皇帝	清西陵昌陵
旻寧	1820年～1850年	顒琰/喜塔拉氏	孝慎成皇后(佟佳氏)	道光	宣宗	…成皇帝	清西陵慕陵
奕	1850年～1861年	旻寧/鈕祜祿氏	孝貞顯皇后 （鈕祜祿氏）	咸豐	文宗	…顯皇帝	清東陵定陵
載淳	1861年～1874年	奕詝/葉赫那拉氏	孝哲毅皇后（阿魯特氏）	同治	穆宗	…毅皇帝	清東陵惠陵
載湉	1874年～1908年	奕譞/葉赫那拉氏	孝定景皇后（葉赫那拉．靜芬）	光緒	德宗	…景皇帝	清西陵崇陵
溥儀	1908年～1912年	載灃/蘇完瓜爾佳幼蘭	郭布羅．婉容	宣統	無	無	清西陵華龍陵

《時憲曆》，掌欽天監監印。順治親政後，湯若望憑藉高超的醫術先後治好了孝莊皇太后和順治皇后博爾濟吉特氏的疾病，孝莊皇太后尊稱他為義父，順治也稱他為「瑪法」（漢語「爺爺」之意）。此後順治與湯若望頻頻接觸，為其淵博的學識和高尚的品德所折服，順治十年（1653年），封他為太常寺卿，並賜名「通玄教師」。順治曾多次召見湯若望，向他請教天文曆算、人生哲理等各種問題，常常談至深夜才命人護送其回家。此外，順治還常親臨湯若望住宅深談，僅順治十三、十四（1656年～1657年）這兩年就達24次之多，順治19歲的生日就是在湯若望家中度過的。湯若望不僅對順治的人生與理想產生了重大影響，甚至在清初政治中也扮演了至關重要的角色。他一生向順治呈遞奏摺300餘封，就各種具體事件陳述自己的見解，其中多數諫言皆被順治採納。順治病危時，商議皇嗣，孝莊皇太后提議立皇三子玄燁，就此徵詢湯若望的意見。湯若望指出玄燁曾出過天花，對這種病症有著終身免疫的能力，這個極具說服力的意見最終使玄燁登上帝位、造就一代聖主，因此史書稱湯若望「直陳萬世之大計」。

順治十四年（1657年），順治在太監的安排下於海會寺見到憨璞聰和尚，兩人相談十分投契，順治也因此對佛教產生興趣。此後，他多次召見憨璞聰和尚，以及玉林琇、茆溪森等高僧，並多次表明自己想出家的心願。他請玉林琇為他起法名，玉林琇推辭不過，進十餘字，順治選擇「痴」字，用龍池派中的「行」字做輩，最終定法名為「行痴」。順治十八年（1661年），愛妃董鄂氏去世後，順治更加堅定要出家的決心，甚至已請茆溪森為他剃度，最終卻在太后和眾臣的干擾下放棄出家念頭。但此時的順治早已萬念俱灰，在重新蓄髮的兩個月後，一向身體孱弱的順治終因身患天花、醫治無效而病逝於養心殿，年僅24歲。

第三章

千古一帝，指揮倜儻，奠基大清盛世

康熙的文治武功

順治病逝後，年僅八歲的玄燁繼位，改元「康熙」。康熙在位期間，平三藩、收臺灣、驅沙俄、徵蒙古，進一步擴大清朝版圖；同時他積極振興文教、興修水利、鼓勵農桑、發展經濟，開啓了大清帝國的輝煌盛世。

第1節

少年天子親政

西元1661年～西元1669年

順治十八年（1661年）正月初七，順治帝福臨病死養心殿，死前通過與滿洲親貴和皇太后博爾濟吉特氏（孝莊文皇后）商議，決定讓第三子玄燁即位。玄燁生於順治十一年（1654年）三月十八日，母親佟佳氏為漢軍旗人固山額真佟圖賴之女，是順治帝一個連封號都沒有的小妃子。玄燁兩三歲時就被送出皇宮避痘，由奶媽孫氏照顧，四五歲時，他出痘後才被接回皇宮。當時痘症（天花）在滿人和蒙古人中是一種非常厲害的傳染病，死亡率非常高，不過一旦治好就會對這種可怕的疾病終身免疫，這也是玄燁最終成為繼承人的原因之一。

玄燁因從小離宮，母親不在身邊，因此並沒有享受到多少母愛；而順治全身心撲在董鄂妃身上，對玄燁母子也不十分關心；玄燁的成長，最主要得力於祖母孝莊皇太后的特殊鐘愛和培育。玄燁還小的時候，孝莊就承擔起教育他的責任，康熙後來也曾回憶道：「朕自幼會學步能言時，即奉聖祖母訓。」孝莊對玄燁既慈愛又嚴格：玄燁的飲食起居，她都親自過問，力保萬無一失；但同時，玄燁的一言一行都要遵守規矩和禮儀，否則就會受到責備。孝莊不僅給了玄燁本應從其父母那裡得到的關心和愛護，更重要的是，她通過嚴格的教育培養玄燁良好的品質、習慣和作風。可以說，這一切對他將來的執政生涯有著至關重要的影響。

玄燁從小聰穎好學，常常表現出不同於其他阿哥的聰明才智。有一次，順治帝召見自己

▲《孝莊文皇后便服像》，清宮廷畫像，現藏於故宮博物院。圖中孝莊手持佛珠，面容安詳，盡顯歷經風雨後的平和心態。康熙的勤奮好學與孝莊的培養密不可分，正是她對少年玄燁的悉心教導，才成就了一位勤政愛民的好皇帝。

在世的三個兒子——次子福全、三子玄燁和五子常寧，問他們長大後有什麼志向。福全說：「我將來願為賢王。」常寧才三歲，還不懂父親的意思，就沒有回答。問到玄燁，他朗朗答道：「效法皇父，勤勉盡力。」可見玄燁自幼就有遠大的志向，兩年後，這個人小志大的孩子終於如願以償。

順治十八年（1661年）正月初九，8歲的玄燁在孝莊皇太后的親自主持下登上皇位，改元「康熙」，他也成為清朝入關後的第二位皇帝。康熙和父親一樣，也是兒時登基，所以也要給他配備輔政大臣。為了避免再次出現類似於順治初年多爾袞專權的局面，順治決定不讓皇族宗室的長輩攝政，而在異姓功臣中選拔大臣輔政，增加輔政大臣人數為四人，以便相互制約。這四個人是內大臣索尼（正黃旗）、蘇克薩哈（正白旗）、遏必隆（鑲黃旗）、鰲拜（鑲黃旗）。

這四位輔政大臣，都是皇帝親領的上三旗大臣。索尼、遏必隆和鰲拜原係皇太極舊部，早年隨皇太極南征北戰，屢立戰功；因力保順治登基，屢次遭到攝政王多爾袞的打擊；順治親政之後，才分別將他們召還復職。蘇克薩哈本來是多爾袞舊臣，在追黜多爾袞時反戈一擊有功。因此，這四人深得順治和孝莊的賞識與信任，被選為輔政大臣，它標誌著康熙初年四大臣輔政體制的形成。自此到康熙八年（1669年）五月，捉拿鰲拜，廢除輔臣，歷時八年零五個月，史稱「輔政時期」。

輔政體制與攝政體制相比，有三方面的優點。第一，兩者的地位截然不同。攝政王與皇帝的關係很親近，都是皇室宗親，而且攝政王還都是皇帝的長輩，自己是可以當皇帝的，所以攝政王的地位非常高。而輔政大臣就不然，雖然軍功顯赫，但畢竟是異姓臣子，因此四大臣必須公開承認孝莊太皇太后和康熙皇帝是他們的女主和幼主。第二，攝政王有自己的勢力，他們會把更多的精力，用於發展自身勢力，對於朝廷，不會投入全部的精力。而輔政大臣只是臣子，他們與皇帝之間的關係，是「一榮懼榮，一損懼損」，一旦皇位不保，他們的一切也都會隨之消失，所以儘管他們是異姓臣子，但論忠心的程度，要比攝政王可靠得多。第三，職權不一樣。攝政，就是代君聽政，代行皇權，完全可以根據自己的意志管理國家大事。輔政大臣的職權只是輔佐、協助。而且為了防止個人專斷，他們四個人在任何

▲ 愛新覺羅．玄燁（1654年～1722年），清聖祖仁皇帝，年號「康熙」。康熙皇帝8歲登基，在位61年，他統治期間勵精圖治，任用賢良，內平叛亂，外除強患，為大清帝國的興盛打下堅實的基礎。

情況下，不能在少一個人的時候，去見皇帝和太皇太后，要去，四個人一塊兒去，要不去，四個人都不去。因此，四大臣輔政體制，與攝政王體制相比，更符合孝莊皇太后與順治皇帝的想法。

輔政初期，四大臣本著「協商一致」的原則輔佐幼帝，和衷共濟，通力合作，繼續完成國內統一，並鼓勵墾荒、賑濟免稅、停止圈地、整頓吏治，一定程度上鞏固了政權。但是，對於權力的慾望，並不只是由血緣關係引發的，只要有機緣和條件，人的權力慾望就會膨脹。後來，四位輔政大臣之間的矛盾和鬥爭日益公開而激烈，逐漸形成鰲拜結黨營私、欺凌幼主的局面，順治帝和孝莊太皇太后最擔心的事情還是發生了。

鰲拜為滿洲鑲黃旗人，他的伯父費英東早年隨努爾哈赤起兵，是清朝的開國元勳之一。鰲拜本人隨皇太極南征北戰，立下赫赫戰功；順治時期，又得到順治帝和孝莊太后的信任和重用。鰲拜本是功臣，但居高自傲，盛氣凌人，且野心勃勃。輔政初期，他還能謹慎從事，可不久就暴露出驕橫和專權的野心。四大臣中，他雖然位於最末，但不甘人後，處處越位抓權，依仗權勢網羅黨羽、排除異己。

其餘三位輔政大臣，索尼是四朝元老，一生經歷過太祖努爾哈赤、太宗皇太極、世祖順治皇帝，然後就是康熙皇帝。他在太祖努爾哈赤時期，一直擔任努爾哈赤手下的一等侍衛，也打過一些仗，努爾哈赤還把弟弟舒爾哈奇的女兒嫁給了索尼；皇太極即位以後，索尼因功升任吏部啟心郎，之後卻被多爾袞陷害而罷官；順治親政後，又將他重新召回，升至內大臣、一等伯。索

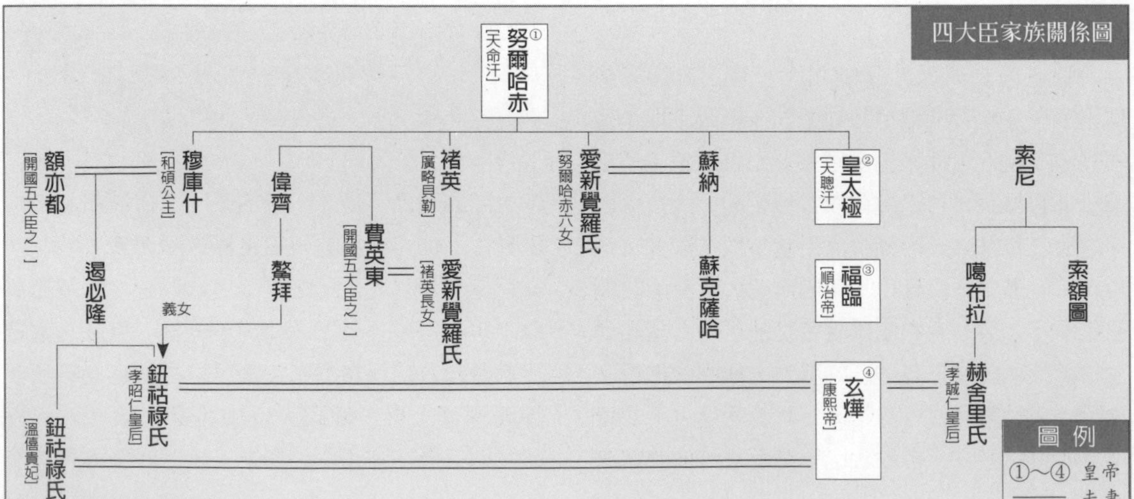

尼深受孝莊太皇太后的信任與賞識，鰲拜並不敢明目張膽地與他對抗。遏必隆是開國勳臣額亦都之子，也是公爵，與鰲拜同屬一旗，遇事隨聲附和，兩人也無明顯不和。唯有蘇克薩哈，班次僅亞於索尼，一旦索尼歸天，有可能依次遞補，代替索尼總攬啟奏和批紅大權。而且蘇克薩哈一向看不慣鰲拜的作風，不願與他來往，鰲拜對此也耿耿於懷。鰲拜為人奸詐狡猾，他深知索尼年事已高，遏必隆又是牆頭草，因此將矛頭對準了蘇克薩哈，他不斷製造矛盾、挑起爭端，以孤立、打擊蘇克薩哈。

針對鰲拜的專權橫行，孝莊太皇太后進行了暗中布置，在玄燁僅12歲的時候，她就提出冊立索尼的孫女赫舍里氏為皇后。這對鰲拜專權就構成了一種潛在的威脅，消息傳出後，鰲拜氣憤不已。事實上，索尼一家後來在解決康熙與鰲拜的矛盾中的有確著重要作用，索尼的兒子、赫舍里氏的叔父索額圖就成為擒拿鰲拜的最大功臣。

康熙五年（1666年），鰲拜製造的圈地事件將四大臣之間的矛盾更加激化。這個事件的源頭還要追溯到皇太極時期。皇太極繼承汗位以後，為了提高自己所屬的兩旗地位，下令將兩黃旗與兩白旗互換，這樣自己親自統領地位最高的兩黃旗，而多爾袞三兄弟則統領這左右翼之末的兩白旗，黃白兩旗的矛盾就這樣產生了。後來福臨繼位，多爾袞成為攝政王後，發起圈地運動。他利用自己的優勢，把原來規定應該屬於鑲黃旗的遵化、薊縣等好地，劃歸到自己的正白旗，而把鑲黃旗打發到河間、保定和涿州等較差的地段。這件事情在當時曾掀起一場風波，但20多年過去了，各旗人民早已在當地安居樂業，舊怨已經淡忘。如今，鰲拜為了打擊蘇克薩哈與正白旗的勢力，下令戶部重新丈量土地，讓鑲黃旗與正白旗將土地互換。此事使旗人、漢人都無心從事正常的農業生產，導致田園荒蕪、百業蕭條，因此朝中大臣對此事也多持反對意見。身為正白旗人的蘇克薩哈當然要力阻此事，大學士兼戶部尚書蘇納海、直隸總督朱昌祚以及保定巡撫王登聯等人皆上書勸阻此事，鰲拜惱羞成怒，私自將蘇納海、朱昌祚、王登聯下獄議罪。康熙當時特意召見四大臣商議此事，鰲拜要求對三人置重罪，蘇克薩哈卻並未點頭同意，康熙以此為由沒有答應鰲拜的無理請求，哪知鰲拜竟不把皇帝放在眼裡，矯詔將三人誅殺。

▲ 孝誠仁皇后（1654年～1674年），赫舍里氏，輔政大臣索尼之孫女，康熙的第一位皇后。她12歲進宮，頗受康熙寵愛。可惜紅顏薄命，長子承祜早殤使她受到極大打擊，後在生次子胤礽時因難產逝世，年僅22歲。

康熙皇帝龍袍

▲這件龍袍是康熙皇帝曾經穿過的朝服，為石青紗料，繪有各種龍紋，彩繡片金，披肩和馬蹄袖皆保留滿族傳統風格。朝服是皇帝在上朝時所穿，象徵著至高無上的皇權，不過康熙少年時為奪回自己的權力，還頗費了一番周折。

康熙六年（1667年）六月，索尼病逝；七月，14歲的康熙舉行親政大典。鰲拜不願歸政皇帝，企圖繼續把持朝政，這使他同輔臣之間的矛盾逐漸上升到同康熙的矛盾。蘇克薩哈一方面極力抵制鰲拜的擅權行徑，一方面又恐怕遭到鰲拜的暗算，所以產生隱退的念頭，於是向康熙請求允許他去守護先帝陵寢。鰲拜卻趁機誣陷他心懷不滿，又牽強附會地羅織罪狀24款，要將蘇克薩哈及其長子處以磔刑並沒收其家產、誅殺其族人。康熙當然清楚蘇克薩哈是無辜受害者，於是堅決不同意，鰲拜竟然數天在朝中揮動雙臂與皇帝大吵，康熙只好將蘇克薩哈改判絞刑，其餘照辦。

蘇克薩哈死後，四輔臣已去其二，剩下的遏必隆本就和鰲拜同旗，向來不會干涉他，因此鰲拜更加為所欲為。他四處安插心腹，隨意迫害不合己意的大臣，平時朝中大事皆由他定，他還經常當著康熙的面呵斥大臣，而且稍不順心，就在康熙面前大吵大鬧。康熙知道，若任其發展下去，早晚要鬧出大亂子。為了抵制鰲拜濫施淫威，保護正直官吏，康熙也會在關鍵時候毫不畏懼地對鰲拜進行駁斥。

康熙親政後不久，弘文院侍讀熊賜履在一次上書的時候，提到「內臣者外臣之表也」，又說：「國家章程法度，不聞略加整頓，而急功喜事之人又從而意為更變，但知趨目前尺寸之利以便其私，而不知無窮之患已潛滋暗伏於其中。」熊賜履意在指出鰲拜擾亂朝綱、培植個人勢力的危害。鰲拜聽後自然十分憤怒，便要康熙以妄言罪處置熊賜履，還讓康熙下令禁止言官上書揭發壞人壞事。康熙冷冰冰地反駁道：「熊賜履不過是說出他自己對治國的看法，關你什麼事情呢？」這樣才把咄咄逼人的鰲拜頂了回去。

鰲拜除打擊朝中大臣，對康熙也在進行著試探和示威。一次鰲拜裝病，好多天沒有上朝，有人說他在家圖謀不軌，康熙便親自來到鰲拜府中探望。當他來到鰲拜的臥室時，御前侍衛發現鰲拜臉色不對，掀起席子一看，下面竟然藏有利刃，鰲拜對此也十分緊張。康熙知道鰲拜心懷叵測，但他很沉得住氣，不但不加責怪，反而急中生智說道：「身不離刀，是滿人的故俗，何足為怪？」鰲拜聽了此話，便完全放鬆了警惕，還以為康熙是個小糊塗蟲。

此時的康熙雖年少，卻頗有心計，他時刻關注朝政，認真學習處理朝政的方法。自親政之日起，他便有意擺脫鰲拜的控制，天天親臨乾清門與大臣一起聽政理事。他對鰲拜的行為早已痛恨，但鰲拜在朝中勢力很大，皇帝周圍的很多重要職位也早已被鰲拜安排了不少心腹，這種情勢下，如果沒有萬全之策，不但拿不下鰲拜反而會引出大亂。於是康熙只好積蓄力量，等待時機。

當時朝中除鰲拜死黨和一部分阿諛附和者外，許多人對鰲拜的專橫跋扈都十分不滿。如果康熙有除鰲拜之意，肯定會站在皇帝這一邊，這使康熙更加堅定了清除鰲拜勢力的決心。康熙與他的親信侍衛索額圖共同研究了鏟除鰲拜的具體方案，索額圖當時已為吏部侍郎，忽然自請解除官職而效力於皇帝左右，就是方便對付鰲拜並保衛皇帝的安全。隨後，康熙又從滿洲勳貴子弟中選拔出一批年紀和自己相當、身體強壯、手腳利落的侍衛，天天在宮裡演習「布庫」遊戲（摔跤，滿族傳統運動）。他們這種做法表面上是皇帝年少貪玩，找了一群小夥伴遊戲玩耍，實際上是在訓練武功，以求對付有「滿洲第一勇士」之稱的鰲拜。一貫老謀深算的鰲拜這次卻被康熙成功麻痺了，他對這些孩子根本沒有在意，誰知這群童子軍就是康熙的宮廷衛隊，後來還成為正式組織，名叫「善撲營」。

康熙八年（1669年）五月十五日，康熙決定出擊。他先以各種名義將鰲拜的黨羽派出京城，以削減鰲拜的勢力。二十六日，康熙召集年輕的侍衛們，大聲問道：「你們都是我的好朋友，但是，你們是服從我呢，還是聽鰲拜呢？」年輕的侍衛們齊聲回答：「我們只服從皇上。」之後，鰲拜奉召入宮觀看「布庫」演習，他以為這只是皇上一時興起，因此毫無防範。鰲拜一進宮裡，康熙就一聲令下，一群年輕人撲上前去，用捕網把鰲拜兜翻在地，擒拿起來。接著，康熙宣布了早就準備好的鰲拜30條罪狀，並命令將其監禁聽審。與此同時，索額圖在宮外迅速逮捕了鰲拜的黨羽和一批首惡分子。

鰲拜被擒後，其政治集團頃刻瓦解，骨幹分子紛紛束手就擒。康熙念及鰲拜為國家建立的功勳，改死刑為革職拘禁（不久，鰲拜死於囚所）。對其黨羽遏必隆的處罰僅僅是革職削爵，後來念其功勞，又將爵位歸還。其餘黨羽有20餘人得到不同程度的赦免，處死者僅9人。同時，當初被鰲拜迫害的人，都一一為他們平冤昭雪。康熙這樣的處理方式，穩妥而明智，不僅一舉清除鰲拜及其同黨，而且對穩定政局、收攏人心都有著重要作用。雖然康熙當時年僅16歲，但其鎮

▲《康熙戎裝像》，清宮廷畫像，現藏於故宮博物院。圖繪年輕的康熙皇帝涉獵的場景，其中端坐休息之人正是康熙。康熙自小就喜歡騎射武術，常進行這方面的鍛鍊，這也是他成功擒獲鰲拜的重要原因之一。

定的心態、機智的方式、果斷的作風，無不顯示出成熟的帝王之風。從此，康熙開始名副其實地親政，真正展開自己的治國宏圖。

第2節

平定三藩與收復臺灣

西元1673年～西元1684年

三藩是指鎮守雲南的平西王吳三桂、鎮守福建的靖南王耿精忠和鎮守廣東的平南王尚可喜。吳三桂、尚可喜以及耿精忠的祖父耿仲明都是早期投降清朝的明朝將領，滿清入關後，他們為清朝南征北戰，鎮壓各族人民的反抗鬥爭，立下了汗馬功勞。順治帝對他們十分信任，不僅晉封他們為親王，還令他們鎮守各自的藩地。於是三王各擁重兵，割據一方，經過數年經營，儼然已成為三個獨立小王國。

三藩之中，吳三桂的勢力最大，有九萬精兵，耿精忠和尚可喜的兵力合起來也有兩三萬。三藩的總兵力，幾乎相當於清政府綠營兵的一半，這對於一個中央集權的國家是很大的威脅。三藩不僅軍事力量強大，還分別掌握著各地的政治、經濟、文化等權力。其中，吳三桂控制西南地區十餘年，在政治上掌握著任免官吏的大權，凡他任命的官吏將領不受中央吏部和兵部控制。同時他廣收黨羽、招攬人才、操練士兵，積極擴大自己的勢力。他手下的人每年僅奉餉就多達九百餘萬兩白銀，可見吳府人才之多。在經濟上，他掌握著獨立的財政，西南地區的鑄錢、煮鹽、販洋、開礦等收入皆被吳三桂壟斷，中央戶部不得過問。其餘二藩，也都在不斷地擴大自己的割據勢力。平南王尚可喜因年老多病，大權掌握在他的兒子尚之信手中。尚之信私設鹽商，據津口、立總店，進行經濟掠奪，還私自設立關口收稅，所獲銀兩不下數百萬。尚之信為人更是殘暴凶狠，曾經用佩刀無故殺死侍衛解悶，割下行

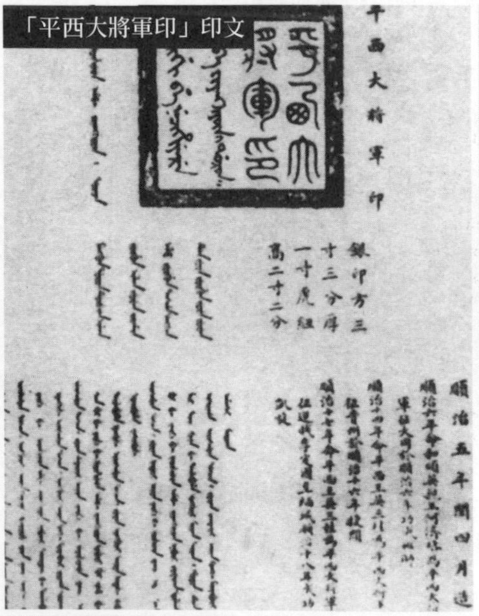

「平西大將軍印」印文

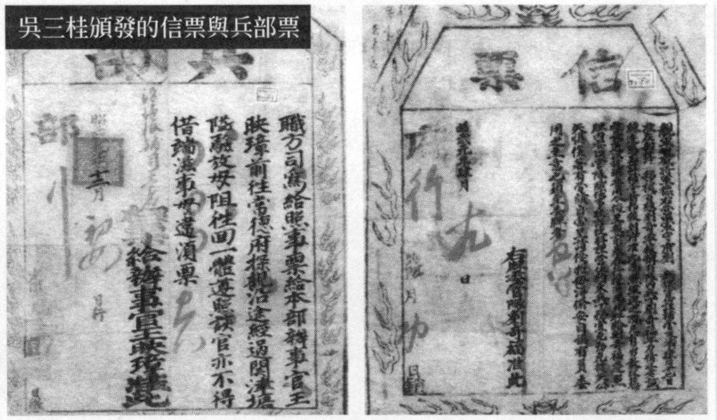

吳三桂頒發的信票與兵部票

▲ 吳三桂叛亂後曾稱帝，改元「昭武」，並大封群臣。圖中的信票是他提拔士兵劉奇福時所發，兵部票則是為下屬王映璋探親而簽發的。

◀ 吳三桂幫助清軍入關，擊敗李自成後，受封為平西王，負責鎮守雲南，並於順治十八年（1661年）誅殺永曆皇帝，消滅了最後一個南明政權。圖為鑄造「平西大將軍印」的公文。

◀西元1673年，康熙決定撤藩，吳三桂接到旨意後，自稱「天下都招討兵馬大元帥」，打著「興明」的旗號反抗朝廷，得到諸多呼應。叛軍聲勢浩大，很快占據南方大部分地區，甚至有和清廷分庭抗禮之趨勢。

人的肉去餵狗，廣東百姓都對他十分畏懼。耿精忠在福建也多行不義之事，久為民害。

自順治一朝以來，朝廷因為自身根基並不穩固，因而對三藩多採取籠絡手段，將公主下嫁給三藩之子。如吳三桂之子吳應熊娶了皇太極第十四女、順治帝的妹妹和碩建寧長公主，尚可喜之子尚之隆、尚之孝，耿精忠之弟耿昭忠、耿聚忠皆娶滿清貴族公主為妻。康熙元年（1662年），又晉封吳三桂為平西親王，並授予他兼管貴州的權力。這些更是助長了三藩的囂張氣焰。

康熙自幼熟讀經典，歷史上藩鎮分權尾大不掉的惡果給他留下了深刻印象，所以他親政後要做的第一件事就是撤藩。他把此事作為急待解決的三件大事之一，書於宮中柱上，時常看到，以作警示。但此時的三藩都手握重兵，康熙並不敢貿然行事，他首先採取了一系列措施作為撤藩的準備工作：整頓財政，籌措經費；加強訓練，提高八旗軍的戰鬥力；採取緩和民族矛盾的措施，爭取民心。同時，他正在耐心等待解決三藩問題的有利時機。

康熙十二年（1673年）三月，尚可喜因年事已高，便上書要求回遼東養老，並提出由他的兒子尚之信承襲王爵，留鎮廣東。康熙認為撤藩的時機已經成熟，便沒有同意尚之信留鎮廣東的請求，而是命令尚可喜全家遷回遼東。吳三桂和耿精忠聽說這件事後，決定以退為進，分別於七月三日、九日上書康熙，假意要求撤藩，想以此來試探清政府的態度。對吳三桂的請求，朝廷中產生了不同的意見：一派主張立即撤藩；一派擔心吳三桂勢力強大，如果造反，難以對付，所以主張暫且不撤。康熙認為：「吳逆蓄謀久，不早圖之，養癰成患，何以善後？況且勢已成，撤亦反，不撤亦反，不若先發制之。」因此康熙當機立斷，於八月下達撤藩的詔令，命吳三桂調往山海關駐紮。

果然如康熙所料，吳三桂接到撤藩的旨意後，立即舉兵叛亂，自稱「天下都招討兵馬大元帥」，以「興明討虜」為號召，起兵反清。他把自己打扮成明朝的忠臣，妄圖收買民心，獲得支持。不久，尚之信也挾持自己的父親尚可喜起兵響應，耿精忠還聯絡了臺灣的鄭成功之子鄭經作為援軍。鄭經率軍進犯福建、廣東一帶，後轉入江西，以為策應。一時間，許多曾經叛明降清的漢籍將領紛紛響應。這場由吳三桂等三個藩王發動的反對清王朝統治的叛亂，史稱「三藩之亂」。

三藩叛變後，吳三桂率領叛軍經貴州向湖南進攻，康熙為將叛軍遏阻於雲南、貴州、湖南地區，作出了一系列部署。他令前鋒都統碩岱率一部兵力急馳荊州，令都統巴爾布、珠滿各率精騎3000人，分由荊州、武昌南進，搶占常德及岳州兩戰略要點；令西安將軍瓦爾喀率軍進入四川，扼守雲南入川的要隘；令撫蠻將軍孫延齡堅守廣西，以威脅叛軍側背。後又命多羅順承郡王勒爾錦為寧南靖寇大將軍，率京師八旗勁旅1.1萬餘騎進討叛軍。同時，康熙為了孤立吳三桂，下令停撤耿、尚二藩。

康熙十三年（1674年）元月，叛軍來勢凶猛，各地清軍又毫無準備，叛軍接連攻克沅州、常德、衡陽等地。不久，四川提督鄭蛟龍及副將黃正卿、撫蠻將軍孫延齡等人皆率眾反叛朝廷，以響應吳三桂，使南方許多地方門戶大開。吳三桂很快就占據長江以南大部分地區，清軍的形勢十分嚴峻。由於吳三桂的戰略意圖僅僅是割據江南，因此下令所屬各將不許過江。北方的清軍進抵江北後，見叛軍勢盛，也不敢渡江，於是雙方形成隔江對峙的態勢。五月，吳三桂開始向兩翼派兵，其中一路由湖南進攻江西，另一路由四川進攻陝西。他試圖用這種方式開闢東、西兩個新戰場，以分散清軍兵力，擴大勢力範圍，迫使朝廷同意劃江而治的提議。

清軍連連失利的消息傳到北京後，舉朝震

▼《紀功圖卷》，【清】黃壁繪，現藏於中國國家博物館。此畫卷記錄了江西總督董衛國平定三藩叛亂的歷史事件，將董衛國肅清江西叛軍、收復貴州、回任江西的場景皆繪於素絹之上。此處所選乃是他凱旋而歸的場景。

紀功圖卷（局部）

◀《蔡毓榮南征圖卷》，清人繪，現藏於中國國家博物館。三藩亂時，湖廣總督蔡毓榮在湖南主戰場與吳軍進行十餘次激戰，大敗吳三桂，後又乘勝平定雲南。此圖卷描繪了他鎮守荊州、激戰洞庭直至平定雲南的全過程。

驚，年方二十的康熙卻從容不迫，並不慌張。此時索額圖提議殺掉主張撤藩的大臣，向吳三桂謝罪。康熙否決了索額圖的建議，並明確表示：「撤藩乃是朕的旨意，他們何罪之有？」這就更加堅定了主張平叛的大臣們的決心。他下令削奪吳三桂的王爵，公布了他的罪狀，還把拘留在京師的吳應熊及其次子吳世霖處死，斷絕了與吳三桂和談的後路。

這次戰爭中，康熙表現了傑出的政治、軍事才能，他臨危不懼、指揮有方、運籌帷幄、決勝千里。六月至九月間，康熙出兵五路增援前方。東南一帶是朝廷主要的賦稅基地，為保證此地區不被吳三桂占領，康熙派出三支大軍增援東戰場：安親王岳樂為定遠平寇大將軍，入江西迎擊吳三桂軍；康親王傑書為奉命大將軍，入福建進攻耿精忠部隊；簡親王喇布為揚威將軍，率軍進屯江寧(今南京)，隨時準備策應江西及福建清軍。同時派貝勒洞鄂為定西大將軍，率軍進攻四川以增援西戰場；派貝勒尚善為安遠靖寇大將軍，與勒爾錦共同進攻湖南，以增援中戰場。

康熙兵力部署的重點都放在東戰場，西戰場的兵力並不充足。十二月，陝西提督王輔臣率軍反清，可京城中已經沒有八旗主力將領可以調遣，於是康熙打破常規，任用漢將，並派出剛平定完察哈爾部布爾尼汗叛亂的大學士圖海為撫遠大將軍，統一指揮西線戰場。這一招果然收到效果，甘肅提督張勇、西寧總兵王進寶等人切斷了王輔臣與吳三桂的聯繫，在蘭州、西河等地連戰連捷。

康熙為能集中力量消滅吳三桂在湖南的主力，對東、西戰場的叛將，採取「剿撫並用」之策。他對吳三桂進行堅決打擊，其餘則視為協從，力主招撫，以此來分化瓦解叛軍。至康熙十六年（1677年）五月，東西兩戰場的主要叛將尚之信、耿精忠、王輔臣等人相繼投降，由臺灣進攻福建地區的鄭經軍，也被擊敗而退至廈門。此時，戰爭的主戰場逐漸集中到湖南。

康熙十七年（1678年），清軍收復了江西和湖南部分地區。吳三桂眼看大勢已去，於三月在衡州稱帝，改元「紹武」。八月間，吳三桂病死在衡州，其孫吳世璠繼位。康熙十八年（1679年）至十九年（1680年），清軍先後平定了湖南、廣西、陝西、四川等地。不久後，一直懷有二心的尚之信被康熙賜死，耿精忠也在兵權被剝奪後處死。康熙二十年（1681年）年初，貴州平定；九月，清軍包圍昆明，吳世璠在絕望中自殺。至此，歷時八年之久的三藩叛亂，終於徹底平定。

「三藩之亂」平定後，大陸基本統一，康熙接下來又把注意力轉向一直與清王朝作對的海外孤島臺灣，他想趁著平叛的餘威，收復這片清政府從未踏足的領土。

早在順治十八年（1661年），鄭成功就率領水軍由廈門進軍澎湖，收復了被荷蘭人侵占幾十年之久的臺灣，作為抗擊清朝的基地。康熙元年（1662年）五月，鄭成功在臺灣去世，鄭氏集團的內部卻因此發生了分裂。原來，當時鄭家尚占有廈門等福建沿海地區，守衛廈門的將領們想擁立鄭成功的長子鄭經繼位，而臺灣的將領卻主張鄭成功的五弟鄭襲繼位，雙方也因此兵戎相見，陷於混亂。清王朝見此情形有機可乘，於是多次派官員到廈門招撫鄭經。鄭經為集中力量解決內部問題，派人與清朝談判，希望以此拖住清朝來解除後顧之憂。清朝提出臺灣眾人需遷回內地，並且剃髮易服的要求，一直心向明朝的鄭經並未同意，和談以失敗告終。但這次和談也為鄭經贏得了一些時間，他很快就率師東渡，平定了臺灣內亂。

康熙二年（1663年）十月，清軍會同荷蘭軍隊一同進攻廈門，鄭經敗退至銅山（今東山），清政府乘機招降了很多鄭軍的高官。此役，鄭軍約損失10萬餘兵力，900餘艘戰船，另有許多將領叛去。面對即將全軍瓦解的局面，鄭經只能放棄沿海諸島，於康熙三年(1664年)三月，東渡臺灣，此後繼承父志經營臺灣20餘年。

康熙四年（1665年）五月，清政府以鄭成功降將施琅為統帥，周全斌、楊富為副帥帶領原鄭軍水師進攻臺灣。施琅等人從銅山起航，卻在海上遇到颱風，導致船隻沉沒，遂無功而返。朝廷懷疑這些降將仍暗通鄭經，於是下令解除其兵權，將他們調至北京或分散到地方各省中。

清王朝在放棄軍事進攻之後，曾兩次派人

▼ 這份詔書是順治十八年（1661年）鄭成功退守廈門，攻打臺灣之前由清政府頒布的。詔書前半部分為漢文楷書，內容主要為招降鄭成功的部下，許以高官厚祿等。但鄭成功等人皆不為所動，仍按計畫收復臺灣，並據此長期抗清。

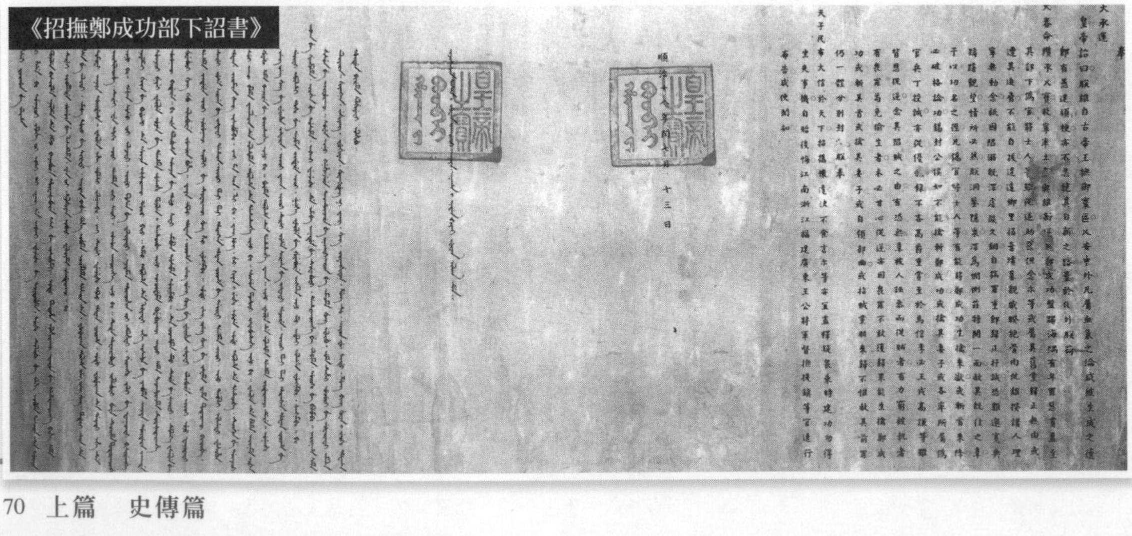

到臺灣進行招撫，鄭經則始終堅持「不易服」的原則，和談均未成功。後來，清王朝要集中力量削弱三藩的割據勢力，臺灣問題便暫時擱置起來了。臺灣也因此獲得了較長時間的和平環境，鄭經利用這段時間休養生息，使臺灣的政治、經濟、文化等各方面都有比較完善的發展。

康熙十七年（1678年）七月，為了配合三藩叛亂，鄭經也於此時率軍渡海攻陷海澄、泉州等地，但不久就被南下的清兵擊敗，之後退守金門、廈門，與清軍形成對峙局面。清朝曾四次派人勸說鄭經退回臺灣，但均未奏效。康熙十九年（1680年）二月，福建水師提督萬正色率軍進攻金門、廈門，鄭經與海澄來援的劉國軒共同抵抗，仍不敵清軍，鄭經只能率領諸將返回臺灣，此時沿海島嶼皆為清軍占領。

康熙二十年（1681年）正月，鄭經在憂憤中病死，此時鄭氏集團內部的權力之爭更加黑暗。侍衛馮錫範等人密謀害死鄭經長子鄭克𡒉臧，擁立年僅12歲的鄭經次子鄭克塽繼位主政。鄭克塽年幼，實際權力皆掌握在馮錫範手中。此時的臺灣形成了「文武解體，主幼國疑」的混亂局面，早已喪失當初矢志抗清、恢復明朝的宏圖大志，也因此喪失了人民的同情與支持。

康熙二十二年（1683年）五月，康熙正式下詔進軍臺灣。由於八旗兵多數生於北方，善於騎射但不懂海戰，康熙於是採取了「以鄭治鄭」的辦法。他知道鄭軍的官兵們都有豐富的水戰經驗，便任命鄭軍降將施琅為福建水師提督，統率這次戰鬥。同時命福建總督姚啟聖負責後勤，為征討大軍準備充足的糧餉。六月十四日清晨，施琅率眾在銅山港誓師，之後帶領水軍2萬多人，戰船300餘艘進攻澎湖。十五日夜間，清軍進入鄭軍未曾設防的八罩島、貓嶼以及花嶼，此時海上巡邏的哨船發現清軍蹤影後，立刻報告給當時親自鎮守澎湖的主帥劉國軒。劉國軒得知後，急忙命令各將領將大炮移至海岸，時刻準備迎戰。此役進行了七天七夜，施琅在眼睛負傷的情況下仍堅持指揮戰鬥，終於大敗鄭軍，擊沉敵船159

軍用『國姓瓶』

▲「國姓瓶」為鄭家軍隊使用的火藥彈，在閩南地區的海裡與陸上皆有出土。此瓶為小口、深腹、平底，材料是陶質，瓶中裝入火藥鐵砂引爆後威力甚大。在驅逐荷蘭侵略者以及對抗清軍時，多使用這種彈藥禦敵。

艘。鄭軍死傷達萬餘人，劉國軒最終僅率31艘戰船逃回臺灣。

當時鄭氏集團的主要兵力都部署在澎湖列島，澎湖失守，臺灣門戶大開，一時間兵民解體、風聲鶴唳，鄭家也沒有實力再與清軍一爭高下。閏六月，鄭克塽派人前往施琅軍前，表示願意投降；八月，施琅親自率軍進入臺灣，鄭克塽率領臣屬剃髮投降。至此孤懸海外多年的臺灣終於宣告統一。

康熙二十三年（1684年）四月，康熙批准臺灣監制，改東寧府為臺灣府，下轄三個縣——諸羅縣、鳳山縣和臺灣縣，澎湖歸臺灣府直轄，同屬於福建省。關於臺灣府縣文職官員的任命，康熙批准福建督撫從本省現任官員裡面挑選，奏請批准調補，三年任滿後，如果工作稱職就可以升遷。為了保障清政府對臺灣的政治統一，康熙又專門向臺灣進駐了軍隊。他在臺灣設總兵一員，副將兩員，兵八千，分為水陸八營；澎湖設副將一員，兵兩千，分為二營。每營都和內地的編制一樣，設有游擊、守備、千總、把總等官職。他親自把正黃旗參領楊文魁選為臺灣的第一任總兵，並且叮囑楊文魁，要保障臺灣百姓的安全，使士兵安心駐防工作，只有團結一致才能使東南沿海得到安寧。同時他還告誡楊文魁，臺灣是海上交通要道，往來商販必然會很多，大多又是遠洋船舶進行的交易，不能因為一己私利導致不必要的事端發生。康熙以高瞻遠矚的目光看到了臺灣駐防的重要意義，為加強臺灣的政治統治提供了有力的保障。

兩岸政治上的統一，對臺灣最大的影響就是有力地促進了島上農業經濟的發展。伴隨著經濟的發展，臺灣的文化教育事業也比鄭氏統治時期有了較大的進步。後來，大量內地農民遷入臺灣，使得臺灣更加興盛。

第3節

簽訂《尼布楚條約》

西元1665年～西元1689年

康熙削平三藩、統一臺灣後，立即將戰略目光轉移到北疆一帶，正如康熙自己所說：「朕親政之後，即留意於此。」

大清王朝的發祥地就在我國的東北地區，滿族從形成開始，其首領就是明朝東北地區的地方

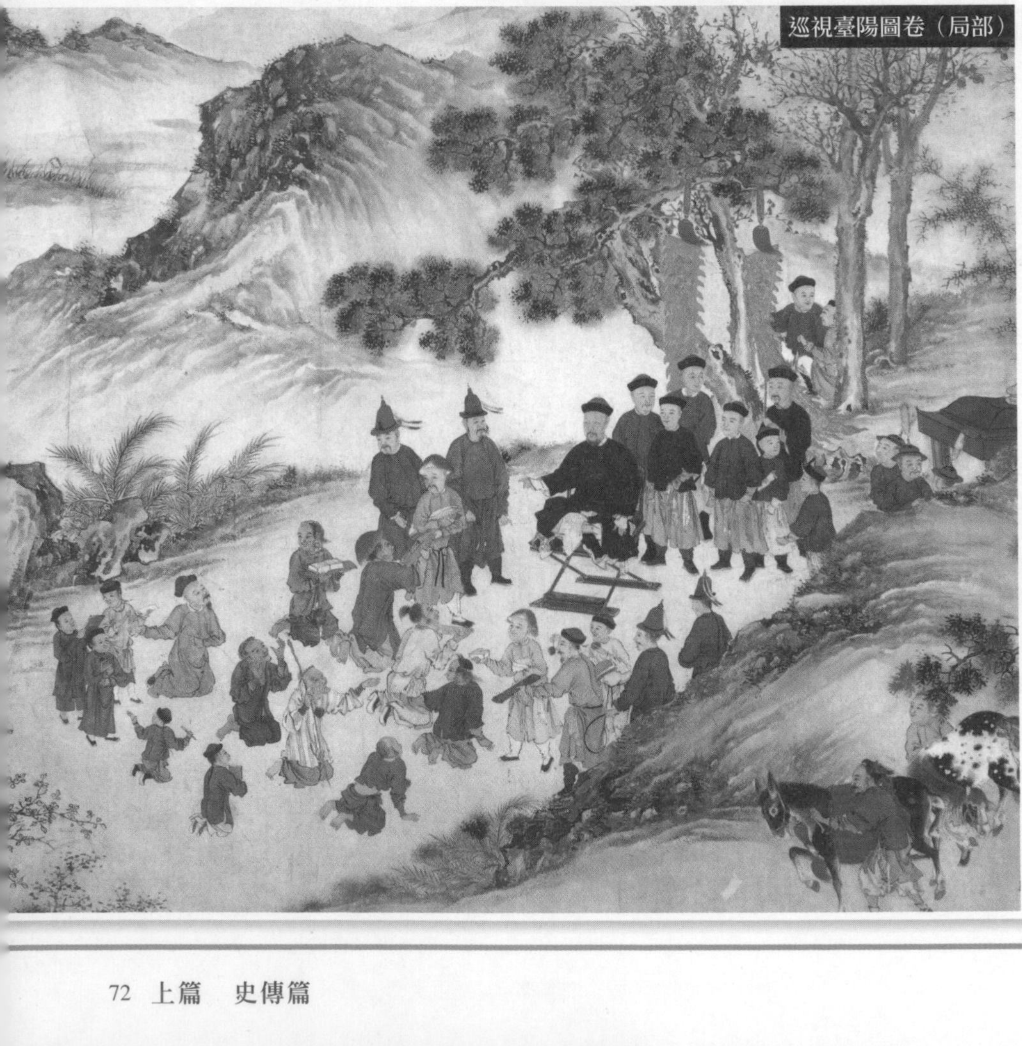

巡視臺陽圖卷（局部）

◀《巡視臺陽圖卷》，清人繪，現藏於中國國家博物館。康熙統一臺灣後，於康熙六十一年（1722年）設置了巡臺御史，每年由都察院派遣兩名御史前往臺灣巡查，旨在加強中央與臺灣的聯繫，促進臺灣發展。御史主要監察當地官員的政務，督促軍事，並過問經濟、文教等事務，圖中所繪正是雍正年間巡臺御史考察臺灣民情的場景。

官吏。清太祖努爾哈赤就曾世襲指揮使，後升為都督，封號龍虎將軍。16世紀起，經過努爾哈赤和皇太極的征戰，至清軍入關之前，清朝的統治範圍已包括：西起貝加爾湖，北至外興安嶺，南到日本海，東含鄂霍次克海，還有庫頁島在內的廣大地區。這些地方都應該屬於中國版圖，此時俄國人的足蹟還不曾在這裡出現。明末清初時，沙俄奉行軍事擴張政策，不斷東侵，逐漸與中國版圖接壤。

順治初年，清兵入關奪取全國政權時，沙俄殖民者趁機侵入我國黑龍江流域地區，占領雅克薩（今俄羅斯阿爾巴津諾）、尼布楚（今俄羅斯涅爾琴斯克）等廣大地域，有時還入侵到松花江與牡丹江交匯處。總之他們掠奪土地、黃金、財物和女人，燒殺掠淫，無惡不作，嚴重影響我國邊疆地區的安寧。

沙俄的猖狂侵犯引起順治帝的痛恨，雖然此時正在進行統一全國的大業，但順治也積極派兵抵抗沙俄侵略者。順治十一年（1654年）、十二年（1655年）、十五年（1658年）和十七年（1660年），清軍分別在松花江口、呼瑪爾及古法壇村等地，多次大敗沙俄。這些勝利基本肅清了黑龍江中下游的俄軍，但是由於當時的主要兵力用於統一中原大業，對北方的國防始終部署不夠，並沒有徹底將其根除。沙俄仍然以尼布楚、雅克薩等處為巢穴，築城盤踞，不時地出沒在黑龍江上游地區。

康熙四年（1665年），俄國侵略者向我國進行了新的侵略擴張活動，他們派兵南下，侵占我國喀爾喀蒙古管轄的楚庫柏興（今俄羅斯色楞格斯克）。他們逐漸改變過去長距離流竄、騷擾的入侵方式，在楚庫柏興建立了侵略據點，與之前的尼布楚、雅克薩一起形成三大重要據點，此外還在黑龍江中下游地區建立了一些小據點。他們將據點作為掩護，不斷搶掠我國索倫、赫哲、費牙喀、奇勒爾等各族人民，使我國邊疆安寧再次受到嚴重困擾。

康熙親政後，面對的正是這樣一種被動局面。他深深地意識到，沙俄是清政府統一進程中的一大禍患，此患不除，邊疆不穩，祖宗發祥地不得安寧，後果不堪設想。因此，康熙立意剿滅沙俄侵略軍，他曾多次派人到東北地區瞭解那裡的地形、交通以及風土人情各方面的情況。但由於當時忙於平定三藩之亂，一時顧不上還擊沙俄的侵略，這就又給了沙俄可乘之機，他們繼續加緊對中國北疆的侵略，還策劃了當地少數民族的頭目叛逃事件，以達到侵略中國領土的目的。

康熙在處理國內矛盾的時候，先對沙俄採取了和平外交的方針。從康熙五年（1666年）起，之後的10多年裡，康熙曾經多次派使臣前往尼布楚進行交涉，還親自給沙皇寫信，希望沙俄停止侵略，讓雙方和平解決北疆問題。康熙十五年

▲《赫哲族圖》，摘自清《廣輿勝覽》。赫哲族是我國東北少數民族之一，他們主要分布在黑龍江省境內，以捕魚為生，使用滿語和漢語。清朝初年，赫哲族人屢被入侵的沙俄騷擾搶掠，後來積極配合清軍與沙俄進行英勇鬥爭。

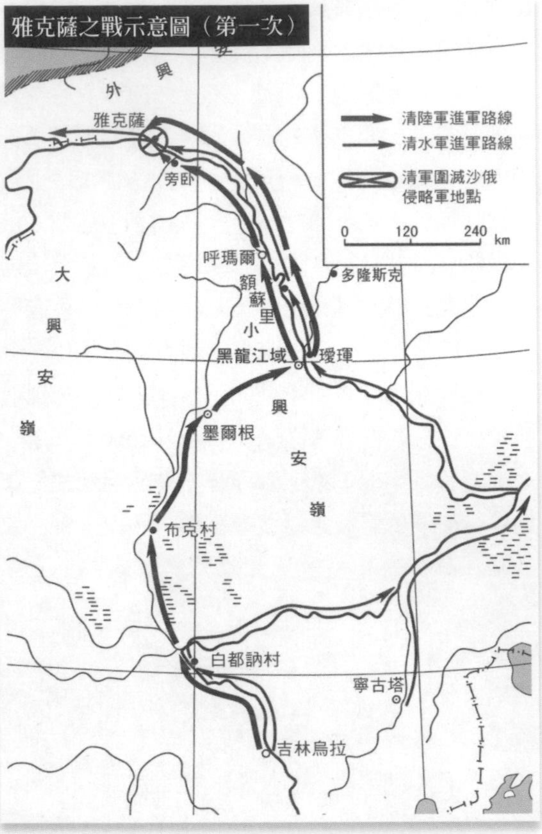

▲ 康熙二十四年（1685年）二月，康熙調集水陸兩隊兵馬分別由寧古塔和吉林烏拉出發，向黑龍江城集合；四月，陸軍與水軍分別在薩爾素和林興珠的帶領下進軍雅克薩；五月，清軍包圍雅克薩，並迅速擊潰沙俄軍隊，取得戰鬥勝利。

（1676年），沙俄使臣尼果賴來華活動，康熙再次表達了和平解決爭端的意願。但是對康熙帝的一再努力，沙俄根本不予理會，相反還提出自由貿易、開闢口岸、停止反抗等無理要求，並繼續擴大侵略範圍。

康熙在同沙俄的長期交涉中，逐步認識到以往發兵征討卻沒有將其徹底鏟除的原因：一是因為黑龍江一帶沒有駐兵，清軍每次只能從寧古塔出兵反擊，結果皆因糧儲不足而停止進攻。二是沙俄侵略軍雖數量不多，但他們在幾個重要城市築室盤踞，開墾土地，能夠自給自足，加上尼布楚人一直與他們保持貿易，使其得以在當地生存。這兩點原因造成「我進彼退，我退彼進」的尷尬局面，導致邊疆一直處於「用兵不已，邊民不安」的混亂局勢中。針對這種情況，康熙採取了一系列措施，加強邊防建設，準備剿滅沙俄侵略軍。

康熙十五年（1676年），康熙決定將寧古塔將軍衙門移至吉林烏拉（今吉林市），以此作為反擊沙俄侵略的基地。同時，他調集兩千滿洲八旗兵、數千戶關內百姓來此倚江建城，修造戰船，屯集糧草，建立水師營。

康熙二十一年（1682年）春，三藩之亂的平定剛剛結束，康熙就不畏長途跋涉之苦，親自到吉林視察。這一次出行的目的，就是要考察邊境的風土人情、地形地貌，為反擊沙俄做政治上和軍事上的準備工作。北巡期間，他還召見了寧古塔將軍巴海、副都統薩布素等高級將領，從他們的彙報中瞭解到邊疆防務和沙俄入侵的最新事態發展。這次遠足巡視，使康熙感到向沙俄發起反擊的日子不遠了。

同年五月初，康熙及其隨從返回北京，隨即便召集群臣商討征剿沙俄的事宜。大家都認為沙俄遠在北疆，路途遙遠，征討不易，對此事持消積態度。面對眾臣的反對，康熙指出了征剿沙俄的必要性，他說：「征剿羅剎看似不是緊要事情，但此事確實關係重大。羅剎驚擾黑龍江、松花江一帶三十餘年，他們所建立的據點已逐漸迫近我們大清朝的發源地，若不趕緊加以鏟除，恐怕邊境的百姓都不能安寧。」最終，康熙力排眾議，做出「征剿沙俄」的戰略決策。

下定決心之後，康熙首先派遣副都統朋春、郎坦等率領二百餘人前往黑龍江偵察敵情。部隊出發之前，他親自告誡兩人：路上可裝扮成捕鹿的獵戶，以迷惑沙俄侵略軍，使偵察能夠順利進行。同時，他還強調了此行的最終目的：要將黑龍江陸路及水路的遠近考察清楚，最重要的是要爭取到達雅克薩城，探明城中虛實。年底，朋春等人順利完成偵察任務，向康熙報告說：「以羅剎現在的實力，要攻取他們易如反掌，發兵三千就夠了。」當時還不到30歲的康熙經過思索，採取了如下措施：第一，由寧古塔將軍巴海、副都統薩布素率領一千五百人，並攜帶紅衣大炮、鳥槍等武器，至黑龍江一帶駐防；第二，在黑龍江城（今黑龍江黑河市愛輝區）、呼瑪爾城中「建立木城」，與沙俄「對壘」；第三，令科爾沁十旗和錫伯、烏拉等地提供一萬兩千石糧食，以供部隊三年之用，同時清軍至駐地後，立即自行屯田耕種，由索倫人接濟牛羊，保障長期的糧食儲備。為保證糧餉的長期供應，康熙又下令開闢遼河、松花江與黑龍江之間的水陸聯運，從根本上解決了運餉困難的問題。從長遠看來，康熙所做的這些決定不僅使征剿沙俄變得輕而易舉，對東北地區的長期開發也有著重大意義。

康熙二十四年（1685年）二月，薩布素向康熙提出了攻取雅克薩城的作戰計畫：由水陸兩路並進，先威懾沙俄，沙俄若不投降則立即攻城，如最終攻取不成，則將其田禾毀滅後撤兵。經過一番深思熟慮，康熙批准了這個計畫，同時任命朋春為統帥，增派副都統班達爾善、馬喇以及水軍將領建義侯林興珠參贊軍務，並從東北、河北、山東、河南、山西等省調來八旗官兵，從福建調來四百藤牌兵，此時兵力近三千人，先於黑龍江城集合。此外，康熙考慮到前線與朝廷之間需保持通信暢達以便隨時傳遞軍情，下令從墨爾根城（今齊齊哈爾）至雅克薩城之間設立驛站，並派兵駐守驛站，負責傳遞軍情。透過康熙的一番精心籌劃，清軍的部署已十分完備。

四月二十八日，朋春、薩布素率領清軍從黑龍江城出發，水陸並進，目標直取雅克薩城。五月二十三日，清軍抵達城下，並於水陸兩邊列陣，對雅克薩城實施包圍。開戰前，朋春先向俄軍頭目托爾布津發出康熙御定的咨文，勸誡俄軍投降，但托爾布津卻對康熙的咨文置若罔聞，清軍於是發起攻擊。沒想到沙俄在城中的防禦如此不堪一擊，才三天時間，城內就已陷入糧食被燒、彈藥告罄、軍心渙散的境地，托爾布津走投無路，只能向清軍投降。朋春遵照康熙「勿殺一人，俾還故土」的旨意，將城內俘虜皆放回俄國，其中還有25人不願回國而要留在清朝，後來

中俄邊界條約一覽表		
條約名稱	簽訂時間	相關內容
《尼布楚條約》	1689年9月7日	規定中俄邊境以黑龍江上游的額爾古納河、格爾必齊河和外興安嶺為界，黑龍江以北、外興安嶺以南和烏蘇里江以東的廣大地區均為中國領土。
《布連斯奇條約》	1727年9月1日	規定中俄中段邊界線，即今俄羅斯與蒙古國邊界的大部分。
《璦琿條約》	1858年5月28日	將黑龍江以北原屬中國的60多萬平方公里的領土割讓給沙俄，烏蘇里江以東至海岸約40萬平方公里的中國土地改為「中俄共管」。
《北京條約》	1860年11月14日	將《璦琿條約》中所謂「中俄共管」的40萬平方公里土地強行劃歸沙俄。
《中俄勘分西北界約記》	1864年10月7日	沙俄割占我國西部44萬平方公里的領土。
《伊犁條約》	1881年2月24日	7萬平方公里的中國領土併入沙俄版圖。
《中俄續勘喀什噶爾界約》	1884年6月3日	沙俄割占中國的喀什噶爾西北部大片領土以及什庫珠克帕米爾，將其邊界向南推進到烏孜別里山口。
《中俄滿洲里界約》	1911年12月20日	清政府為防止沙俄擴大侵略，於1909年由外務部照會沙俄政府，提議雙方派員會勘邊界，但實際勘測後卻使中國共計喪失領土1400多平方公里。
★清政府從康熙朝開始，與俄國簽訂過一系列的邊界條約，除康乾盛世時期所訂立的《尼布楚條約》和《布連斯奇條約》是平等條約，鴉片戰爭以後所立各約，皆為沙俄侵略中國以後的不平等條約。		

就將他們編入了上三旗。

清軍攻克雅克薩成後，並沒有在城中駐防，也沒有將莊田毀壞，僅僅毀壞了俄軍的城堡，就撤至黑龍江城和墨爾根城，並在這兩處築城屯田。黑龍江城清軍撤離雅克薩不久，沙俄派拜頓率軍趕到尼布楚，七月初，他會同托爾布津的殘兵敗卒，再次侵占雅克薩。

康熙二十五年（1686年）年初，薩布素緊急上奏告知俄軍再度占據雅克薩，康熙下令趁著上次勝利的勢頭，再度出兵，務必將敵人一舉剿滅。薩布素、林興珠再度率領兩千餘人，分水陸兩軍，進軍雅克薩。雙方在城內外展開激戰，沙俄軍頑強抗拒，但損失嚴重，托爾布津被擊斃。隨後，清軍將俄軍困於城中長達五個多月，至嚴冬時節，城內俄軍只剩一百五十餘人。沙俄被迫遣使求和，康熙命薩布素撤軍，重新回駐黑龍江城與墨爾根城，並準備在尼布楚與沙俄進行最後的談判。

康熙二十八年（1689年），雙方使臣於尼布楚開始談判中俄邊界問題。此前，康熙曾規定劃界的原則，他認為尼布楚、雅克薩以及黑龍江沿岸都是屬於中國的領土，不能讓給俄國。清方代表索額圖等人堅持康熙帝的指示，屢屢戳穿俄方詭計。雙方最終於七月簽訂了《中俄尼布楚條約》，確定了中俄兩國的邊界線。這是清王朝和西方國家簽訂的第一份平等條約，表明了康熙獨立自主外交的勝利。條約規定：

①從黑龍江支流格爾必齊河到外興安嶺直到海，嶺南屬於中國，嶺北屬於俄羅斯。西以額爾古納河爲界，南屬中國，北屬俄國，額爾古納河南岸之黑里勒克河口諸房舍，應悉遷移於北岸。

②雅克薩地方屬於中國，拆毀雅克薩城，俄人遷回俄境。兩國獵戶人等不得擅自越境，否則捕拿問罪。十數人以上集體越境須報聞兩國皇帝，依罪處以死刑。

③此約訂定以前所有一切事情，永作罷論。自兩國永好已定之日起，事後有逃亡者，各不收納，並應械繫遣還。

④雙方在對方國家的僑民「悉聽如舊」。

《尼布楚條約》規定中俄邊界示意圖

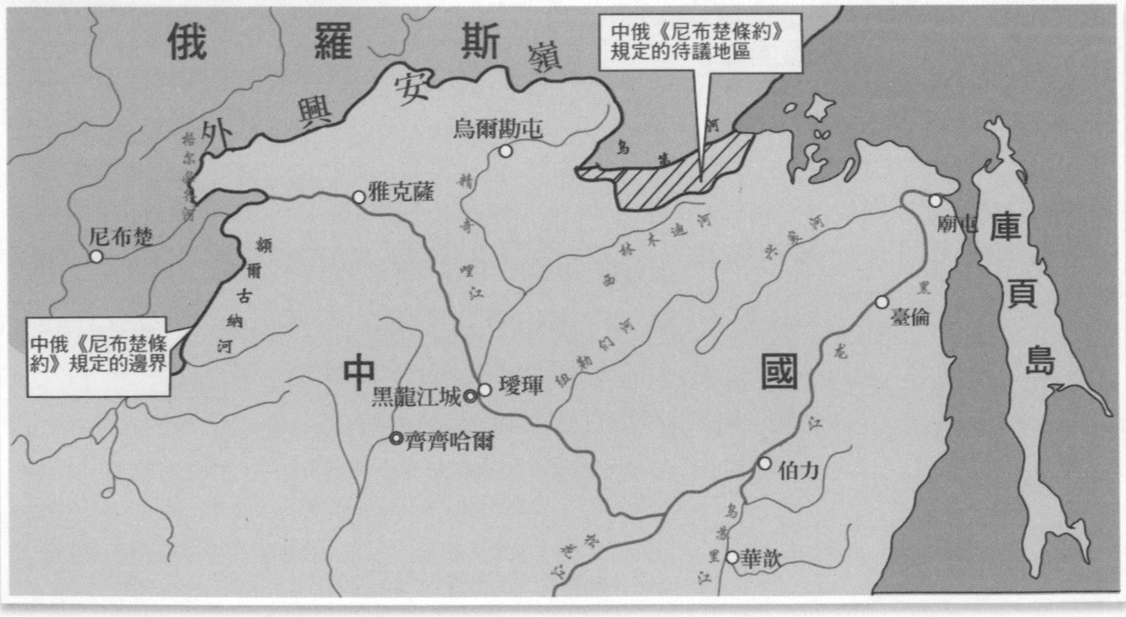

▲ 康熙二十八年（1689年）七月，中俄雙方協商簽訂了《尼布楚條約》，規定外興安嶺以南、額爾古納河以西的廣大地區皆屬中國領土（如圖）。這是中國第一次與西方國家簽訂領土條約，為東北邊疆地區獲得了150多年的和平時期。

⑤兩國人帶有往來文票（護照）的，允許其邊境貿易。

⑥和好已定，兩國永敦睦誼，自來邊境一切爭執永予廢除，倘各嚴守約章，爭端無自而起。

《尼布楚條約》共有滿文、俄文、拉丁文三種文本，其中以拉丁文為準，同時用滿、漢、俄、蒙、拉丁五種文字刻成界碑，立於兩國邊界之上。條約從法律上肯定了黑龍江和烏蘇里江流域包括庫頁島在內的廣大地區都是中國的領土。條約簽訂以後，沙俄將入侵雅克薩的軍隊撤回，此後我國東北邊境獲得了150餘年的和平時期。

康熙皇帝籌劃和指揮的反擊沙俄侵略的戰爭，是偉大的民族自衛戰，它向世界展現了中華民族不畏強敵的精神。康熙皇帝堅持收復失地，敢於同一個從未交手過的敵人進行戰鬥，這一切都充分顯示了他的氣魄和勇氣。

鄂倫春族壓花樺皮盒

▲ 鄂倫春族分布在黑龍江大小興安嶺一帶，康熙年間曾積極參與反抗沙俄入侵的戰鬥。他們以狩獵為生，居住的地方盛產樺樹，因此很多生活用具皆以樺樹皮為原料，圖中的壓花樺皮盒就是他們用來盛放雜物的。

第4節

遠征大漠，和善蒙古草原

西元1670年～西元1720年

就在清軍剛剛將黑龍江畔的沙俄侵略者驅逐時，西北草原上又爆發了噶爾丹率領的準噶爾部的叛亂，康熙採取了一系列的政策和措施來平定這次叛亂，最終穩定了草原的局勢，鞏固了各民族的團結與安定。

明末清初，居住在我國北方的蒙古族已分為漠南蒙古、漠北喀爾喀蒙古和漠西厄魯特蒙古三大部。漠南即內蒙古，皇太極時，滿清統治者已透過賜爵、聯姻等方式拉攏漠南蒙古的貴族首領，使其迅速脫離明朝，歸附清朝。漠北喀爾喀蒙古即外蒙古，分為札薩克圖汗、土謝圖汗、車臣汗三部，他們已於順治年間先後遣使朝貢，之後便一直與清廷保持著密切的聯繫，並在清朝統一全國的過程中產生了重要作用。漠西的厄魯特蒙古居住在天山以北、阿爾泰山以南、巴爾喀什湖東南的這片地區，此處距中原地區最遠，因此厄魯特蒙古的經濟較其餘各部落後。明朝後期，厄魯特蒙古已分為準噶爾、杜爾伯特、土爾扈特、和碩特四部，他們分別活動於伊犁河谷、額爾齊斯河兩岸、塔爾巴哈臺及烏魯木齊地區。這四部雖同屬一族，但各部之間的矛盾很深。明崇禎元年（後金天聰二年，1628年）時，土爾扈特部舉族向西遷徙，至伏爾加河下游地區，直到乾隆時期才返回中國。大約十年後，和碩特部也向東南遷徙至青海一帶。厄魯特蒙古的這四個部落之間常因爭奪牧場、牲畜等事發生糾紛，還經常與比鄰的喀爾喀蒙古發生衝突和爭鬥。

康熙九年（1670年），準噶爾部發生內訌，首領僧格被殺。僧格的同母弟弟噶爾丹當時正在西藏當喇嘛，他聞訊趕回，聲稱奉達賴喇嘛之命要為兄報仇。為了奪得部落領導權，他不僅驅逐了僧格的敵人車臣臺吉，還殺掉僧格的兒子索諾木阿拉布坦，並將自己的叔父楚虎爾烏巴什囚禁起來。康熙十六年（1677年），噶爾丹出兵攻打已移居青海的和碩特部，殺死其首領、自己的岳祖父鄂齊爾圖車臣汗。和碩特部原本是厄魯特蒙古四部之首，噶爾丹消滅和碩特部之後，自稱「博碩克圖汗」，要求其餘各部皆奉其號令。康熙十七年（1678年），噶爾丹趁回部（維吾爾族地區）中伊斯蘭教內部教派爭鬥時，攻取天山南麓葉爾羌等地，同時侵入哈薩克、布魯特等地，將這些部落的首領皆遷到天山以北，以控制回部

▼《西域回疆圖冊》，清人繪，現藏於中國國家博物館，此圖冊描繪了新疆南北各少數民族社會生活的場景。圖中「厄魯特」即漢西蒙古的總稱，他們生活在匝盆河流域及準噶爾盆地，以游牧為生，也有部分農業。

直隸長城險要關口形勢圖卷之喜峰口

▲ 喜峰口位於河北遷西縣與寬城縣接壤處、燕山山脈東段，這裡是河北平原通向東北地區的重要關口，具有重要的戰略意義。康熙二十九年（1690年），恭親王常寧就帶領著右翼大軍由此出關，遠赴蒙古草原征討噶爾丹。

及哈薩克各族。

此時的康熙只是靜觀事態發展，他將噶爾丹的行為看做蒙古各族的內部紛爭，雖然不贊成，但也沒有過多地干涉。他還批准了噶爾丹的請求，允許他像兄長僧格一樣「遣使進貢」，這等於默認了噶爾丹在準噶爾部的統治地位。但是噶爾丹貪得無厭、得寸進尺，他並沒有認真管理本部事務和牧民生活，反而處心積慮地糾結沙俄勢力，不斷襲擾漠北喀爾喀蒙古，嚴重危害清朝邊疆的安寧。

康熙二十九年（1690年）五月，噶爾丹開始對清王朝進行挑釁活動。他打著攻伐仇人喀爾喀部的名號，率領2萬餘人，沿著索約爾濟河南下，進入內蒙古烏珠穆沁境內。六月十四日，噶爾丹軍隊到達烏爾會河東的烏蘭，對那裡的人民進行瘋狂地殺戮，並搶掠了大量牲畜與財寶。

只是噶爾丹沒想到，此時理藩院尚書阿喇尼等人早已奉命率兵跟蹤他，隨時偵察並向皇上奏報他的情況，只待援兵到達，就同時向他發起攻擊。不過，噶爾丹瘋狂的擄掠行為提前將阿喇尼激怒，阿喇尼竟不顧康熙命令，輕易出戰。六月二十一日，阿喇尼率兵偷襲噶爾丹在烏爾會河邊的兵營，卻被噶爾丹擊退。首戰失利，使康熙十分惱火，因為這不僅會挫傷清軍銳氣，助長噶爾丹的囂張氣焰，還有可能就此打草驚蛇。若噶爾丹察覺到清政府準備大力出擊而溜之大吉，豈不是再留禍患。因此，康熙一面對違命輕戰的阿喇尼嚴厲斥責，一面派人送信給噶爾丹，告訴他開戰並非朝廷本意。與此同時，康熙開始秘密部署大軍，準備在烏蘭布通圍殲噶爾丹，以絕後患。

七月初二，康熙任命兄長裕親王福全為撫遠大將軍，皇長子允禔為副將，率領左翼大軍從古北口出關；命弟弟恭親王常寧為安北大將軍，簡親王雅布、信郡王鄂扎為副將，率領右翼大軍從喜峰口出關。此次出征的隨軍參贊還有康熙的舅舅佟國綱、佟國維，內大臣索額圖、明珠等人。七月初四，常寧領右翼大軍率先出發；七月初六，左翼大軍也在福全的帶領下起程北上，直逼烏蘭布通。七月二十三日，福全與早已出師漠北的內大臣馬斯哈部於烏蘭布通峰南面會師，常寧軍也在同一天趕到。二十五日，因兵敗而回撤的阿喇尼部也與大軍會合，此外又匯集了一部分內蒙古騎兵，清軍的總兵力已達10萬之眾。而噶爾丹軍聲稱兵力4萬，其實是虛張聲勢，實際只有2

萬左右。

早在大軍出發時，康熙便表達了此戰的意圖和期望：全殲噶爾丹的勢力，保障北疆及蒙古眾部的安定。但他也深知噶爾丹身經百戰，手下的士兵也久經沙場，要想一戰制勝必須做好周全的準備。七月十四日，康熙全副戎裝，親自率領大隊侍衛北上，奔赴前線。他之所以要親征，不只是重視這次戰鬥，也因為他曾多次出塞行獵，對烏蘭布通一帶的地形非常熟悉，而且皇帝親征，軍士們就有必勝的信心和勇氣。可惜當康熙行至博洛河屯時，突然感冒發燒，病情嚴重。他本想勉力支持，但大臣侍衛們皆再三懇求，望他以龍體為重，經過仔細考慮，他最終任命福全為全軍統帥指揮戰事，自己則先返回京城治病。

康熙回京後，仍擔心上次的失利會打草驚蛇，噶爾丹早已逃跑。事實上，他的擔心完全是多餘的，噶爾丹不但沒有逃走，反而加快了南下速度。噶爾丹之所以沒跑，主要有幾方面原因：一是他打敗阿喇尼後，以為清軍不過如此，就更加無所畏懼；二是他的老家已被其侄策妄阿拉布坦所占領，他自己已無退路；三是當時全軍積蓄所剩無幾，他想趁著打敗清軍之勢取用清朝四大皇家牧場中的牲畜和財寶。於是，七月二十七日，他率軍占領了烏蘭布通峰，以便占據有利地形，並派人向清軍宣戰道：「夫執鼠之尾，尚噬其手，今雖臨以十萬眾，亦何懼之有！」之後就居高臨下，等待清軍的到來。

八月初一黎明，清軍由南而北向烏蘭布通峰進發，當時的安排是火器營居前，五千八旗軍緊隨其後，左、右兩路又各有兩千餘人後繼。中午時分，兩軍的距離已十分接近，雙方皆用火器攻擊對方，霎時間，白菸漫天，只聽見隆隆的槍炮聲在河谷中回蕩。清軍右翼部隊被河岸的沼澤所阻，只好回退；左翼軍也傷亡慘重，國舅佟國綱、前鋒參領格斯泰皆戰死，但仍強攻不止。傍晚時分，清軍攻上山峰，噶爾丹見大勢已去，只好在夜色掩護下，率領殘兵敗將退入山頂隱蔽處。此時天色已暗，清軍無法再進一步，福全於是下令停止進攻。第二日，福全一面派人將捷報上傳京師，一面安排士兵休息，發出「暫止勿動」的指令。就在這幾日的等待中，噶爾丹已帶兵遠遁，清軍無力追趕，令康熙十分痛心。

烏蘭布通一戰雖未徹底消滅噶爾丹，卻已基本打掉他不可一世的囂張氣焰。他逃回科布多之

大清帝國年表3

皇帝（朝）	時間	主要事件
順治帝（3）	1661	鄭成功占據臺灣繼續反清；永曆帝被俘，最後一個南明政權滅亡；順治駕崩，皇三子玄燁繼位，改元「康熙」。
康熙帝（4）	1662	永曆帝於昆明被吳三桂殺害。
	1667	康熙親政；大婚，皇后為輔政大臣索尼孫女赫舍里氏。
	1669	康熙計除鰲拜，開始獨掌大權。
	1673	康熙下令削藩，三藩之亂爆發，雲南、四川、貴州、廣西等各地皆發生戰亂；噶爾丹稱汗，稱霸漠北蒙古。
	1681	吳三桂之孫吳世璠兵敗自盡，三藩之亂平定。
	1683	施琅率水軍攻陷臺灣，鄭氏家族投降，中國全境統一。
	1684	康熙南巡蘇杭，沿途視察黃河工程。
	1685	清軍擊敗俄軍，取得第一次雅克薩之戰大捷。
	1686	俄軍再次占領雅克薩，不久被清軍第二次擊敗。
	1689	中俄簽訂《尼布楚條約》，劃定東部邊界。
	1690	康熙第一次親征噶爾丹，中途因病返回，清軍於烏蘭布通大敗噶爾丹軍。

後，就派使臣向康熙送信，表示以後再不侵擾喀爾喀眾部，並希望康熙賞賜一些財物以度難關。康熙果然賞給他一千兩白銀，並釋放了當初扣留在歸化城的商隊一千餘人。噶爾丹與康熙的這場恩怨看似以和平方式收場，不過噶爾丹卻並不是一個安分的人，他不過是在積蓄力量，等待時機，準備東山再起。

康熙三十年（1691年），為調節喀爾喀蒙古內各部之間的矛盾，康熙在多倫諾爾（今內蒙古錫林格勒盟多倫縣）舉行會盟。會盟中，土謝圖汗承認之前殺死札薩克圖汗，以致兩部相互殘殺，給了噶爾丹可趁之機的罪狀；之後，康熙親自赦免了土謝圖汗的罪過，並冊封原札薩克圖汗的親弟策妄扎布承襲兄職為札薩克圖汗；最後，康熙賜宴招待喀爾喀蒙古的宗教領袖哲布尊丹巴呼圖克圖，以及三部首領土謝圖汗、札薩克圖汗、車臣汗。這次會盟之後，土謝圖汗與札薩克圖汗之前的矛盾即一筆勾銷，喀爾喀蒙古再度回歸和平，同時也使得噶爾丹更加孤立。

就在康熙主持多倫會盟時，噶爾丹又開始準備新的陰謀。他從康熙三十年起，就多次派使者去沙俄，並在給沙皇的信中寫道：「我們與陛下一向友好親善，是兄弟之邦，並且有著共同的事業。現在蒙古是陛下與我們的敵人，為了我們雙方事業的成功，敬請陛下為我們提供兵員、火藥、鉛彈和大炮等一切戰鬥之所需。」噶爾丹為達到侵占蒙古的野心，竟不惜引狼入室。當然，這一請求也正中沙俄的下懷，從此雙方多次派遣使者相會，商議入侵蒙古、打擊大清之事。與此同時，噶爾丹還給喀爾喀蒙古和內蒙古的一些首領寫信，煽動他們叛亂，並挑撥各部與清朝的關係。

乾隆粉彩多穆壺

▲ 此壺高45公分，口徑13.6公分，造型奇特，是乾隆年間官窯燒製的瓷器。這種多穆壺在康熙年間就已出現，一般作為清室宮廷或蒙藏貴族喝奶的器具使用，其精美的紋飾與方便的實用價值深得上層人士喜愛。

康熙三十三年（1694年），康熙仍想給噶爾丹一個機會，就派人去約他會盟，豈知噶爾丹不僅拒絕會盟要求，還將派去的使臣殺害。康熙見噶爾丹毫無悔改之意，便加緊西北地區軍事防備，同時在東北地區也部署了部分兵力，形成完整的防禦體系，以防沙俄和噶爾丹的聯手偷襲。康熙三十四年（1695年）八月，他密令科爾沁土謝圖親王沙律詐降噶爾丹，以引誘其出動。這一計果然奏效，噶爾丹以為有援兵相助，只率領三萬餘兵進駐巴顏烏蘭草原，不過經過上次失敗後噶爾丹也變得小心謹慎，不再繼續深入。

康熙三十五年（1696年）春，康熙統率八旗

▲《北征督運圖冊》，清人繪，現藏於中國國家博物館。圖冊描繪了康熙第三次征討準噶爾時西路軍糧督運官范承烈運送軍糧的經歷，路上所經城鎮、臺站、山川，參與運糧的各族官兵、民夫、車馬等都描繪得詳細生動，是一篇極具價值的歷史文獻。此處所選畫面描繪了運糧官兵將糧食交付兵營的場景。

勁旅再次御駕親征。此次兵分三路，康熙帶領中路將士，奔赴瀚海以北，與左右兩路約期夾攻噶爾丹。因路途遙遠，行軍兩月有餘，早已鞍馬勞頓。一路上，康熙與將士們同甘共苦，每日只食一餐，飲水皆渾濁。此時前方傳來沙俄派兵助陣噶爾丹的消息，立刻有將吏提出暫緩進軍，大學士伊桑阿等人甚至力主撤軍回京。康熙很生氣，說：「朕出征前曾祭告天地宗廟，現在連賊人的面都沒有見到就要回去，如何面對天下百姓呢？而且我們中路大軍若撤退，賊寇的精銳部隊盡攻西路，西路軍豈不是會全軍覆沒？」於是康熙「手繪陣圖，指示方略」，下令全軍向克魯倫河疾馳。噶爾丹聽到清軍進攻的消息後登山遙望，見清軍氣勢宏大，又有御營黃幄龍纛，知道康熙親征，頓時嚇得喪膽，急令部下拔營逃遁。次日，清軍趕到克魯倫河時，對岸已空無一帳。康熙親率前鋒追趕三天，仍沒有追上叛軍，便下令回師。

噶爾丹為躲避康熙親兵，率部奔逃五天五夜，卻在昭莫多與清軍西路遭遇。安費揚古早已分兵埋伏於周圍樹林，並派人將噶爾丹引入伏擊圈內進行圍殲。噶爾丹躲避不及，損失慘重，死傷人數達萬餘，最終只帶著少數人馬逃走。

此役清軍斬殺叛軍3000餘人，收降俘虜3000餘人，繳獲了6萬多頭牛羊以及噶爾丹所有的軍器車帳。此時的噶爾丹儘管一息尚存，卻早已喪盡元氣，膽戰心寒。他在伊犁的老巢已被他的侄兒所占；由於他的暴虐統治，新疆、青海的部民也都背叛了他。噶爾丹無處安身，只好到處流竄。康熙還希望他悔過自新，特命理藩院在陝甘設置通往寧夏的驛館，希望噶爾丹能主動投順，但噶爾丹再次拒絕了康熙的招降。

康熙三十六年（1697年），康熙又開始第三次親征，準備給噶爾丹以致命一擊。這時噶爾丹殘部只剩五六百人，大家聽說清軍將至，紛紛前去投降，還領路追捕噶爾丹。此時的噶爾丹眾叛親離，沙俄已經拋棄了他，他的侄兒策妄阿拉布坦也準備出兵活捉他，他害怕被擒後受到折磨，便服毒自盡。至此，橫行草原數十年之久的噶爾丹，終於被徹底消滅了。

平定噶爾丹以後，康熙除訓練騎兵、設立哨所、派兵駐防外，還透過聯姻、封爵、賞賜、賑濟、編旗等方式進一步加強與漠北、漠西各部的聯繫。例如，噶爾丹之子色布騰巴爾珠爾被俘時還未成年，康熙不僅沒有因他父親的一再叛亂怪罪於他，還將他養在宮中，授予「一等侍衛」之職，後又將清宗室覺羅長泰之女下嫁給他，並授為「鎮國公婿」。康熙四十一年（1702年），噶爾丹的姪孫丹津阿拉布坦來朝降清，康熙將他封為多羅郡王，一切以禮相待。康熙的這些親善措置，對安撫與穩定準噶爾部發揮重要作用。同時，康熙還在蒙古地區廣設牧場，移兵屯田，對當地牧業和經濟的發展亦有積極作用。

然而好景不長，康熙晚年時，蒙藏地區又起紛爭。事情的緣由還要追朔到康熙二十一年（1682年）五世達賴喇嘛羅桑嘉措的去世。羅桑嘉措曾於順治時期來京受封，與清朝關係交好，他逝世後，其弟子桑傑嘉措擁立六世達賴喇嘛倉

五世達賴喇嘛銀像

▲ 五世達賴喇嘛名阿旺羅桑嘉措，順治九年（1652年）他與順治帝相會於北京南苑，順治帝封他為「達賴喇嘛」，承認他為西藏的政教首領。之後西藏與清朝一直相安無事，直到他死後，西藏發生動亂，康熙帝才出兵西藏以穩定局勢。

央嘉措，長期掌控西藏的政教大權，並與和碩特部的拉藏汗關係不和。康熙四十四年（1705年），拉藏汗率兵攻入西藏，斬殺桑傑嘉措，並在清朝的支持下重立六世達賴，以建立對西藏的統治。但是拉藏汗擅自廢立達賴喇嘛的做法引起藏族王公的反對和西藏人民的反感，以至於西藏地區政治不穩。康熙五十六年（1717年），準噶爾部大汗、噶爾丹之侄策妄阿拉布坦趁西藏內亂之時派兵入侵西藏，占領拉薩，殺死拉藏汗，確立了在西藏的統治地位。面對這一連串的動蕩局面，清朝於康熙五十九年（1720年）派兵攻打西藏，將準噶爾部的勢力趕出西藏，並護送七世達賴喇嘛格桑嘉措入藏，從此西藏正式歸於清政府的管轄之下。

康熙三次親征蒙古，掃除了漠北、西北地區一大不安因素，穩定了西北邊疆，加強了對蒙古的管轄，對蒙古地區的政治、經濟、文化的進步產生積極的促進作用，對國家安定與民族團結亦有著重要意義。

第5節
格物致知，振興文教

西元1673年～西元1722年

康熙是清軍入關後的第二位皇帝，此時的清朝才基本統一全國，戰亂初歇，百廢待興。創業容易守業難，如何振興經濟、發展文化是擺在康熙面前的一大難題。康熙深知，他現在統治的是一個幅員遼闊，擁有廣大漢人的國家，若僅靠當初的武力鎮壓解決不了根本問題，要創造一個四海昇平的國家，必須實行文治，拉攏漢人，尤其是其中的知識分子。明白這些以後，他開始大力倡導漢族傳統文化，借鑑漢文化中的精華部分，並將其運用於政道，從而取得了先輩們不曾有過的功業。同時，康熙自己學貫中西、多才多藝，

撫遠大將軍西征圖卷之進入拉薩

◀《撫遠大將軍西征圖卷》，清人繪，現藏於中國國家博物館。此卷描繪了清軍在撫遠大將軍允禵的帶領下攻入西藏，平定準噶爾軍隊叛亂的歷史事件。這裡所選為平叛成功、清軍進入拉薩的場景。

這在中國歷代皇帝中十分難得。

封建時代的讀書人並不多，但他們有文化、有思想，並且在群眾中有一定的號召力。從秦漢開始，中國的統治階級就要依靠知識階層來治理國家，也就是我們今天所謂的「士」階層。清朝統治者從馬背奪得天下，滿洲貴族中知識分子很少，因此滿清要想坐穩天下，必須依靠廣大的漢族知識分子。清廷入關後，透過武力逐漸征服了全國大部分地區，一些漢族知識分子也開始為清朝效力，但仍有很多具有民族氣節的明朝遺民在反抗清朝或持不合作態度。順治為鞏固清朝在中原的統治，開始採取一些措施對漢族知識分子進行籠絡，但並未取得理想效果，直到康熙的時候，這些漢族知識分子的作用才得以充分發揮。康熙抓住漢族文人的心理，採取多種手段沖淡他們的仇視觀念，並增強他們對清王朝的好感。

首先，康熙採取多種方式拉攏明末文人出仕。康熙十二年（1673年），他下詔舉薦「山林隱逸」，想以此拉攏一些明亡後不肯仕清的漢族縉紳。康熙十八年（1679年），他於慣例舉行的科舉考試之外，開設了博學鴻詞科考試，由外官推薦舉子參加。這些舉子大多是隱居於山林間的明末遺民，康熙想透過這種方式進一步搜羅還未入仕的明朝文人。不過，此次考試的效果一般，一些明末大家如顧炎武、黃宗羲等人仍堅決抵制考試，傅山被強行招至北京，但仍稱病不予參加。最終，考試僅有143人參加，其中的50人通過，取為翰林官。康熙四十二年（1703年）、四十四年（1705年），康熙南巡杭州，再次開科親自召試士子，其中的優秀者賜百金並赴京錄用。

除開科取士外，康熙還通過續修《明史》的方式來吸納漢人知識分子為朝廷效力。早在順治朝的時候，就開始編修《明史》，當時的目的是為了安慰明朝遺民，但因為戰事頻多、政局不穩而擱置。康熙時期全國基本統一，社會經濟也得到一定發展，於是重開明史館，繼續修史的工作。該書內容豐富、史實翔實，因此工程浩大，直至乾隆朝才最終完成修訂工作。此次修史，顧炎武、黃宗羲等人仍拒絕與朝廷合作，但為了保證《明史》的真實性，他們皆派出自己的得意弟子參與其中，如顧炎武的外甥、黃宗羲的兒子

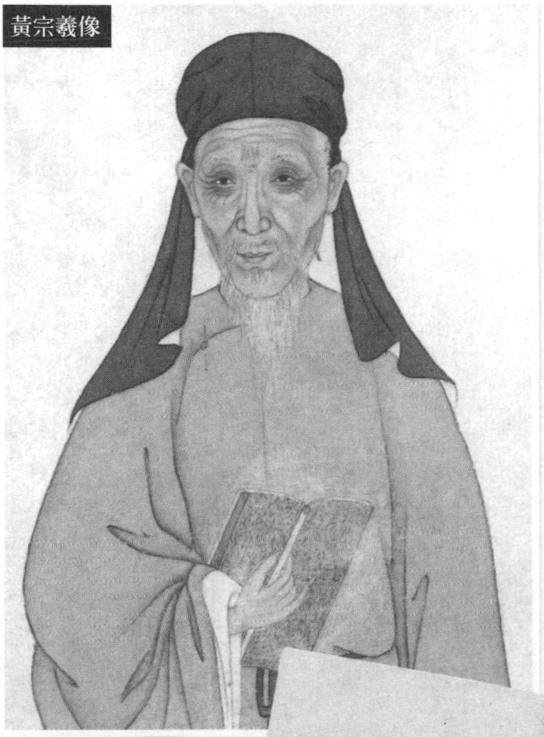

明夷待訪錄
姚江黃宗羲梨洲著
余嘗疑孟子一治一亂之言何三代而下之有亂無治
也乃觀胡翰所謂十二運者起周敬王甲子以至於今
皆在一亂之運向後二十年交入大壯始得一治則三
代之盛猶未絕望也前年壬寅夏條具為治大法未卒
數章遇火而止今年自藍水返於故居整理殘帙將未
失落於擔頭艙底兒子某某請完之冬十月雨窗削筆
喟然而歎曰昔王冕倣周禮著書一卷自謂吾未即死
持此以遇明主伊呂事業不難致也終不得少試以死
冕之書未得見其可致治與否固未可知然亂運未終
明夷待訪錄

▲ 黃宗羲（1619年～1695年），字太沖、號梨洲，又號南雷，明末清初「三先生」之一。清軍入關後，他曾積極組織力量反清，失敗後歸隱，清廷多次請他出仕，皆被拒絕。黃宗羲隱居後專心研習學問，著有《明夷待訪錄》等書。

等，其中出力最多、用功最勤的當屬黃宗羲的學生萬斯同。萬斯同，字季野，精通史學。康熙十八年（1679年），朝中有大臣推舉萬斯同參加博學鴻詞科考試，被萬斯同堅決拒絕。不久後，大學士徐元文受命監修《明史》，又一力邀請他入明史館。起初萬斯同不願答應，後來黃宗羲怕清廷出於政治目的隨意增改明朝史料，覺得應派一得力助手前往參與，以保證史料的真實性，於是便動員萬斯同赴京，並在贈別詩中寫道「四方身價歸明水，一代奸賢托布衣」。當時，凡入明史館參與修史者皆署翰林院纂修官銜，併發放七品俸祿，但萬斯同謹遵黃宗羲教誨，上京後寓居於徐元文家中，不署銜，不受俸，以布衣參與史書編修。他先後編寫並審定了兩種明史稿，分別為三百多和四百多卷，用時19年，基本完成了《明史》的初稿。

此外，康熙還採取了一些其他措施來籠絡民心。康熙於十六年（1677年）至四十六年（1707年）的六次南巡中，曾為大禹、季札、董仲舒、焦先、周敦頤、范仲淹、歐陽修、胡安國、米芾、宗澤、陸秀夫等歷代漢族賢人寫匾題詞，以頌揚他們的千古英名。同時，他還祭祀大禹陵、孔廟等漢文化發源地，來博得漢人知識分子的好感。康熙五十二年（1713年），他在暢春園舉行千叟宴，邀請上千名年逾65歲的老人，不分官民、無論滿漢，皆可出席。宴會上皇族宗室的少年皆出來為老人敬酒，大家即興賦詩，其樂融融，給人滿漢和樂的印象。康熙六十一年（1722年），康熙又下令，將明朝曾在位的君主除「無道被弒、亡國之主」外全部入祀，並說明崇禎皇帝雖是亡國之君，但他自己並沒有太大過錯，也應入祀。

當然，康熙做了這麼多事情，絕不僅僅只為籠絡漢族文人或爭取民心，他是從內心重視文化教育，並以身作則學習各種文化。在他晚年的時候，曾總結過自己的學習情況：「朕御極五十年，聽政之暇，勤覽書籍，凡四書、五經、通鑑、性理等書，俱經研究。每儒臣逐日進講，朕

康熙便服寫字像

▲《康熙便服寫字像》，【清】郎世寧繪，現藏於故宮博物院。圖中康熙皇帝端坐龍椅之上，手持毛筆，正欲書寫。康熙十分重視文教，他推行了一系列政策鼓勵人民學習漢文化，自己也勤覽書籍，積極閱讀各種儒家經典。

則先為講解一過，遇有一句可疑，一字未協之處，亦即與請臣反覆討論，期於義理貫通而後已。」這就是他對自己幾十年刻苦學習最生動的概括和總結。

他在自己所學的知識中，最重視的是儒學，並首推程氏兄弟和朱熹的理學。他曾對理學作過深入研究，在學習中不斷闡發其微言大義，遂成一家之言。在此基礎上，他要求全國的讀書人都積極學習理學。他在國子監開設程朱理學的課程，刊行宣揚程朱理學的《理性大全》，同時還規定童試要默寫充滿理學封建思想的《聖諭廣訓》，透過理學給漢族文人灌輸封

建等級思想，在倡導文化振興的同時也可以加強封建集權統治。

康熙十六年（1677年）十二月，他在御製的《日講四書解義序》中明確宣布，以儒家學說為治國之本，這一決定終於為清朝內部持續數十年之久的文化紛爭畫上一個圓滿的句號。同時，他還組織編纂了闡釋儒家精神的《朱子全書》、《周易折中》、《性理精義》等書，並親自寫序，以闡明他的一些見解。法國耶穌會士白晉在細心觀察過康熙的言行之後，說他「長期研究中國古籍，完全領會了儒教的精神」，並稱他為中國「儒教的教祖」。

康熙崇儒重道，對聖賢之學孜孜以求，致使朝野上下，乃至整個思想文化界紛紛仿效，一時成為風氣。當時，出現了很多優秀的經學家、理學家、思想家、史學家、科學家、文學家等，他們在科學文化領域取得了一系列成就，這些都標誌著中國古代的封建文化開始攀上一個新的高峰，顯示出空前昌盛的景象。

康熙在位期間，編成了多部文獻學巨著，如《康熙字典》、《佩文韻府》、《歷代題畫詩類》、《全唐詩》等，為清朝龐大的圖書編纂事業開了一個好頭。其中，《康熙字典》是中國迄今為止最全面、最豐富的漢字辭書，由康熙年間的大學士張玉書、陳廷敬等三十多位學者奉旨編纂。全書共收錄漢字四萬七千多個，是中國收錄漢字最多的字典，至今仍是漢字研究的主要參考文獻之一。《佩文韻府》收集了上自先秦典籍、下至明代文人著作中的詞語、成語、典故出處等內容，是專供文人作詩對句所用的工具書，對今天的語言學習和研究也具有重要參考價值。

除了對儒家經典的學習，康熙還以極大的熱情學習西方科學知識。康熙即位之初，曾發生過湯若望與楊光先的中西曆法之爭，結果當時不懂西學的鰲拜、蘇克薩哈等輔政大臣誤信楊光先，任命他為欽天監監正，反將湯若望下獄。康熙親政之後，湯若望的助手南懷仁為湯若望申冤，借京城大地震的機會，奏明楊光先等人在曆法、測驗等方面的錯誤。康熙為驗明真偽，召集楊光先與南懷仁當著文武百官的面多次試驗，結果每次

《康熙字典》

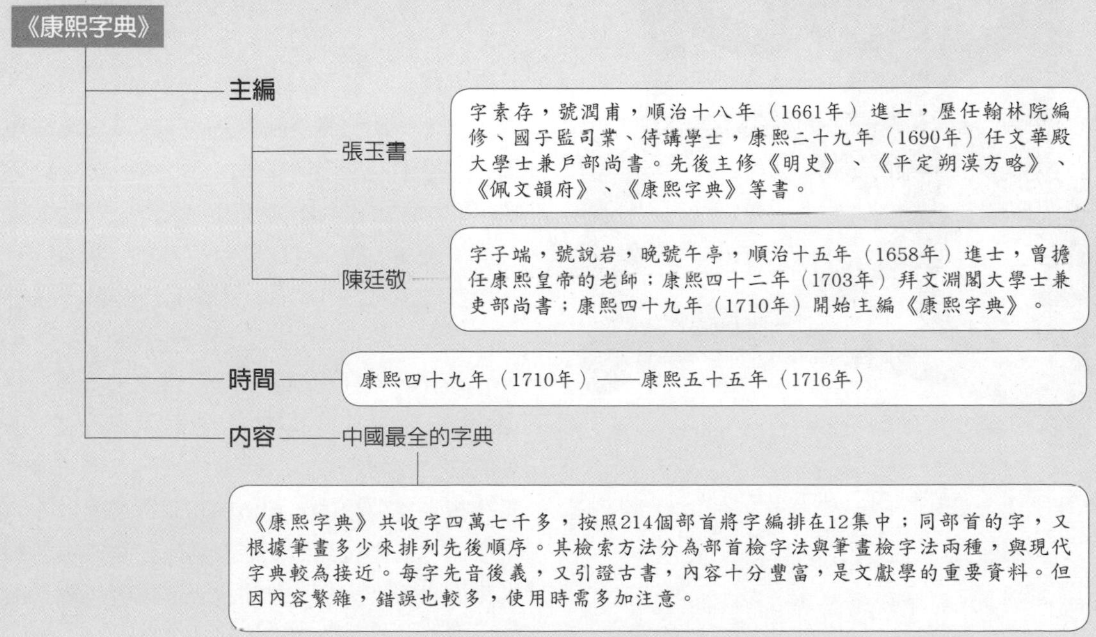
《康熙字典》
主編
張玉書
字素存，號潤甫，順治十八年（1661年）進士，歷任翰林院編修、國子監司業、侍講學士，康熙二十九年（1690年）任文華殿大學士兼戶部尚書。先後主修《明史》、《平定朔漠方略》、《佩文韻府》、《康熙字典》等書。
陳廷敬
字子端，號說岩，晚號午亭，順治十五年（1658年）進士，曾擔任康熙皇帝的老師；康熙四十二年（1703年）拜文淵閣大學士兼吏部尚書；康熙四十九年（1710年）開始主編《康熙字典》。
時間
康熙四十九年（1710年）——康熙五十五年（1716年）
內容
中國最全的字典
《康熙字典》共收字四萬七千多，按照214個部首將字編排在12集中；同部首的字，又根據筆畫多少來排列先後順序。其檢索方法分為部首檢字法與筆畫檢字法兩種，與現代字典較為接近。每字先音後義，又引證古書，內容十分豐富，是文獻學的重要資料。但因內容繁雜，錯誤也較多，使用時需多加注意。

都證明南懷仁的正確及楊光先的錯誤。於是，康熙推倒了楊光先誣告湯若望案，重新恢復湯若望封號，並任命南懷仁為新的欽天監監正。

通過這件事情，康熙意識到西方科學的系統嚴密及其重要性，開始認真學習西學。康熙二十七年（1688年），法國耶穌會士白晉、張誠等人來到北京，康熙熱情地接待了他們，對他們帶來的科技儀器和書籍十分感興趣，命人將其放入乾清宮的東暖閣中，以便他隨時研究。同時他還任命白晉等人擔任他的科學老師，據這些老師們後來回憶：康熙每日要花好幾小時同我們在一起，白天和夜晚還會用更多的時間自學，每日清晨我們都早早來到宮中，可皇上還是在我們之前就已經準備好向我們請教的問題。由此可以看出康熙學習西方知識的認真與努力。

康熙朝製地球儀

▲ 康熙喜歡西方科學，並孜孜以求地進行學習，因此當時宮中出現了許多先進的科技儀器。圖中的地球儀即為康熙年間所造，由清宮造辦處製作。整個儀器通高135cm，球徑70cm，上繪各國地圖，是中國較早的地球儀之一。

康熙對西學的學習，並不僅僅停留在理論方面，他還親自動手演算習題、做實驗。故宮博物院中至今還保存著他演算數學習題的文具，如手搖計算機、角尺、平面和立體的幾何模型、銅鍍金比例規、繪圖儀等。他還用幾何方法測量山的高度和池塘的寬度，親自定位並調整各種儀器，計算出準確的數字等。後來巡視黃河治水工程時，他還帶領皇子們拉線測量。

康熙不僅自己學習，還致力於科學人才的培養，他在暢春園創建了蒙養齋算學館，這裡被當時的法國科學家稱為「中國科學院」。算學館不僅培養出多名學者，還在康熙的組織下完成了中國地理大測繪的壯舉。耶穌會士白晉、雷孝思、杜德美帶領眾多中國學者，對全國土地進行精准測量，並繪成著名的《皇輿全覽圖》，此圖可算是當時世界上最好的一幅地圖。康熙時期，還編刻了兩本數學著作，一為滿文的《歐幾里德幾何學》，一為《律歷淵源》。《歐幾里德幾何學》是康熙聽了白晉等人講授這部歐洲古老的幾何學著作後，命他們將其翻譯為滿文，這也是世界上僅有的一部滿文幾何學著作。《律歷淵源》是康熙組織全國最優秀的數學家、天文學家等編纂的一部集天文、數學、樂理等內容於一身的巨著，其中第二部《數理精蘊》中還有康熙自己解題的心得之作。

但是，康熙對西學的熱愛僅僅出於個人興趣與愛好，而不能將其作為國家政策來重視。正如耶穌會士白晉所說：「現今中國，人們把道德、哲學視為主要學問，卻極端忽視了哲學以外的其他學問。」歷代封建統治者都以儒家的倫理綱常為準則來教導人民、維護統治，康熙也脫不出這個窠臼，因此他並沒有將西學運用於生產實踐之中，也沒有利用西方先進的科學技術來促進政治和經濟發展。可以說，他失去了一次改變中國歷史的最好機會。

西學與政治的結合沒有實現，不過康熙將自己勤勉踏實、毫不懈怠的治學態度用於從政，倒是取得了徹底的成功。他六十年如一日地處理朝中大小事務，幾乎沒有休息的時候；有時半夜傳來急報，他也一定會披衣而起，立即處理；每次出巡時，也堅持日日處理政務。正是由於他的勤奮和努力，才為中國開創了又一個盛世王朝，使中國的政治、經濟皆取得長足發展。

第6節

重農治河與大修園林

西元1667年～西元1722年

康熙親政後，在順治朝的基礎上，採取了一系列政策與措施，大力整頓財政、開墾荒地、減免賦稅，調動農民積極性，為農業生產帶來新的活力，促進了封建經濟的發展。他在位的61年，是「康乾盛世」的開創時期，他在經濟領域的種種建樹，為這個盛世打下了堅實而穩固的物質基礎。

順治年間，在各地戰爭持續不斷的情況下，朝廷採取了一些緊急措施來應對財政危機，使經濟狀況一度有所好轉，勉力能夠維持正常花銷。不過，明清之間長達近半個世紀的戰爭（包括後來南明小朝廷及農民軍的反清鬥爭等），加之明朝末年統治階級的荒淫無度、橫徵暴斂，早已使社會經濟遭到極大破壞。無論順治和他的理財能臣們運用何種辦法，始終不能恢復社會經濟的發展，國家財政也未能得到根本改善。直到康熙即位之初，這種情況仍然存在。康熙元年，左都御史魏裔介曾上奏說國庫告急，希望皇上能夠加徵田賦，這樣國家就能增加五百餘萬兩的收入。當時的朝廷實在沒辦法，只好仿照明朝的加派之法，每頃田加徵一兩銀子。就這樣，也仍然支付不了龐大的軍費開支和其他各項費用。

康熙六年（1667年），年僅14歲的康熙對各部門發出指示，闡述了自己「以民為本」的基本治國思想與目標，他常說：「人民才是國家的根本，我們必須要使人民富足興旺、安居樂業，這個天下才可稱為『太平盛世』啊！」

明清後宮供應對比表

項目	明王朝	清王朝	減少比例
宮女	9000人	134人（慈寧宮不計）	98.5%
宦官	10萬人	500人	99.5%
每年供應木柴	1400萬公斤	3.5萬公斤	99.8%
每年供應炭火	600萬公斤	50萬公斤	91.7%
每年金銀花、首飾等	97萬兩	無	100%
每年脂粉錢	40萬兩	無	100%
每年光祿寺送入銀兩	24萬兩	3萬兩	87.5%
每日開支	1萬兩	35兩	99.7%

★清朝皇族是來自遼東的游牧民族，自古養成簡樸的生活習慣。入京後，各項生活水平雖較以前有所提升，但相比養尊處優的明朝貴族仍相去甚遠，清朝後宮的開支就遠較明朝為少。這也在一定程度上為國庫節約了銀兩，減輕人民負擔，成為開創「康乾盛世」的原因之一。

封建社會的基本問題是土地問題，因此康熙親政後所做的第一件事情就是停止圈地。「圈地」是清軍入關以後開始興起的一大風潮，滿洲貴族跑馬占田，隨意侵占人民土地。隨著清朝在中原統治的逐漸穩固，這一行為早已成為阻礙清朝經濟發展的最大弊端。康熙五年（1666年）時，鰲拜還挑起過「換地事件」，致使許多農民喪失土地，這些根源都來自「圈地令」。順治在位時也曾下令禁止圈地，但當時朝廷在中原的統治尚不穩固，南方大部分地區仍處於戰亂之中，順治必須依靠滿洲貴族的勢力，因此廢止圈地的命令也不了了之。康熙八年（1669年），康熙鏟除鰲拜，開始親政後，再次下達停止圈地的命令，這項公開掠奪民地的暴行終於被永久禁止。

當然，廢除京畿的「圈田令」，只是康熙進行經濟改革的第一步，真正對農業發展具有重要意義的是鼓勵墾荒的政策。康熙元年（1662年），朝廷下了一道嚴令，要求各省對自己境內的荒地進行開墾，並規定：從康熙二年（1663年）開始，給予五年期限，康熙六年（1667年）的秋天，朝廷派人來檢查，若各省開墾的田地仍有很多荒蕪之處，將對督撫及其以下官員分別處分。之後，康熙又頒布了具體條例，將荒地的開墾與人口增加與否，作為各級官員考核的基本依據。康熙曾經說過：「自古國家久安長治之謨，

耕織圖之簸揚

▲《耕織圖》，【清】焦秉貞繪，現藏於中國歷史博物館。這組圖畫繪於康熙中期，共46幅，主要描繪清代的農業生產情況，可看做大清盛世的真實寫照，因此大受康熙讚賞。此處所選這幅為「簸揚」，即農民用簸箕篩糠的場景。

▲《康熙帝萬壽圖》，清人繪，現藏於故宮博物院。康熙五十二年（1713年），恰逢康熙六旬壽誕，京城舉行了盛大的慶祝活動，此圖就是對此盛況的如實記錄。全圖分上、下兩卷，這裡選取下卷的一部分，表現從西直門到西郊暢春園的沿途景象，畫中對路旁林立的店鋪、路上的行人皆作詳細描繪，具有極強的史料性，是清代風俗畫中的精品。

莫不以足民為首務，必使田野開闢，蓋藏有餘，而又取之不盡其力，然後民氣和樂，聿成豐亨豫大之休。」可見，他如此看重墾荒一事，正是在為國家積蓄豐厚的物質財富，以達到長治久安的太平之世。

為調動農民歸鄉墾荒的積極性，康熙一再放寬荒地徵收賦稅的年限。起初，規定為墾荒三年的田地開始交納賦稅，後來屢次延長期限，最長時甚至改為十年。以後，隨著全國經濟狀況的好轉，徵賦的年限又有所縮短，並且各省的規定不盡相同，一般是三至五年不等。康熙後期時，因國庫充足，朝廷對一些新墾的荒田仍不增加賦稅這就使得墾荒政策能夠徹底地貫徹於康熙執政期間。康熙十三年（1674年），朝廷對積極墾荒的人民頒布了新的鼓勵措施，規定凡是貢生、監生或普通百姓開墾土地達到30頃以上的，皆可將姓名上報至吏部、兵部，根據其文化程度，酌情授予知縣、縣丞、守備、百總等官職。這些措施的頒布，使廣大農民深受鼓勵，他們能透過墾荒得到實惠，生產積極性也大大提高了。

根據朝廷的規定，墾荒之後的土地歸開墾者所有，當時除荒地外，全國還有另外一批無人認領的土地，即明朝皇室勳戚的莊田。清初，朝廷將這些土地併入所在州縣，稱為「更名地」，百姓可以向當地州縣官府繳納一定「易價銀」來認領，實際就是變價將地出售給農民。康熙九年（1670年），又規定取消「易價銀」，酌情將這些土地分給人民，已被買去的，可抵消下一年的賦稅。這項改革，使農民獲得土地的機會增加，同時也減輕了農民的經濟負擔。透過這些措施，

黃河圖（局部）

康熙在位時期，墾荒與耕地都穩步增長，至康熙六十一年（1722年），全國耕地已達到8510990餘頃。可以說，這一興農的經濟政策取得圓滿的成功。

康熙身為帝王，時時刻刻為百姓著想，並身體力行地實踐著自己的理念。康熙五十一年（1712年），他曾總結自己五十年來的政績說：「朕宵旰孜孜，勤求民瘼，永惟惠下實政，無如除賦蠲租。」可以看出，蠲免錢糧是他為百姓做的一件實事，也是他對自己頗為滿意的一項政績。康熙在位61年，其蠲免錢糧的次數之多、範圍之廣、數量之巨、時間之久，是中國古代任何一朝都無法比擬的。據統計，康熙在位期間，曾先後免除稅糧、丁銀、逋賦多達545次。每遇國家慶典，實施全國性的蠲免；若有地區發生戰亂或災荒，如水災、旱災、蝗蟲、地震等，將酌情減免賦銀，嚴重地區朝廷還會另外撥款、撥糧賑濟；此外，康熙巡幸所經之地，因考慮給當地經濟造成一定負擔，也會減免部分稅賦。康熙將蠲免這項工作做得很徹底，甚至到了無年不蠲免，無地不蠲免的地步。康熙四十四年（1705年），大學士的統計數據顯示：自康熙登基以來的44年間，全國所免錢糧總數達九千餘萬兩。康熙四十九年（1710年），戶部奏報：康熙一朝蠲免之數「已逾萬萬」。

一直以來，康熙都將蠲免看做「古今第一仁政」，因為他充分認識到這項措施給百姓帶來的好處。數十年來，他嚴格執行，取得很好的效果。蠲免錢糧，表面上看國家收入減少，實則取得紓解民困、培養民力的效果，全國經濟水平得到發展，最終國庫儲積充盈。康熙五十一年（1712年）二月，他做了一件更讓人稱道的盛事，向全國宣布：「滋生人丁，永不加賦。」這項政策取消了新增人口的人頭稅，可說是歷史的一個轉折，為後來「攤丁入地」，全面取消丁銀打下基礎。這一重大轉變的好處是促進人口與經濟的迅速增長，康熙晚年時，全國耕地面積大幅提升，人口驟增，宣告著盛世的到來。但其負面

◀《黃河圖》，絹底彩繪地圖，繪於康熙中晚期，現藏於臺灣「國家圖書館」。此圖是康熙南巡時河道官員進呈的黃河形勢圖，圖中精細地描繪了黃河及其兩岸的地理形勢，並標注出各處山水、城鎮、名勝古蹟的位置，是一份瞭解康熙時期黃河形勢的珍貴歷史文獻。

影響則是刺激人口增長過快，至道光朝，全國人口已達到4億，為後世中國埋下了一大隱憂。

在積極發展經濟的同時，康熙還重視興修水利，力圖解決這個困擾中華民族幾千年的問題。水患一直是中國封建王朝的一大難題，自順治以來，最讓清政府頭疼的就是黃河、淮河決口問題。據統計，從康熙元年（1662年）到康熙十五年（1676年），黃河共決口69次，為中原產糧區和江南富庶之地造成嚴重的經濟損失，更害得沿岸百姓家破人亡、民不聊生，這不僅會危及社會經濟的發展，也影響到政局的穩定。早在順治時期，朝廷就已投入大批銀兩治理黃河，但收效甚微。康熙親政後，非常重視治河，他將河務、三藩、漕運列為需要迫切解決的三大問題，書於宮中柱上，隨時提醒自己。

康熙十六年（1677年），康熙任命靳輔為河道總督，專治黃河水患。靳輔是漢軍鑲黃旗人，原為安徽巡撫，他受命後，一天上疏八次，進呈治河之道。他的治河方略其實並不複雜，總結起來只有二十四個字：統審全局，河運並治，浚河築堤，束水攻沙，多開引河，量入為出。同時，他將治理的重點放在黃河、淮河及運河的交匯處清口。當時，朝廷正在全力平叛三藩之亂，國家經濟比較困難，但康熙扔撥出250餘萬兩作為治河經費，全力支持靳輔整治黃河的計畫。之後每年加撥300餘萬兩。

勒輔途經邯鄲時，無意中看到一個名為陳潢的青年人寫的題壁詩，發現他很有才學，於是將他引入幕府，協助自己治水。陳潢為制訂治河計畫，不畏艱險，親自勘察，提出合理的方案，並親自監理施工。他們率領民工日夜辛勤勞動，開始時收效並不明顯，康熙十九年（1680年）、二十年（1681年）黃河又有兩次決口，這也引來朝中一些大臣的不滿。候補布政司崔維雅上奏說：勒輔治河不當，沒有貫徹皇帝要求的「一勞永逸之計」。他全盤否定勒輔治河的功勞，還要求拆毀先前所築工程，重派得力人手前往。康熙接到奏摺後，派戶部尚書伊阿桑等人去現場勘察

康熙南巡與河務

▲ 圖為清代宮廷畫師所繪《康熙南巡圖》局部。康熙對於河務十分重視，在位期間六次南巡中每次都親自視察河工，並重用水利專家靳輔、陳潢等人。

河工，並詢問靳輔的意見。欽差到達後，靳輔從容應對，逐一批駁崔維雅奏章上所指出的問題，同時上疏申辯河工的真實情況。康熙看到靳輔的回答和申辯後，雖為給朝廷眾人一個說法將靳輔革職，但仍命他戴罪監督河工，所需銀兩調度也並未減少。就這樣，在康熙的信任與支持下，靳輔盡心治河，幾年之後，工程逐漸完成，治河的成效也慢慢顯現出來，康熙遂下令靳輔官復原職。

康熙二十三年（1684年）十月，康熙南巡，親自檢閱河工，他對那些已完工的堤壩表示了高度讚揚，並指出其中的一些問題。同時，河道兩岸流離失所的災民也深深地觸動了這位年輕的皇帝，他立即指示官員要好好救濟災民，並更加堅定他治理河道的決心。之後，他召見靳輔，對他的功績作出高度評價，又授予他的得力助手陳潢僉事道銜，並囑咐靳輔將來可將治河之事寫成一書，供後人借鑑。後來靳輔果然寫了一本專治黃河水利的著作，由康熙賜名為《治河書》，後人將其改為《治河方略》。康熙二十七年（1688年），波瀾再起。監察御史郭琇上疏彈劾靳輔屯田奪民產業，靳輔也知此為實情，無可分辯，於是朝廷下令革除靳輔和陳潢的官職，不久兩人相繼去世。靳輔死後，朝廷任命於成龍為河道總督，他仍然執行靳輔之前所用辦法，亦取得不小成績。康熙四十年（1701年），康熙感念這些年治河的成績，欲一探黃河源流，於是派侍衛拉錫、侍讀舒蘭等人至星宿海探源，一行人往返萬餘里，最終繪成中國歷史上第一幅經過實際探察而出的黃河圖。

康熙治河30年，曾六次南巡，每次皆親自視察河工，並進行實地考察，提出自己的治河方略。他重用水利專家靳輔、陳潢等人，不

康熙六次南巡與河務		
次序	時間	經過
第一次南巡	康熙二十三年（1684年）	十月十八日達江蘇宿遷，視察河務，召見河道總督靳輔。
第二次南巡	康熙二十八年（1689年）	二十三日達宿遷，召集兩江總督博拉達、河道總督新命等視察河務。
第三次南巡	康熙三十八年（1699年）	二月初三自京大通橋登舟，沿水路南下……往閱黃河以南高家堰、歸仁堰等處堤防……後復視察下河以北堤防。
第四次南巡	康熙四十二年（1703年）	二月初二日達宿遷渡黃河，視察河務。水路南下至揚州，於揚州向河道總督張鵬翮指示河工善後方略。
第五次南巡	康熙四十四年（1705年）	二十二日進入山東，直達黃運交口清河縣，視察河工。
第六次南巡	康熙四十六年（1707年）	二十五日於靜海縣楊柳青登舟。在桃源、清河等處視察河堤及洪澤湖西北之淄淮套地區……回途再視河務。

僅全面整治黃、淮水患，還疏通河運，使之暢通，進一步促進了社會經濟的發展。

當國家經濟水平逐漸恢復，國力強盛起來後，康熙就開始興建園林。這一舉措雖有些勞民傷財，但康熙控制得當、花費合理，因此這些園林不但沒有為後世所詬，反成為大清朝盛世繁華的象徵。北京城著名的「三山五園」皇家園林區，即香山靜宜園、玉泉山靜明園、萬壽山清漪園（頤和園）、圓明園、暢春園，除清漪園外皆為康熙首創，至乾隆朝達到頂峰。此外，他還在京郊修建了多座行宮、別館、牧場等。

在眾多園林中，康熙最喜愛的是京郊暢春園、承德避暑山莊及木蘭圍場。

暢春園是康熙為自己修建的第座「御園」，園中景色仿照蘇州山水園林，於京城中別有一番風味。園中的主要建築是澹寧居，其前殿是康熙聽政之所，後殿為書房，乾隆年少的時候，就被祖父養育在此。可以說，暢春園陪伴了康熙皇帝的一生，他最後就死於園內的清溪書屋中。之後歷代皇帝皆搬至圓明園居住，暢春園改為皇太后的居所，直至清末於戰亂中被毀。

▲《避暑山莊圖》，【清】冷枚繪，現藏於故宮博物院。此畫繪承德避暑山莊全景，用筆精細、色彩妍麗，將山莊的宏偉壯麗表現無遺。其間山川、宮殿、湖水相映成輝，亭臺、水榭、高樓錯落有致，令人目不暇接。

康熙四十二年（1703年），朝廷開始興建避暑山莊，到康熙五十年（1711年）時宮殿區基本完成。避暑山莊初稱「熱河行宮」，宮殿區建成後，康熙撰寫了《避暑山莊記》，並親自題寫「避暑山莊」門匾，這裡遂成為康熙晚年夏季的主要聽政之處。

康熙繼承了滿洲人的英勇血統，喜愛騎射，因此常到京郊的木蘭圍場狩獵。「木蘭」為滿語，其漢語意思是「哨鹿」，也就是打獵。康熙二十年（1681年），他出巡塞外時，各蒙古貴族敬獻其地，於是他決定在此興建木蘭圍場。圍場長千餘里，占地一萬多平方公里，境內山川密布，草原相間，養有許多飛禽走獸。康熙每年都來此進行秋季狩獵，滿、蒙、漢諸多王公大臣皆隨行。康熙六十一年（1722年），他以69歲高齡來到木蘭圍場，完成了人生中最後一次狩獵活動，同年逝世。

第四章

奪嫡勤政，千秋功過，誰與評說

最具爭議性的雍正

康熙末年，在社會經濟出現停滯的形勢下，雍正登上歷史舞臺。他在位13年，勵精圖治，進行多項改革：整頓吏治、加強集權、管理西藏、改土歸流、攤丁入畝等。雍正上承康熙遺風，下啓乾隆英華，成爲康乾盛世不可或缺的重要一環。

第1節 九子奪嫡

西元1708年～西元1722年

康熙四十七年（1708年），康熙巡遊塞外，不久後即返回。九月初四，眾人行至木蘭圍場的布爾哈蘇臺行宮，他將隨從的諸王、大臣、侍衛等皆招集到行宮前，當眾宣詔：廢除皇太子胤礽。

胤礽是康熙的元配孝誠仁皇后赫舍里氏之子，也就是康熙的嫡長子。當年孝誠仁皇后在生育胤礽時難產而死，令康熙十分惋惜，也倍加疼愛這個用皇后生命換來的兒子。胤礽兩歲時，康熙就將其立為太子。因雍正後來創立了秘密立儲制度，胤礽也成為大清帝國唯一一名皇太子。胤礽從小接受良好的教育，他自己也十分聰明，國語騎射樣樣精通。康熙對他也十分滿意，在征戰或出巡時，常讓他留守京師，幫忙處理政務。但時間一久情況就發生了變化。

皇太子金寶

▼ 康熙十四年（1675年），立嫡長子胤礽為皇太子，行冊封之禮；第二年製皇太子玉璽，即「皇太子金寶，蹲龍鈕」。但圖中之印為盤螭鈕，據推測應為冊封太子時所製，而次年所製正式的皇太子印或已於廢太子時一同銷毀。

隨著康熙年紀逐漸增大，一些王公大臣開始依附在太子身邊，久而久之，便形成了所謂的「太子黨」。這些太子黨成員極力鼓動胤礽早登皇位，胤礽本人也對自己長期處於一人之下萬人之上的尷尬地位表示不滿，曾不止一次表明想早日繼承皇位的心情，這些都令康熙十分痛心。康熙四十七年（1708年），康熙於熱河狩獵，同行的小皇子十八阿哥胤祄意外病逝。愛子的突然夭折令康熙悲痛不已，眾皇子驟失兄弟，也都十分悲傷，唯有胤礽仍談笑風生，毫無悲痛之意。康熙對此深為氣惱，指責胤礽身為皇太子，卻沒有絲毫仁愛之心；身為兄長，也不顧念手足之情。胤礽不僅不聽康熙規勸，還當面頂撞父皇，令康熙更加傷心。此後數日，每當夜幕降臨時，胤礽總在行宮大帳外探頭探腦，彷彿在向內窺視。這一舉動引起康熙的高度警覺，他預感到危險正在向自己逼近。胤礽的這些行為終於觸怒了康熙，他認為胤礽實為不仁不孝，為早日登位，竟想殺害自己的父親。於是，康熙以一紙詔書廢掉皇太子胤礽，卻難掩悲憤之情，積鬱成病。

廢掉太子後，康熙並沒有進一步行動，他大概是想觀察一下諸皇子，以確定合適的人選；抑或他想效仿祖制，由大臣諸王共推明君。但不管怎樣，諸皇子的表現令康熙大失所望，大家為奪皇位各顯神通，甚至到了手足相殘的地步。此時的康熙共有16個兒子在世，其中最大的胤禔37歲，最小的胤禕只有兩歲。這當中共有9人直接或間接地參與了皇位爭奪，他們分別是皇長子胤禔、皇二子胤礽、皇三子胤祉、皇四子胤禛、皇八子胤禩、皇九子胤禟、皇十子胤䄉、皇十三子胤祥、皇十四子胤禎。這些皇子明爭暗鬥，上演了一場轟轟烈烈的「九子奪嫡」鬧劇。

最先表露出對皇位渴望的是皇長子胤禔。廢嫡必立長，當他看到太子被廢時，以為自己的機會來了。康熙也確實比較喜歡這個才華橫溢的長子，而且在廢黜胤礽時，總讓胤禔留在御前保護自己的安全。種種有利條件，讓胤禔開始得意起來。不過，康熙早就看出他的心思，在拘押胤礽的當天就宣布：「我讓胤禔來保護我的安全，只是因為他是我信任的兒子，並不是因為要立他為太子。胤禔性格急躁固執，怎麼能做皇太子呢？」這樣一來，胤禔的美夢立即破碎了。

清王室關係圖2

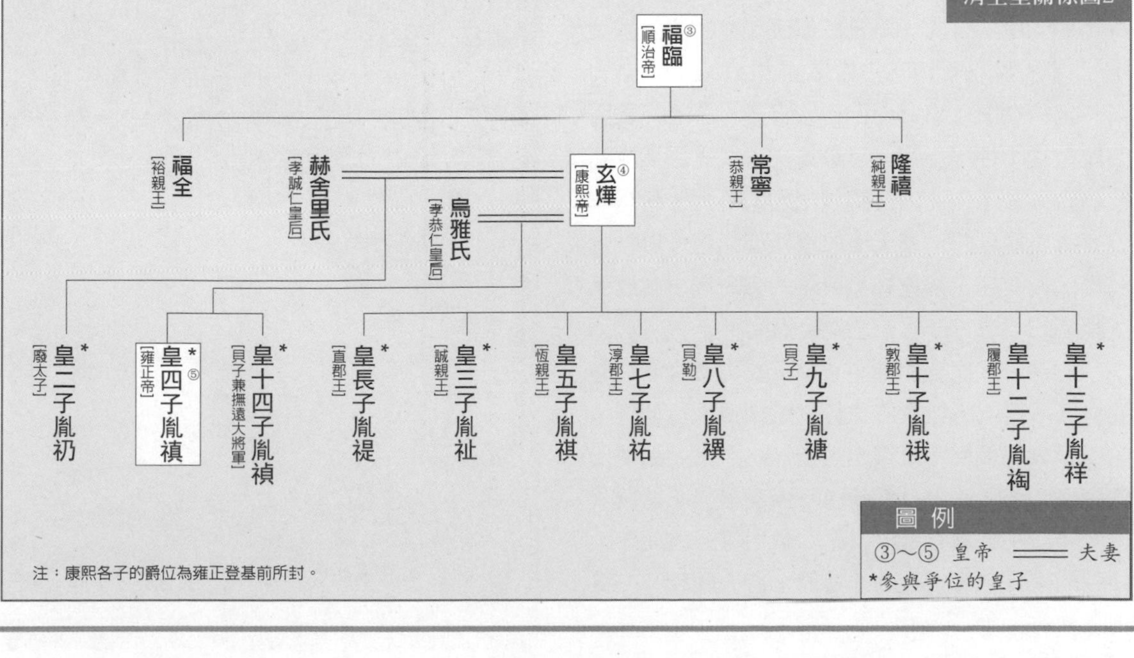

注：康熙各子的爵位為雍正登基前所封。

回京後，康熙命胤禔與皇四子胤禛、皇九子胤禟一起看管被廢的胤礽。胤禔奉命將廢太子的告天文書拿給胤礽看，胤礽傷心地說：「我這太子的位置也是皇父給的，他要廢就廢，何必告天，又何必拿給我看呢？」胤禔回去之後，便將胤禔的話彙報給康熙，自己又添油加醋一番，康熙聽後果然大怒，並表示以後胤礽的話不必上奏了。隨後，胤禔將康熙的話傳達給胤礽，胤礽辯解說：「我實在沒有弒逆父親的想法，這須代我奏明。」胤禔以康熙不讓上奏為由拒絕了此事。這時，同行的胤禟說：「二阿哥此話關係重大，似應代為上奏才是。」胤禛對胤禟的話也表示贊成，胤禔害怕兩位兄弟單獨奏報給父親，只好答應。不久後，胤禔以為康熙想處死胤礽卻不忍下手，竟向康熙表示要替父皇殺死胤礽。康熙聽後，又驚又怒，他深感胤禔對待兄弟沒有絲毫骨肉情誼，比胤礽更加殘忍。於是他將皇子們召集起來，當眾痛斥胤禔「凶頑愚昧，不知義理」、「不諳君臣大義，不念父子之情」，簡直就是「天理國法皆所不容的亂臣賊子！」隨即，胤禔便被圈禁起來，直到去世。

大哥被圈禁，二哥被廢黜，此時皇三子胤祉也看到了一些希望。胤祉從小博學多才，無論是文學、書法，還是騎射，他都是皇子中的佼佼者，備受康熙喜愛。胤祉曾奉康熙命令主持編纂了《律歷淵源》和《古今圖書集成》這兩部大書，為清朝文化事業作出極大貢獻。不過，正因為胤祉從小性格溫和、喜歡舞文弄墨，康熙認為他適合案頭工作，缺乏統領全局的能力，所以並沒有考慮過要將治理天下的重任交給他。胤祉自己也比較知趣，當他知道康熙的意思後，就放棄了奪嫡的想法，一心一意做起學問。

當時，在康熙的諸皇子中，實力最強的莫過於皇八子胤禩。胤禩的生母良妃衛氏地位低下，並不受康熙重視，胤禩出生後被送至惠妃納蘭氏處撫養，卑微的出身使他小時候受盡兄弟欺負。但胤禩從小聰穎好學，文采、騎射等各方面皆不輸別的阿哥，而且他德才兼備、待人隨和，一貫有「八賢王」的美譽。許多親王、貝勒、朝中大臣皆願與他親近，就連裕親王福全生前也在康熙面前對他大加讚揚。諸皇子中，皇九子胤禟、皇十子胤䄉皆對他忠心耿耿，皇十四子胤禎也時常幫他，就連皇長子胤禔都曾上奏康熙說「相面人張明德曾給八阿哥胤禩看過相，說他日後必定大貴」。廢太子後，康熙召集朝中百官商議立誰為儲君，當時大多數人都推舉胤禩，這讓康熙十分惱火。原來康熙在廢掉太子之後就有些後悔，本希望眾臣能復立胤礽，豈知大家都偏向皇八子胤禩。況且康熙平生最恨結黨營私，他看到「八爺

《欽定古今圖書集成》

▼《古今圖書集成》是現存規模最大、資料最豐富的類書，由皇三子胤祉和侍讀陳夢雷奉康熙之命編纂，圖中版本是雍正年間的內府銅活字印本。該書共一萬卷，按天、地、人、物、事的次序展開，分類細密、縱橫交錯，我們從此書中可見胤祉非凡的才華和學術能力。

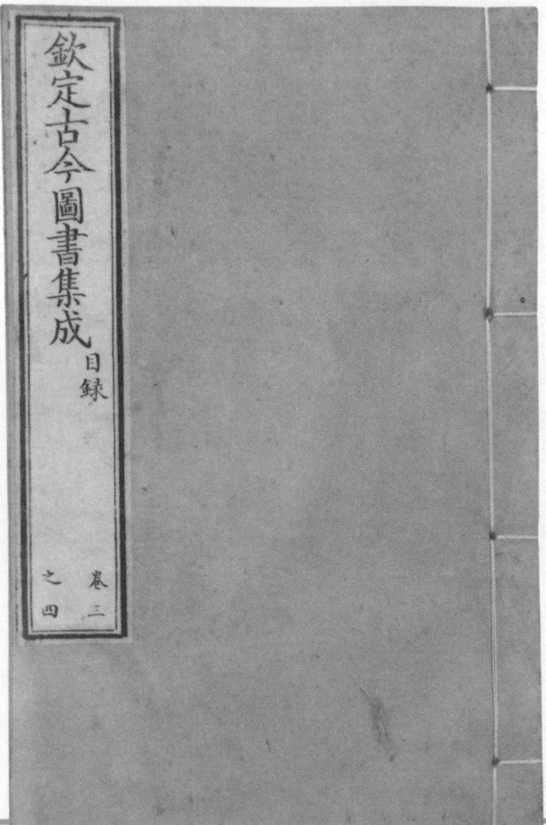

▲ 愛新覺羅．胤禩（1681年～1726年），康熙第八子，雍正異母弟。胤禩年少時聰敏好學、德才兼備，深得康熙喜愛，後來因皇位之爭逐漸被康熙疏遠。雍正即位後，先將其封為親王，後又藉故奪爵囚禁，胤禩受盡折磨，終鬱鬱而死。

黨」的勢力越來越龐大後曾說過：「二阿哥悖逆，屢失人心；胤禩則屢結人心，此人之險，百倍於二阿哥也。」因此，在眾人舉薦胤禩為太子後，康熙不僅沒有聽從，反將胤禩圈禁起來，借此打擊「八爺黨」的勢力。

康熙四十八年（1709年），為平息這場皇位爭奪戰，康熙再次將胤礽立為太子，同時加封其餘諸子：皇三子胤祉、皇四子胤禛、皇五子胤祺皆封親王，皇七子胤祐、皇十子胤䄉封為郡王，皇九子胤禟、皇十二子胤裪、皇十四子胤禵為貝子。

照理說，康熙又給了胤礽一次機會，他本應對父皇心懷感激，安安分分守著這個位置。哪知經歷了兄弟們的奪嫡風波之後，他為鞏固儲位多方活動，與父皇之間的猜忌又逐漸加深。康熙五十年（1711年），面對愛子的離心離德，58歲的康熙再以一紙詔書廢掉太子。此後，陷入絕望中的康熙絕口不提立儲之事。

太子二度被廢後，皇子們又開始活動起來，以爭奪空缺的皇位繼承人位置。當時大阿哥胤禔已被圈禁，三阿哥胤祉決心退出，五阿哥胤祺、七阿哥胤祐、十二阿哥胤裪一開始就無心皇位，因此最有可能繼承皇位的只剩三人——四阿哥胤禛、八阿哥胤禩和十四阿哥胤禵。

此時的八阿哥雖不為康熙所喜，但在朝中仍有較高威望，康熙對他的態度也逐漸緩和，其間多次出巡皆令他隨從。不過，康熙五十三年（1714年）發生的一件事徹底激化了父子間的矛盾。十一月二十六日，康熙前往熱河巡視，原本胤禩應隨行左右，但恰逢他母親良妃兩週年祭日，胤禩前去拜祭母親，並親自挑選兩隻上等海東青送給父皇謝罪，哪知這兩隻海東青送到康熙手裡時卻變成死鷹。先不論此事是誰所為，總之，康熙看到這一幕時極為憤怒，他認為胤禩在詛咒自己，於是立即召集諸皇子，當眾責備胤禩「繫辛者庫賤婦所生，自幼心高陰險。聽相面人張明德之言，遂大背臣道，覓人謀殺二阿哥，舉國皆知。……胤禩仍望遂其初念，與亂臣賊子結成黨羽，密行險奸，謂朕年已老邁，歲月無多，及至不諱，伊曾為人所保，誰敢爭執？遂自謂可保無虞矣。」之後又說出「自此朕與胤禩，父子之恩絕矣」這句更絕情的話來。胤禩遭此打擊，意志消沉，竟然一病不起，從此再未獲康熙重用。

胤禩被冷落後，一向支持他的十四阿哥胤禵開始有了自己的想法。胤禵與四阿哥胤禛是同母兄弟，但兩人從小由不同的嬪妃養大，因此感

▲ 愛新覺羅・胤礽（1681年～1726年），康熙第二子，母親是孝誠仁皇后赫舍里氏。胤礽剛滿週歲的時候就被確立為皇太子，他幼時聰明好學，文武雙全，深得康熙寵愛。成年後，受迫於朝中及後宮的黨爭，導致人格分裂，歷經兩立兩廢，終以幽死禁宮收場。

情並不深厚，胤禎反而與溫文如玉的胤禩走得更近。胤禩被康熙疏遠，胤禎開始禮賢下士，聯絡各方人才，並討好朝中大臣。康熙五十七年（1718年），胤禎受命為撫遠大將軍出征西北，他指揮兩路清軍入藏，驅逐了準噶爾部盤踞在西藏的勢力，護送達賴七世進藏，穩定西藏局勢。他戰功赫赫，朝中聲譽漸長，而且康熙晚年很喜歡這個兒子，一時間，人們都以為胤禎是最有可能成為儲君的人。

相較眾兄弟的「大放異彩」，四阿哥胤禛一直默默無聞，然而就是這樣一個不慍不火的人最終贏得了這場較量，成為至高無上的九五之尊。

胤禛生於康熙十七年十月三十日（1678年12月13日），母親德妃烏雅氏，是滿洲正黃旗、護軍參領威武之女。胤禛6歲進入上書房讀書，與眾阿哥一起接受嚴格的教育；14歲時，他與名將費揚古的女兒烏拉那拉氏完婚；21歲時受封為貝勒；32歲時，因復立太子，被封為雍親王。胤禛成年後，曾隨康熙四處巡遊，又奉命處理多項政事，得到很好的鍛鍊。16歲那年，他與三哥胤祉同往山東曲阜祭祀孔廟；19歲時便隨父皇征討噶爾丹，並掌管正紅旗大營；23歲，跟隨父皇視察永定河的工地，親自檢驗工程品質問題；26歲，又隨康熙南巡江浙，對黃河、淮河的治理工作進行驗收。這些活動，對胤禛日後的從政意義很大：一方面他透過四處巡遊瞭解各地經濟物產、山川水利、風俗民情等情況；另一方面觀察康熙處理政事、考查地方行政和吏治，學到很多經驗。更重要的是，他經過多年的學習與鍛鍊，培養出謹慎隱忍的性格，這在康熙後期的皇位爭奪戰中發揮了重要作用。

就在諸皇子為謀求儲位明爭暗鬥時，胤禛一直以中立的態度周旋於眾人之間。他秉承的四個原則就是：孝敬父皇、友愛兄弟、恪職敬業、戒急用忍。康熙第一次廢太子時，因過度傷心而病倒，他親自為父親檢視藥方，又服侍父親吃藥治療，直到康熙身體好轉。對眾兄弟，他既不拉幫結派，也不落井下石，還時常幫兄弟說好話，以博得大家的好感。例如，太子胤礽被廢時，眾兄弟皆不語，獨胤禛一心想要救他，多次為他求情。當康熙讓胤禛看管胤礽時，胤禛奏請解除胤礽脖子上的鎖鏈，康熙稱讚他深明大義。就這樣，八面玲瓏的胤禛處處做好人，表現出圓滑的政治手段和活動能力。

同時，他兢兢業業地完成康熙安排給自己的任務，多次參與重大政治與祭祀活動，足蹟遍及大江南北。更令康熙感到欣慰的是，胤禛還改掉自己喜怒不定與遇事急躁的毛病，當然，這並不僅僅是做給康熙看的，在他繼位後，他還專門定做「戒急用忍」吊牌為座右銘，時刻警示自己。

胤禛的這些舉動，逐漸贏得康熙好感。康熙晚年常去雍親王府邸家人團聚，又將他的兒子弘曆帶在身邊撫養，甚為喜歡。康熙六十一年（1722年）十一月十三日，康熙病故，遺詔傳位於皇四子胤禛。不久後，胤禛即位，次年改元雍正，大清朝又翻開一個新的篇章。

雍正雖然繼位，但這場皇位爭奪戰的風波並未平息，民間仍有許多傳言議論此事的真相。有人說他篡改康熙遺詔，將其中的「傳位十四阿哥」改為「傳位于四阿哥」，不過這種說法早已為當今學者所否定。我們姑且不論古代的「於」是否應當寫作「于」，大清帝國乃是滿洲人所統治，傳位詔書這樣重要的官方文件，豈會只有漢文版本而沒有滿文版本，就算漢文的「十」真能改為「于」，那滿文又怎麼會讓人看不出破綻？也有人說康熙病重時，胤禛在一碗人參湯中下毒，並侍奉康熙喝下，又偽造詔書才奪得皇位。這種說法也不太可信，畢竟皇上的死是一件大事，當時身邊肯定有許多人，哪有不察的道理。還有人說康熙特別喜歡他的皇孫弘曆，因此把皇位傳給弘曆之父胤禛，以望相承。

不管怎樣，雍正繼位的真相算是留下一個千古之謎，但當時諸皇子對他頗不服氣卻是不爭的事實，其中首推十四阿哥胤禵。前文已說到，康熙晚年很喜愛這個兒子，因此他也有繼承皇位的可能，但康熙病故時，他正出征西藏，轉戰邊陲，就這樣錯過一個改變歷史的機會。雍正即位後，召他回京，卻不允許他進城為父親弔喪，胤禵很不服氣，不肯向雍正行君臣之禮。雍正命他為父親守景陵，藉故奪去他的兵權；又忌諱胤禵的名字與他太相近，除與其他兄弟一樣將「胤」改為「允」，又將「禵」改為「禵」，此後史料皆書「允禵」。但雍正並未就此放過允禵，不久

允禵及福晉朝服像

◀ 愛新覺羅．允禵（1688年～1756年），康熙十四子，母德妃烏雅氏，雍正同母弟弟。康熙末年授撫遠大將軍，遠征西藏，屢立戰功。雍正登基後將其召回，派他為康熙守陵，後又將他削爵囚禁。乾隆即位後才將他釋放，復封為恂郡王。

後，又將其父子囚禁在景山壽皇殿中，直到乾隆即位後才將他這位叔叔放出來。

至於其餘曾爭奪皇位的兄弟，雍正也都沒放過。大阿哥允禔在太子復立時便已獲罪，被康熙圈禁，於雍正十二年（1734年）死於禁所。二阿哥允礽本被康熙禁錮在咸安宮中，雍正即位後對他仍不放心，命人在鄭家莊蓋房駐兵，將其移居幽禁，不久後死去。三阿哥允祉被發配到遵化為康熙守陵，因心中不滿牢騷了幾句，被雍正奪爵，幽禁於景山永安亭，雍正十年（1732年）死去，以郡王禮葬。五阿哥允祺並沒有參與皇位爭奪，仍被雍正剝去爵位，也於雍正十年（1732年）逝世。八阿哥允禩是當年胤禛最大的競爭對手，雍正即位後，先將其封為親王，又藉故讓他在太廟前跪了一天一夜，最終仍剝去他的爵位，囚於高牆之中，改名為「阿其那」。九阿哥允禟因與允禩結黨，明白雍正不會放過他，就表示要出家，但雍正並不允許，也將其囚禁，改名「塞思黑」。八阿哥與九阿哥在禁所受盡折磨，終被雙雙害死，乾隆即位後才為兩人「復原名，還宗籍」。十阿哥允䄉原來也是「八爺黨」的人，雍正同樣削奪他的爵位，加以拘禁，乾隆二年（1737年）才得以開釋，不久後去世。

當然，在大力打擊政敵、排除異己的時候，雍正也不忘提拔一直對自己忠心耿耿的兄弟。十三阿哥允祥被雍正封為怡親王，爵位可世襲，也就是常說的鐵帽子王。清代共有十二位鐵帽子王，其中八位是清初開國功臣，還有三位是在慈禧當政、時局與朝政都十分混亂的情況下所封，只有允祥一人是盛世時分封的鐵帽子王，足見雍正對他的信任。另外還有十七阿哥允禮，雍正封他為果親王，先後掌管理藩院、宗人府、戶部等重要職位。可見，這兩人早在康熙晚年就已加入「四爺黨」，只是十分隱秘，康熙並不知情，不然，或許會落得允禩那樣的下場了。

第2節

加強中央集權

西元1723年～西元1730年

雍正剛即位時，朝政動蕩，種種難題擺在他的面前：皇位爭奪風波尚未平息，許多兄弟仍拉幫結派、蠢蠢欲動；康熙晚年被儲君之事拖累，無心朝政，社會矛盾重重；西藏地區的叛亂剛剛平復，當地政局仍不穩固，朝廷卻在此時將撫遠大將軍撤回，留下隱患。面對這些問題，雍正在

▼ 愛新覺羅．允禮（1697年～1738年），康熙十七子，母庶妃陳氏（純裕勤妃），雍正異母弟弟。允禮自幼聰穎好學，善詩詞，不參與皇權之爭。雍正即位後，負責理藩院、工部、戶部等事務，晉封果親王，深得雍正信任。

允禮小像

打擊諸兄弟的同時，進行了一系列的政治改革，以鞏固自己的皇權。

首先，創立秘密立儲制度。

在此之前，清朝並沒有行之有效的立儲法。努爾哈赤逝世，皇太極為爭奪汗位逼迫大妃殉葬，導演出一場人間慘劇；等到他死後，多爾袞與豪格又差點兵戎相見，最終竟然選出一個6歲的孩子；順治駕崩前，與太后、諸王商議，倉促讓年僅8歲的玄燁即位，不過大清朝幸運地出現一位明君。康熙接觸漢文化頗深，他在研究過中原王朝的嫡長子繼承制後，覺得這是一個不錯的辦法，於是在康熙十四年（1675年），公開冊立年僅2歲的嫡長子、孝誠仁皇后唯一的兒子胤礽為皇太子，這等於是向天下宣布這個孩子就是未來的皇帝。不過，嫡長子繼承制最大的缺點就是無論太子的能力如何，他都必須成為皇帝，這就使得歷史上出現了很多昏君與暴君。當皇帝發現太子不適合繼承皇位而選擇更換太子，就極易造成其餘皇子對太子之位的覬覦，引來一番明爭暗鬥。康熙兩立兩廢皇太子，引起「九子奪嫡」的混亂局面，就是明證。這使康熙的晚年一直不得安寧，也給清朝政局造成危害。

雍正即位前，親身經歷了皇子奪位的艱難時刻，也明白康熙對此失望、無奈的心情。為避免重蹈覆轍，他在即位之初，就著手解決這個問題。他吸取以前的經驗教訓，結合自己親身體會，創立了「秘密立儲」的制度。所謂「秘密立儲」，就是事先擬好一份指定儲君的詔書，將其藏於密匣內，再將密匣置於乾清宮由順治親書的「正大光明」匾額之後，等皇帝駕崩後，再由專人從匾額下取出密匣，宣讀遺詔，新君方才大白於天下。

雍正元年（1723年）八月十七日，雍正在乾清宮召見諸王、滿漢大臣、文武百官，當眾宣布自己這一創舉，立即得到諸王大臣的擁護。於是，雍正當眾將一份即位詔書裝入匣中，擱置在「正大光明」牌匾之後，待死後再取出，對外公布、迎立新君。

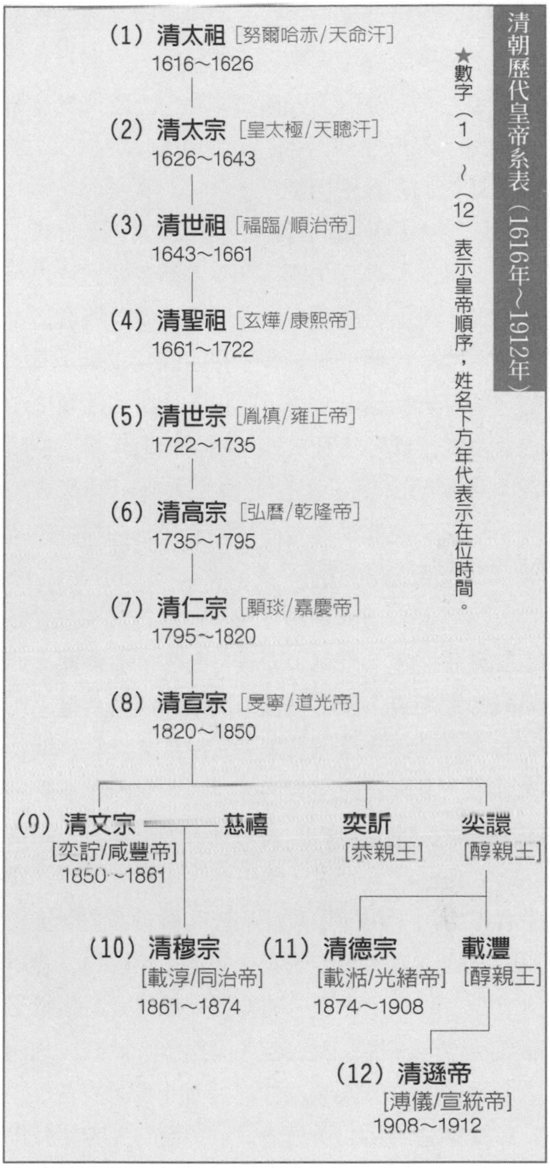

由於此時皇帝已經冊立皇太子，眾皇子也就沒有爭奪諸位的必要，保證了皇位繼承的平穩過渡。同時，滿朝文武乃至全國百姓皆知此事，也可在一定程度上安定人心。而且，除皇帝外大家都不知道誰是太子，因此皇帝可以給予大家同樣的鍛鍊，暗中進行考察，必要時甚至可以更換太子人選，又得以保存原定太子的顏面。從實際來看，秘密立儲制建立後，清朝的皇位繼承一直比較平靜，直到清末亂世的出現。但這個方法也有消極的一面，就是皇位繼承的人選完全由皇帝一人決定，導致皇帝獨斷專行的局面，不過對於封建集權大大加強的清朝皇帝來說，這也只是一個小小的方面而已。

其次，完善密摺制度。

清朝大臣向皇帝報告，主要有三種形式：題本、奏本和奏摺。題本和奏本都要經過通政司轉呈內閣再上奏給皇帝，中間經過做「摘要」、抄錄副本、內閣審核等多道程序後，才能送呈御覽，皇帝朱批過後，再行下達。這樣工序煩瑣，辦事效率較低，不利於政府機關的運作。於是順治年間開始出現「密封奏摺」，但在奏者、內容、傳遞、朱批等各方面皆無定制，直到雍正時期才將其正式制度化。

為保證密摺內容不外洩，雍正制定了一套完善的傳遞程序。撰寫人須親自書寫，不許他人代筆，寫完後裝入宮中特製的儲藏、傳遞奏摺專用皮匣，由具奏官員保管鑰匙。在京官員及各地督撫的摺子由專人送至大內乾清門，交內奏事處，直達御前；外地其餘官員的折子也由專人送到皇帝指定的親信大臣處，再由他們代呈。密摺在傳遞過程中，不得開啟皮匣，因此傳遞者也無從得知摺子的內容。皇帝朱批後的奏摺，由原渠道發回上奏者遵行；上奏人得知諭旨後，又將朱批奏摺交回朝廷存檔。就這樣，奏摺由官員直接送達皇帝，其內容旁人無法知曉，因此奏摺成為雍正與官員討論政務的重要方式。奏摺的內容也較以前更為豐富，從自然災害、社會輿論到官場爭奪、家庭隱私等應有盡有。當然，並不是人人都有資格向皇帝上奏摺，一般是中央部院侍郎以上官員、翰林科道各官，地方督撫、提鎮、藩臬、學政及中央派往地方的鹽政、夫差、織造等官員才能上奏，其餘如地方道員、知府、同治、副將等中級官員，在經過皇帝特許後方可上奏。

皇帝透過密摺瞭解更多官場、民情，官員也以此為戒相互監督，大大提高了政府辦事效率，同時也使皇帝的權力進一步擴大。密摺制度建立後，地方官有要事上報都寫成奏摺，經皇帝朱批認可，才撰寫題本作正式報告，於是題本成了官樣文章，價值大大降低，奏本用的人就更少了。

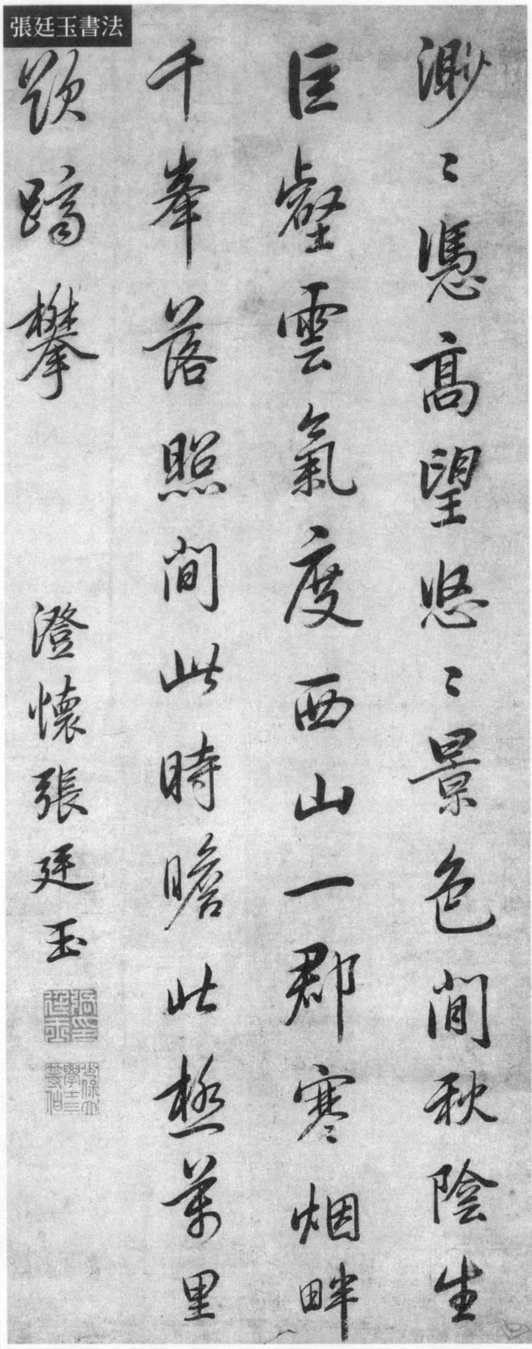

▲ 張廷玉是康雍乾三朝元老，深得雍正信任。他幫助雍正建立軍機處並詳細規劃其性質、官職、作用、紀律等，又完善密摺制度，大大加強君主集權。張廷玉為人謹慎、莊重嚴肅，這從他的書法作品中可窺知一二。

乾隆時期，停止使用奏本；光緒年間又廢止明朝以來的題本，奏摺遂成為皇帝與臣下溝通的唯一政務文書，一直延續到清末。

再次，設立軍機處。

雍正七年（1729年），朝廷對西北的準噶爾用兵，設軍機房以協助雍正處理軍務。次年正式成立辦理軍機處，簡稱軍機處，設軍機大臣三名——怡親王允祥、大學士張廷玉、戶部尚書蔣廷錫。其僚屬為軍機章京，從內閣、翰林院、六部、理藩院等衙門中選擇官員入職，但這些人都是兼職，其升轉仍在原衙門進行。軍機處並沒有正式衙署，只在靠近雍正寢宮養心殿的隆宗門內有個值班房，軍機大臣一般都在這裡等待皇帝召見議事。雍正幾乎每天都會召見軍機大臣，共商軍政大事。一般情況下，雍正直接指示各項事務應如何辦理，由軍機大臣記錄；遇到重大事件時，雍正也會向軍機大臣詢問情況，聽取意見，再作出最後的裁決。最終，軍機大臣根據雍正旨意，草擬文書，並轉發給有關官員。

在軍機處成立以前，清初重要的軍政機構有兩個，一是議政處，一是內閣。議政處在入關之前就已設立，由王公貴族組成，稱為「議政大臣」，處理機要事務。入關後，清朝效仿明朝成立內閣，此後軍務歸議政處管，政務歸內閣管。

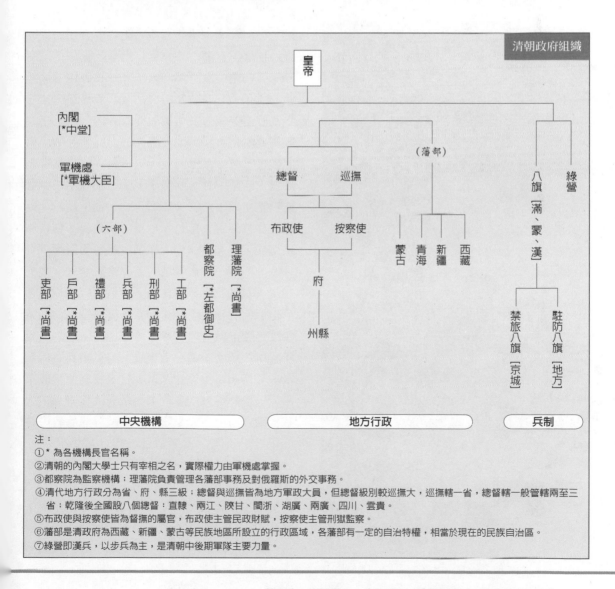

清朝政府組織

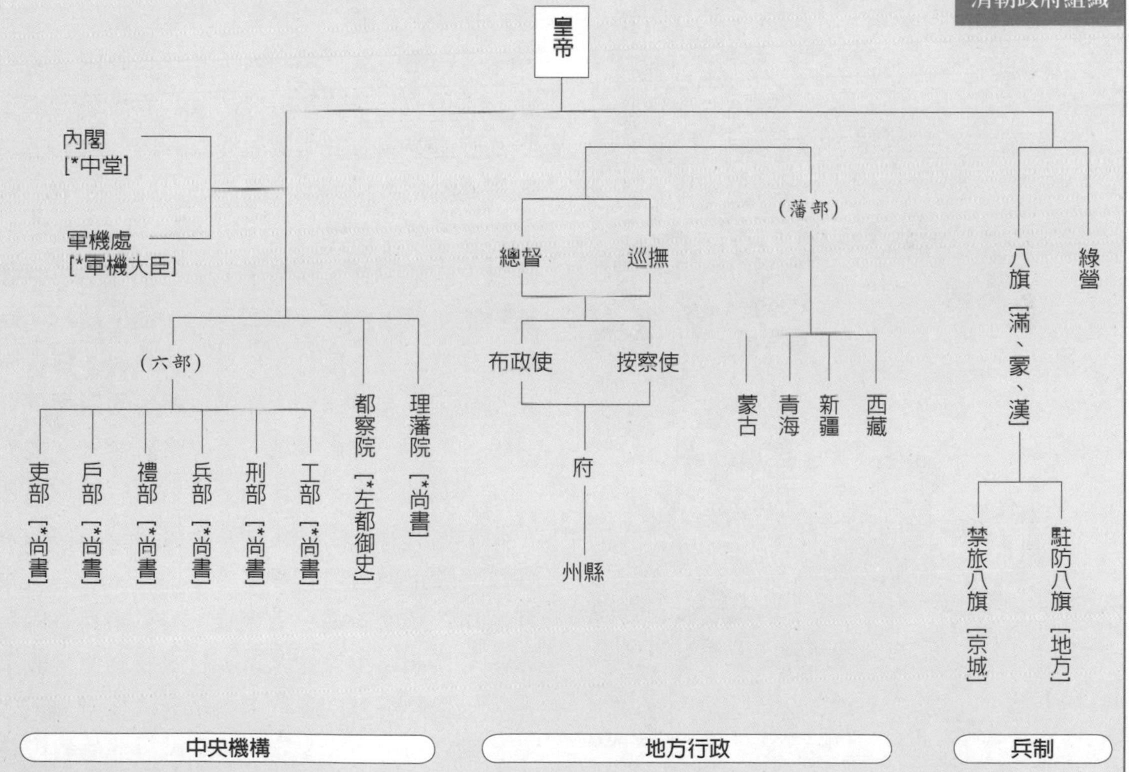

注：

①* 為各機構長官名稱。

②清朝的內閣大學士只有宰相之名，實際權力由軍機處掌握。

③都察院為監察機構；理藩院負責管理各藩部事務及對俄羅斯的外交事務。

④清代地方行政分為省、府、縣三級；總督與巡撫皆為地方軍政大員，但總督級別較巡撫大，巡撫轄一省，總督轄一般管轄兩至三省；乾隆後全國設八個總督：直隸、兩江、陝甘、閩浙、湖廣、兩廣、四川、雲貴。

⑤布政使與按察使皆為督撫的屬官，布政使主管民政財賦，按察使主管刑獄監察。

⑥藩部是清政府為西藏、新疆、蒙古等民族地區所設立的行政區域，各藩部有一定的自治特權，相當於現在的民族自治區。

⑦綠營即漢兵，以步兵為主，是清朝中後期軍隊主要力量。

隨後議政處的權力逐漸減弱，乾隆時撤銷，如此一來，內閣大學士就成為宰相。但軍機處成立後，軍政要務皆歸軍機處，一般政務才歸內閣，內閣宰相被排斥於機務之外、名存實亡，這一切都標誌著封建專制走向極端。明朝的內閣可以起草、下發詔令，亦可將詔令封駁，因此對皇權有一定的制約作用。但軍機大臣的主要職責是傳旨辦事，他們對政策的制定作用不大，僅僅相當於皇帝秘書的性質，只能忠實執行皇帝的命令，當然談不上對皇權構成威脅了。雍正創立軍機處後，將它和密摺制度相結合，透過奏摺瞭解各地軍情、民情，再以朱批諭旨答覆臣下，同時召見軍機大臣指示政事決策，將天下庶務攬於一身。至此，封建君主集權達到頂峰。

▼ 年羹堯是清朝著名將領，他運籌帷幄、馳騁沙場，參與平定西藏策妄阿拉布坦入侵，率軍平息青海羅卜藏丹津之亂，戰功赫赫，在西北一帶享有威名。他得雍正寵信，位極人臣，但終因驕橫自傲被雍正削官奪爵、滿門抄斬。

雍正為加強皇權採取了這一系列的措施，不過，穩固的朝綱需要強大的帝國來支撐，在對內進行改革的同時，雍正也注意穩定邊疆局勢、改善民族關係，以期建立一個真正內強外安的盛世帝國。

康熙末年，噶爾丹之侄策妄阿拉布坦侵入西藏、占領拉薩，朝廷曾派兵攻打西藏，並護送七世達賴喇嘛格桑嘉措，正式確立在西藏的統治地位。在護送格桑嘉措進藏的隊伍中，有一個名叫羅卜藏丹津的人，他是和碩特部固始汗的子孫，受封襲親王爵。羅卜藏丹津對清廷一直心懷不滿，從西藏返回青海後，他就暗中與策妄阿拉布坦約盟，組織共同反清。恰逢康熙去世，鎮守西寧的皇十四子允　回京奔喪，青海、西藏一帶防務空虛，羅卜藏丹津趁機發動叛亂。雍正元年（1723年），羅卜藏丹津號召厄魯特蒙古各部首領放棄清朝封爵，恢復原來稱號，立志重建先人霸業。在他的影響下，青海、四川、甘肅等地的藏民紛紛暴亂，大約20萬人聚於羅卜藏丹津麾下，叛軍很快攻至西寧附近。七月，清廷派侍郎常壽赴青海與叛軍和談，羅卜藏丹津卻將常壽扣押。十月，清廷任命川陝總督年羹堯為撫遠大將軍率兵圍剿叛軍，又命四川提督岳鍾琪為奮威將軍，參贊軍務。年羹堯從甘陝各地調集精兵前往青海，大敗叛軍於西寧，原來跟隨羅卜藏丹津的各蒙古首領紛紛投降清軍。雍正二年（1724年）二月，岳鍾琪追至柴達木大敗殘軍，擒獲主要部將數人，羅卜藏丹津只帶領少數人馬逃往準噶爾避難。後來，乾隆平定準噶爾時俘虜了羅卜藏丹津，免去他的死罪，將他和他的親屬安置在內蒙古正黃旗居住。年羹堯和岳鍾琪大敗叛

藏族龍柄銅執壺

▲ 西藏、四川、青海等地藏民的生活習俗與中原地區不同，他們以牛羊肉為主食，飲青稞酒和酥油茶。圖中銅壺即為盛放酥油茶所用，酥油茶是藏民生活中的上乘飲料，一般在茶水中加入酥油、鹽等沖泡，酥油越多，茶質越好。

軍後，雍正論功行賞，封二人公爵，並批准年羹堯提出的處理戰後事宜的13條建議。此後，雍正派辦事大臣前往青海處理蒙藏人民事務，將西寧衛改為西寧府，下置諸縣，這一措施使青海成為清政府直接管轄區域，大大擴大了清朝的直接領土及影響範圍。

清朝時，西藏分為前藏與後藏，前藏包括拉薩、山南等地，後藏以日喀則為中心。康熙將準噶爾勢力逐出西藏後，任用藏人康濟鼐、阿爾布巴管理前藏事務，命頗羅鼐治理後藏，並留2000名蒙古兵駐防。雍正即位後，因召撫遠大將軍允　回京，將西藏駐軍也一同撤回。雍正五年（1727年），前藏阿爾布巴叛亂，意欲與準噶爾結盟，後藏的頗羅鼐自動起兵平叛。雍正得知後，派左都御史查郎阿率軍進藏，與頗羅鼐前後夾擊，很快將叛亂平息。雍正吸取教訓，留兵2000分駐前後藏，並始設駐藏大臣兩人，分別統領駐藏部隊。駐藏大臣的主要任務是管理軍隊，穩定西藏局勢，開乾隆後期駐藏大臣與達賴共理西藏事務的先河。

藏邊頻頻發生叛亂，雍正認為這與準噶爾部的挑唆有密切關係，他曾說「準噶爾事一日不靖，西藏事一日不妥；西藏料理不能妥協，眾蒙古心懷疑二。此二實為國家隱憂，社稷生民憂戚繫焉」。因此，在西藏事務稍微平息之後，他就開始籌劃對準噶爾用兵。雍正七年（1729年），雍正任命岳鍾琪為寧遠大將軍，統領西路大軍；任命傅爾丹為靖邊大將軍，統領北路大軍。一行人浩浩蕩蕩征討西北，卻在前線連連戰敗，最終西路大將岳鍾琪被雍正囚禁，北路將帥連連更換，清軍難以消滅敵人，只能進行談判。最終雙方劃定邊界，商議互相貿易，暫時達成和解。

儘管在西北用兵並不順利，但雍正對南疆進行的改革卻獲得重大成功。長期以來，西南少數民族地區的管理體制都是世襲土司制，其首領是土司，土司不用受朝廷任命，皆世襲而來。時間久了就形成一個個龐大的土司家族，沒有人監督，有些土司不聽中央號令、獨自專權、政績腐敗、壓迫人民，不利於中央統領，也給人民帶來無盡苦難。明朝時期部分地區曾派遣輪流掉換的官員進行管理，這種官員因經常流換，稱為流官。清初朝廷忙著各處征伐，疏於對南疆的管理，土司家族又重新掌握南疆管理權。

雍正二年（1724年），雍正就深深察覺土司制的弊端，他要求西南各地的督撫加強對土司的管理，但他當時也沒有找到具體行之有效的方法。雍正四年（1726年）九月，管雲貴總督事鄂爾泰上奏建言全面實施「改土歸流」，並擬定了招撫與鎮壓並用的實施方針：「計擒為上策，兵剿為下策。令自投獻為上策，勒令投獻為下策。」改革後，原土司「但收其田賦，稽其戶口，仍量予相贍，授以職銜冠帶終身，以示鼓勵」。雍正覺得鄂爾泰的建議很好，對他的建議悉數批准，勉勵他努力實施。同時，雍正深知這項改革必然會招致觀念守舊、手握特權的土司們的不滿和反抗，為使鄂爾泰能更好地推行改革，實授他雲貴總督兼兵部尚書銜，並將改流事務較多的廣西從兩廣總督屬下劃出，統一歸鄂爾泰管轄，此外還調整了川滇邊界不合理的行政區劃。

在雍正的大力支持下，鄂爾泰、張廣泗、哈元生等西南各地督撫、提鎮開始努力推行改土歸流政策。改革的具體措施有：革除土司制度，在西南地區分別設置府、廳、州、縣，派遣有任期、非世襲的流官管理各地事務，並對財政、賦役、文化教育等各方面皆進行改革。雍正八年（1730年）時，雲貴地區基本完成改土歸流；湖南、湖北、四川等地準備時間較長，也於雍正末年、乾隆初年宣告完成。其中貴州涉及的範圍最廣泛，其新增設的州縣面積竟與原來的面積相當。貴州也是改革困難最大的地區，雍正末年時，貴州地區有土司進行叛亂，朝廷派兵鎮壓，於乾隆初年獲得勝利，鞏固了改革的成果。

雍正進行的改土歸流，打擊了土司的世襲特權和蠻橫氣焰，減輕了西南地區少數民族的痛苦和災難，並促進了西南各地社會經濟與文化教育的進步，為大清盛世再添一筆光輝業績。

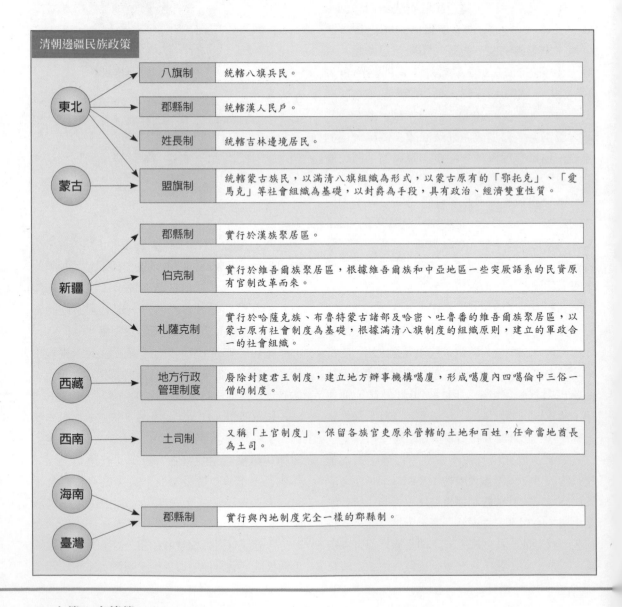

清朝邊疆民族政策

東北	八旗制	統轄八旗兵民。
東北	郡縣制	統轄漢人民戶。
東北	姓長制	統轄吉林邊境居民。
東北、蒙古	盟旗制	統轄蒙古族民，以滿清八旗組織為形式，以蒙古原有的「鄂托克」、「愛馬克」等社會組織為基礎，以封爵為手段，具有政治、經濟雙重性質。
新疆	郡縣制	實行於漢族聚居區。
新疆	伯克制	實行於維吾爾族聚居區，根據維吾爾族和中亞地區一些突厥語系的民資原有官制改革而來。
新疆	札薩克制	實行於哈薩克族、布魯特蒙古諸部及哈密、吐魯番的維吾爾族聚居區，以蒙古原有社會制度為基礎，根據滿清八旗制度的組織原則，建立的軍政合一的社會組織。
西藏	地方行政管理制度	廢除封建君王制度，建立地方辦事機構噶廈，形成噶廈內四噶倫中三俗一僧的制度。
西南	土司制	又稱「土官制度」，保留各族官吏原來管轄的土地和百姓，任命當地酋長為土司。
海南、臺灣	郡縣制	實行與內地制度完全一樣的郡縣制。

雍正行樂圖

▲ 雍正為政勤勉，為人莊重，但也有其親善隨和的一面。圖中的雍正身著便服，盤坐於假山之上，眾阿哥、大臣、親隨或坐或立，圍於四周，一片其樂融融的景象。

第3節
嚴厲整頓吏治
西元1723年～西元1726年

雍正從內部和外部加強中央集權的同時，也在思索怎樣充實國庫。雍正的前任清聖祖康熙，8歲即位，14歲親政，16歲智擒鰲拜，20歲即開始平定三藩之亂。隨後收復臺灣，驅逐沙俄，簽訂《中俄尼布楚條約》，同時，出征蒙藏，平定準噶爾部蒙古貴族。可以說，康熙創造的是一個空前絕後的「太平盛世」。但是康熙晚年因諸皇子爭奪皇位導致朝政混亂，表面上社會依舊繁榮，一副「太平盛世」，事實上矛盾叢生，吏治敗壞到驚人的地步，土地集中到少數人手中，流民遍地，國庫空虛，賑災無錢，打仗無餉，對西北準噶爾部的用兵不得不半途而廢。僅國庫儲銀一項，雍正接手時，僅有八百萬兩，虧空的數字大得驚人。雍正說：「歷年戶部庫銀虧空數百萬兩，朕在藩邸，知之甚悉。」又說，「近日道府州縣虧空爭糧者正復不少」，「藩庫錢糧虧空，近來或多至數十萬」。從某種程度上說，康熙給雍正留下的是個爛攤子。

雍正登基時45歲，已經積累了多年的辦差經歷，又在皇權的明爭暗鬥中培養了豐富的政治經驗。面對吏治腐敗、稅收短缺、國庫空虛的嚴峻形勢，雍正認為「治國先治吏，治吏必治貪」。為了整頓吏治，改善財政狀況，鞏固封建統治，雍正採取了一系列果斷的措施。

首先，清查國庫虧空，大力追繳欠款，嚴懲貪官污吏。

封建專制時代的皇帝即位時，經常要大赦天下以示慶賀，或釋放囚犯，或蠲免錢糧，雍正也不例外。可當雍正帝看到恩詔草稿中將豁免官員虧空一條列入時，表達了極大的不滿，認為這樣做會助長貪官們的僥倖心理，如果歷朝新君都靠這樣的手段籠絡人心的話，以後官吏虧空貪污的事就難以杜絕了。雍正當即命令撤銷這一條，並將清理虧空作為他即位後的首要任務之一。

雍正即位一個月後，給戶部下達了全面清查的上諭。他在上諭中說，當前各地出現的錢糧虧空現象，不是受上司的勒索，就是官員自身的侵占，這都是違反律法的。雍正帝指出，在清查虧空中，除了懲罰勒索者以及挪移者本人外，假如

雍正「和四時」印

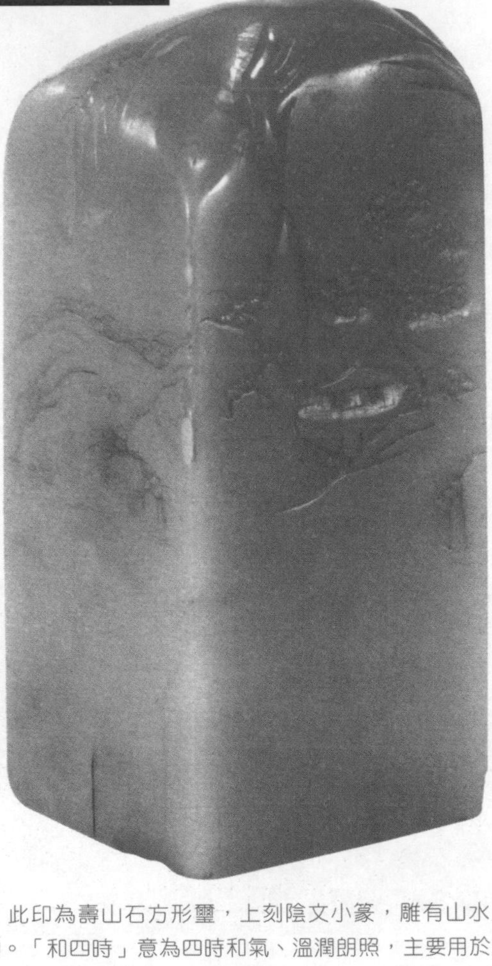

▲ 此印為壽山石方形璽，上刻陰文小篆，雕有山水人物。「和四時」意為四時和氣、溫潤朗照，主要用於宣揚君主的德高道降，感天地祥瑞之氣。我們可以從這方寶印中領略到雍正印璽的藝術風格。

有誰在清查中徇私舞弊，包庇縱容，萬一被查訪或被監察官員舉報後證實，將連同該省的總督、巡撫一併治罪。

為了順利完成清查虧空的任務，雍正元年（1723年）正月十四日，雍正發出上諭，宣布在中央設立會考府。所謂會考府，就是雍正為清查政府虧空，打擊貪污舞弊而設立的一個審查官吏的專門機構，就如同現代的中央審計署。同時，雍正宣布：此後所有的錢糧奏銷事務，所有部門，必須由新設立的會考府釐清「出入之數」，都要由怡親王允祥、隆科多（隆科多是雍正帝養母佟佳氏的兄弟）、大學士白潢、尚書朱軾會同辦理。這樣，原先掌握在各部院的奏銷大權收歸到中央，在制度上堵住了官員們營私舞弊的通道。

為落實清查虧空政策，雍正還特別對負責此事的怡親王允祥強調，一定要嚴格執行清查政策，不能有半點鬆懈。雍正告誡允祥說：「爾若不能清查，朕必另遣大臣，若大臣再不能清查，朕必親自查。」雍正如此強烈的表態使得一場自上而下，懲辦貪官、清理虧空的活動迅速大規模開展起來。

僅三年間，會考府辦理部院錢糧奏銷事件就合計550件，其中駁回改正的有96件。戶部庫存白銀經怡親王允祥查出虧空共250萬兩，雍正立即命戶部歷任尚書、侍郎、郎中等各級負責官員及部吏均攤賠償其中150萬兩，另外100萬兩則由現任戶部官員逐年賠償。

在清查虧空過程中，難免會涉及一些王公貴族和高級官員。對他們，雍正也毫不手軟。不論何人，絕不寬宥。因此，這些王公顯貴為了保全性命與權位，只能典賣家產用來賠償虧空。例如康熙帝的十二皇子履郡王曾經主管過內務府事務，雍正追查他在任時的虧空，他不能補齊，只得典賣家具，以便湊錢填補虧空。又如康熙帝的十皇子敦郡王也因虧欠白銀數萬兩，被抄了家產。還有內務府官員李英貴夥同張鼎鼐等人冒支正項錢糧100餘萬兩，由於沒錢補足，也被雍正毫不留情地下令抄家。在中央清查工作展

清代官員章服制度表

品級	蟒袍	文官頂戴	補服	武官頂戴	補服
一品	九蟒五爪	紅寶石	繡仙鶴	紅寶石	繡麒麟
二品	九蟒五爪	起花珊瑚	繡錦雞	起花珊瑚	繡獅子
三品	九蟒五爪	藍寶石或藍色明玻璃	繡孔雀	藍寶石或藍色明玻璃	繡豹
四品	八蟒五爪	青金石及藍色涅玻璃	繡雪雁	青金石及藍色涅玻璃	繡虎
五品	八蟒五爪	水晶及白色明玻璃	繡白鷳	水晶及白色明玻璃	繡熊
六品	八蟒五爪	硨磲及白色涅玻璃	繡鷺鷥	硨磲及白色涅玻璃	繡彪
七品	五蟒四爪	素金頂	繡鸂鶒	素金頂	繡犀牛
八品	五蟒四爪	陰文鏤花金頂	繡鵪鶉	陰文鏤花金頂	繡犀牛
正九品	五蟒四爪	陽文鏤花金頂	繡練鵲	陽文鏤花金頂	繡海馬
從九品	五蟒四爪	陽文鏤花金頂	繡黃鸝	陽文鏤花金頂	—

注：（1）王公百官的補服皆為石青色，朝服、蟒袍皆為石青色或藍色。
（2）風憲大員的補服繡獬豸，以示正直清廉，同宋、明之制。
（3）五品以上用「花翎」，六品以下用「藍翎」，其雙眼、三眼花翎屬皇帝特賞。

開的同時，地方清查也普遍開展起來。僅雍正元年（1723年）一年，被革職查封家產的地方官員就有湖廣布政使張聖弼、糧儲道許大完、湖南按察使張安世、廣西按察使李繼謨、直隸巡道宋師曾、江蘇巡撫吳存禮、布政使李世仁、江安糧道王舜、江南糧道李玉堂等人。

除了在財政制度上嚴格審核，嚴厲清查虧空之外，雍正還嚴懲了一批貪贓枉法的官員。以當時備受雍正寵信的川陝總督、一等公年羹堯為例，年羹堯因功高信重，在任上貪贓受賄、侵蝕錢糧，累計達數百萬兩銀錢之多。年羹堯憑藉雍正對他的信賴和倚重，經常插手官員的任免，不管是誰，只要走通年大將軍的門路，就能弄個一官半職，這在雍正初年的官場上已經是公開的秘密。當然，要走通門路，還得靠銀子。僅僅人事安排一項，年羹堯最多的一次就收受了四十多萬兩白銀。雍正三年（1725年），年羹堯因多條大罪被賜死，其中一方面的原因就是他的貪腐。這也給其他心存僥倖的官員敲響了警鐘。

雍正時肅貪力度之大，可謂古今少有。貪官們的罪行一經覈實，除了按律處刑之外，雍正還下令抄家，就連貪官的親戚、子弟的家也不輕易放過。雍正下令：「絲毫看不得向日情面、眾從請託，務必嚴加議處。追到水盡山窮處，畢竟叫他子孫做個窮人，方符朕意。」按照這個原則，在全國範圍內開始對貪腐官員及其親屬全面抄家，雍正也為此得了個「抄家皇帝」的稱號。可見，當時的官員對「刻薄寡恩」的雍正是怨恨至極。不過，「亂世用重典」，作為少有的勤政皇帝，雍正為了大清的江山社稷，除此之外又怎能撥亂反正呢。

中國古代的官員是聰明的，敢於貪污的官員是大膽的。面對雍正嚴厲的反貪政策，這些聰明膽大的貪官紛紛「自尋死路」來保住非法所得。可是，他們想錯了，雍正根本就不允許人死帳銷，他的政策是「死了也不放過他」。雍正四年（1726年），福建道員陶範、廣東道員李濱，均因貪污、受賄、虧空案被參而畏罪自殺。在他

雍正皇帝冬朝服像

▲ 愛新覺羅．胤禛（1678年～1735年），康熙帝第四子，清朝入關後第三位皇帝，1722年～1735年在位，年號「雍正」。雍正帝在位時勤於政務，國運昌盛，為乾隆盛世奠定了物質基礎。

們死後，雍正下令：「找他們的子弟、家人算帳！」依照常情，官員畏罪自殺，往往就不再深入調查了。只是雍正反腐肅貪的決心和力度都很大，想以死脫罪也不過是一廂情願。終於，持續治罪抄家在一定程度上，遏止了貪污腐敗之風的盛行，官場風氣有所改變。

不僅如此，雍正還殺貪官給其他官員看，以儆效尤。例如雍正即位之初發生的山西虧空和科場舞弊兩大案件。經審理，山西巡撫諾敏與下屬官僚「上下其手，內外勾結」，致使山西庫銀虧空四百多萬兩；恩科主考官張廷璐洩露考題、收

受賄賂，營私舞弊，罪大惡極。雍正下令：「傳旨給順天府和京師各大衙門，讓那裡四品以上的官吏，在諾敏、張廷璐行刑時，不論是否沾親帶故，也不論是不是門生好友，統統到西市去『觀刑』。讓所有的人都去給這兩個墨吏送行，大有好處！」可以說觀刑效果是顯著的，此後官場風氣整肅很多。確實達到了震懾不法的效果。

其次，耗羨歸公，發放養廉銀，推行高薪養廉政策。

康熙末年以來，吏治腐敗的程度是令人觸目驚心的。但是，不能不注意這樣一個現實：清朝與明朝一樣，實行的是官員低俸制。按清初的規定，官階最高的一品大員年俸不過白銀180兩，至於地方州縣官員就更低了。以縣令一級為例，不過三四十兩，這正好與當時江南地區一個五口農家的最低生活消費水平相當。如此低的俸祿，不要說辦公，就連基本生活開支都不夠，官員們自然要想盡辦法撈錢，挪用、貪污公款就成了官員最方便的斂財手段。

深明基層政務的雍正非常清楚其中的弊端。他知道對國庫虧空和官員貪腐，一味地喊打喊殺是不能從根本上解決問題的。於是，雍正想到利用當時的一條「陋規」——耗羨——來解決現實問題。所謂耗羨，又叫火耗，是指在徵收正項賦稅錢糧之外的附加稅。具體數額是由地方上直接徵收賦稅的官吏任意規定。康熙時默許徵收10%，事實上在某些省份——如山東、河南——高達80%。地方官員加徵火耗一部分向上司行賄，一部分用來支付地方行政開支，一部分自然就中飽私囊了。所以說，徵收耗羨既令貪腐之風盛行，又令百姓不堪重負。

雍正即位不久，在給各個地方的文告中就提到這一弊政，令地方官員商議。雍正元年（1723年），時任湖廣總督楊宗仁、山西巡撫諾敏分別奏請將部分或全部私派耗羨提歸公用，用以彌補歷年虧空、支付地方行政開支和官員養廉銀。於是，開始在湖廣、山西試行耗羨歸公。繼而，山東巡撫黃炳、河南巡撫石文焯也先後奏請在本省實行耗羨歸公。

雍正頗受鼓舞，想要在全國推行這一政策。

清朝官員俸祿表

品級	文官歲俸	武官歲俸
一品	180兩	從一品正俸81兩，加支524兩
二品	155兩	正二品67兩，加支444兩 從二品53兩，加支324兩
三品	130兩	正三品39兩，加支204兩
四品	105兩	正四品27兩，加支114兩
五品	80兩	正五品18兩，加支72兩
六品	60兩	正六品14兩，加支35兩
七品	45兩	正七品12兩，加支23兩
八品	40兩	—
正九品	35兩	—
從九品	31兩	—

注：（1）以上數據皆為正俸，京官按規定支取雙倍俸祿。
（2）俸銀之外尚有祿米，其規定是：正俸一兩支取祿米一斛；大學士、六部尚書、六部侍郎祿米加倍，即正俸一兩支取祿米兩斛。
（3）武官除「加支」外又有「養廉銀」，如提督的養廉銀為每年880兩，逐級遞減，最低的把總為100兩。

為穩妥起見，他下令九卿會議討論此事。當時大多數官員紛紛表示反對。理由是：耗羨本身是地方自用，上級不應該插手；如果耗羨歸公，有增加賦稅的嫌疑，這違背了康熙「永不加賦」的政策；還有將私派變為公稅，有將貪腐合法化的嫌疑。雍正二年（1724年），時任山西布政使高成齡上奏支持耗羨歸公，全面批駁了反對意見。他指出，反對派官員說的道理確實光明正大，但都是空話，根本不能解決現實存在的弊病；如果按照他們的意見，等於縱容地方官吏盤剝百姓；還詳細地分析了耗羨歸公的好處。

雍正非常重視高成齡的意見，於是將他的這道奏摺交付廷議——就是由朝中全體大臣討論。王公大臣確實也慎重對待，不過，由於耗羨一事牽扯到各方的利益，所以廷議爭吵不休，難以作出決定。雍正二年（1724年）七月初六日，雍正發布上諭，表示支持耗羨歸公，平息了爭論。至此，各省相繼自行提解火耗，歸各省財政支配。

實行耗羨歸公後，各省原本的耗羨紛紛下降，如前文提到的河南、山東兩省的耗羨分別降到了13%和18%。一來，明顯減輕了民間的負擔。二來，也從制度上綁住了低級官吏貪污加派的手腳，直接減少了官吏貪腐的數量。

歸公後的耗羨基本上用在三個地方：第一就是發放養廉銀，第二是彌補各省歷年虧空，第三是支付各省的日常行政開支。其中，總督到州縣官員，按品階與事務不同，每年領受的養廉銀從幾百上千到一萬兩不等。另外，不擔負地方實務的京官也額外發放「恩俸」。這樣一來，官員們就擺脫了「不得不貪」的困境。當然，繼續貪污的也不是沒有，不過無一例外都遭到了雍正的嚴懲。

最後，褒獎忠公能臣，樹立官場正面榜樣。

雍正也明白僅靠懲罰是不能清掃官場歪風的，更重要的是為大清朝上上下下的官吏樹立起楷模，從正面引導官場風氣。在這方面，雍正帝是有著自己的獨特標準，即信用那些兼具「忠、公、能」的王公大臣。所謂「忠」，就是要忠於大清朝廷、忠於雍正皇帝；所謂「公」，則要求官員時刻保持一顆公心，時時事事為朝廷為皇帝著想，而且要自身清正；至於「能」，就是要求臣子有辦事能力，會做事，能做事，敢做事。

雍正帝對於符合上述標準的大臣們，是無限信任和支持的，並且在日常的政治活動中愛惜有加。而這些大臣也成為雍正改革朝政、革新吏治的左膀右臂。比如，得謚「忠敬誠直勤慎廉明賢」的怡親王允祥是清查虧空的主要負責人，面對朝野物議洶洶，雍正稱怡親王一切都是遵照上諭行事，把「抄家親王」這頂帽子轉移到自己頭上，成了「抄家皇帝」。又如「模範督撫」田文鏡、「操守廉潔、勇敢任事」的李衛，都因為推行雍正新政而得罪了很多權貴，經常遭到誣告彈劾，雍正對兩人那些被人指出無關緊要的小錯誤親筆教訓，對於誣告者堅決治罪，以保護能臣。

這樣一來，很多中下級官員因為羨慕這些能臣的際遇而紛紛效仿。自然而然，雍正朝官場風氣為之一變，後世有「雍正一朝，無官不清」的說法。

為了有效地推行廉政，雍正還以身作則，用實際行動號召群臣提倡節儉。據史載，雍正不喜「聲色之娛」，也不像他的父皇康熙和兒子乾隆那樣喜歡巡遊。即使去拜謁祖陵，也都盡量簡化儀仗，節省花銷。平時飲食與普通人沒什麼兩樣，不過四道八道菜式。而且，史書明確記載，雍正從來沒有剩過飯，並經常告誡臣僚要珍惜糧食。雍正明確指出：「世人無不以奢為恥，以勤儉為美德，若諸臣以奢為尚，又何以訓民儉乎？」到雍正末年，基本上扭轉了官場在康熙後期形成的奢侈風氣。

雍正反腐倡廉僅僅五年的時間，國庫儲銀就由康熙末年的800萬兩增至5000萬兩。更為難能可貴的，社會風氣也改變了許多。雍正在位13年，勵精圖治，刷新吏治，推行新政，打擊貪腐，用實際行動革除了不少康熙統治後期形成的流弊，為乾隆初期的政治發展奠定了良好的基礎。

▲《雍正妃行樂圖》由清朝宮廷畫師所繪。清朝宮廷生活枯燥無趣，雍正便常常扮作文人雅士或山野村夫，以此取樂，嬪妃們紛紛效仿，扮成才女、仙人等，由畫家描繪。此圖中嬪妃扮作才女模樣，手持書卷，眉頭緊蹙，頗為生動。可惜畫家拘於院畫體制，人物表情稍顯造作，缺乏精神及氣質上的表現。

第4節

盛世樞紐

西元1723年～西元1735年

雍正在位13年（1723年～1735年）除了強化皇權、降服邊疆各族、整頓吏治外，他還是把施政的重點放在財政方面。因為經歷了康熙晚年的政治亂局以後，雍正發現很多問題拖延不能解決的根源在於中央政府的財力不足，而中央財政不足，則與康熙晚年的弊政有關。於是，在清查國庫、整頓吏治、火耗歸公以後，雍正繼續推行了一系列措施。

第一，實行攤丁入畝制度。

國家財政是否良好，根源在於賦稅制度。大清立國之初繼承了前明的賦役制度，包括田賦（土地稅）、丁銀（人頭稅）和力役三部分。康熙五十一年（1712年）後，宣布將康熙五十年（1711年）的丁銀作為「常額」，以後「盛世滋生人丁，永不加賦」，不過，此前出生的人丁還要繳納丁銀。這樣一來，就部分地解決了多丁少地或無地農民的負擔。然而，隨著時間推移，在冊人丁有死去除名的，就要另外補名，而這個補名的手續十分複雜煩瑣。這就給了貪官污吏、土豪劣紳以上下其手的機會。丁銀「常額」的徵收也就成了一筆說不清道不明的爛帳。康熙末年也曾有御史上奏建議改革，沒有被康熙批准，僅有個別地方在皇帝默許之下試行將丁銀攤入田賦徵收。

雍正即位之後，面對國庫虧空，財政緊張的局面，改革賦稅制度已經是迫在眉睫了。雍正元年（1723年）六月，山東巡撫黃炳因治下連年災荒，民不聊生而奏請將丁銀攤入田賦徵收，以阻止無地少地貧民的逃亡。但雍正當時沒有採納黃炳的意見。七月，直隸巡撫李維鈞上疏雍正，再次建議實行攤丁入畝，並自請在直隸試行。雍正很重視李維鈞的建議，召集內閣九卿廷議這份奏摺。前後廷議兩次，說明雍正對賦稅改革的重視程度。廷議中有官員提出，土地肥沃貧瘠程度不同，應該保證分攤標準的公正。於是雍正命李維鈞制定出詳細可行的辦法，既不能減少國家財政收入，又不能加重農民的經濟負擔。李維鈞的方法是：將田畝按土地質量分成三等，丁銀則按照土地等級分攤，好地多攤，貧地少攤。當年十一月，雍正詔諭：自雍正二年（1724年）開始，將丁銀分攤入田賦中一同造冊徵收，取消了人頭稅。此後全國各省開始陸續推行「攤丁入畝」，個別省份到乾隆年間才開始實行。關外諸省比較特殊，實行得最晚，直到光緒年間才相繼完成。

攤丁入畝制度的實施，是中國封建社會末期社會經濟發展的必然產物，也是中國封建社會賦役制度史上的一次重大變革，它對清代社會的發展產生了重大的影響。首先，攤丁入畝的實行，

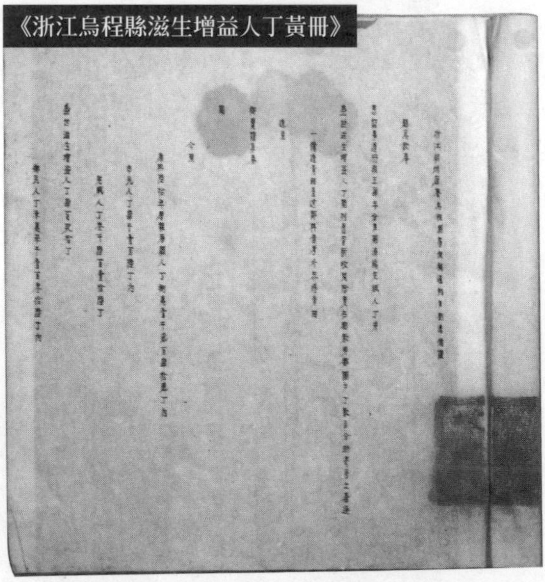

▲ 圖為浙江烏程縣的人丁冊，康熙五十一年（1712年），康熙帝宣布「盛世滋生人丁，永不加賦」，以康熙五十年（1711年）錢糧冊內的人口數為準，以後新增的人口另造新冊，稱為「盛世滋生人丁黃冊」。

▲《雍正行樂道裝像》，清人繪，現藏於故宮博物院。雍正在位期間，喜歡裝扮成不同的人物來取樂，宮廷畫師將此繪成組圖，傳於後世。雍正是清朝最為崇奉道教的皇帝，對道家的丹藥及修行皆有濃厚興趣，因此這幅《道裝像》也可看做雍正生活中的一個真實寫照。

結束了清朝雙役制度的混亂局面，保證了清政府的錢糧收入。其次，攤丁入畝從法律上取消了人頭稅，一定程度上減輕了那些無地貧農的負擔。攤丁入畝之後，大大鬆弛了封建人身依附關係，加快了人口的遷移和流動，為勞動力市場的發展創造了條件。另外，由於不再按照人丁來收稅，無地的農民再也不必像以前那樣為了逃稅隱匿人口，四處逃亡了。最後，攤丁入畝的實施，促進了我國人口的迅速發展。

第二，廢除賤籍制度。

在中國古代，因為各種原因，一直有所謂「賤民」的存在。他們分布於全國各地，從事各種被人鄙視的職業。「賤民」在明代或更早的時期即已形成，長期飽受壓迫和歧視，生活苦不堪言。雍正在位期間，先後對部分「賤民」消除其賤籍，把他們變為一般平民。

當時的「賤民」主要分為四類：第一類是奴婢，數量龐大，據統計，清兵入關時，滿洲貴族集團已擁有奴隸200萬甚至200萬人以上。第二類是佃僕，也就是地主、富戶、官僚等家庭以契約合同雇的家庭僕人、僕戶。他們的社會地位比奴婢稍高一點，但是沒有完全的自由，部分依附於主人。第三類是被主流社會排斥的一些固定從事某職業的一般平民，包括樂戶、丐戶、墮民等。第四類是傭傭工人。雍正年間，「豁賤為良」的基本上是第二類與第三類。

雍正元年（1723年）三月，監察御史年熙上書請除豁山西、陝西樂戶的賤籍。山西、陝西樂戶，是明朝「靖難之役」後明成祖永樂皇帝剪除堅決擁護建文帝的官員，又將他們的妻女罰入教坊司充當官妓，並且不准這些人脫離樂籍。因為得不到政府的保護，世代遭受地方上紳衿惡霸的欺凌。年熙在奏疏中說，可憐她們是忠義之士的後代，遭到如此折磨卻不能解脫，請求雍正開豁她們的賤籍，准許她們改業從良。

雍正也很贊同年熙的意見，於是令禮部商議。眾大臣們秉從旨意，說「壓良為賤，前朝弊政。我國家化民成俗，以禮義廉恥為先，似此有傷風化之事，亟宜革除」。於是，在雍正元年（1723年）四月，雍正發出第一道「豁賤為良」的諭旨，批准山、陝樂戶改賤從良。同時還命令各省檢查，如發現本地也存在類似樂戶的賤民，也准許他們出賤為良。

雍正元年（1723年）七月，兩浙（浙東、浙西的合稱，即今浙江省）巡鹽御史噶爾泰上奏摺請求除豁浙江紹興府墮民賤籍。墮民同樂戶一樣是受侮辱和壓迫的人群，但由於偏見，禮部一些大臣反對這個請求。雍正出於政治上的考慮，認為除籍能恢復墮民應有的地位和尊嚴，可以令他們感受到皇恩浩蕩，自然也就維護了社會穩定。這樣，雍正說服了這些反對派官員，也就順理成章地豁免了墮民的賤籍。

第三，推行士民一體當差的政策。

自古以來，地方上的紳衿享有豁免雜項差徭的權利，這一權利也造成了平民與紳衿的對立。而且，紳衿往往利用特權橫行不法，同政府的法令和權力也發生衝突。他們又腐蝕地方上的大小官吏，是導致吏治敗壞的一個主要因素。封建國家要保持它機器的正常運轉，統治的穩定，就必須與不法紳衿作鬥爭。雍正即位以後，就頒行了一系列政策以打擊不法紳衿。

雍正元年（1723年），河南鞏縣知縣張可標發布告示，令「生員與百姓一體當差」。第二年，時任河南巡撫田文鏡就把這種辦法推廣到全

松花江匏興硯

▶ 此硯以松花江石製成，隱現微淡的刷絲紋理，乃雍正年間硯臺精品。正面為斜通式硯池，池壁雕有靈芝如意紋；背面刻有雍正御銘「以靜為用，是以永年」，攜「雍正年制」印；外殼配有黑漆描金山水紋硯盒。

大清帝國年表4		
皇帝（朝）	時間	主要事件
康熙帝（4）	1691	康熙巡邊，舉行多倫會盟，將外蒙古納入清朝版圖。
	1696	康熙第二次親征噶爾丹，於昭莫多大敗之。
	1697	康熙第三次親征噶爾丹，噶爾丹兵敗自殺，漠北蒙古戰亂平息。
	1703	黃河、淮河堤岸完成，治水基本成功。
	1705	和碩特部拉藏汗殺第巴桑結，掌握西藏大權。
	1711	雍親王第四子弘曆出生。
	1712	清政府宣布「盛世滋生人丁，永不加賦」的政策。
	1721	清軍擁立六世達賴進藏，正式確立在西藏的統治。
	1722	康熙駕崩，皇四子胤禛即位，改元「雍正」；羅卜藏丹津在青海發生叛亂，川陝總督年羹堯、四川提督岳鍾琪出兵，於次年平定亂軍。
雍正帝（5）	1723	建立秘密立儲制度，定弘曆為儲君；取消樂戶賤籍，大批明朝永樂時代遭受迫害的建文忠臣後代得以從良。
	1726	開始進行「改土歸流」，加強雲、貴、川、湘、鄂等地區的管理。
	1727	始派駐藏大臣，統領駐藏部隊，穩定藏中局勢；弘曆成婚，正妻富察氏，即孝賢純皇后。
	1728	中俄簽訂《恰克圖條約》，確定中段邊界。
	1733	封弘曆為寶親王。
	1735	雍正逝世，皇四子弘曆即位，改元「乾隆」。

省。雍正五年（1727年），又定出懲罰條例：凡貢監生員包攬錢糧而有拖欠的，不管多少，一律革去功名；拖欠至80兩的，以贓或枉法論處。為了禁止紳衿欠糧，還制定了兩條新法令，一是雍正六年（1728年）規定，地方官要把拖欠錢糧的紳衿同平民欠糧分開記錄，單獨彙報，以便照紳衿抗糧例治罪。一是雍正八年（1730年）定例，地方官要把生員應納錢糧造冊送學官，由學官協助督促完納。最後，還嚴懲紳衿黨詞興訟。例如河南在鄉進士王轍倚仗身分包攬詞訟，橫行不法，經巡撫田文鏡奏報，被雍正革去進士身分後法辦。

第四，針對紳衿虐待佃戶的現象，為了保障佃戶利益，制定主佃關係法令。

雍正在處理主佃關係上，也注意打擊不法紳衿。雍正五年（1727年），河南巡撫田文鏡上疏，請求將按照違制例懲處苛虐佃戶的紳衿，監吏員則革去職銜。雍正覺得他只考慮紳衿欺凌佃戶，卻沒有想到不良佃農惡意拖欠地租及欺慢田主的問題，命再議論。最後定出田主凌虐佃戶及佃戶欺慢田主的懲罰條例，規定秀才監生「私置板棍，擅責佃戶」，「革去衣頂職銜」，並「杖八十」。至雍正十二年（1734年）加以改定，律文是：「凡不法紳衿，私置板棍，擅責佃戶，勘實，鄉紳照違制律議處，衿監吏員革去衣頂職銜，照律治罪。如將佃戶婦女占為婢妾，皆革去衣頂職銜，按律治罪。至於奸頑佃戶，拖欠租課，欺慢田主者，照律治罪，所欠之租，照數追給田主。」這在一定程度上以法律的形式保護了農民的利益，是社會的一種進步。同時，這條法令既保護地主收租，又保障農民人身地位，使得地主與農民的矛盾有所緩和，某種程度上為「康乾盛世」提供了保障。

第五，廢除腰斬酷刑。

腰斬這種酷刑起源很早。秦朝時丞相李斯就死於腰斬。腰斬是從腰部將犯人砍作兩截。因為人的主要器官都在上半身，所以，遭受腰斬的犯人最後都死得非常痛苦。崇信佛教的雍正認為腰斬這種酷刑太過於殘忍，於是下令廢除。

據說，廢除腰斬與雍正十一年（1733年）俞鴻圖科場弊案有關。

俞鴻圖，字麟一，浙江海鹽人。康熙五十一年（1712年）進士，雍正十年（1732年）被任命為河南學政。學政負責一省學校教育和各種文化學術之事，舉人考試也在其中。科考時，他的妻妾和僕人透過幫助舉子作弊，收取賄賂達萬餘兩，而俞鴻圖因大意並不知道。這事鬧得滿城風雨。雍正十一年（1733年）河南巡撫王士俊彈劾俞鴻圖納賄營私。而後，雍正派員赴河南調查審理此案，結果自然是俞鴻圖罪名成立。於是，雍正批准了刑部的意見，判俞鴻圖斬立決。

俞鴻圖親家鄒士恆受命接管俞鴻圖的職務，並且行刑監斬的也是他。當時陋規是受刑的犯人要想死得痛快些，就必須向劊子手行賄。由於俞鴻圖綁赴刑場時才被告知執行的是腰斬，沒有來得及給紅包。所以劊子手給了他一個慢死，他用手指蘸上身上的血在地上連續寫了七個「慘」字，才慢慢痛苦地死去。鄒士恆向雍正上奏這一慘狀後，雍正下令廢除腰斬。

除了上述善政，不得不認識到這樣一個事實：雍正是一位古代封建帝王，畢竟受到時代的局限。雖然雍正在政治、經濟、社會等方面採取的一系列改革值得肯定，但雍正的改革重點還是放在了農業上。一方面促進了農業的發展，另一方面也抑制了工商業的發展。雍正認為：「農為天下之本務，而工賈皆其末也。市肆之中多一工作之人，即田畝之中少一耕稼之人。群趨為工，則物之製造者必多，物多則售賣不易，必致壅滯而價賤，是逐末之人多，不但有害於農，而並有害於工也。」他又認為開礦「斷不可行」，因為開礦將引誘人們離開農本，追求末業，而且礦工聚集一地，易於鬧事。

雍正不僅重農抑商，在對外貿易上也沒有脫離封建帝王的窠臼。當時外國商人來華貿易的數量很多，但雍正卻不許中國商人出洋貿易，設置種種障礙，聲言「海禁寧嚴毋寬，餘無善策」。後來，在沿海各省的再三要求下，方於雍正五年（1727年）開放洋禁，允許民間商人往南洋貿易。

雍正對當時規模已經很大的鴉片貿易也較為重視，他對鴉片的態度是：嚴懲販毒者；嚴格區分藥用鴉片與毒品鴉片——毒品嚴禁，藥用不干涉，且照顧小本商人的正當利益。

雍正的局限性也表現在對外來文化的抵制上。與其說是抵觸，倒不如說是對這些外來文化可能危及自身統治的警惕。

康熙在位的時候，因為康熙比較崇尚西方科學，所以經常和西洋傳教士一起討論科學知識。一時間，在中國大地上就有好多西方傳教士進行傳教。以至在康熙後期，羅馬教廷有派教士控制中國的幻想，引起了中國封建皇權與西方宗教神權的衝突。而且基督教的傳播也確實吸引了一些中國下層民眾，這自然威脅到了皇權，於是，康熙一怒之下下令禁止傳教，只不過進行得並不徹底。

雍正即位後，因為有西洋教士參與過爭奪皇位的鬥爭，所以，雍正開始下令大力整頓西洋傳教士。實行嚴厲的措施，禁止天主教在中國的傳播，將大批傳教士驅逐出中國。這一措施在鴉片戰爭前一直承襲。

這樣一來，在經濟和文化上，清朝從雍正開始實行嚴格的閉關鎖國政策。這一政策使得中國變得與世隔絕，逐漸落後於世界。

雍正在位13年（1723年～1735年），與他的父皇康熙和兒子乾隆的統治時間相比，可謂短暫。但是，在這短短的13年裡，雍正推行了一系列的改革措施，扭轉了大清王朝自康熙晚年形成的頹勢，掃除了一些弊政。他設立軍機處，把中國的封建皇權推到了頂峰；他整飭吏治，革新官場風氣，打造了大清歷史上能力最突出的公務員隊伍；他實行火耗歸公、攤丁入畝，既強化了中央政府的財政，又減輕了百姓的負擔，還從經濟制度上阻遏了貪腐蔓延；他實行改土歸流、派出駐藏大臣，令邊疆穩定，鞏固了國家的統一；他豁賤為良、廢除酷刑，推動了社會的文明進步。

雍正13年，是改革除弊的13年，是承上啟下的13年，是完善大清制度的13年。可以說，這13年為乾隆盛世奠定了全面的基礎，是開啟乾隆鼎盛時代的關鍵，也是康乾盛世的樞紐。

▲《平安春信圖》，【清】郎世寧繪，現藏於故宮博物院。此圖構思新奇，畫中的一老一少分別為雍正皇帝與寶親王弘曆，兩人身著漢裝，打扮成普通百姓的模樣，富有生活氣息。畫面以翠竹桃花為背景，近處湖石玲瓏，景色清幽，襯托出皇家中難得一見的溫馨場面。

第五章

逍遙皇帝，承揚祖業，潛藏盛世危機

乾隆的帝政風雲

乾隆皇帝在位60年，他年輕時銳意進取，積極改革，與祖父、父親共同創造了「康乾盛世」的繁榮景象；同時，他南征北戰，不斷拓展大清疆域，締造出帝國最後的輝煌。然而，乾隆晚年好大喜功、生活奢華、寵信貪官，使得大清帝國開始走向衰落。

第1節

內政的整頓與改革

西元1735年～西元1741年

雍正十三年（1735年）八月二十三日凌晨，雍正去世。內侍從「正大光明」匾後取出諭旨開啟，上書：

實親王皇四子弘曆，秉性仁慈，居心孝友，聖祖仁皇帝於諸孫之中，最爲鍾愛，撫養宮中，恩逾常格。雍正元年八月間，朕於乾清宮，召諸王、滿漢大臣入見，面諭以建儲一事。親書諭旨，加以密封，收藏於乾清宮最高之處，即立弘曆爲皇太子之旨也。其後仍封親王者，蓋令備位藩封，諳習政事，以增廣識見。今既遭大事，著繼朕登基，即皇帝位。

於是，25歲的弘曆就成為清朝入關後的第四任皇帝——乾隆皇帝。

雍正突然去世，弘曆青年登基，留給這位新皇乾隆最迫切的任務就是要穩定皇權，磨練治國意志。乾隆登基時25歲，論年齡，登基時比祖父康熙要大，比父親雍正要小；論形勢，登基時沒有康熙輔政大臣專權的難局，也沒有雍正兄弟爭權的危局。所以，乾隆登基時的局勢相對穩定，他所要做的就是繼續穩住皇權。為此，乾隆採取了一些重要措施。

雍正駕崩後的第三天，乾隆就把宮中供奉的道士張太虛、王定乾等人掃地出門了。因為雍正是猝然去世的，一時間謠言四起，人心惶惶。所以，乾隆迅速將曾經進入內廷的僧道驅逐，並嚴令禁止他們談論雍正生前的事情。同時親自發布諭令，稱雍正在世之時，只是聽說外省有袪病延壽的煉丹之術，抱著休閒娛樂的心態，讓張太虛、王定乾等數人在西苑空閒之地豎爐煉丹。未曾聽其一言，未曾用其一藥。且多次當面向乾隆及各親王說過，這些人是市井無賴，最好造謠生事。這樣果斷的行動收到了良好的效果，謠言很快就平息了，京城由此保持了穩定的局面，為乾隆的統治創造了一個良好的開端。也向天下人展示了這位年輕帝王的治世才能，初步樹立起個人威信。因乾隆皇帝信奉儒家正統思想，對方外之教不感興趣，所以藉這個驅逐僧道的機會宣布：今後有人想要出家，必須由官府認真核查後才能給予度牒。以此來控制僧尼數量的過度增長。

乾隆即位以後，吸取康熙、雍正兩朝的經驗教訓，把「執兩用中」作為施政準則，確定了「損益隨時，寬猛互濟」的施政綱領，推行了一系列的措施，緩和雍正時期形成的嚴厲緊張的政治風氣。在因時制宜改變政策的同時，乾隆始終強調是奉了雍正的遺詔對雍正朝的政策作出調整，絕口不提變革等字樣。這也顯示出乾隆高深的政治素養。

例如，雍正皇帝一生酷好祥瑞。在他統治期間內，中國歷史上所有的祥瑞品種差不多都出齊了，雍正說這是自己「敬誠所感，仁者所孚」，證明自己統治合法，治理有成。乾隆卻不以為然。他剛即位就下旨說，如果百姓安居樂業，雖無祥瑞，「亦無損於太平之象」。相反，國家治理不好，「即使休嘉疊告」，也毫無用處。

再如，為了贏得皇室內部和中上層王公對自己的支持，維護統治集團上層的團結，在即位後不久，乾隆發出了一道震動天下的諭旨，令滿漢大臣討論解決康熙末年諸皇子奪位的歷史遺留問題。這道諭旨一下，釋放出要給雍正懲處過的宗室平反的信號，一時之間，朝野上下對新皇帝的膽魄無不驚訝。

於是，諸王公大臣建議皇帝恢復這些人的宗室身分。不久，幾乎所有因為康熙末年儲位鬥爭而被摒出宗籍之外的人又恢復了宗室身分，那些

乾隆寬待宗室簡表

宗室名	原封號	獲罪	措施
允禩	廉親王	雍正四年，革去宗籍，改名「阿其那」。	乾隆四十三年，恢復原名、宗籍，子孫一併敘入皇室玉碟。
允禟	貝子	雍正三年，削去貝子爵。四年，革去宗籍，改名「塞思黑」。	
允䄉	敦郡王	雍正二年，革爵圈禁。	乾隆二年釋放，封輔國公。六年，卒，以貝子禮祭葬。
允禵	多羅郡王	雍正三年，降為貝子。四年，奪爵拘禁。	雍正十三年十一月釋放。乾隆二年封輔國公，十三年晉恂郡王。
多爾袞	睿親王 成宗義皇帝	順治八年，削除爵號、尊號及母妻追封，撤出太廟。	乾隆四十三年，恢復睿親王封號，追謚「忠」，配饗太廟，以親王禮重修墳塋。
多鐸	豫親王	順治九年，追降為郡王。	乾隆四十三年，配饗太廟。
代善	禮親王	—	
濟爾哈朗	鄭親王	—	
豪格	肅親王	—	
阿濟格	英親王	順治八年，削爵賜死，子孫黜為庶人。	乾隆四十三年，恢復子孫後人宗籍，世襲奉恩將軍。

被圈禁高牆的宗室王公重見了天日。就連雍正當日最大的競爭對手十四阿哥胤禵也被放出來，並且賜給公爵，給予優越的生活待遇，以讓他安養晚年。此後，乾隆索性連清初八旗親王相互傾軋的歷史遺留問題一並解決，追復了睿親王多爾袞的封爵。此外，豫親王多鐸、禮親王代善、鄭親王濟爾哈朗、肅親王豪格等人的爵位也都予以恢復，並且配饗太廟。

這一重大舉動一下子掃除了皇室王公之中對雍正乾隆這一系的怨恨之情，新皇帝的「寬仁」確實如春風一樣，讓他們重獲新生。

又如，乾隆調整了雍正時期的治吏政策，爭取官僚集團的支持。

首先，一反「一朝天子一朝臣」的做派，乾隆十分尊重雍正時期留下的張廷玉、鄂爾泰等老臣，即位之初對他們稱呼「先生」、「卿」而不直呼姓名，並且動不動就施恩賞賜。在政治上，凡有拿不準的事，他無不向老臣虛心請教；自己有事外出，日常國務即由他們處理和轉達。

其次，乾隆效仿祖父康熙，以寬大待下，從大臣的角度出發替他們考慮問題，解決困難。出於「寬則得眾」的原則，乾隆對那些受罰過重的官員都予開釋，像雍正七年掛帥征伐準噶爾的著名將領傅爾丹、岳鍾琪都因貽誤軍機被判死刑，正在獄中待決，乾隆將他們釋放。這個舉動，一下子贏得了官僚階層的擁戴。

再次，提高官員收入，讓他們馬上得到眼前利益。地方官員的養廉銀繼續發放，京官的恩俸則提高一倍。對於虧空公款的官員也不再一追到底，只要確認他們真的家產盡絕，就不連累其親族了。

這樣一來，乾隆實行的這套寬仁政策取得了明顯效果，可謂萬民歡悅，頌聲如雷。在江南地區甚至出現了「乾隆寶，增壽考；乾隆錢，萬萬年」的頌聖歌謠。《郎潛紀聞二筆》中說：「乾隆皇帝即位，所頒布的詔令，善政不絕，四海之內，無不歡呼雀躍。」就連當時在北京的朝鮮使臣也一再稱讚乾隆的仁政。

當然，乾隆也不是一味的「寬仁」，畢竟「寬猛相濟」才是他的政治綱領。對於某些問題的處理，乾隆也表現出嚴酷的一面，其苛酷較雍正有過之而無不及。

由於乾隆合理地調整了統治政策，兼顧了多方利益，再加上雍正13年來改革奠定的基礎，在他統治時期，清王朝在各方面都取得了相當的成就。當時的社會空前統一，總體和平穩定有序，經濟繁榮發展，人民生活水平穩步提高。但是隨著經濟的發展，國力的增強，乾隆好大喜功、窮兵黷武、生活奢靡的一面也逐漸滋長和暴露出來。整個社會從上到下，日益奢侈成風，達官貴人追求享樂，競相豪華，紙醉金迷、燈紅酒綠。在這種情況下，腐敗滋長、泛濫，貪官污吏比比皆是。乾隆覺察後，又開始嚴肅處理貪污案件，將性質嚴重、覈實無誤的貪官即行正法。

乾隆六年（1741年）三月初七日，山西巡撫喀爾吉善上疏彈劾山西布政使薩哈諒稱：山西布政使薩哈諒「收兌錢糧，加平入己，擅作威福，嚇詐司書，縱容家人，宣淫部民，婪贓不法，給領飯食銀兩，恣意克扣，請旨革職」。乾隆批示：「薩哈諒者革職，其貪婪不職各款，及本內有名人犯，該撫一併嚴審具奏。」

第二天，喀爾吉善彈劾山西學政喀爾欽之疏又到。喀爾吉善奏稱：喀爾欽「賄賣文武生員，贓證昭彰，並買有夫之婦為妾，聲名狼籍，廉恥蕩然，請旨革職」。乾隆大為震驚，降旨將喀爾欽斬立決，薩哈諒斬監候。

針對這一案件，乾隆發布上諭，著重指出四點：第一，官員不該貪污。地方官員養廉銀一向很高，學政四千兩，布政使八千兩，拿如此高薪仍然貪污，這是愧對皇帝，有負聖恩。第二，貪官應予嚴懲。不嚴懲貪官，不僅國家百姓要遭受經濟損失，而且會使國家遭到不可承受的政治損失。第三，積弊需要革除。對於官官相護的積弊陋習，除犯罪官員外，對包庇徇私的官員要嚴厲懲處。第四，當今天子「並非無能而可欺之

▲ 愛新覺羅．弘曆（1711年～1799年），雍正皇帝第四子，25歲繼位，年號乾隆。他在位60年，前期積極改革，征伐邊疆，創造出康乾盛世的輝煌場景，但晚年寵信貪官和珅，致使朝綱腐敗，清王朝開始衰落。

主」。對於大小官員把乾隆寬仁作風當成「無能可欺」，姑息包庇違法官員的行為表示強烈憤慨。嚴厲斥責這股歪風邪氣，決心要重懲犯法劣員，革除互為包庇的積弊。

乾隆六年（1741年）三月十四日，即山西巡撫喀爾吉善劾參學政喀爾欽之折到京後的第七天，左都御史劉吳龍上疏彈劾浙江巡撫盧焯貪贓枉法。乾隆帝讀後既對盧焯貪贓表示失望和憤恨，又十分高興御史能夠履行好監察官員的職能，降旨嘉獎劉吳龍。三個多月後，乾隆下諭說：浙江巡撫盧焯著解任，所有參奏情節，令總督德沛、副都統旺扎勒逐一查審具奏。這便很明確地表明了乾隆帝對此案的態度和對盧焯的看法，已欽定其為貪官，欽差大臣就可放手行事，盧焯的幻想也就破滅，只好考慮認贓服罪之事了。

乾隆帝以上處理薩哈諒、喀爾欽、盧焯等人的貪腐罪案，表明他決心懲治貪官，革除官官相護的積弊，力掃只打蒼蠅不打老虎的惡習。無論是誰，一旦知其苛索民財、欺壓百姓、收納賄銀，即遣欽差大臣嚴審治罪，並以此為例告誡群臣，使貪污之風有所收斂。這樣懲貪戒貪的做法利國利民，積極地促進了乾隆盛世的到來。

第2節 多民族大一統

西元1747年～西元1792年

乾隆五十七年（1792年），80歲高齡的乾隆提筆寫下一篇宏文，稱自己登基以來，兩征準噶爾，一次平定回部，兩次平定金川，一次平定臺灣，攻打緬甸、安南各一次，兩次攻打廓爾喀，一生共有「十全武功」，給自己取了個外號為「十全老人」，又將該文題為《御製十全記》。其中雖然有乾隆自誇之處，不過大體上乾隆確實稱得上武功赫赫，在反擊外來侵略、維護國家主權和平定邊疆地區叛亂等方面做出了巨大的貢獻，從而確定並鞏固了大清作為一個多民族大一統封建帝國的版圖。

居住在伊犁地區的衛拉特蒙古準噶爾部，康熙中葉時在首領噶爾丹的率領下崛起，建立割據

乾隆十全武功一覽表

戰役（別稱）	時間	結果
第一次金川之役（大金川）	1747～1749	大金川土司莎羅奔投降，乾隆皇帝赦免其罪。
初平準噶爾	1755	準噶爾汗國亡。
再平準噶爾（阿睦爾撒納之亂）	1757	徹底平定準噶爾餘部。
平定回部（大小和卓之亂）	1758～1759	平定回部，改名新疆，設置伊犁將軍。
平緬甸（清緬戰爭）	1765～1769	緬甸求和。
第二次金川之役（小金川）	1771～1776	徹底平定大小金川，推行改土歸流，設置州縣和軍屯。
平臺灣（林爽文起義）	1786～1787	起義被鎮壓。
征安南（清越戰爭）	1786～1790	安南求和。
第一次廓爾喀之役	1789～1790	未交戰。
第二次廓爾喀之役	1791～1792	尼泊爾議和；次年頒行《藏內善後章程》。

▲《萬樹園賜宴圖》，【清】王致誠繪，現藏於故宮博物院。圖繪杜爾伯特部歸降後，乾隆皇帝於避暑山莊萬樹園設宴接待三車凌及其部屬，分別冊封他們親王、郡王、貝勒等爵位，並接濟了大量牲畜糧食，來解決杜爾伯特部眾的生活困難。

政權——準噶爾汗國，在沙俄的支持下一再挑起分裂戰爭。康熙、雍正兩朝多次發兵征討，雖然消滅了噶爾丹，遏止了準噶爾部的軍事擴張，卻不能消滅準噶爾政權，這導致了西北邊疆屢屢生變。乾隆初政，暫時與準噶爾部議和，從西北地區撤回清軍，劃阿爾泰山作為喀爾喀與準噶爾游牧分界線，約定不得越界。

乾隆十年（1745年），準噶爾汗噶爾丹策零去世，嫡子納木扎爾嗣位。乾隆十五年（1750年），噶爾丹策零的庶長子喇嘛達爾扎篡奪汗位。而後準噶爾因為爭奪汗位，開始連年的內訌。長期的內訌致使其政局動蕩不安，社會秩序混亂，人民生活艱難，迫使許多牧民逃離準噶爾部投降清朝，這正是乾隆統一西北、解決準噶爾部的大好時機。

噶爾丹策零死時留有一女三子：長女鄂蘭巴雅爾；長子喇嘛達爾扎，19歲；次子納木扎爾，13歲；幼子策妄達什，7歲。因為納木扎爾年幼，嗣位後便由其姐鄂蘭巴雅爾幫助處理政務，鄂蘭巴雅爾對納木扎爾多方約束。結果引起納木扎爾的不滿，說鄂蘭巴雅爾「欲效俄羅斯自立為扣肯汗」，把她拘禁起來。

納木扎爾囚禁鄂蘭巴雅爾引起了一部分貴族的不滿，乾隆十五年（1750年），對汗位覬覦已久的喇嘛達爾扎趁機與鄂蘭巴雅爾的丈夫聯合起來，殺死了納木扎爾，篡奪了汗位。喇嘛達爾扎為汗之後，遭到大貴族策零敦多卜家族的反對，他們企圖擁立幼子策妄達什取代喇嘛達爾扎。但這個企圖落了空，喇嘛達爾扎殺死了策妄達什和達什達瓦，參與這一計畫的貴族達瓦齊和輝特部臺吉阿睦爾撒納逃到了哈薩克。喇嘛達爾扎發兵三萬進入哈薩克，務必趕盡殺絕達瓦齊等人以除後患。在這種危急形勢下，阿睦爾撒納被迫鋌而走險，殺死喇嘛達爾扎，擁立達瓦齊為準噶爾大臺吉。

當年九月，在達什達瓦被殺後，宰桑薩喇勒率上千戶降清，清政府將降眾安置在察哈爾地區游牧，編入蒙古正黃旗管轄。乾隆十八年（1753年），因不堪內亂之苦，杜爾伯特部車凌臺吉、車凌烏巴什及車凌孟克（合稱「三車凌」）率三千戶歸附。這時，不少大臣怕招致準噶爾報復，主張拒降不納。乾隆則主張受降，他下令定邊左副將軍成袞扎布動用大批牲畜糧食送給三車凌降眾，其中一次就賞給羊13000隻，把他們安置在推河、拜達里克附近耕牧。乾隆從三車凌降眾那裡瞭解到準噶爾部「人心不一，甚屬乖離」，因此下決心進兵。

乾隆十九年（1754年），達瓦齊與阿睦爾撒納因爭權奪利而矛盾激化，雙方大戰於額爾齊斯河河源，這一次達瓦齊大獲全勝。阿睦爾撒納牧場和部眾被奪，無奈之下與和碩特部臺吉班珠爾、杜爾伯特部臺吉訥默庫，共率兵5000、婦女部眾20000人內附降清，清政府照例賞賜大批糧食牲畜接濟。這年十一月，乾隆還打破清朝皇帝冬天留居北京的慣例，乘馬三日，冒著嚴寒趕往避暑山莊，接見阿睦爾撒納一行，封其為親王，訥默庫、班珠爾為郡王，其他首領分別封為貝勒、貝子、公、臺吉等。乾隆接見阿睦爾撒納時，以蒙古語問其內部變亂始末，並聽取了阿睦爾撒納、瑪木特等人對進兵準噶爾的意見。清朝對準噶爾部用兵，歷來都在秋高馬肥之時，阿睦爾撒納等人則認為春天更為合適。乾隆隨即改變計畫，定於明年二月分兩路進軍。

乾隆二十年（1755年）正月，乾隆任命班第為定北將軍，阿睦爾撒納為定邊左副將軍；永常為定西將軍，薩喇勒為定邊右副將軍。新歸降的訥默庫、班珠爾、車凌、車凌烏巴什等人為各路參贊大臣。二月，乾隆命定邊左副將軍阿睦爾撒納率參贊大臣額駙色布騰巴勒珠爾、郡王品級青滾雜卜、內大臣瑪木特、奉天將軍阿蘭泰由北路進征，定邊右副將軍薩喇勒率參贊大臣郡王班珠爾、貝勒品級札拉豐阿、內大臣鄂容安由西路進征。

此時，因為連年的內亂，衛拉特諸部人心思定，清軍所到之處，紛紛主動歸降。乾隆知道後心情十分振奮，當即命令把他御用的數珠、荷包等物賜給歸降的各部王公，冊封各部的首領為汗，並期待清軍盡早俘虜達瓦齊。

乾隆選擇春天用兵，的確打了達瓦齊一個措手不及。達瓦齊見勢不妙，率部10000餘人逃到伊犁西南的格登山結營固守。五月，兩路清軍從伊犁固勒扎渡口越推墨爾里克嶺直抵

平定準部回部得勝圖之格登鄂拉斫營

▲《平定準部回部得勝圖》是一組表現乾隆時期清軍平定準噶爾部和回部叛亂的戰爭銅版畫，由清宮畫師郎世寧等人繪製。其中，《格登鄂拉斫營》描繪清軍平定準噶爾部達瓦齊叛亂的關鍵性戰役「格登山之戰」，圖中一支精銳騎兵小隊衝入敵營，展現了當時的激烈情景。

《乾隆欽定皇輿西域圖志》之西域全圖

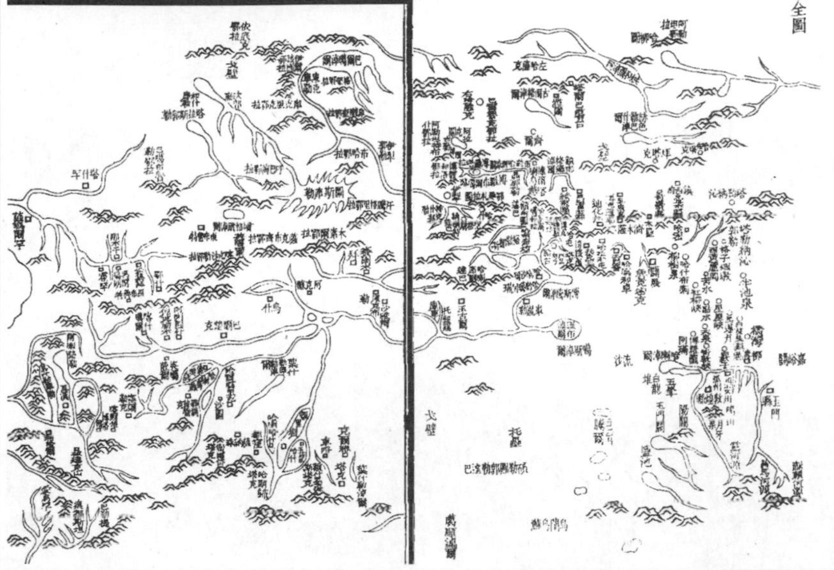

◀《乾隆欽定皇輿西域圖志》是一本官方修訂的西域全境地理志書。古代的西域有廣義和狹義之分，其中狹義的西域指玉門關和陽關以西，巴爾喀什湖和蔥嶺以東，準噶爾沙漠以南，青藏高原以北，即天山南北地區。清朝初年朝廷以天山為界，分北邊為準部，南邊為回部。

格登山，巴圖魯阿玉錫率20餘騎偵察道路，卻發現準兵混亂不堪，隨即乘夜襲營，往來奔馳。準噶爾軍大亂自潰，彼此踐踏。達瓦齊不知虛實，僅率2000人逃走，剩下約7000人都投降清軍。達瓦齊逃到南疆烏什城時，身邊僅剩百餘人。六月十三日，烏什城伯克霍吉斯懾於清朝的兵威，設計擒獲達瓦齊及其子羅布扎等70人，送給定北將軍班第。至此，盤踞伊犁七八十年的準噶爾割據政權被消滅了。這次戰役，清軍還有意外收穫，擒獲了雍正初年逃到伊犁的青海和碩特頭目羅卜藏丹津。

然而就在此時，意外發生了：準噶爾部平而復亂。當初，阿睦爾撒納降清並非自願，而是與達瓦齊爭權失敗後的無奈之舉。他眼看清軍一舉蕩平衛拉特諸部，野心復萌，想要藉清軍大勝之威自立為汗，一統衛拉特四部。乾隆對此洞若觀火，急令阿睦爾撒納到避暑山莊覲見，同時密諭諸將嚴密監視其動向。阿睦爾撒納有所察覺，於是在覲見途中逃跑，煽動衛拉特諸部叛清。準噶爾戰亂再起，乾隆迅速調整部署，重整軍隊，再度發兵準噶爾。以阿睦爾撒納為首的叛亂迅速被平息下去，阿睦爾撒納也逃往俄國。乾隆命理藩院再三照會俄國，要求引渡叛逃者。乾隆二十二年（1757年）八月，阿睦爾撒納在俄國染上天花病死後，俄國政府將他的屍體運至恰克圖，向清朝證明此人已死。以此為標誌，歷經康雍乾三朝的平准大業在乾隆手中完美收官。

徹底消滅準噶爾後，乾隆的下一個目標就是原在西北的回部。回部指今天新疆的天山南麓回人聚居區，回人也就是今天的維吾爾族人。回部封建貴族的首領稱為和卓，在乾隆時期回部有大小兩個和卓，大和卓名叫布拉尼敦，小和卓名叫霍集占。

在準噶爾強盛之時，回部被準噶爾所控制，清廷平定準噶爾，也將大小和卓放回了回部，並派人招撫回部。但這兩個人卻並不心存感激，在小和卓的唆使下，兩人在回部整頓鞍馬器械，準備起兵謀反。在殺死了朝廷派來的使者後，霍集占自稱巴圖爾汗宣布叛亂。於是，西北戰端又起。

乾隆二十三年（1758年）正月，乾隆命雅爾哈善為靖逆將軍，額敏和卓、哈寧阿為參贊大臣，順德訥、愛隆阿、玉素布為領隊大臣，出征回部。八旗綠營10000餘人首先進攻新疆庫車，

平定準部回部得勝圖之黑水解圍

▲ 此圖描繪兆惠率軍被圍黑水營百餘日後，與援軍裡應外合擊潰叛軍的場景。這場戰役是平定大小和卓之亂的轉折，黑水營圍解後，清軍在當地少數民族首領的配合下，完全掌握了戰場主動權，很快便大勝而歸。

雅爾哈善切斷庫車城的糧草，屢次擊敗庫車城出戰的守軍，霍集占親自率軍8000前來救援庫車。雅爾哈善在庫車以南擊敗援軍，回部損失千餘人，霍集占受傷逃進庫車。清軍雖然屢戰屢勝，卻拿庫車城沒有辦法，後來清軍挖地道攻城，快要挖到城下時，城裡的回部軍發現了挖地道的照明火光，在城裡挖了條水溝，水倒灌進地道，清軍損失慘重。只好消極包圍庫車，持續攻城。霍集占決定逃跑，有個叫鄂對的回部頭人來投降，告訴雅爾哈善說小和卓要跑，雅爾哈善不信，八天後，霍集占果然設計逃走了。

雅爾哈善放跑了主要罪犯霍集占，乾隆一怒之下就撤了他的職，以名將兆惠代替他的職務。兆惠上任後，清軍一路勢如破竹，直達阿克蘇，當地的回部各城紛紛投誠。大小和卓一看大勢不妙，分兩路逃竄，布拉尼敦逃往喀什噶爾，霍集占逃往葉爾羌，兩人決定分兵把守，互為倚角，對抗清兵的進攻。

事實上，由於兆惠一路進軍太順利，乾隆在接到兆惠的捷報後，也麻痺大意，沒有安排後繼部隊。在這種情勢下，清軍兆惠部開始了一場史上著名的軍事冒險，兆惠率軍4000人左右，從烏什出發，越過千里大沙漠，抵達葉爾羌城外40里。在這個時候，兆惠部已經是孤軍深入了，萬一遇敵，下場有可能很慘。十月中，兆惠率軍渡過葉爾羌城東的喀喇烏蘇河，這條河也就是著名的黑水河。霍集占帶兵迎戰，是為黑水營之戰。兆惠率領少量輕騎渡河，剛渡了四百人，橋突然倒塌了。霍集占一見清軍渡河，立刻從葉爾羌城殺出來，把清軍分割成幾段，清軍猝不及防，只能倉促應戰。清軍輕騎簡出，不過千餘人，眾寡懸殊，所以只能以一當百，奮勇突圍，主將兆惠和明瑞兩人身上負傷多處，包括總兵高天喜、鄂實、三格、特通額等在內的100多人戰死。奮戰五晝夜，清軍突圍到葉爾羌城東的大營裡。霍集占欺負清軍人少，立刻包圍大營，大和卓布拉尼敦又率領10000餘人從喀什噶爾趕到，兩人將清軍大營圍得水洩不通。兆惠一面死守營寨，一面派人前往阿克蘇求救。

兆惠的求救信發到阿克蘇，留守大臣舒赫德大驚。他一面立刻寫奏章，命人飛馳入京上報給乾隆皇帝；另一面下令駐紮烏魯木齊的富德和阿里袞兩人率部火速前來阿克蘇，他自己親自率領阿克蘇的3500多人馳援兆惠。十一月中，告急文書到了京城，乾隆皇帝命令北疆的軍隊馬上馳援兆惠，同時抽調索倫、健銳營、察哈爾、西安等地的軍隊15000多人千里救援，同時，火線提拔兆惠為武毅謀勇一等公，並賜紅寶石帽頂、四團龍補服，以安定軍心。

乾隆二十三年（1758年）十二月嚴冬，在飢餓、乾渴、寒冷和勞累中被圍困了三個月的兆惠終於等來了援軍，富德和舒赫德兩人在葉爾羌以北會師。大小和卓決定分兵，一路繼續包圍兆惠，一路迎戰援軍，清軍的援軍與回部軍激戰三天，阿里袞帶領第二撥援軍趕到，兆惠也發動了突圍攻勢，裡應外合下擊敗回部軍隊，大小和卓逃跑。

乾隆二十四年（1759年）六月，休整完畢的兆惠和富德再次出兵。這一次他們不再冒險，穩紮穩打，拿下了葉爾羌和喀什噶爾，大小和卓帶著數千回民投奔巴達克山。清軍一路追擊，回民紛紛逃走，大小和卓只帶了幾個親信逃進巴達克山。然而，當地的酋長素勒坦沙把他們兩個捆起來殺了，把腦袋獻給了兆惠和富德。至此，回部完全平定，清王朝將回部改名為「新疆」。乾隆二十七年（1762年），設置伊犁將軍作為清政府派駐新疆的最高軍政長官，對新疆地區進行直接有效的管理。

準噶爾與回部的平定，使得清朝得以真正地統一西北，穩定了邊疆，鞏固了國家統一。

戰亂的平定，以及清政府的有效管理，令當地人民欣喜萬分。為了表達對乾隆皇帝的崇敬，西北各族首領尊稱乾隆為「博格達汗」，把乾隆平定西北的功績廣為傳頌。這樣，消息就漸漸地傳到了游牧於伏爾加河下游的土爾扈特部那裡。

土爾扈特是衛拉特蒙古四部之一。在明崇禎元年(1628年)，土爾扈特部為躲避準噶爾部的威脅，離開傳統的牧場向西遷徙。來到了當時尚未被沙皇俄國占領的伏爾加河下游，在那裡開闢牧場，繁衍生息，建立了土爾扈特汗國。在伏爾加河下游生活了140多年後，土爾扈特部決定返回故土。

這首先是因為來自沙俄帝國的壓迫令他們不堪忍受。

第一，在政治上，土爾扈特汗國正面臨著巨大的危機。土爾扈特汗國建立之初，與沙俄地位是平等的，但是後來隨著沙俄國勢增強，土爾扈

西域發展簡表

歷史時期	主要民族	與中央政府關係
漢朝	塞國、月氏、烏孫、匈奴、漢	小國林立，或臣服漢朝，或臣服匈奴；後西漢置西域都護府直接管理。
唐朝	突厥、回紇（回鶻）、粟特、吐蕃、漢	西域各國臣服，朝廷設安西都護府、北庭都護府直接管理；安史之亂後朝廷逐漸放棄西域。
元朝	蒙古、突厥、高昌回鶻、吐蕃	察合臺汗國，成吉思汗次子察合臺封國，多次與朝廷發生戰爭，無統屬關係。
明朝	蒙古、畏兀兒（維吾爾族前身）、漢、藏	中央政府沒有直接管轄；先後被東察闊臺汗國、葉爾羌汗國統治。
清朝	蒙古、藏、維吾爾、滿、漢	準噶爾汗國割據對抗清朝，乾隆時平定准部和回部後設置伊犁將軍直接管理。

▲ 此圖描繪了土爾扈特部落的游牧生活，他們於明末清初遷至伏爾加河下游，乾隆年間，因不堪忍受沙俄的殘暴統治而決定回國。經過艱苦的旅途，土爾扈特部終於舉族回到中國，乾隆將他們安排在伊犁等地生活。

特汗國地位漸漸下降。到東歸前夕，沙俄正在威逼土爾扈特汗國俯首稱臣。而且強令土爾扈特進行政治改革，分割汗王渥巴錫的權力。

第二，在經濟上，大量的哥薩克向東移民，不斷擠壓土爾扈特部的牧場，限制土爾扈特畜牧經濟的發展。

第三，在文化上，逼迫信仰藏傳佛教的土爾扈特人改信東正教。

第四，18世紀以來，沙俄不斷發動擴張戰爭，徵用土爾扈特的青壯年從軍跟土耳其打仗，土爾扈特的人員傷亡很大。

第五，東歸前夕，當時的沙俄政府再三逼迫土爾扈特部將首領渥巴錫汗的獨生子與其他部落首領的繼承人送到聖彼得堡當人質。

在這樣的形勢下，土爾扈特人的命運面臨著一個嚴峻的考驗和選擇。而來自於強大祖國的消息，清王朝國勢的強盛，宿敵準噶爾部的覆滅，這些無疑鼓舞了土爾扈特人作出了東歸的決定。

乾隆三十五年（1770年）秋，在伏爾加河下游草原的一個秘密地點，土爾扈特汗王渥巴錫主持召開了秘密會議。他們莊嚴宣誓：離開沙皇俄國，返回祖國。

但是，這個消息還是被俄國人知道了。形勢的急劇變化，迫使渥巴錫不得不提前行動。他們本來計畫與左岸的10000餘戶同胞一道返回故土。不巧當年竟是暖冬，河水遲遲不結冰，左岸的人無法過河。只好臨時決定，右岸的30000餘戶立即行動。

土爾扈特東歸的消息，很快傳到了聖彼得堡。俄國女皇葉卡捷琳娜二世認為，讓整個部落從她的鼻尖下走出國境，這是沙皇羅曼諾夫家族的恥辱，立即派出大批哥薩克騎兵尾追東歸的土爾扈特人。同時採取措施，把留在伏爾加河左岸的10000餘戶土爾扈特人嚴密監控起來。

由於土爾扈特人是趕著牲畜前進的，隊伍很快被哥薩克騎兵追上，來不及把散布在廣闊原野上的隊伍集中起來抵抗，9000餘名戰士和牧民戰死。除了殘酷的戰鬥，一路上嚴寒和瘟疫的襲擊也使得土爾扈特人口大量減員。有人對能否返回祖國喪失了信心。在這艱難時刻，渥巴錫及時召開會議，鼓舞士氣，他說：我們寧死也不能回頭！

因為土爾扈特人東歸的消息清政府毫不知情，所以土爾扈特人無法得到清政府的任何援助。英勇的土爾扈特人完全憑藉著自己的力量和毅力，義無反顧地奔向故土。

乾隆三十六年（1771年）三月，定邊左副將軍車布登札布向朝廷奏報，俄方派人來通報土爾扈特舉部東返，要求清政府拒絕接收並予以遣返，清政府才得知這一消息。

土爾扈特人歸來的消息立即在朝廷中引起了爭論——是按照俄國人說的把他們遣返，還是接納收撫他們？朝中王公大臣們的意見並不統一，最後在經過調查，明確土爾扈特東歸的意圖之後，清政府決定：第一，對於俄羅斯的要求，堅決不理；第二，對歸來的土爾扈特人，要優撫賑濟，妥善安置。

當年五月，土爾扈特的先頭部隊在伊犁河流域的查林河畔與前來迎接他們的清軍會合。土爾扈特人一路浴血奮戰，歷時近半年，行程上萬里。他們戰勝了沙俄、哥薩克和哈薩克等軍隊不斷地圍追堵截，戰勝了一路難以想像的艱難困

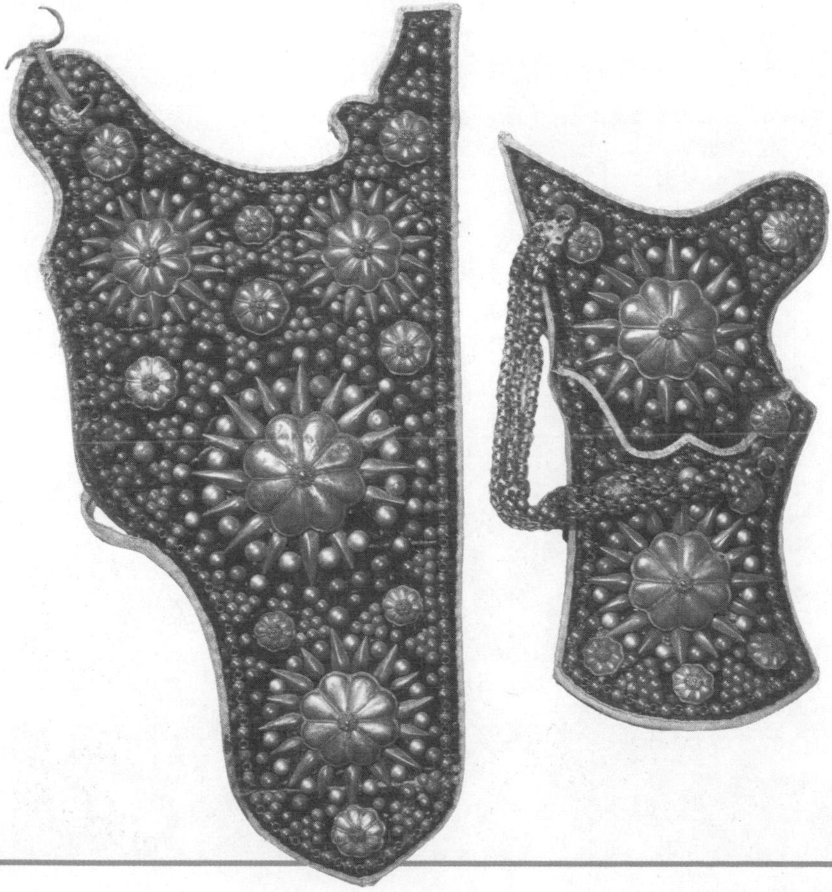

黑絨嵌銀花撒袋

◀ 此撒袋是土爾扈特使團進獻給乾隆皇帝的貢品，其羊皮條上寫著「土爾古特臺吉敦多布達什恭進撒袋一副，乾隆二十一年」。撒袋是對弓袋與箭囊的合稱，在游牧民族的風俗中，贈送撒袋有崇敬、臣服、祝賀等含義。

苦，付出了極大的代價和巨大的犧牲，終於實現了東歸壯舉。

六月，渥巴錫隨清軍總管伊昌阿到伊犁會見負責此事的參贊大臣舒赫德，舒赫德轉達了乾隆帝的旨意，讓渥巴錫等人在秋高氣爽時節前往避暑山莊覲見，並轉交了乾隆皇帝頒給渥巴錫、策伯克多爾濟、捨楞等人的加恩敕書。渥巴錫等人隨後出發前往承德避暑山莊覲見乾隆皇帝。

是年八月，正逢承德普陀宗乘之廟（今外八廟之一，又稱小布達拉宮）竣工，舉行盛大的法會。這座藏傳佛教寺廟是為了慶祝乾隆本人的六十壽辰與皇太后的八十壽辰而建，邊疆各少數民族首領齊聚承德為皇帝和皇太后祝賀。就在這種情況下，乾隆三次接見渥巴錫等人，並且多次單獨召見渥巴錫，與他長談。這在當時可以說是最高的禮遇了。乾隆還下令在普陀宗乘之廟　起兩塊巨大的石碑，用滿、漢、蒙、藏四種文字銘刻他親自撰寫的《土爾扈特全部歸順記》和《優恤土爾扈特部眾記》，紀念這一重大的歷史事件。

為了妥善安置歸來的土爾扈特部眾，清政府指派官員勘察水草豐美之地，最後在準噶爾盆地南北和西部確定了游牧地，命名為「渥巴錫所領之地」也稱舊土爾扈特，分東西南北四路。在科布多劃分出牧場為舍楞所領之地，稱新土爾扈特。因為土爾扈特部在東歸過程中損失巨大，所以，在劃定了牧場之外，清政府和當地其他民族支援土爾扈特人大批的牲畜和糧食，駐守當地的綠營官兵還教會他們如何種地。在祖國，土爾扈特人感受到了久違的關懷。

然而，就在西北邊疆平靜之際，西南戰火再燃。渥巴錫等人一路快馬加鞭去往避暑山莊覲見時，一封西南急報已經比他們更早到達：事隔22年，大金川土司勾結小金川土司再次叛亂，攻掠周邊。乾隆下令平叛，只是他沒想到，這次戰爭竟然持續了5年。

大小金川是有「小金沙江」之稱的雅礱江（古稱瀘水——就是諸葛亮「五月渡瀘」、七擒孟獲的那條瀘水）的兩條支流，地處四川西北

▼《平定兩金川得勝圖》由清宮畫師艾啟蒙等人繪製，主要表現乾隆年間清政府出兵平定大小金川叛亂的事蹟，《攻克日旁一帶》描繪了清軍攻克日旁石碉的場景。大小金川位於崇山峻嶺之中，石碉則築於嶺間險要處，易守難攻，這也是大小金川土司發動叛亂的倚仗之一。

部，既是川西北藏民聚居地，也是明清時土司名稱。同其他地區藏民一樣，大小金川土司的藏民也都信仰藏傳佛教，他們在河谷兩岸的山地上開墾出梯田來種植青稞、蕎麥，在不能開墾的地方建築石碉居住。

早在乾隆十二年（1747年），大金川土司莎羅奔以聯姻為名，誘奪小金川土司澤旺的印信，公開叛亂，攻掠臨近的革布什咱土司、明正土司。乾隆命四川巡撫紀山派兵鎮壓，結果當地清軍被土司軍隊擊敗，叛亂進一步擴大。於是，乾隆任命老將張廣泗為川陝總督，率兵進剿大金川。受地勢氣候的限制，清軍在川北山地的戰鬥力大打折扣，屢戰屢敗。乾隆十三年（1748年）四月，任命訥親為經略大臣，率軍支援，並起用已62歲高齡的老將岳鍾琪隨行。乾隆本以為張廣泗老於軍旅，熟悉軍情；訥親精明幹練，雖然不懂軍事，還有老將岳鍾琪做參謀，一定可以順利平定大金川叛亂。可他萬萬沒有想到的是，監生出身轉任武職的張廣泗是軍中宿將，根本看不起勳貴出身、長期擔任文官的訥親。訥親也對張廣泗的指揮方略和個人作風不滿。而這兩人又都認為岳鍾琪年老糊塗，根本無視這位老將軍的意見。這下好了，將帥不和，外加不採納參謀意見，結局也就可想而知。尤其令乾隆憤怒的是，戰敗後張廣泗、訥親兩人彼此彈劾，互相推諉過失。乾隆一怒之下，將張廣泗問斬，訥親賜死。改命保和殿大學士傅恆為經略大臣，負責平叛事宜。傅恆到任以後，並不因出身宰相世家、當朝外戚而自傲，而是對老將軍岳鍾琪尊敬信任。乾隆十四年（1749年）年初，傅恆採納岳鍾琪的建議，分兵兩路直撲大金川官寨勒烏圍，岳鍾琪率13輕騎直入敵寨勸降。因為莎羅奔以前多次在老將軍麾下作戰，攝於岳鍾琪的威名，再加上面對清軍的恐懼，莎羅奔決定投降了。按照藏地習俗，莎羅奔頭頂佛經起誓，永遠效忠大清，再也不敢反叛。乾隆接到露布（一種用來傳遞軍事捷報的帛製旗，上書文字）飛遞之後很高興，決定赦免莎羅奔父子。

紫光閣功臣圖之傅恆像

▲ 傅恆（1720年～1770年），乾隆朝前期重臣，歷任侍衛、總管內務府大臣、戶部尚書等職，授軍機大臣加太子太保。傅恆曾督師大金川之戰，降服莎羅奔父子，立下赫赫戰功。乾隆三十三年（1768年），傅恆在征緬甸的戰役中染病，三十五年卒，乾隆親自奠酒，賜謚文忠。

乾隆三十六年（1771年）大小金川第二次叛亂的時候，莎羅奔已經去世，新任大金川土司的叫索諾木，是莎羅奔的姪孫；小金川的土司叫僧格桑，是澤旺的兒子。乾隆命定邊將軍溫福、四川總督桂林兵分兩路，先攻小金川。僧格桑向索諾木求援，索諾木派兵與僧格桑合力抵抗清軍。但清軍勢大，逐步攻克小金川各寨，僧格桑退入大金川。溫福繼續攻打大金川，遭到大金川的頑強抵抗，於是改用「以碉制碉」的戰術，步步推進。乾隆三十八年

平定兩金川得勝圖之午門獻俘

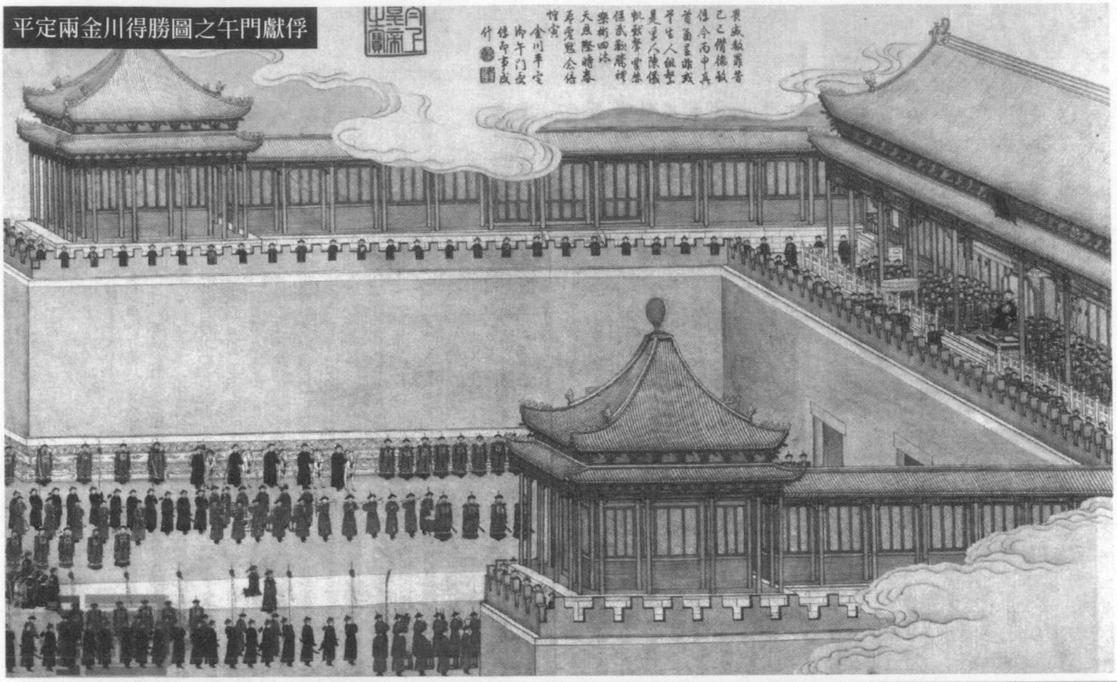

▲ 此圖是《平定兩金川得勝圖》組畫中的倒數第二幅，描繪了朝廷平定大小金川叛亂之後，於午門舉行盛大獻俘禮的場景，以彰顯大清帝國強盛的國力和軍威。

（1773年），由於主帥溫福大意和兵力分散，清軍被斷了糧道和水源，儲備的火藥也被毀大半，清軍主力屯駐的木果木大營被攻破，主帥溫福、四川提督馬全以下官兵戰死4000餘人，可謂慘敗。

時值六月，乾隆在避暑山莊聽到戰敗的噩耗後，任命禮部尚書阿桂為定邊將軍，隨即轉授定西將軍，率領銳健營、火器營兩千士兵和吉林索倫兵兩千增援。這一次清軍兵分三路，彼此呼應，穩紮穩打，攻勢猛烈。乾隆四十年（1775年）七月，事隔26年，清軍再次攻至勒烏圍。索諾木驚恐之下，毒死了僧格桑後乞降，並請求赦罪。阿桂沒有答應，因為乾隆早有諭旨，這次一定要嚴懲叛亂頭目。拒降之後，清軍猛攻勒烏圍，用大炮轟開城牆，攻下大金川官寨。此時，索諾木早已逃離，躲到另外一個險地噶喇依。清軍在當地部落的帶領下，包圍了噶喇依，斷絕了索諾木的糧道和水源，並且用大炮日夜轟擊。索諾木絕望之下，於乾隆四十一年（1776年）二月投降，後來被凌遲處死。

平定大小金川之後，乾隆有感於土司時叛時降，不利於國家的穩定和統一，於是在大小金川繼續推行改土歸流政策。廢除了此地各部土司，代之以州縣。同時設置軍屯，防止再次發生叛亂。這一系列措施穩定了邊疆地區，維護了國家統一，加快了金川地區的社會發展，推動了當地政治、經濟、文化、社會的全面進步，使當地少數民族與漢族的交往更加深入，促進了民族融合與共同進步。

回首兩次平定大小金川，歷時5年，官兵死傷數萬，耗銀約7000萬兩。可見清王朝對西南地區穩定的重視。投入如此巨大，也難怪乾隆把這兩次計入「十全武功」了。

可是，在西南地區業已平定，乾隆認為大清盛世已經實現，可以安享太平的時候，僅安定十數年的西南邊疆再次傳來警訊。這次已經不是地方部族叛亂那麼簡單了，而是真正的外敵人侵。乾隆五十三年（1788年）七月，正在承德避暑山莊消夏的乾隆接到萬里之外的飛報：有個名叫巴勒布的國家入侵西藏，六月下旬的時候攻占了邊境城寨濟嚨、聶拉木、宗喀。這令78歲的老皇帝十分煩惱：這個巴勒布到底是從哪裡冒出來的？怎麼就敢侵犯我大清呢？經過一番調查，乾隆終於弄清楚了，這巴勒布就是西藏以南的尼泊爾，雍正年間曾遣使入貢。只是現在人家改朝換代了，新建立的廓爾喀王朝四處擴張，已經把周邊的小邦國全部統一了，於是瞄上了喜馬拉雅山北的西藏地區。

乾隆意外之餘，立即命令四川提督成德率軍1000馳援，後令成都將軍鄂輝率軍3000進藏支援，而後又派出理藩院侍郎巴忠入藏統籌一應事務。因為路途遙遠，援軍到達前線時廓爾喀軍隊已經撤走，於是收復濟嚨、聶拉木、宗喀三地。巴忠與西藏地方貴族瞞過乾隆皇帝，私下同廓爾喀議和，竟然允諾賠償對方白銀15000兩。這就為第二次廓爾喀之役埋下伏筆。

乾隆五十六年（1791年），廓爾喀再次出兵西藏，偷襲日喀則，逼走七世班禪丹貝尼瑪，洗劫了扎什倫布寺。乾隆急調兩廣總督福康安統兵入藏。次年（1792年）五月，福康安在做好準備工作之後，指揮清軍迅速出擊，將廓爾喀侵略軍殲滅，收復失地。而後清軍翻越喜馬拉雅山，反攻廓爾喀，一路南下，攻至其國都陽布（今加德滿都）城下。廓爾喀無奈與清朝議和。乾隆也沒有吞併廓爾喀的想法，於是同意了。重新規定了邊界線，廓爾喀歸還了在藏地劫掠的財物。

乾隆有感於西藏地方統治不力，面對外敵入侵時不能組織起有效防禦，於是著力整頓西藏地方政務。乾隆五十八年（1793年），頒行《藏內善後章程》29條，規定駐藏大臣地位與達賴、班禪相等；靈童轉世必須經過「金瓶掣籤」來確認；地方上一切事務必須經駐藏大臣同意後才能實行；西藏一切對外事務由駐藏大臣全權處理；建立西藏地方常備軍等。如此一來，清政府對西藏的管理制度更加完善，並在政治和法律上明確規定了西藏是中國不可分割的領土。

乾隆時期清朝的這幾次大規模軍事行動，將清朝的版圖擴展到全盛時期：東起庫頁島和臺灣，西至巴爾喀什湖和蔥嶺，南至南海南沙群島，北達漠北和外興安嶺，領土面積達到1300多萬平方公里。形成了當時世界上最大的多民族大一統封建帝國。

金本巴瓶

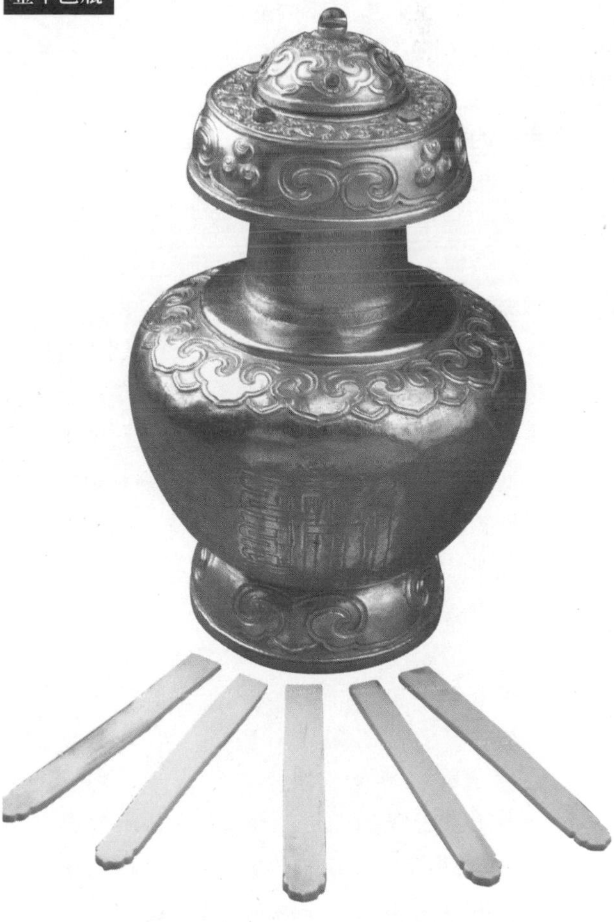

▲ 清政府在《藏內善後章程》中，明確規定了達賴、班禪的轉世靈童必須經「金瓶掣籤」確認。金瓶由乾隆頒賜，內置如意頭象牙籤5支，掣籤時分別寫上候選人的名字。金瓶現存兩個，分別置於拉薩大昭寺和北京雍和宮內。

第3節

高壓的文化專制政策

西元1750年～西元1778年

乾隆的「十大武功」締造了清朝全盛時候的版圖，稱得上是「遠邁漢唐」。可是單憑武功是稱不上「盛世」的，還需要「文治」，換句話說，就是看文化建設成就。清王朝作為中國歷史上最後一個封建王朝，在「文治」上卻很難襯得起它的「武功」。因為清朝從建立到滅亡，一直實行的是高壓的文化專制政策。

說起來原因很簡單，就是滿清作為一個少數民族政權，在面對擁有極大文化優勢的漢族時，心理上是缺乏自信的，自然就缺少一份文化上的寬容。所以，滿清入關以後，很快選擇了有利於封建專制統治的儒學，尤其是程朱理學作為維護統治的官方正統思想。清朝康雍乾三代帝王均大力推行文教，用儒家的綱常名教、倫理道德來維繫世風人心，形成了統一的思想，為康乾盛世的出現提供了思想理論的基礎。

崇儒重道，興盛文教最好的辦法就是修史編書。清朝諸帝非常重視圖書編纂工作。前文已經介紹了康熙年間是如何組織編寫大型圖書文化典籍的。那時候受限於國力和政治現實，康雍兩朝官修圖書數十種，涵蓋了經史、詩文、音韻、字典、天文曆法、政書、類書等，為乾隆時期繼續編修圖書奠定了深厚根基。乾隆年間，社會穩定、國力強盛，乾隆皇帝投入了更多的精力和人力、財力用於大規模的文化建設。乾隆還親自過問，有時甚至親自主持圖書編修工作。在如此重視和投入之下，乾隆一朝官修大型圖書100餘種，完成了順治朝編撰的《明史》和康熙下令編寫的《大清一統志》，編成了《續文獻通考》、《皇朝文獻通考》、《大清會典》，文字音韻有《清文鑑》、詩文有《唐宋詩醇》、地理有《大清一統志》、農家有《授時統考》、醫家有《醫宗金鑑》、天文曆法有《歷象考成後編》等。

無論是在數量和卷帙上，還是在內容和部類上，乾隆朝官修書籍都堪稱是中國古代歷代帝王之首。如此眾多書籍的編纂成功，以博大恢宏的氣象，把康乾盛世的文化建設推上了頂峰。

乾隆年間編纂的圖書中，影響最為深遠的莫過於《四庫全書》。《四庫全書》是在乾隆皇帝親自倡導和時刻關注下編修而成的。根據《四庫全書總目》，全書共著錄書籍3641種、79307

《明史》

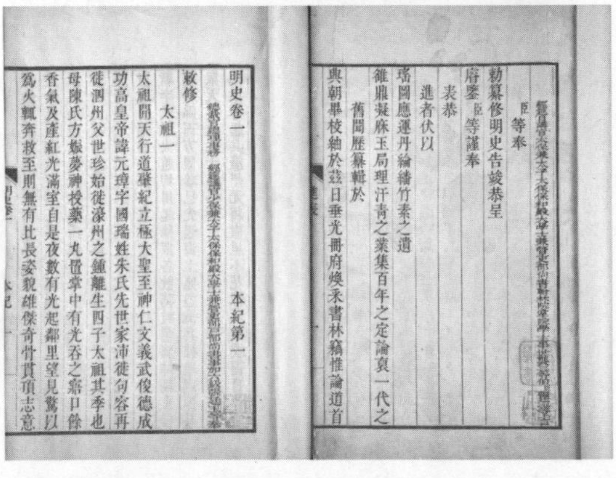

臣 等奉
勅纂修明史告竣恭呈
府鑒臣 等謹奉
表恭
進者伏以
瑤圖應運丹綸續竹素之遺
錐鼎凝庥玉局理汗青之業集百年之定論裒一代之
舊聞歷纂輯於
興朝畢校紬於茲日垂光冊府煥采書林竊惟論道首

明史卷一 本紀第一
敕修
太祖一
太祖開天行道肇紀立極大聖至神仁文義武俊德成
功高皇帝諱元璋字國瑞姓朱氏先世家沛徙句容再
徙泗州父世珍始徙濠州之鍾離生四子太祖其季也
母陳氏方娠夢神授藥一丸置掌中有光吞之寤口餘
香氣及產紅光滿室自是夜數有光起鄰里望見驚以
爲火輒奔救至則無有比長姿貌雄傑奇骨貫頂志意

▲《明史》是二十四史的最後一部，記載了從洪武元年（1368年）到崇禎十七年（1644年）兩百多年的歷史事件。此書實際編修工作始於康熙十八年（1679年），完成於乾隆四年（1739年），其傳本以武英殿初刻本為最佳。

《四庫全書》分類表

《四庫全書》（四部，四十四類，六十六屬）

- 經部十類，收錄儒家「十三經」及相關著作：易類、書類、詩類、禮類、春秋類、孝經類、五經總義類、四書類、樂類、小學類
  - 禮類六屬：周禮、儀禮、禮記、三禮總義、通禮、雜禮書
  - 小學類三屬：訓詁、字書、韻書
- 史部十五類，收錄各種史書：史類、編年類、紀事本末類、雜史類、別史類、詔令奏議類、傳記類、史鈔類、載記類、時令類、地理類、職官類、政書類、目錄類、史評類
  - 詔令奏議類二屬：詔令、奏議
  - 傳記類五屬：聖賢、名人、總錄、雜錄、別錄
  - 地理類十屬：宮殿疏、總志、都會郡縣、河渠、邊防、山川、古蹟、雜記、遊記、外記
  - 職官類二屬：官制、官箴
  - 政書類六屬：通制、典禮、邦計、軍政、法令、考工
  - 目錄類二屬：經籍、金石
- 子部十四類，收錄諸子百家著作和類書：儒家類、兵家類、法家類、農家類、醫家類、天文算法類、術數類、藝術類、譜錄類、雜家類、類書類、小說家類、釋家類、道家類
  - 天文算法類二屬：推步、算書
  - 術數類七屬：數學、占候、相宅相墓、占卜、命書相書、陰陽五行、雜技術
  - 藝術類四屬：書畫、琴譜、篆刻、雜技
  - 譜錄類三屬：器物、食譜、草木鳥獸蟲魚
  - 雜家類六屬：雜學、雜考、雜說、雜品、雜纂、雜編
  - 小說家類三屬：雜事、異聞、瑣語
- 集部五類，收錄詩文詞總集和專集：楚辭、別集、總集、詩文評、詞曲
  - 詞曲類五屬：詞集、詞選、詞話、詞譜詞韻、南北曲

卷；存目書籍6793種、93551卷；合計10434種、172858卷。《四庫全書》是中國古代最大的一部官修書，也是中國古代最大的一部叢書，幾乎包括了乾隆之前歷史上的全部典籍。編纂《四庫全書》，是中國古代歷史上最為浩大的一項文化工程。在18世紀，像《四庫全書》這樣的文化巨著，不僅在中國，就是在當時的世界上，也是絕無僅有的。

乾隆三十七年（1772年）正月，乾隆頒詔，在全國搜集徵收古今圖書充實內府。但地方官員只是傳達公文，敷衍了事，圖書徵集工作並不順利。十一月，安徽學政朱筠提出在徵收圖書的同時要整理宮中藏書和輯佚校錄《永樂大典》的建議。這既符合乾隆徵收全國圖書的文件精神，又迎合了乾隆皇帝「文治武功，稽古右文」的心理。於是乾隆三十八年（1773年）正式開設四庫全書館，匯集了當時全國最頂級的學者，如紀曉嵐、戴震、陸錫熊、孫士毅、姚鼐、陸費墀、邵晉涵、朱筠等人。他們負責徵收輯校、爬梳整理、辨偽考證、撰寫提要、編纂目錄等工作。

乾隆始終高度重視《四庫全書》的編纂工作，親自制定了圖書採輯著錄的標準，分為應刊、應抄、應存、應刪四類。具體甄別工作由四庫館臣商定後寫出意見，總裁審閱後交由乾隆定奪。當然，要編纂這樣一部鴻篇巨製，僅憑皇帝重視，徵訪天下書籍，集中大量財力物力，建立

專門的組織機構，召集天下著名學者共同參與是不夠的，還需要一位高水平、大手筆、學識淵博的人來總攬全局。紀昀就以其博學多才而被任命為四庫總纂修官，在《四庫全書》纂修過程中有著核心與主導作用。

紀昀，字曉嵐，一字春帆，晚號石雲，生於雍正二年（1724年），卒於嘉慶十年（1805年），直隸獻縣（今河北獻縣）人。他出生於書香世家，從小就聰慧異常，有「神童」之稱。他讀書過目不忘，才思極為敏捷，博覽群書，學識淵博，工詩、善賦、能文，尤長於聯語對句。

乾隆四十六年（1781年）十二月，經過紀昀和其餘四庫館臣近10年的辛勤工作，第一部《四庫全書》終於告成，貯藏於宮中文淵閣內。乾隆四十九年（1784年），繼第一部之後抄繕的第二、三、四部《四庫全書》相繼告成，先後送藏盛京（今瀋陽）故宮文溯閣、京郊圓明園文源閣、熱河（今承德）避暑山莊文津閣。這是《四庫全書》北四閣，又稱內廷四閣，僅供皇室閱覽。乾隆五十二年（1787年）四月，續繕的三部《四庫全書》也同時完成。乾隆下令送藏於揚州的文匯閣、鎮江的文宗閣、杭州的文瀾閣中，即浙江三閣，又稱南三閣，南三閣允許文人士子入閣閱覽、抄錄。

另外，清朝皇帝們也對不利於滿清統治的各種思想、言論、行為採取排斥、鎮壓等嚴厲打擊的政策。其中，最常見的就是禁書和文字獄。

禁書就是銷毀、查禁不利於清朝統治的書籍，清朝最大規模的一次禁書活動就是趁編修《四庫全書》之時開始的。乾隆藉編纂《四庫全書》開館徵書的機會，禁毀了大量書籍。據今人統計，總共禁毀書籍3100餘種、151000多部，銷毀書版80000多塊。這給中國古代典籍尤其是宋代以後的典籍帶來了無法估量的損失。

另外就是文字獄。文字獄就是按文字作品定罪的冤獄。文字獄首先出現在滿清入關後的順康時期，乾隆年間達到頂峰。這些案件絕大多數都是捕風捉影、望文生義，純屬冤案。往往一件冤獄興起，就要牽連無數人。這些人不管是否識字，是否相干，結局不是被處死就是被流放。這樣冤屈悲慘的景象，在中國歷史上是極其罕見的。

康熙朝著名的大型文字獄有莊廷鑨《明史》案和戴名世《南山集》案。

明朝滅亡後，浙江湖州有個叫莊廷鑨的富戶，他早年好學，後來不幸患病致盲，但仍想著一部傳世史書。但他畢竟學問有限，恰好他有位同鄉學者朱國禎，曾在明天啟年間任內閣大學士，因受魏忠賢排擠，告病回鄉後編了一本《皇明史概》並刊行。未刊的稿本有《列朝諸臣傳》。莊廷鑨聽說後就出錢從朱國禎後人處買了史稿，並延攬江南一帶有志於纂修明

清代禁書之《武備志》

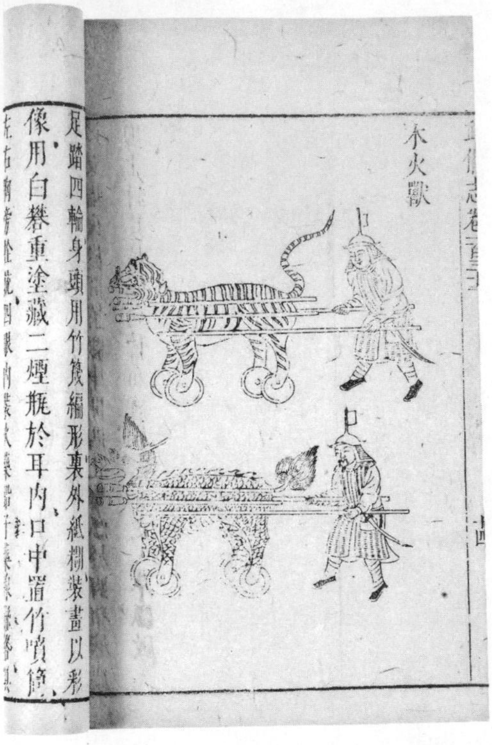

▲ 圖為明代茅元儀所作《武備志》書影。該書為明天啟元年（1621年）刻本，匯集了兵家術數之書兩千餘種。因書中有許多對女真族及後金的不敬之語，遂在乾隆年間被禁毀。

潛虛先生集

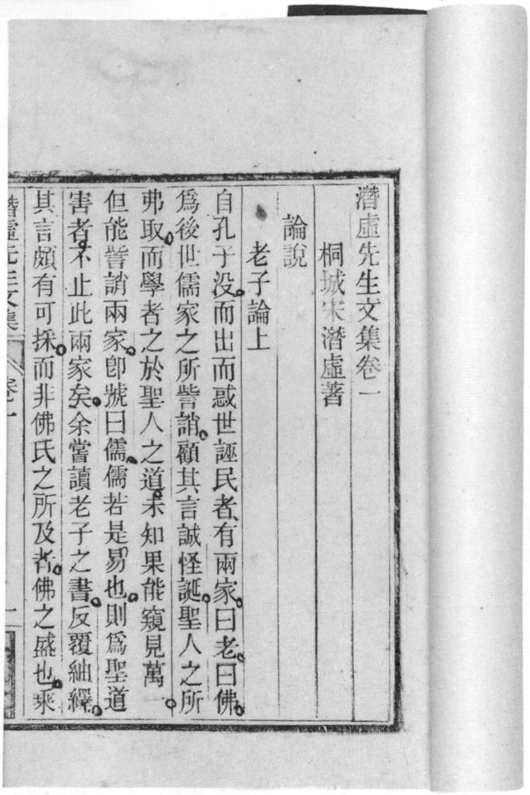
潛虛先生文集卷一
桐城宋潛虛著
論說
老子論上
自孔子沒而出而惑世誣民者有兩家曰老曰佛
爲後世儒家之所訾謷顧其言誠怪誕聖人之所
弗取而學者之於聖人之道未知果能窺見萬一
但能訾謷兩家即詭曰儒儒若是易也則爲聖道
害者不止此兩家矣余嘗讀老子之書反覆紬繹
其言頗有可採而非佛氏之所及者佛之惑也衆

▲ 康熙時期知名的戴名世文字獄案，其導火線即這部《潛虛先生集》，原名《南山集》。書中大量引用南明年號，觸及了清廷最為敏感的神經，不久即被嚴令禁毀。但仍不斷被人們秘密傳抄，換名為《潛虛先生文集》流傳於世。

史的才子文士，補寫了崇禎朝及南明的史事。修成後取名《明史輯略》刻版刊行了。在敘及南明史事時，仍尊奉明朝年號，不承認清朝的正統，還提到了明末建州女真的事，這些都是清廷極為忌諱的。起初並無事，幾年後有人想去敲詐莊家，當時主編莊廷鑨已死，莊父仗著有錢買通官府消災解難。沒想到其中一個叫吳之榮的小官一怒之下跑到了北京告發。一下就被清廷辦成了文字大獄，除了寫書編書的，連刻版的、賣書買書的，包括沒有發現書中「悖逆」情況的官吏，也都被判了死罪。康熙二年(1663年)，涉及《明史》案一干「人犯」70餘人，在杭州同時被處死。

康熙時的翰林院編修戴名世，是當時的文史大家，對官修的《明史》感到不滿意，於是想自己私撰一部《明史》。所以，平時進行了充分的準備，寫了很多關於明朝的文章。康熙四十一年（1702年），他的學生把他的一部分文章刻印出版，命名為《南山集》，頓時風靡全國。康熙五十年(1711年)，書印出10年後被人告發。因為戴名世在文章中採用南明年號，康熙帝十分震怒，下旨將戴名世凌遲處死，戴氏家族凡男子16歲以上者立斬，女子及15歲以下男子發給滿清功臣家做奴僕。他的同鄉方孝標曾提供參考資料《黔貴記事》，也和戴名世同樣治罪；給《南山集》作序的汪灝、方苞、王源等人也被判斬刑；給《南山集》捐款刊印出版的方正玉、尤雲鶚等人及其家人，發配寧古塔（今黑龍江省牡丹江市附近）充軍。由《南山集》受到牽連的有300多人，後來康熙帝故作慈悲，除了戴名世改凌遲為斬刑，其他人都改判流放寧古塔，方孝標已死，但仍被挖棺戮屍。

清朝時的文化政策因為康熙開了這樣的一個壞頭，此後的雍正和乾隆二帝都效仿他這種高壓政策，動輒便以文字牽連數百人，因此清代文字獄盛況空前。直到乾隆後期，文字獄才逐漸減少。

自詡為「聖主」、「十全老人」的乾隆，把清朝的文字獄推行到了頂峰。據統計，康熙、雍正兩朝文字獄合計約30餘起，而整個乾隆時期，共發生130多起文字獄案。其中有47案的案犯被處以死刑，而且絕大多數是捕風捉影、望文生義的冤案。

起初，乾隆帝剛即位時，為避免再發生以文字罪人的冤獄，乾隆帝暫時聽從御史曹一士「請寬妖言禁誣告摺」，批准刑部的建議：今後凡是有人告發別人文字「違禁」的，如果沒有證據，一律照誣告反坐；如果承審的官員擅自興起冤獄的，按《大清律例》以「故入人罪」論處。這一下就消除了康雍兩朝文字獄在社會上造成的恐慌。

但好景不長，從乾隆十六年(1751年)開始，文字獄又死灰復燃，標誌是「偽孫嘉淦奏稿」案。孫嘉淦是歷經康雍乾三朝的老臣，一向以敢於直言極諫著稱，在官場和民間的聲望都很高。乾隆十五年(1750年)前後，在民間開始流傳一個奏稿，託名是孫嘉淦的手稿，其中有些內容如「五不解，十大過」，矛頭直指乾隆帝，並且對當時的朝中大臣進行了嚴厲地揭露斥責。一時間，全國官民暗自傳抄。次年六月，偽稿流傳到雲南時被地方官員發現後上奏，於是，乾隆下令在全國秘密追查偽稿作者。

皇帝聖旨一下，各省督撫自然要全力緝查，不敢怠慢。乾隆十六年（1751年）九月到十二月之間，全國各省先後都曝出有傳抄偽稿，甚至加注批語的情況：浙江郭縣知縣、巡檢、千總曾傳閱偽稿；甘肅也查出抄傳偽稿的人犯若干名，西南土司境內的土官居然也有人傳抄。各省奏報偽稿傳抄案的文書在通政司堆積如山，驛馬飛馳絡繹不絕，都是急遞公文飛送京師。乾隆帝嘆道：「此等逆惡之詞，蔓延各省，甚竟傳入土司內，其流傳之廣，一至於此！」到了年底，各省已查拿不少人犯，其中以文風鼎盛的湖廣、江西最多，而四川一省就捕獲傳抄偽稿官民280多人。這樣大規模的搜捕，想要繼續秘密查訪已經不可能了，從乾隆十七年（1752年）以後，偽稿案已經由某些省的秘密緝訪轉向公開在全國嚴查。然而查來查去卻了無頭緒，涉嫌者及傳抄之人往往互相指責，要麼將責任推向已故之人，有的人在嚴刑逼供下就認罪，鬆刑又大呼冤枉，使案情撲朔迷離。一年到頭，整個案情仍是一團亂麻，毫無頭緒。

乾隆十七年（1752年）十二月，江西巡撫鄂容安奏報稱，查獲傳抄偽稿的千總盧魯生可能是最早傳抄的人。乾隆急令將盧魯生解送京師，經軍機大臣審訊，供出偽稿從南昌守備劉時達那裡獲得。於是又審訊劉時達，稱偽稿得自其子金華典史劉守樸。在乾隆帝看來，盧魯生與劉氏父子最早牽扯到偽稿，此案如不出意外，偽稿必定為

孫嘉淦行書立軸

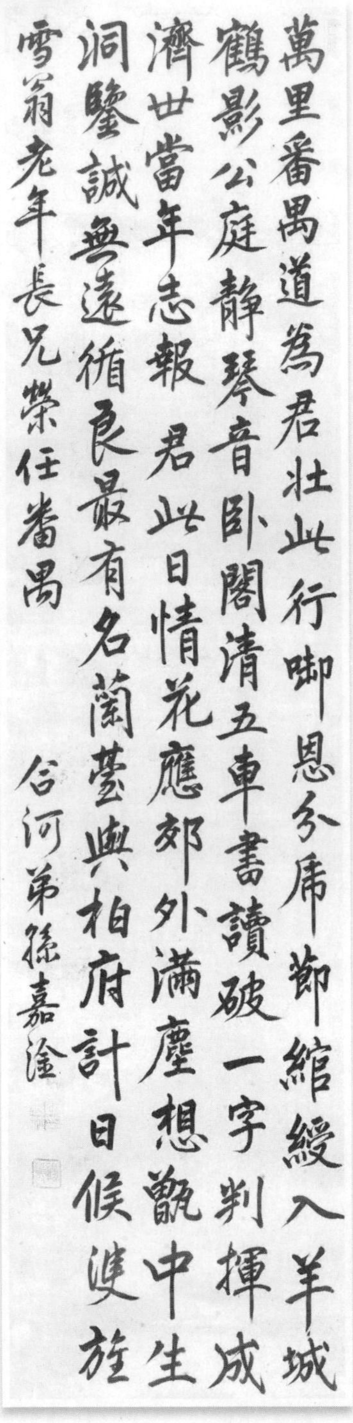
萬里番禺道爲君壯此行御恩分席節綰綬入羊城
鶴影公庭靜琴音卧閣清五車書讀破一字判揮成
濟世當年志報君此日情花應郊外滿塵想觀中生
洞鑒誠無遠循良最有名蘭臺與柏府計日候遷旌
雪翁老年長兄榮任番禺
合河弟孫嘉淦

▲ 孫嘉淦是康雍乾三朝老臣，以敢言直諫、剛正不阿而聞名，是清朝前期一位有膽有識的高官。除政治活動外，他還勤於鑽研六經，流傳下《春秋義》、《南華通》、《詩義折中》等著作。圖為孫嘉淦所作行書立軸。

他們捏造的。

乾隆十八年(1753年)二月，軍機大臣會同刑部向乾隆帝奏報：經審訊，偽稿確係劉氏父子捏造，盧魯生也承認了與劉時達共同捏造偽稿的「實情」。他們的目的是要藉助偽稿，造成社會輿論，反對乾隆十六年（1751年）的首次南巡。這些覆審及奏報，據後世學者考證，實際上都是來自乾隆的授意。當月，乾隆就迫不及待地宣布：偽稿一案已全行昭著，「主犯」盧魯生押赴市曹凌遲處死，劉時達處斬。同時宣諭：加恩寬免偽稿所有傳抄人犯；對官員傳抄偽稿的，則照例治罪。另外，審理偽稿案不力的官員如江西巡撫鄂昌、按察使丁廷讓、南昌知府戚振鷺等人全部革職拿問，交刑部治罪。兩江總督尹繼善、閩浙總督喀爾吉善以失察罪交刑部嚴議。

至此，歷時一年零七個月，涉及全國17個省的「偽孫嘉淦奏稿案」匆匆了結。同時，這也是乾隆年間文字獄高峰的開始。此後，文字獄愈演愈烈，直到乾隆四十一年（1776年）才暫時告一段落。

緊接著就是引發乾隆初年朝堂大洗牌的胡中藻《堅磨生詩鈔》案。以往的文字獄都是先在社會上形成影響，被皇帝注意後興起的，但是這場文字大獄卻是乾隆皇帝一手策劃。在此案中，皇帝甚至不惜使用特務手段製造冤案。

胡中藻官拜內閣學士，是已故大學士鄂爾

大清帝國年表5

皇帝（朝）	時間	主要事件
乾隆帝（6）	1735	雍正逝世，皇四子弘曆即位，改元「乾隆」；《明史》修成。
	1740	重修《大清律例》。
	1747	乾隆開始征伐藏邊、回疆各地，直到1792年全部結束，自詡為「十全武功」。
	1749	平定第一次大小金川之亂，其首領莎羅奔降。
	1751	乾隆第一次南巡。
	1757	根除準噶爾叛亂勢力；實行廣州一口通商政策。
	1759	平定回部大小和卓叛亂，設置伊犁將軍，清朝版圖達到最大。
	1771	蒙古土爾扈特部經長途跋涉重返祖國。
	1774	山東王倫以反對官府「額外加壓」為口號，率眾起義。
	1776	平定第二次大小金川之亂。
	1776	清朝人口達31150萬；乾隆開始寵信和珅，預示著清朝走入中衰期。
	1782	紀昀主持編成《四庫全書》，分為經、史、子、集四部。
	1786	臺灣林爽文起義。
	1792	廓爾喀侵略西藏，派大將福康安同參贊大臣海蘭察率兵支援，擊退來犯敵人；避暑山莊正式建成。
	1793	清政府頒布《欽定西藏章程》，建立金奔巴制度；英國使者馬嘎爾尼來華，要求開放貿易被拒。
	1795	湘、黔、川等地苗人爆發大起義。
嘉慶帝（7）	1796	85歲高齡的乾隆宣布退位，皇十五子顒琰即位，改元「嘉慶」；乾隆名為「太上皇」，仍掌握實際政權；川、陝、鄂等地白蓮教大起義爆發。
	1799	乾隆逝世，嘉慶開始親政。
	1805	白蓮教大起義徹底平定。
	1813	英國使者馬嘎爾尼第二次來華，再次無功而返。
道光帝（8）	1820	嘉慶病逝，皇二子旻寧繼位，改元「道光」；清朝人口達38310萬。

泰的得意門生。鄂爾泰自雍正十年（1732年）入閣後，逐漸形成自己的派系，與以大學士張廷玉為首的一派政見不合，形成對立。鄂爾泰去世，作為鄂派中堅的胡中藻失去靠山，遭到張廷玉一派打壓。於是他憤憤不平，寫了不少詩，結集命名為《堅磨生詩鈔》，乾隆此時皇權越加鞏固，正想清理朝中朋黨之風。於是就拿胡中藻開刀了。乾隆二十年（1755年）二月，密諭廣西巡撫衛哲治將胡中藻任廣西學政時所出的試題及與人唱和的詩文搜集密封飛遞北京。以詩文「悖逆」為名，將胡中藻捉拿，家屬囚禁，家產抄沒。因為是文字獄，所以今天基本看不到胡中藻的詩文了，只是在檔案裡留有那些屬於「悖逆」的詞句，比如「一把心腸論濁清」——把這「濁」字放在國號前，不是「悖逆」是什麼？還有胡中藻任學政時候出的《易經》考題：「乾三爻不象龍說」——居然說皇帝不像真龍，該死！最後，胡中藻即行問斬，鄂爾泰的侄子鄂昌（「偽孫嘉淦奏稿案」後被下刑部議罪的那個江西巡撫）被賜死，連死去的鄂爾泰的靈位也被請出賢良祠不再陪祀。經過胡中藻案的打擊，官場中所謂的「鄂黨」被清查一空，「張黨」也成了明日黃花，代之而起的是乾隆擢拔的傅恆、兆惠、劉統勳等人。

乾隆朝文字獄的第二個高峰出現在四十二年（1777年）至四十八年（1783年）。在這短短的7年中間，見於記載的文字獄多達59起。這是清朝文字獄的空前高峰，也是最後一個高峰。

乾隆四十二年（1777年）的王錫侯《字貫》案，是乾隆年間第二次文字獄高峰的序幕。王錫侯，本名王侯，覺得自己的名字可能會犯忌諱，於是改名錫侯。他是江西的一個普通讀書人，自幼刻苦攻讀四書五經，希望能夠

弘曆古裝行樂圖

►《弘曆古裝行樂圖》，清宮廷畫師繪。乾隆皇帝具有深厚的漢文化素養，他在很多傳世畫像中，皆身著古裝漢服，神態悠閒，或賞玩風景，或享受天倫，或揮毫潑墨，盡顯風流氣象。

考中進士，光耀門楣。雖然王錫侯讀書很刻苦，但是考場運氣一直不好，直到他38歲即乾隆十五年（1750年）才考中舉人，以後一直屢試不第。既然科舉無望，王錫侯轉而著述，著述的動機很簡單：首先是出於補償心理——既然自己不能考中，那麼就用自己的考試經驗編著成書，可以提點後學，幫助其他人進步，自然會以另外一種方式揚名；其次是在科舉盛行的時代，這類書籍比較暢銷，可以補貼家用，畢竟王錫侯只是個普通地主。事實上根據記載，王錫侯的著作大多是關於科舉考試心得之類，根本無關政治立場。比如他編寫的《國朝試帖詳解》、《唐人試帖詳解》等書，分明就是今天的《公務員考試指導》或者模擬、真題一類的考試參考書。只有幾篇考據文章是為了自抬身價，把他王家的祖先一路攀到了周天子身上。

雖然考場不利，但王錫侯還是有真學問的。他與同時代的文人學者相似，比較擅長訓詁考據的學問。因覺得《康熙字典》卷帙浩繁，查檢不易——事實上，所有的大部頭工具書都有這個問題——決定自己動手，重新編排。王錫侯總共用了17年的時間將《康熙字典》中的文字按照字義分門別類，重新編排成一部體例新穎的字典——《字貫》。這部字典的功能很明確，就是為科舉考試服務的：在檢字正文之後，還附有清朝科舉考試各種注意事項。由於王錫侯考場經驗豐富，語言通俗易懂，他的這部《字貫》在沒有面世的時候就已經頗受好評。乾隆四十年（1775年），《字貫》在王錫侯友人的贊助下刊行面世了，當時據說花費「白銀千兩」。一時間，王錫侯在當地文化界的名氣暴漲，江西的讀書人不再把王錫侯看做是普通的舉人。這極大地滿足了王錫侯光宗耀祖的心理。

然而，就在《字貫》一書刊出3年後，乾隆四十二年（1777年），王錫侯的同鄉同族同時也是仇人的王瀧南把他告了，罪名就是：詆毀刪改《康熙字典》，與「叛逆無異」，王家40里的花園逾制。當時的江西巡撫海成親自審理此案，確認王錫侯是狂妄不法，便奏請先革去王錫侯舉人，再審理定罪，並將《字貫》同時進呈。乾隆本來當這是尋常的妄行著書，便交由大學士處置。很快，乾隆在《字貫》的凡例中發現，竟然「將聖祖（康熙）、世宗（雍正）廟諱」以及他自己的「御名」並列出來，這真是「深湛髮指」，如此「大逆不法」之事「罪不容誅」！乾

▲《弘曆觀畫圖軸》，【清】郎世寧等繪，現藏於故宮博物院。圖繪碧空如洗、竹曳清風之日，乾隆命人展開畫軸，賞玩品評的場景。有趣的是，他所觀之畫為丁觀鵬於乾隆十五年（1750年）繪製的《乾隆帝洗象圖》，畫中有畫，別有一番風情。

隆大怒，先下旨申斥了海成，大意是：這麼大逆不道的重罪，你居然只是建議革去舉人，這是大錯特錯了。那些「大逆不法」的內容就在第10頁的凡例中，翻開書就能看到。你海成作為案件經辦人，連證據逆書都不好好審查一下就胡亂上報，這不是有眼無珠嗎，這跟亂臣賊子有什麼兩樣？然後將海成革職，押解上京交刑部議罪。

王錫侯聽說自己被告發後，發揮了一貫的小心謹慎，立即將《字貫》中犯了忌諱的地方刪改乾淨，重新刻印。他想按照乾隆皇帝的「寬仁」作風，應該能活命吧。可是，乾隆並沒有心慈手軟，而是下令嚴查，王錫侯全家20餘口連夜被捕，裝入囚車押解上京。王家也被查抄一空，據說，王家被抄時，只抄出白銀60餘兩。上京後經過審訊，乾隆下諭將王錫侯一門子孫全部斬首，其他家人都發配為奴。當時人記載說「情狀甚慘」。王錫侯的著作和書版全被銷毀。在辦理《字貫》案中，被皇帝認為「漫不經心」或「不能檢出悖逆重情」的官員都給予革職或降職的處分，牽連的官員將近百人。此案後，各省紛紛設立「書局」，專門檢查民間各種不法違礙書籍。

而這第二次文字獄高峰中的峰頂，則是發生在乾隆四十三年（1778年）的徐述夔《一柱樓詩》案。此案規模之大，牽連之廣，堪稱乾

中國古代避諱制度

★避諱，指避免直接使用尊者名字的方法，是中國古代文化史上特有的一種現象。它起源於周，定型於秦，盛行於明清，廢止於民國。避諱在封建專制時代作為強制遵守的規則，受到封建法律的保護。

避諱分類
- 公諱（國諱）：全國上下都必須嚴格遵守的避諱，一般是本朝歷代帝王的名字。
- 聖諱：迴避先代聖賢的名字。
- 家諱：迴避家中長輩的名字。
- 憲諱：下屬要迴避長官及長官父祖的名字。

避諱方法
- 改字法：使用其他字（同義字或近音近義字）代替需避諱的字。
- 空字法：留出空格不填寫需避諱的字。
- 缺筆法：在需避諱的字上少寫或多寫一筆。

八種情況無須避諱
- ①諱名不諱姓（有時也不諱字）。
- ②二名不偏諱。
- ③不諱嫌名（不諱同音字）。
- ④父已死不諱祖名。
- ⑤君前不諱父名（家諱讓國諱）。
- ⑥詩書不諱（不因避諱而擅改詩書）。
- ⑦臨文不諱（在表文奏章中不諱父名）。
- ⑧郊廟不諱（祭祀時七代以上祖名不諱）。

後果影響
- 消極影響：避諱改字常導致古文獻的混亂與訛誤，給今人閱讀理解造成障礙。
- 積極影響：可以用來考定古籍文獻的年代，辨別真偽。

隆朝第　。

當年八月，時任江蘇學政的劉墉（就是民間傳說的那位劉羅鍋）到揚州公幹，意外接到舉報：東臺舉人徐述夔著有反詩，但江蘇地方官員收了徐家的賄賂，反而把告發者收押。同時進呈了徐述夔的詩集《一柱樓詩》。劉墉的政治敏感度很高，翻開詩集一看，頓時大驚：這分明就是反詩啊。而且劉墉也深知，當時乾隆對各地督撫收繳禁書不力十分惱火，只能尋個機會敲打一下這些辦事不力的地方大員。於是他立即寫密摺，命人飛馬送往京城。同時迅速將此案移交兩江總督、江蘇巡撫辦理。乾隆接到劉墉的奏章、《一柱樓詩》以及沈德潛所作的徐述夔傳後，大發雷霆，密令兩江總督和江蘇巡撫嚴查徐述夔詩文案，同時連發上諭，命地方將相關人犯押解上京。還命令全國嚴密搜查徐述夔「逆書」。

這徐述夔是何許人也，又寫了什麼詩文令乾隆暴跳如雷？這就得從40年前，也就是乾隆三年（1738年）說起了。時年33歲的徐述夔順利通過鄉試成為舉人，而且在考試的時候居然跟天下聞名的大詩人沈德潛在一個考場，不但同科中舉，還成為文友。這兩件事令自幼喜好詩文的徐述夔是喜上加喜。然而，天有不測風雲，因為他在試卷中用語「不敬」，禮部決定取消徐述夔參加會試的資格，時限是終身。備受打擊之下，徐述夔給自己修建了一座讀書樓，取名「一柱樓」。他住在裡面讀書、做學問、教幾個學生，興起時就吟詩作文，總之就這麼過了20多年，鬱悶離世了。

徐述夔死後，他的兒子徐懷祖寫信給沈德潛老前輩，請他為亡父寫傳和墓誌銘。同時邀請父親的兩個學生整理徐述夔的遺著。這兩個學生，一個叫徐首發，一個叫沈成濯，從小就隨徐述夔學習，連名字都是老師給起的。所以他們兩個很高興能在老師過世後為恩師再出一份力。在師兄弟三人的努力下，徐述夔的詩集和關於科舉考試的講義就出版刊行了。並且，乾隆四十二年（1777年）徐懷祖病故前，他還要求自己的兩個兒子繼續完成自己未完的事業——將他們祖父的遺著整理後陸續出版。

沈德潛的《國朝詩別裁集》

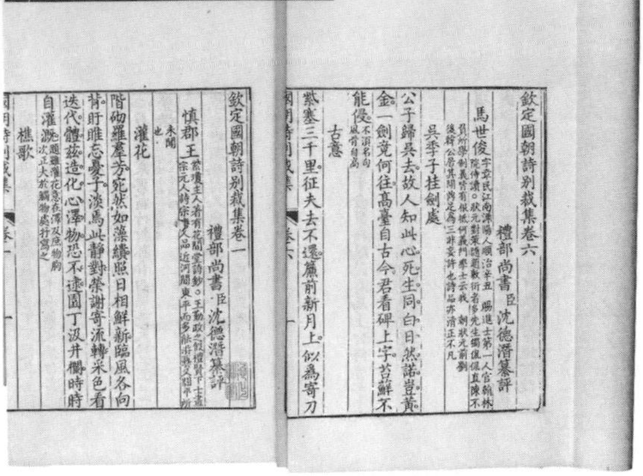

▲《國朝詩別裁集》，由清乾隆年間著名詩人沈德潛選輯，始選於乾隆十九年(1754年)。原選本36卷，入選996人，3952首詩。在一定程度上反映了清初到乾隆的詩歌面貌。

可徐懷祖這一死，徐家就大難臨頭了。徐懷祖曾以2400兩白銀的價格從同鄉地主蔡某那裡買了一塊田地。徐懷祖死後，蔡某的弟弟蔡嘉樹想把田地贖回。可欺負徐家只有兩個20多歲的少年當家，想以白銀960兩贖回田地。當然被徐家拒絕了。於是，蔡嘉樹便以徐述夔詩文中頗有「詆毀本朝之語」向東臺縣告發。而徐家也有所準備，提前一天自首，將書版和刊發的書籍一股腦地上交了。東臺縣令檢查之下感覺自己不能做主，於是封存徐述夔書版及著作，上交江寧書局審查。沒想到江寧書局因為東臺縣沒有在書籍中加簽說明，也就是缺少審查手續，將這些書籍打回。這一來一回，蔡家就認為徐家行賄官府了。於是，就告到了江蘇布政使那裡。沒想到藩臺衙門接了狀子以後一看，東臺縣和江寧書局都是照規矩辦事啊。就行文申斥蔡嘉樹，將案子發還東臺縣了。東臺縣令也很惱火，就將徐家、蔡家的兩個家長收押候審。

蔡家這下慌了，正好聽說鼎鼎大名的內閣學士劉墉任江蘇學政，於是，蔡家人心一橫，就發生了前文那一幕。而令劉墉判斷出徐述夔寫的是「反詩」的是這麼幾句：「明朝期振翮，一舉去清都」、「舉杯忽見明天子，且把壺兒擱半

清朝文字獄數量統計表

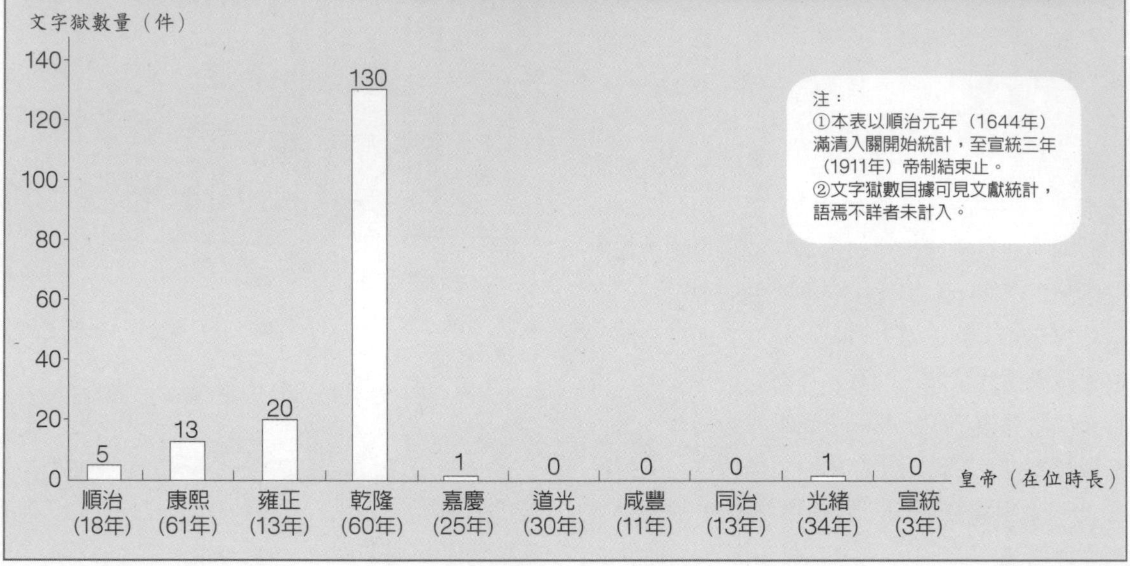

邊」。其實，這前兩句的意思很明白，希望晚輩能夠像飛鳥高飛上天一樣，努力攻讀詩書考中功名。後兩句詩寫的是民間傳說中的明朝正德皇帝，說他在外玩樂喝醉酒的事情。問題是清朝的乾隆皇帝不這麼想，認為徐述夔身為「本朝舉人」而懷念故明，是「喪心病狂」，是「罪大惡極」！結果，徐家被滅門。校對文稿的徐首發、沈成濯因為名字連起來是「首發成濯」，意在諷刺清朝剃髮，也都被處斬。江蘇布政使及其幕僚也因「袒護大逆」一同被處死。而東臺縣令、揚州知府等相關官員分別被處以革職、杖責、流放和苦役等刑罰。為徐述夔作傳的大詩人沈德潛這時候已經故去多年，也被革去官銜和謚號——也就是剝奪了一切政治榮譽。而首告的蔡嘉樹，如果不是皇帝開恩的話也被斬了，因為他有「早屬知情，不即舉首，及因爭訟田土，挾嫌告發」之罪。至於徐氏族人，為了避禍則紛紛遠走他鄉。一個興盛小鎮因此案變成了山野荒村。

除了這些牽扯廣泛，影響全國的大型文字獄，更多的是小人物災難的文字獄。比如有人在洛陽遊玩賞牡丹，寫的詩裡面有「奪朱非正色，異種也稱王」的句子，殺了；有人半夜醒來看到窗前書桌上的書被風吹開了，詩興大發，來了句「清風不識字，何故亂翻書」，殺了；有窮秀才的衣服被老鼠啃了，發了個狠：「毀我衣冠皆鼠輩，搗爾巢穴在明朝」，這是要反清復明啊，殺了。還有個姓劉的人，瘋了以後說自己是漢室後裔，直接凌遲了。更令人不可思議的是，江南有個戲班，因沒有按照經過官府修訂的劇本，而是按照原本演戲，整個戲班被殺，請這個戲班演過戲的人也都受到株連。

這樣一來，清朝的知識分子害怕了：寫詩會被滅門，發瘋會被凌遲，連演戲都可能掉腦袋。於是，不涉及政治的考據學和考古學就這樣在清朝中期興盛起來，形成了歷史上有名的「乾嘉學派」。晚清詩人龔自珍有詩「避席畏聞文字獄，著書都為稻粱謀」。就是對這種文化狀況的真實寫照。

直到乾隆末年，文字獄才較為放寬，真正放寬文網，還是在嘉慶親政以後。主要原因是清朝統治日益腐敗，四方人民起義不斷，大清被連續的起義弄得焦頭爛額，自然也就顧不得文字上的「違礙」、「悖逆」了。

第4節

六巡江南

西元1751年～西元1784年

乾隆在位60年，文治武功赫赫，確實稱得上是「遠邁漢唐」。然而，流傳坊間經久不息的卻是這位「風流天子」六下江南的故事。對於乾隆南巡，從官方史籍到民間傳說描述頗多卻語焉不詳，甚至是互相矛盾：有說他修築堤堰，功澤千秋的；有說他荒廢國政，遊玩嬉戲的；有說他風流成性，揮霍無度的。實情如何？莫衷一是。

按照當時的條件，居住在北京的皇帝巡遊一次江南絕對是一項堪比「十全武功」的浩大工程。從北京到江浙，往返6000里。那時沒有現代化的交通工具，全靠車裝船載，馬拉人扛，來回一趟至少需要三五個月的時間。每次出巡，皇帝帶領的皇親國戚、文武百官、衛隊侍從有兩三千人，動用五六千匹馬，四五百輛車，上千艘船，需要耗費一二百萬兩白銀。

如此大的開銷，大臣們提出反對意見也就不難理解了。據《清史紀事本末》記載，乾隆即位不久，聽說蘇州的景色美如天堂，就很想去江南巡遊視察，並派大學士訥親去江南查看道路。訥親從心裡就不贊成乾隆南巡，所以他在給乾隆的回奏中說：蘇州城外的虎丘名不副實，算不上名勝。乾隆聽了訥親的回報，只好暫時打消了南巡的念頭。

那麼，是什麼令乾隆皇帝不顧臣僚百官的意見而一定要巡遊江南呢？乾隆皇帝的說法是，促使他巡遊江南的原因有以下幾點：江浙地方官員的請求；朝中百官的建議；治理河工；江南的重要地位；請太后遊覽美景以盡孝心。

▲《乾隆帝雪景行樂圖》，【清】郎世寧、沈源、周鯤、丁觀鵬等合繪，現藏於故宮博物院。圖繪乾隆皇帝攜眾多皇子新年在宮苑賞雪的情景，表現出乾隆父子共慶新春，盡享天倫之樂的熱烈氣氛。

乾隆六次南巡，主要活動都差不多，基本上就是巡視河工、蠲賦恩賞、觀察官風民情、加恩縉紳、籠絡士人、檢閱駐兵等活動。從他活動的範圍和內容看，還是以政事居多，至於其他，皇帝在視察工作之餘遊玩享受、休閒娛樂一番，也是人之常情啊。

從南巡的內容上看，巡視河工應該是比較重要的一個原因。乾隆自己也在諭旨中多次表達只要能治理好河工，花一二千萬兩白銀，「亦非所惜」。在六次南巡中乾隆視察黃河治理工程五次，巡視浙江的海塘工程四次。每次南巡，乾隆都要到解決黃河水患的關鍵工程——江蘇的清口和洪澤湖的高家堰——去看一看。

乾隆十四年（1749年），江南地方官吏為了迎合乾隆，上奏請求乾隆南巡浙江，這一請求正中乾隆的下懷，當年十月初五，乾隆宣布兩年後進行南巡。

乾隆十六年（1751年）第一次南巡時，乾隆來到洪澤湖視察水利工程。在實地考察了當地水文情況和水利設施之後，他接受了河道總督高斌的方案，在原有的三座堤壩的基礎上再增加兩座壩。這樣，夏秋兩季漲水時，根據水勢情況，五座大壩可以及時分別調節水的流速和流量，非常有效地保證了大堤和下游的安全。

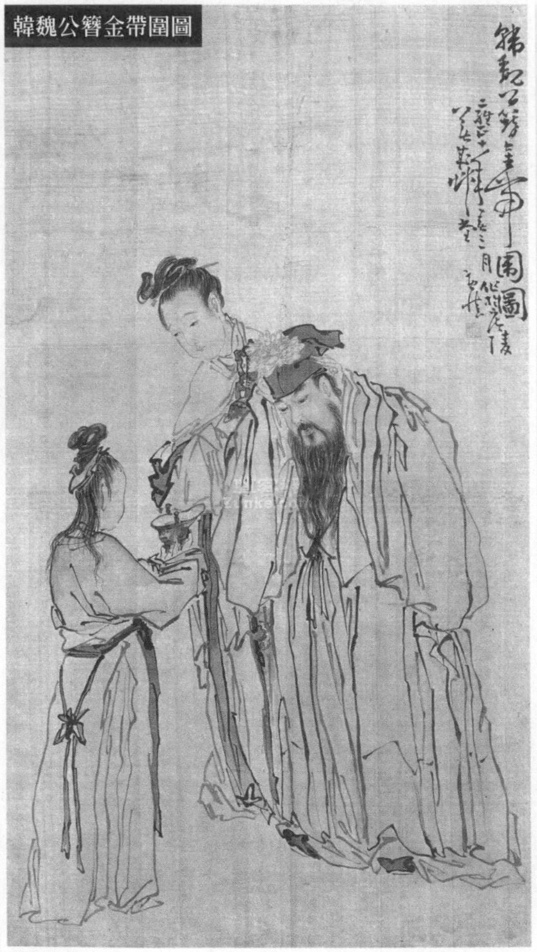

韓魏公簪金帶圍圖

▲ 北宋沈括《夢溪筆談》中記載「四相簪花宴」，以帽子上戴有一朵「金帶圍」芍藥花象徵升官徵兆。圖為「揚州八怪」之一黃慎以此典故作《韓魏公簪金帶圍圖》。後來乾隆巡遊江南，將「四相簪花宴」帶入京城，成為滿漢全席的重要系列。

乾隆二十七年（1762年）第三次南巡時，乾隆又制定了《清口水志》，規定：上壩的水位上漲一尺，下壩的閘門可以開到十丈。嚴令河道官員遵守這一規定，確保了在相當長一段時期內，下游的各州縣避免了水患的災害。

徐州附近的黃河大堤也是乾隆巡察的重點工程。據記載，乾隆曾四次巡視徐州。根據乾隆的命令，這裡先後修築的防洪石堤大壩全長70多里。

浙江的海寧是江海的交匯處，每天都要發生兩次大潮汐。一旦海堤被沖垮，整個江南將一片汪洋。所以錢塘江海塘工程對於倚重江南稅賦的大清來說，是至關重要的。乾隆第三、四、五、六次南巡都到了海寧，視察海塘水利工程，以保證江南農業豐收，維持北方京城和軍糧的供應。

乾隆二十五年（1760年），浙江水情告急，此時在海塘施工中又出現了石塘、柴塘之爭。到底是修築石塘，還是修築柴塘，地方上意見不能統一，只能由皇帝「乾綱獨斷」了。

乾隆二十七年（1762年）第三次南巡時，乾隆到達海寧的第二天，馬上親臨現場，親自試驗打樁。他看到修建石塘，必須從舊塘壩向後移數十丈才能打樁，這樣勢必會毀掉許多百姓的田地和村莊。乾隆本來想保護民眾，現在如果修石塘，反而先害了他們。於是乾隆決定先修築柴塘，並要求每年用竹簍裝上石頭加固。

乾隆四十五年（1780年）第五次南巡時，乾隆見到堤壩的泥土被湍急的水流不斷衝走，裝石頭的竹簍都露了出來。於是，他決定在可以修建石塘的地方，都改建魚鱗石塘。

乾隆四十九年（1784年）最後一次南巡時，乾隆下令繼續修築范公塘石壩。海塘工程的建成，有力地保護了江南水鄉免受水災的威脅，令江南地區更加繁華昌盛。

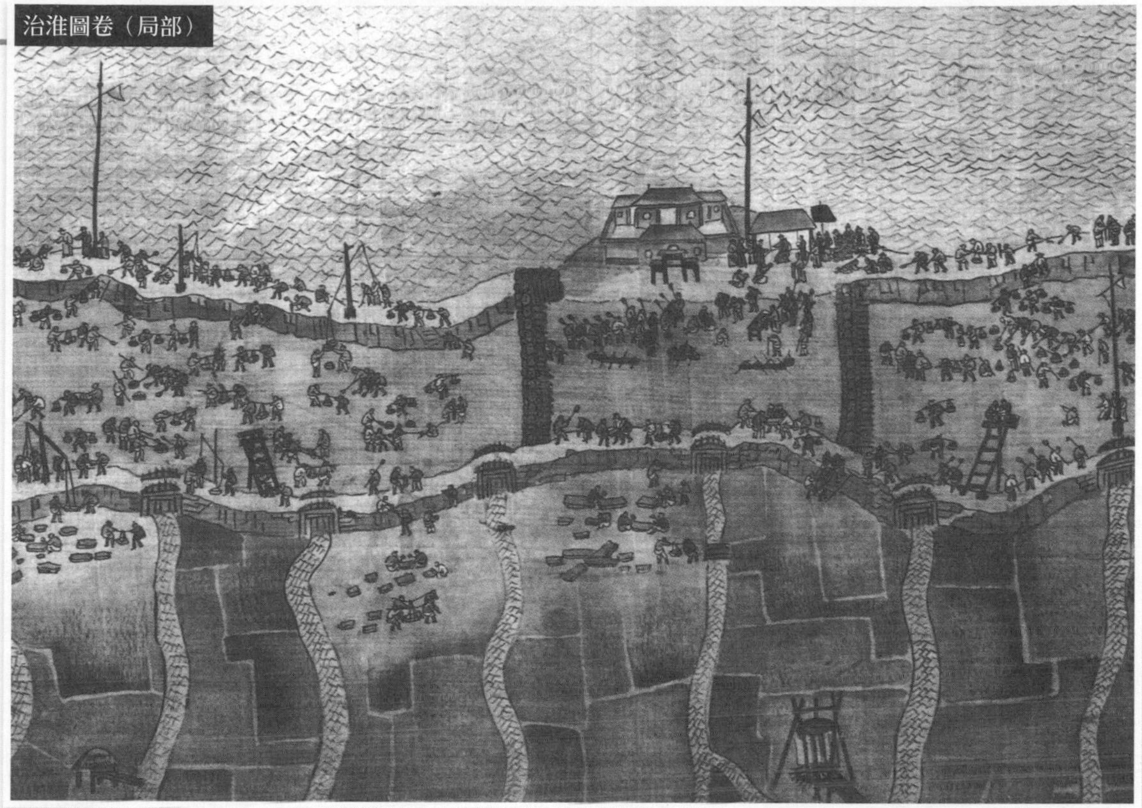

▲《治淮圖卷》，【清】趙澄繪，現藏於中國國家博物館，圖卷詳盡地展現了清初治理淮河的場景。黃、淮兩河自古以來便是北方水患之源，清初帝王均十分重視黃淮河工，特別是淮安清口和高家堰，其地處黃、淮、運三河交匯，是治河、導淮、漕運的關鍵所在。

在六次南巡過程中，為了減輕民間的負擔，乾隆多次下諭，蠲免經過地方的（主要是江浙皖三省）稅賦，合計在1000萬兩以上。這樣一來，就減輕了因為南巡而增加在小民百姓身上的負擔。那麼南巡的必要開支怎麼辦呢？基本上來源於江南富商，其中最具代表性的就是揚州鹽商。毫不誇張地說，乾隆下江南的大部分開支都是揚州鹽商捐獻的。乾隆每次南巡，修築行宮的錢是鹽商出的，有時乾脆住在鹽商家裡。日常的飲食也都是由鹽商供奉，所以到了今天，宮廷菜都具有明顯的淮揚菜風格。平日裡欣賞的戲曲歌舞，也都是在鹽商們的家戲班子中千挑萬選出來的。鹽商們這麼做倒不是他們有多麼忠君愛國，而是透過捐獻銀子取悅乾隆來獲得更多的優惠政策和朝廷封賞。另外一個來源，就是江南的地方官員們在辦理接駕事務時的本事了。

所以，乾隆對接駕及辦差得力的官員大加賞賜，加官晉爵；甚至將一些原來受過處分的官員恢復原職。特別是對前來接駕的老臣，他問寒問暖，賞賜人參、貂皮等物品，還要賞賜他的子孫功名。

江南地區的重要性，不僅僅表現在其經濟地位上，更重要的是江南的文化地位。滿清入關以來，對清朝統治抵抗最激烈的就是江南，而領導抗清最起勁的也是江南士紳集團，換句話說，就是江南地主中的讀書人。即使在清朝統治已經穩固的乾隆時期，即使經過幾十上百年的文字獄高壓，江南士子與清朝統治者在心理上仍然存在著深深的隔閡。

所以，為了消除漢族文化精英們在心理上對滿清王朝的敵視，在南巡途中，乾隆多次到曲阜祭孔，到各地的孔廟行禮，視察江南各地的書院，親筆題匾，還直接命題考試所到地方的士子。他出的不少考題，擺脫了科舉考試的限制而是注重解決實際問題。對於成績優秀者，甚至直接提拔任用。

另外，由於江南一帶文風鼎盛，讀書應試的人要遠遠超過其他地區，所以，乾隆下令給江蘇、安徽、浙江三省官辦學府增加名額。《四庫全書》修成後，他讓人抄錄三份，分別存於揚州文匯閣、鎮江文宗閣、杭州文瀾閣，並命令地方官吏允許學子們拿出來抄錄傳看。這些舉措，進一步推動了江浙一帶文化事業的發展。

清朝歷來有重視騎射、崇尚勇武的傳統，歷代帝王也都熟練掌握騎馬射箭。尤其是乾隆帝，他不僅深以大清馬上得天下自傲，更堅信也可以馬上治天下。所以乾隆歷次南巡，都是按照行軍布陣的方式前進。並且在江南的杭州、南京等地舉行盛大的閱兵式。透過檢閱操練來整頓江南駐防八旗的武備，彰顯八旗軍隊的強大武力。

乾隆的想法是不錯的，透過閱兵訓練士兵，扭轉頹敗的風氣，並向江南人民顯示大清朝的力量，還可以威懾江南地區的反清力量。然而，事與願違，江南的文風很快吹軟了八旗子弟。乾隆南巡時，八旗兵丁已經完全文藝化了，如乾隆二十二年（1757年）第二次南巡時，聖駕到達杭州時，乾隆發現，接駕的將軍們沒有幾個騎馬來的，大多數是坐轎子來接駕。更令他惱火的是，迎駕的兵丁居然吹簫伴奏。乾隆大怒，嚴令軍官不得坐轎，軍隊中只許用「鉦鼓銅角」，「簫管細樂」一概禁止。又如乾隆最後一次南巡時在杭州舉行的閱兵，據當時的皇十五子，後來的嘉慶皇帝追憶那次閱兵時的情形：「射箭箭虛發，騎馬人墜地。」在當時傳為笑談。

乾隆南巡，當然還有一個重要目的就是飽覽山川美景。所以，他每次南巡都帶著隨行畫師，將喜愛的江南景色摹繪成圖，然後命人在圓明園

清朝進士數量統計

時代 / 省份	順治（18年）	康熙（61年）	雍正（13年）	乾隆（60年）	嘉慶（25年）	道光（30年）	咸豐（11年）	同治（13年）	光緒（30年）	總計（261年）
科數	8	21	5	27	12	15	5	6	13	112
江蘇	436	666	167	644	233	263	69	124	318	2920
浙江	301	567	183	697	263	300	87	108	302	2808
直隸	432	498	161	488	275	313	92	135	307	2701
山東	419	429	105	359	210	268	79	118	273	2260
江西	83	200	115	540	223	265	74	122	273	1895
河南	297	311	81	282	133	169	95	108	217	1693
山西	250	268	81	311	141	143	47	58	132	1431
八旗	156	122	92	179	178	275	61	97	240	1400
福建	118	178	99	301	156	150	46	82	269	1399
陝甘	169	190	60	228	121	138	94	95	290	1385
湖北	189	191	69	212	126	135	43	72	184	1221
安徽	128	142	43	216	164	166	39	76	215	1189
廣東	34	91	69	252	106	139	36	79	206	1012
四川	15	61	31	159	88	108	49	71	181	763
湖南	30	44	39	128	102	106	31	68	178	726
雲南	0	46	48	129	117	119	36	42	156	693
貴州	1	31	29	129	98	95	29	44	143	599
廣西	2	28	17	102	67	91	27	72	164	570
遼東	4	25	10	29	20	26	12	17	40	183
總計	3064	4088	1499	5385	2821	3269	1046	1588	4088	26848

注：光緒三十年（1904年），中國歷史上最後一次科舉考試舉行；光緒三十一年（1905年），科舉制廢止。

▲《乾隆南巡圖》，清宮廷畫師繪，現藏於中國國家博物館。圖繪乾隆皇帝第一次南巡抵達江寧，祭拜明太祖之後檢閱江寧駐防八旗兵和綠營兵的場景。歷代清帝都十分重視騎射，乾隆也希望在南巡途中以校閱之名整頓八旗和綠營的武備，震懾江南反清力量。

和承德避暑山莊仿建。

蘇州的獅子林乾隆特別喜愛，於是又在避暑山莊仿建一所。搬進避暑山莊的，還有鎮江的金山寺、嘉興的菸雨樓和仿寧波天一閣而建的文津閣、仿無錫的雙湖夾鏡等多處江南名勝。

乾隆南巡可謂得失利害各占其半。除了上述的積極作用外，勞民傷財、開支巨大也一直遭人詬病。比如，從北京到杭州，沿途修了30個行宮。又如，乾隆乘的御舟被稱為安福艫、翔鳳艇，共有五艘，製作工藝極其精美。整個南巡船隊共約有1000艘船。一路上吃的、用的，就連喝的水，都由沿途官員預先準備。

「六度南巡止，他年夢寐遊。」這是乾隆第六次南巡寫下的詩句，他連做夢都在回味下江南時的情景，充滿了無限眷戀。但是，這六次南巡，排場、花費一次比一次多，前後累計2000餘萬兩白銀，基本上掏空了國庫，也給百姓帶來深重的災難。縱然朝廷中不乏有頭腦的官員，多次勸阻乾隆南巡，卻多遭嚴厲的斥責，沒能阻止成功。

民間傳說乾隆喜歡江南美女，每次南巡時少不了尋花問柳。所以皇后天天和他吵鬧，乾隆一氣之下，將皇后遣送回京。乾隆第四次南巡時，將皇后遣送回京確有其事，這在乾隆三十年（1765）《春季檔》中就有記載。不過，真相如何，早已湮沒在歷史長河中了。

到了乾隆晚年，他才完全認識到南巡的錯誤。在《清史稿》的《吳熊光傳》中，記載了乾隆說：我當皇帝60年，自認為自己沒犯什麼大錯。唯有六次南巡，勞民傷財，把好事辦成了壞事。

乾隆南巡耗資巨大，令後世的皇帝無人仿效。因為六下江南花光了清朝國庫的積蓄，此後的清朝再也沒有財政盈餘了。乾隆六次南巡，留給人們的是一個「康乾盛世」的華麗背影，只能在追憶中不斷重現。此後，大清王朝開始一步步地走向衰落。

第5節

盛世藏危機

西元1737年～西元1799年

乾隆皇帝作為清朝盛世之主、太平天子，本身好大喜功，樂於享受，講究排場，同時又具有較高漢文化素養，平生喜好遊山玩水。他自詡「山水之樂，不能忘於懷」，對中國傳統的造園藝術很感興趣，同時也有自己的一些見解。乾隆曾先後六次巡遊江南，足蹟遍及江南園林精華薈萃的揚州、蘇州、無錫、杭州、海寧等地。只要是喜愛的園林，他都命隨行的畫師摹繪為粉本「攜圖以歸」，作為北方修建園林的參考。乾隆還親自參與一些重要園林工程的修建和擴建，即使因為朝政不能直接參與規劃修建的話，也會時刻關注工程進度。修建園林是貫穿乾隆一朝始終的大事，這就形成了蔚為大觀的清朝皇家園林。

清乾隆年間大規模修建擴建皇家園林的活動在乾隆帝即位之初就已經開始了。乾隆即位之初，以圓明園作為離宮。從乾隆二年（1737年）開始，對皇太后（孝聖憲皇后，乾隆生母）居住的暢春園進行大修，在西側增設西花園，作為皇子讀書場所。同時，將圓明園從雍正時期二十八景擴建為四十景。這次擴建，大約在乾隆九年（1744年）告一段落，僅是在原來的範圍內增建若干景點，並沒有再拓展園林用地。隨後，在圓明園的東側和東南側分別開始修建附園——長春園和綺春園。從這以後，這三園在習慣上被統稱為圓明園。自乾隆十年（1745年）開始，對於圓明園的擴建就沒有停止過，基本上是「歲歲營構」，據不完全統計，僅乾隆一朝就耗銀達千萬兩。

乾隆十年（1745年），開始擴建香山行宮，乾隆十二年（1747年）竣工後改名「靜宜園」，建成二十八景。乾隆十五年（1750年），開始大規模擴建靜明園，形成「靜明園十六景」。同年，為籌備皇太后六十大壽，在北京西北郊甕山和西湖的基址上開始興建清漪園（今圓明園前身），改甕山之名為「萬壽山」，改西湖之名為「昆明湖」。至乾隆二十九年（1764年）清漪園竣工時，累計耗銀約480萬兩。

除了在北京西北郊大興土木外，乾隆還大力修建承德避暑山莊。避暑山莊從康熙四十二年（1703年）開始修建，至乾隆五十五年（1790年）基本完工。乾隆將康熙時三十六景擴為七十二景，並在山莊外修建了「承德外八廟」中的六座。僅普陀宗乘之廟和須彌福壽之廟的鎏金銅瓦就耗費黃金3萬兩。

如此大興土木修築離宮行宮，花費銀兩數以千萬計，若是再加上這些離宮之中的陳設裝飾的話，這個數字還要乘以十倍，可見乾隆時期奢靡

圓明園四十景圖之九州清晏

▲《圓明園四十景圖》，清宮廷畫師繪，僅有的一套原件於第二次鴉片戰爭時被英法聯軍搶掠，現藏於法國巴黎國家圖書館。此處選取四十景中的第三景「九州清晏」，它是圓明園中最早的建築群之一，其名寓意「九州大地河清海晏，天下升平，江山永固」。

之風。

所謂上有所好，下必有甚焉。乾隆皇帝如此，以下王公貴族自然揮金如土，窮奢極欲，只要不僭越逾矩就行了。這樣，清朝開國時候儉樸尚武的風氣蕩然無存，取而代之的是奢靡享樂之風。那麼，隨之而來的就是貪腐流行了。在乾隆統治的中晚期，幾乎無官不貪，地方督撫大員的貪污大案屢禁不止，接連不斷。以江南最為富庶的浙江省為例，貪污案件幾乎從沒有中斷過。舊的貪污案件還沒處理完畢，新的貪污案件又出來了。乾隆登基以來，也是大力懲戒貪污官員的，可究竟是什麼原因導致乾隆朝「越懲越貪」呢？最重要的原因正是由於清朝最高統治者乾隆帝的「懲貪」。因為乾隆的「懲貪」有一定的尺度——絕對不能因為「懲貪」、整頓吏治而動搖乾隆自身的統治利益。因此，他只把「懲貪」限制在需要的範圍內。具體來看，乾隆的「懲貪」對親信大臣力度小，對普通大臣的力度大；執法力度也是時嚴時寬不定。比如江蘇巡撫莊有恭與福建李因培都是因為「徇庇貪縱」的罪名下獄，按律判處斬監侯（就是今天所說的死緩），但兩個人的下場卻大不相同：莊有恭政績突出，乾隆向來看中，所以不到半年就獲釋了，改任福建巡撫。李因培則因「自恃其才、好居人上」，乾隆不喜歡他的性格，最後被賜令自盡。補充一句，莊有恭正是李因培的後任。

另外一個原因，就不能不提乾隆後期的權臣巨貪和珅了。乾隆後期對和的信任前所未有，因為和治事理財的才幹與機敏是晚年的乾隆不可或缺的。有了和珅，乾隆才可以繼續過著奢華虛榮的生活。所以，和憑藉乾隆的倚重，得以秉政20餘年。這麼長的時間足以改變乾隆朝官場風氣了。和珅的貪污受賄在當時幾乎是公開的。於是，在乾隆統治的後半期，官場上形成了一個以和珅為中心的「貪污網」。乾隆不動最大的貪官，只把眼睛對準個別的地方官吏，絕對是不能夠肅清貪腐之風的。甚至在乾隆晚期，為了能照常奢侈無度地生活而故意縱容貪腐橫行。例如，乾隆帝與和珅為了多撈錢財，曾一起制定了故意對貪官採用「先縱後懲」的辦

清王室關係圖3

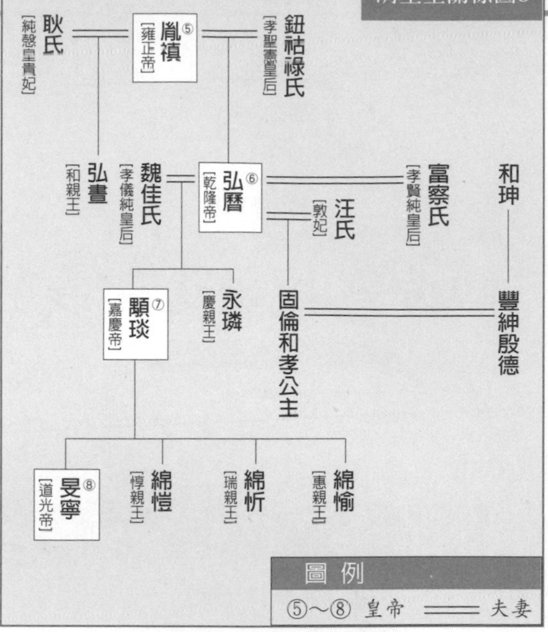

法，即明知某地方官有貪污行為，但先不動聲色，任其發展，當其貪污數量達到一定程度時，再進行懲治、查抄，籍沒其家產。

乾隆四十五年（1780年）推行的「議罪銀」制度，就是由乾隆與和珅共同制定的，它規定官員犯法，可以向內務府交納一定銀兩從輕發落。這筆錢是不入國庫的，專門用於乾隆的巡遊和舉辦慶典。這樣一來，官員們貪污起來更加有恃無恐了。整個統治集團迅速腐敗下去，貪污現象愈演愈烈。

直到嘉慶四年（1799年），乾隆去世，嘉慶帝親政之後，和珅才被賜死。嘉慶帝雖然賜死了和珅，可是對於乾隆留下的「盛世遺產」——奢靡成風，吏治腐敗，土地兼併嚴重，農民流離失所，更有英國殖民主義者向中國伸出觸手，並且開始走私鴉片——根本無法也無力解決。他能做的，也不過是在自己節儉之餘，發布上諭號召官員們一起節儉，對於貪官也只能寫詩痛罵。對於英國殖民勢力的一再試探，除了閉關鎖國還是閉關鎖國。就這樣，已經腐敗到了極點的清朝官僚依然故我，對於新皇帝的詔令表現出冷漠和敷衍的態度，掛在他們心頭的始終是驕奢淫逸，升官享樂，哪裡還會管皇帝怎麼說呢？苛捐雜稅一點不少地都壓在了百姓身上。鴉片走私的規模也越來越大。最終，活不下去的百姓選擇了一條世代相傳的求活之路——造反！

第6節

四方農民被逼起義

西元1774年～西元1807年

翻開中國歷史，大規模的農民起義往往發生在封建王朝的末年。然而，清王朝的大規模農民起義卻發生在「康乾盛世」，這不能不說是個極大的諷刺。

上一次大規模的農民起義，發生在天災人禍不斷的明末，神州大地一時間烽菸四起，八旗鐵騎趁勢湧入中原，建立了大清。享國100多年後，在乾隆中期，農民起義再次爆發，遍及全國各地：華北、西北、西南、東南、中原乃至京畿，這對「盛世」的大清來說，無疑是「日之將夕」的悲風。

乾隆三十九年（1774年）八月，山東省壽張縣清水教首領王倫領導的起義，吹響這盛世輓歌的第一聲號角。

乾隆十六年（1751年），也就是乾隆第一次巡遊江南的時候，山東壽張縣黨家莊的一個青年農民王倫拜師加入清水教，學習拳棒武藝和練氣之法。而清水教與山東民間流傳的八卦教是同教異名，而八卦教又是白蓮教的分支。所以，清水教從傳教一開始就繼承了白蓮教「反清復明」主張。山東的賦稅徭役，在清朝時候是比較苛重的幾個省份之一。一方面是來自官府的盤剝壓榨，另一方面是「反清」思想的洗禮。就這樣，王倫走上了反抗清朝統治的道路。

乾隆三十年（1765年），王倫開始收徒，並利用醫術傳教。他在傳教過程中，為貧苦農民治病往往不收錢財，當地的人「均感其惠」，都說王倫是個仗義疏財的好人。很多年輕人跟他學習練氣和拳棒武藝，其中很多人感念他的恩德，做了他的義子義女。這樣，王倫的名氣越來越大，徒眾弟子也越來越多。隨著力量的壯大，王倫把反清提上了日程，從乾隆三十七年（1772年）開始，暗中籌備起義各項事宜。乾隆三十九年（1774年），壽張縣令得到舉報，王倫要造反，於是在全縣搜捕王倫和他的弟子們。王倫只好倉促發動反清起義。

當年八月底，王倫聚集徒眾弟子約有1000人，頭裹白巾，手持刀槍等簡單兵器，迅速攻占了壽張縣城。九月初，又攻下陽谷縣城，擊敗了前來鎮壓的清軍。一天後又攻占堂邑縣城。占據縣城以後，只是「殺官劫庫」而「不殺百姓」。經過簡單的修整，王倫的隊伍擴張到3000人左右，開始進攻臨清州（今山東省臨清市），意圖切斷漕運。因為臨清是南北漕運的樞紐，臨清鈔關是當時全國最大的鈔關，京師的米糧完全依賴漕運供給。農民出身的王倫確實有超出常人的戰略眼光：一旦占領臨清，截斷漕運，那麼，京師物資供給被掐斷，清政府將陷入財政困局；同時，清政府對於南方的控制力度也必然被大大削弱。到那時，只要各地的反清力量蜂擁而起，很快就會形成遍地烽菸的局面，有可能像元朝末年一樣，將滿清統治推翻。但是，臨清州新城之戰挫敗了王倫的戰略。雖然山東駐防旗兵和當地綠營早已腐化墮落，戰鬥力底下，但據城而守還是綽綽有餘。未經訓練的起義軍面對堅城，圍攻了十幾天，都不能破城。

與此同時，對地方軍力深感失望的乾隆，派大學士舒赫德率領健銳營和火器營禁軍各1000人馳援臨清。九月下旬，清軍以2000禁軍為主力，總共集結約8000人，將王倫全軍圍困在臨清舊城中，用鳥槍、劈山炮、佛朗機炮等火器輪番轟擊只有刀槍棍棒的起義軍隊伍。最後，王倫見大勢已去自焚了。參加起義的3000餘人全部犧牲，少數被俘首領被押解京師凌遲處死。除此之外，舒赫德還下令在涉及王倫起義的州縣中日夜搜捕，凡有嫌疑者一律殺死。據記載，被殺者的屍體堆滿了道路。

王倫起義規模不大，時間不長，前後不到一個月就被鎮壓下去了，卻預示著「康乾盛世」將面臨著更大的風暴。清朝在平定天下100多年後，終於再次直面來自民間的反抗。這一次的反抗，不再是前明的遺老遺少們「心懷故國」要「反清復明」，而是底層的民眾直接用暴力訴說著對滿清統治的不滿。

自元朝以來，西北諸省逐漸成為信仰伊斯蘭教的各少數民族聚居的主要區域。明朝時候對西北各族一直採取「羈縻」政策，因俗而治。到清朝實行「改土歸流」後，對原來的少數民族土司地方採取「分而治之」的政策，挑動民族間的矛盾以便統治。先後在甘肅爆發了乾隆四十六年（1781年）的蘇四十三起義、乾隆四十九年（1784年）的田五起義就是這種政策的惡果。乾隆中期，西北伊斯蘭教中出現了老教和新教之爭。作為中央政府的大清，沒有秉持公論，而是公開偏袒老教，甚至威脅新教如果不服從的話就要斬盡殺絕。這樣，普通的教派之爭轉化為對清王朝的激烈反抗。兩次起義最終都被清朝調集大軍鎮壓下去了。

康熙二十三年（1684年）施琅平臺以後，清朝在臺灣設置府縣，開始對臺灣實行直接統治，並且開始從大陸向臺灣移民，對臺灣進行開發。但由於長期實行漢番隔離的政策，導致臺灣民間矛盾——地主富商與農民的矛盾、官府與民間的矛盾、官府與地主富商的矛盾、漢族百姓與高山族百姓間的矛盾、新移民與老移民的矛盾等——十分複雜，經常發生大小規模不定的械鬥。

乾隆五十一年（1786年）年底，閩浙總督常青急奏，稱臺灣府彰化縣「賊匪」林爽文作亂。乾隆並未放在心上，只把起義看做臺灣常見的民間械鬥。而後提督任承恩又奏請登舟渡臺，進剿亂民。乾隆斥責說當地兵馬即可平定民亂，叫他不必危言聳聽。然而，就在此時，又傳來奏報，臺灣全府幾乎全部淪落「賊」手，只有府城臺灣縣還在苦苦支撐，形勢十分危急。這令乾隆又驚又怒。

原來，這不是普通的民亂，而是反清組織天地會利用臺灣民怨沸騰的現實條件，組織的一次大規模反清起義。

天地會是成立於清朝初年的民間秘密反清組織，又名添弟會、三合會、三點會等，對內統稱洪門。與白蓮教等民間秘教組織相比，具有明確的政治主張和更加嚴密的組織。天地會成立於東南地區，以反清復明為綱領，堅持反清鬥

清皇帝御用冬冠

▲ 冬季清帝御用暖冠，滿花金座，上綴大珍珠一顆。清朝皇帝常將一些名貴的衣帽飾物賜予功臣以表彰其功勳，乾隆三十九年（1774年），大學士舒赫德因鎮壓清水教王倫起義有功，乾隆賜其御用冬冠以示恩寵。

爭近300年。在清朝統治時期，只要某地民怨沸騰，就會組織其地發動起義，意圖實現其政治主張。

林爽文正是天地會在臺灣府彰化縣的首領。當時，臺灣地方官吏經常在正稅之外巧立名目，額外加派，而臺灣向來民風彪悍，村社間經常集體抗稅。林爽文就利用官民間的矛盾發展天地會成員，宣傳反清思想，並且組織抗稅鬥爭。當年十月二十七日，臺灣知府親抵彰化縣坐鎮，命令彰化縣俞峻會同副將赫生額、游擊耿世文令率軍400人，拘捕抗稅頭目天地會會員楊光勳、張烈等人以及天地會首領林爽文。他們達到大墩村後，焚燒村屋恐嚇村民，強迫村民將林爽文及楊、張二人交出。村民憤怒之下自發暴動，與清兵展開械鬥。林爽文趁機發動武裝起義，全殲了這400名清軍，殺死了為首的三位官員。又於次日攻下彰化縣城，殺死知府以下當地所有文武官員，而後出榜安民。林爽文自稱「盟主大元帥」，建元順天，以天地會組織為基礎，建立起軍政合一的政權組織。同時剪辮留髮，恢復大明衣冠。

林爽文起義後不久，臺南鳳山縣天地會首領莊大田也聚眾起兵，攻下鳳山縣城，自稱南路輔國大元帥。臺灣府一共轄有四個縣，至此現已丟失三縣，只剩下作為臺灣府城的臺灣縣、諸羅縣及鹿港仍在清政府手中。此後，林

▼《職貢圖卷》，【清】金廷標等繪，現藏於中國國家博物館。該圖卷記錄了清朝各民族的生活及貢賦情況，圖卷前部分為藩屬及海外諸國，後為國內民族，共300組，每組畫男女兩人，用文字說明其歷時、居住地、生活狀況及向朝廷的貢賦。這裡選取兩組臺灣地區少數民族形象。

職貢圖卷（局部）

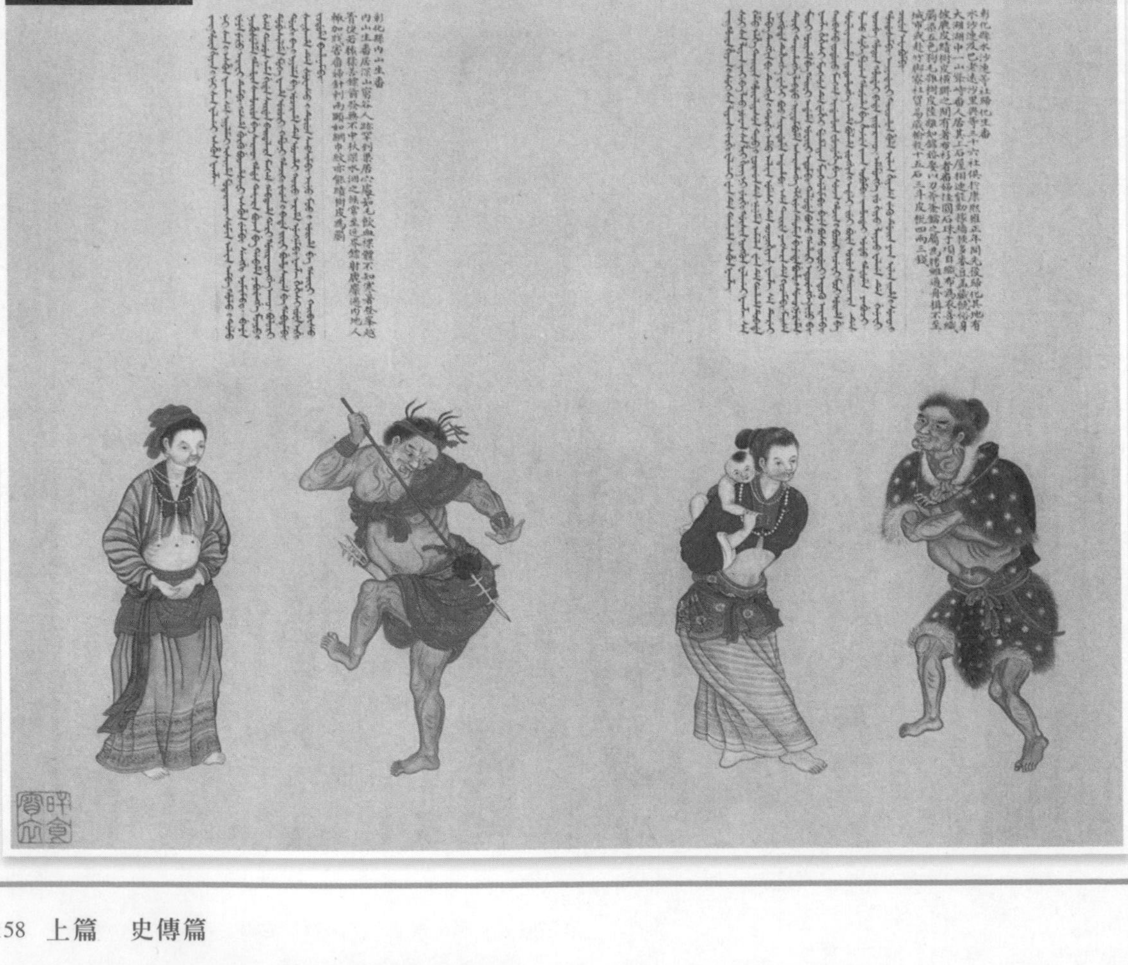

爽文與莊大田先後兩次合攻臺灣縣城，都沒有攻下。於是以臺灣縣為界，兩部南北分治。

乾隆見事態嚴重，把平臺重任委託給他認為優於「督率搜捕」的閩浙總督常青。但是常青不通軍事，對於起義軍束手無策，只能被動防禦，於是走通和的門路請求調離臺灣。次年六月，乾隆諭派協辦大學士、陝甘總督、御前大臣、嘉勇侯福康安前往臺灣，接替常青。而後又從各省抽調軍隊，赴臺「進剿」。

福康安到達臺灣後，充分利用臺灣複雜的社會問題，對起義軍進行分化瓦解，同時集中優勢兵力，逐步收復起義軍占據的縣城。乾隆五十三年（1788年）林爽文兵敗，被俘後押解至北京處死。莊大田重傷被俘後不治身亡，於是函首京師。對於固守10個月不失的諸羅縣，乾隆下詔嘉獎，賜名嘉義縣。這次起義，因為有天地會作為組織基礎，加上起義軍作戰勇猛，清王朝被迫先後三易主帥，調兵10萬餘人，耗費1000餘萬兩白銀才將起義鎮壓下去。

乾隆六十年（1795年），在湘西、黔東地區爆發了大規模的苗民反清起義。湘西、黔東是湘黔兩省接壤之處，多為苗族、瑤族等少數民族聚居地，歷來由土司土官治理。自雍正年間開始在這一地區推行「改土歸流」政策以後，清王朝先後設置州縣、任用流官、駐紮軍隊、改革田制。隨著清朝在此地統治的加強，原來的土官和苗民日漸不滿。因為苗、瑤等少數民族在「改土歸流」前比較落後，社會發展水平大致相當於原始社會末期或奴隸社會早期。對於先進的封建經濟和社會管理體制不易適應。一部分失去權力的土司土官總是夢想著恢復昔日的地位和權柄。清政府派去的流官自身往往貪腐成性，習慣於欺壓落後的苗民。軍隊實行「屯田養勇」的政策，也占去了大片的民田。遷去的漢民，無論地主還是農民也大多瞧不起苗瑤等少數民族，認為他們尚未開化，仍然是野蠻人。文化上的隔閡與政治上的壓迫，再加上苗、瑤等族根本就不善於農耕，一

福康安便服坐像

▲ 福康安（1754年～1796年），字瑤林，大學士傅恆之子，以軍功歷任雲貴、四川、閩浙、兩廣總督，授武英殿大學士兼軍機大臣，封貝子。乾隆五十三年（1788年），福康安指揮平定臺灣林爽文起義，乾隆為表彰他的功蹟，御筆親撰，勒石紀功。

來二去，名下的土地就逐漸被官僚、軍隊、地主和高利貸者兼併了。在這樣一種情況下，苗民中產生了強烈的反清意識。

乾隆五十九年（1794年）年底，貴州省松桃廳苗民石柳鄧與湖南省永綏廳苗民石三保等人，聚集在湖南省鳳凰廳鴨保寨副百戶吳隴登家中，與吳八月、吳半生、吳廷舉等人共同約定在次年正月起兵反清，「焚殺客民，奪回田地」。由於走漏風聲，石柳鄧提前在松桃起

平定苗疆得勝圖之攻克蘭草坪滾牛坡

▲《平定苗疆得勝圖》，也稱《湖南戰役圖》，由內府畫師馮寧繪製。該組圖共十六幅，主要描繪雲貴總督福康安、四川總督和琳等出兵鎮壓湖南、貴州苗民起義的幾次重大戰役。作者手法細膩，真實地再現了氣勢恢宏的戰爭場面。

兵。石三保等人則在預定時間同時起兵。起義軍迅速攻克州府，擊斃當地清軍將領多人。然後推舉吳八月為「吳王」，建立政權，平分土地，起義軍迅速擴大到八九萬人的規模，一時間「苗疆大震」。

清政府迅速調集黔、滇、湘、鄂、川、粵、桂七省清軍數萬人，命雲貴總督福康安為帥，分兵三路圍剿。起義軍利用黔東、湘西多山，自身熟悉地形的優勢與清軍周旋。但面對清軍優勢兵力的打擊，只能步步收縮防線。清軍一面猛烈進攻，一面分化收買起義軍中的不堅定分子。到嘉慶二年（1797年），隨著起義軍主要首領先後或戰死、或被俘，大規模的苗民起義被鎮壓下去。但在黔東、湘西地區，零星的苗民反抗鬥爭接連不斷，直到嘉慶十二年（1807年）才徹底平息下去。

就在清政府大力鎮壓湘黔苗民起義的時候，四川、湖北、陝西交界的山區爆發了波及五省（四川、陝西、甘肅、湖北、河南）的白蓮教大起義。

湖北、四川、陝西三省交界地區，群山起伏，叢林茂密，地勢非常險要，聚居了眾多貧民。他們在群山中以開荒種地為業，有些人充當苦力、水手縴夫，膽大一些的就去販運私鹽，苦苦地尋求一點生路。這些貧民有的是因為江漢流域連年水災逃難到此的難民；有的是破產的農民和手工業者；有的是往返於川陝的私鹽販子；甚至還有河南、安徽的貧民。殘酷的政治壓迫和經濟剝削讓他們苦不堪言。於是，在白蓮教的鼓動下，這裡變成了貧苦農民反清起義的根據地。

乾隆五十九年(1794年)，襄陽地區的白蓮教首領齊林、王聰兒（齊林之妻）、宋之清、樊學明等商定於正月元宵燈節舉行起義，派出多名骨幹串聯各地教眾屆時響應。但走漏風聲，齊林、宋之清等100多名骨幹被捕遇害，劉之協、王聰兒幸免於難。不久，湖北各地的教眾又秘密商議在嘉慶元年(1796年)三月十日同時舉行起義。但因清政府搜捕白蓮教徒非常嚴酷，只有提前行動。是年正月初七，在湖北宜都、枝江爆發了張正謨與聶傑人等領導的起義，揭開了這次川楚陝白蓮教大起義的序幕。

隨後，枝江的劉盛鳴，長陽的林之華、覃加耀、黃廷柱，宜都的曾廣寧等人都相繼起義響應。緊接著在來風、竹山、東湖、遠安、保康、宣恩、咸豐、龍山等地都爆發了起義。三月，王聰兒、姚之富、王廷詔、劉啟榮、樊人傑、張漢潮、張天倫、王光祖、高均德等，在襄陽郊區黃龍擋揭竿而起。五月，魯維志等在孝感起兵響應。各路義軍無論男女，都用白布纏頭作為標誌。起義之初，白蓮起義軍的領導者們就喊出「興漢滅滿」的政治口號。並且允諾參與起義的農民，在「事成之後，分給地畝」。起義軍因此迅速壯大。

當年十月，徐天德、王登廷在四川達州發動起義。冷天祿、王三槐在東鄉縣起兵響應。十一月，在馮得仕、林開泰領導下，陝西安康、米溪白蓮教徒也起義反清。

為了鎮壓這次起義，清政府除糾集湖北、四川、陝西、河南、甘肅的軍隊外，還先後從山西、直隸(河北)、兩廣、山東、黑龍江、吉林、盛京(遼寧)等16省調來大批清軍，並且還動員了在東北駐防的索倫兵等少數民族的軍隊。

在湖北各路起義軍中，襄陽起義軍人數最多、戰鬥力最強、聲望最高。所以清軍首先把矛頭指向了湖北，企圖集中兵力，一舉全殲襄陽起義軍。襄陽起義軍在王聰兒、姚之富的領導下，轉戰湖北、河南、陝西、四川，展開了艱苦的鬥爭。嘉慶三年（1798年），襄陽義軍主力在湖北鄖西縣三岔河村遭到鄖西知縣孔繼率領的鄉勇和清軍伏擊，全軍覆沒。義軍首領王聰兒、姚之富跳崖自殺。此後，襄陽起義軍餘部分別由李全、張漢潮、高均德、樊人傑領導，繼續堅持鬥爭。

嘉慶四年（1799年），嘉慶帝親政後，採取了「堅壁清野」和「剿撫並用」的策略，調集精兵強將圍剿義軍的主力，同時收買義軍中的動搖分子以分化起義力量。此時，起義軍面臨著清軍在川北、川東和陝楚邊界三個方向的進攻。在清軍重兵圍堵之下，白蓮義軍各部相繼被消滅。到嘉慶九年（1804年）各自為戰的義軍紛紛被消滅，標誌這次大起義最終失敗。

這次波及五省的白蓮教大起義雖然以失敗告終，但耗費了清朝政府大量軍費和軍力。據統計，清朝前後共投入軍費超過2億兩白銀，國庫為之一空，成為清朝從「康乾盛世」走向「嘉道中衰」的轉折點。

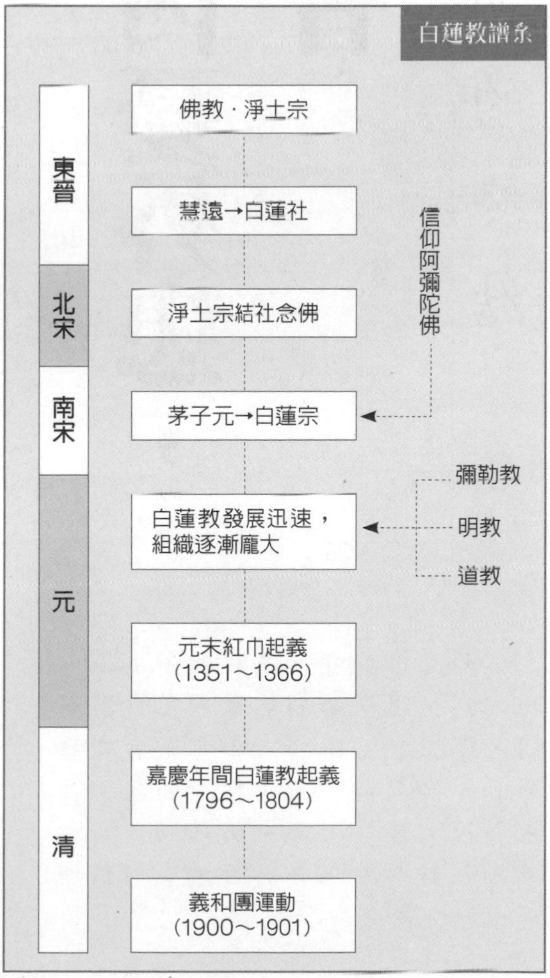

第六章

盛極而衰，內憂外患，共譜亡國殤音

末代封建王朝的終結

西元1840年，鴉片戰爭爆發，西方列強用堅船利炮轟開了中國國門，清王朝面臨「三千年未有之變局」，卻只能一次次割地賠款、喪權辱國。最終，孫中山領導的辛亥革命推翻封建王朝，大清帝國黯然退出歷史舞臺。

第1節

林則徐禁菸與鴉片戰爭

西元1839年～西元1860年

在乾隆執政的60年間，清政府沉浸於「天朝大國」的美夢之中，採取閉關鎖國政策，西方世界卻發生著劃時代的巨大變化。

乾隆三十年（1765年），英國紡織工哈格里夫斯發明新式紡車珍妮紡紗機，第一次工業革命開始了；乾隆五十年（1785年），英國卡特萊特發明水力織布機；同年，英國瓦特改良蒸汽機；嘉慶十二年（1807年），美國富爾頓發明輪船；嘉慶十九年（1814年），英國史蒂芬孫發明蒸汽機車。

乾隆三十九年（1774年），美國獨立戰爭開始；乾隆四十八年（1783年），北美獨立戰爭取得勝利；乾隆五十三年（1788年），第一屆美國國會在紐約召開；乾隆五十四年（1789年），華盛頓就任美國第一任總統。民主共和成為近代各國的共同追求。

乾隆五十四年（1789年），法國舉行三級會議，爆發了資產階級大革命，發表《人權宣言》；乾隆五十八年（1793年），法國國王路易十六被處死。

乾隆二十年（1755年），俄國建立莫斯科大學；乾隆四十五年（1780年），美國科學院在波士頓成立；乾隆四十九年（1784年），哥倫比亞大學成立；同年，德國出現第一位女醫學博士。而在清朝，乾隆六十年（1795年）會試，各省上報80歲以上參加會試者116人，實際參加會試並三場完竣者92人。

這一幕幕，似乎已經宣告了大清帝國黯淡的未來。

18世紀初期，英國商人開始向中國輸入鴉片。中國本來把鴉片作為藥材進口，據統計，在雍正七年（1729年）以前，每年輸入中國的鴉片在200箱左右。乾隆三十八年（1773年），英國壟斷了印度的鴉片生產，此後輸入中國的鴉片數量急劇增加，到1800年已經猛增到4100箱。道光元年（1821年），鴉片年輸入竟高達7000箱。道光十八年（1838年）更是達到了40000餘箱的最高紀錄。鴉片的大量輸入直接導致大批中國人染上毒癮，上到皇室官吏，下至平民百姓甚至軍隊官兵，吸毒成癮的人愈來愈多。對清政府來說，最直接的影響是白銀大量外流，給財政造成了極大困難。在這種情況下，清政府便決心著手禁菸，解決這一關乎國家民族生死存亡的棘手問題。

其實早在雍正七年（1729年），雍正帝就曾頒布過禁止吸食鴉片的諭令。嘉慶五年（1800年），嘉慶帝也曾下令查禁鴉片，禁止在國內私植罌粟。道光元年（1821年），道光帝即位後重申禁菸令，但收效甚微。唯利是圖的英國鴉片販子為了逃避中國的查禁，便潛到珠江口外的伶仃島上，設立躉船，繼續接收從印度運來的鴉片，再透過中國走私販子把鴉片銷往全中國。

道光十八年（1838年）十一月，道光帝任命林則徐為欽差大臣，馳赴廣東，節制水師，查禁鴉片。林則徐在京期間，道光帝面授機宜，確定方略，並命兩廣總督鄧廷楨等協同禁菸，從此拉開了清王朝禁菸運動的序幕。

林則徐，福建侯官(今福州)人。他在湖廣總督任上時，禁菸成效卓著。1838年冬，林則徐受命欽差大臣，赴廣東查禁鴉片。他深知禁菸阻力太大，前途多艱，但不顧個人安危，決心以最大的勇氣、堅決的措施禁絕鴉片，以挽頹風，拯救民族和國家。

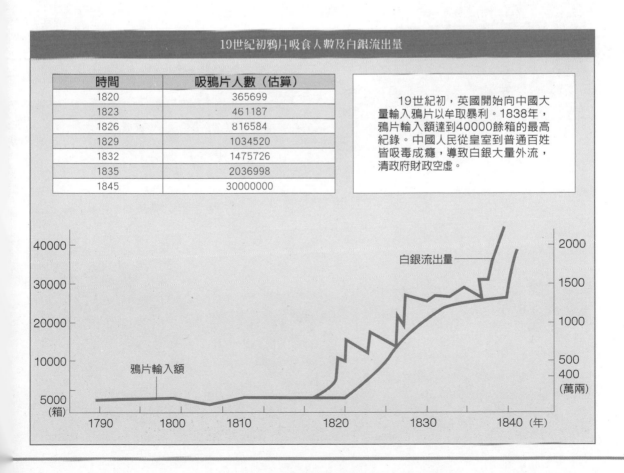

19世紀初鴉片吸食人數及白銀流出量

時間	吸鴉片人數（估算）
1820	365699
1823	461187
1826	816584
1829	1034520
1832	1475726
1835	2036998
1845	30000000

19世紀初，英國開始向中國大量輸入鴉片以牟取暴利。1838年，鴉片輸入額達到40000餘箱的最高紀錄。中國人民從皇室到普通百姓皆吸毒成癮，導致白銀大量外流，清政府財政空虛。

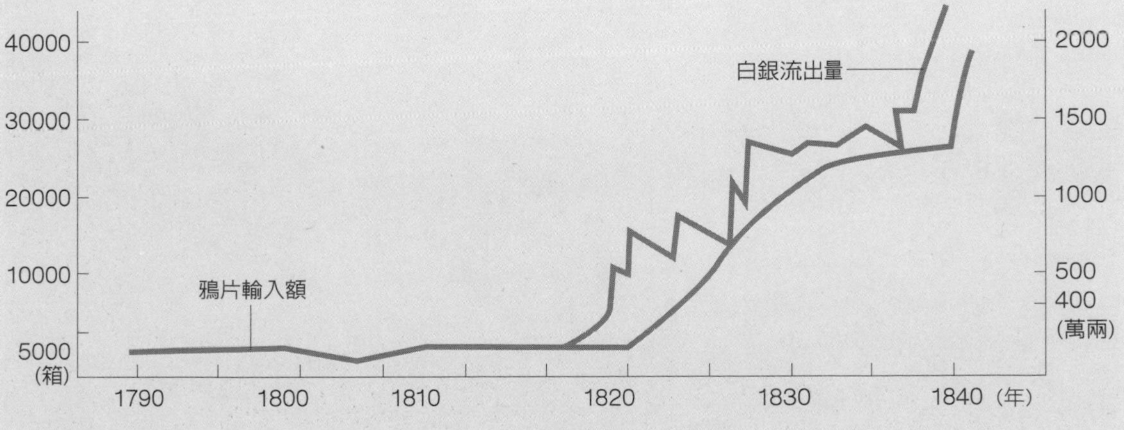

道光十九年（1839年），林則徐經過兩個月的行程到達廣州。此時，整個廣州都在等待和傾聽欽差大臣的聲音，林則徐到達第二天，便在轅門外貼出兩張告示：《收呈示稿》宣明欽差大臣到廣州的目的是查辦海口事件；《關防示稿》是採取禁菸行動的先聲。1839年3月18日，林則徐發布兩個諭帖。3月19日，下令禁止外國人離開廣州。3月21日，下令包圍商館。3月22日，下令查拿英國鴉片販子顛地。

就在這時，英國駐華商務監督義律到來。他到達當天（3月24日），林則徐下令停泊在廣州的一切外國船隻封艙，當天晚上封鎖商館，並且撤走一切差役和中國雇員。3月28日，義律向林則徐呈送了《義律遵諭呈單繳菸二萬零二百八十三箱稟》。從林則徐1839年3月10日到達廣州，到義律3月28日被迫同意繳出全部鴉片，總共18天，充分說明了林則徐收繳鴉片第一回合的勝利。

林則徐與鄧廷楨等官員會商後，就收繳的地點、驗收、押運、存儲、看管、守衛等各個環節做出了無懈可擊的指令和安排。4月10日林則徐、鄧廷楨等赴虎門，4月11日開始收繳鴉片，林則徐親自監督整個收繳過程。到5月18日，用了34天，共收繳菸土19187箱又2119袋，總重量1188127公斤。

繳菸獲得了完全的勝利，但如此巨量的鴉片又該如何處置？林則徐奏報道光皇帝，要求驗明實物數量，然後銷毀。道光帝對林則徐的意見表示贊同，他命林則徐和鄧廷楨、怡良等人將收繳的鴉片就地銷毀。清道光十九年四月二十三日至五月十五日（1839年6月3日至25日），在林則徐的指揮下，歷經23天，將全部收繳的鴉片在虎門

▼ 虎門鎮位於廣東東莞市西南部，珠江口東岸，是一座歷史名城。1939年，民族英雄林則徐曾帶領這裡的軍民們進行了銷毀鴉片、共御外敵的壯舉，揭開了中國近代史的悲壯序幕。圖為鴉片戰爭前後西方人眼中的虎門港口。

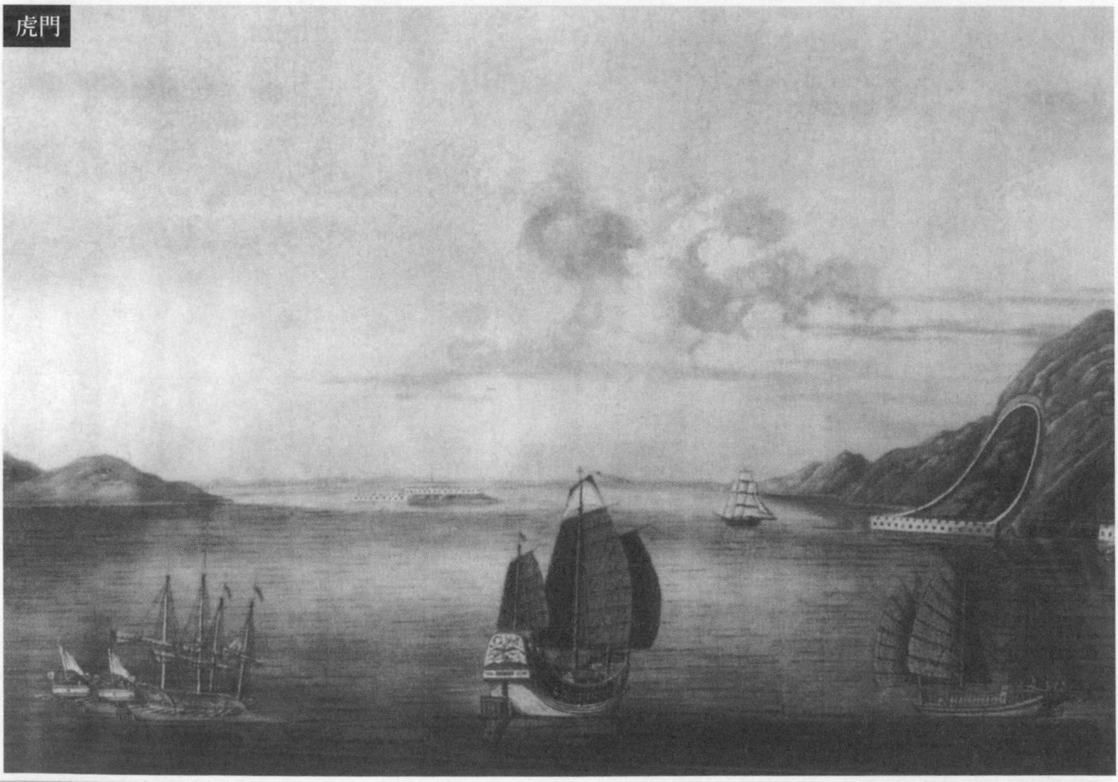

中英《南京條約》及其附件一覽表			
條約名稱	簽訂時間	簽訂地點	主要內容
《南京條約》	1842年8月29日	南京下關江面的英國軍艦「皋華麗」號上	1.中國開放廣州、福州、廈門、寧波、上海為通商口岸； 2.中國割讓香港給英國； 3.中國向英國賠款銀圓2100萬元； 4.協定關稅。
《五口通商章程》	1843年7月22日	香港	1.承認英國享有領事裁判權，規定：「英人華民交涉詞訟，其英人為何種罪，由英國議定章程、法律，發給管事官照辦」； 2.通商口岸准許停泊一般英國「官船」； 3.議定海關稅率相當於值百抽五。
《五口通商附粘善後條款》（又稱《虎門條約》）	1843年10月8日	虎門	1.片面最惠國待遇，中國「有新恩施及各國，應准英人一體均沾」； 2.准許英人在五口租地造屋，永久居住。

海灘銷毀。虎門銷菸，打擊了外國侵略者的囂張氣焰。虎門銷菸，是中華民族尊嚴的表現，是正義與勇氣的勝利。虎門銷菸，向全世界宣告了中華民族絕不屈服於侵略的決心。

面對清政府的禁菸措施，英國資產階級特別是其中的鴉片利益集團，立即掀起一片侵華的戰爭叫囂。英國政府很快作出向中國出兵的決定。1840年6月，侵華英軍總司令義律率艦隻40餘艘、士兵4000多名，陸續到達中國南海海面。6月28日英艦封鎖珠江海口，第一次鴉片戰爭正式爆發。這是英國為了向中國銷售鴉片而發動的侵略戰爭。

7月初，英軍洗劫了浙江定海，8月初英軍艦隊抵達天津大沽口外，直逼京畿。面對英軍的入侵，道光皇帝妥協了，撤去林則徐的職務，任命琦善為欽差大臣。年底，琦善在廣州與英國侵略者談判。1841年1月，琦善擅自答允英國全權代表義律提出的割讓香港、賠償菸價600萬銀元、開放廣州等條件。琦善私允英軍條件，違背了清廷的指示精神，後來受到嚴懲。但在1841年1月26日，英軍悍然以武力強占香港島。2月下旬，英軍攻陷虎門炮臺，水師提督、愛國將領關天培與守軍數百人壯烈犧牲。5月，英軍逼近廣州城外，清軍初戰失利後全部退入城內。5月27日，新任靖逆將軍奕山向英軍乞和，與英國訂立了可恥的城下之盟——《廣州和約》，規定由清朝方面向英軍交出廣州贖城費600萬銀元。

然而，這還不能令英國政府滿足。英國政府改命璞鼎查為全權代表，繼續擴大侵華戰爭。1841年8月下旬，璞鼎查率英艦自香港北犯，26日攻陷廈門。9月英軍侵犯臺灣。10月攻陷定海、鎮海、寧波。1842年5月，英軍繼續北犯，6月攻陷長江口的吳淞炮臺，江南提督陳華成殉國，吳淞、上海相繼失守。接著，英軍溯江西上，8月5日到達江寧(南京)江面。腐敗無能的清朝政府命令盛京將軍耆英趕到南京，於29日與璞鼎查在英國軍艦上簽訂了中國近代史上第一個不平等條約——《南京條約》，第一次鴉片戰爭到此結束。

第一次鴉片戰爭的結果，英國從中國得到了割讓香港，賠款2100萬銀圓，開放廣州、福州、廈門、寧波、上海為通商口岸，以及協定關稅權、領事裁判權、片面最惠國待遇等一系列侵略特權，中國的獨立主權遭到嚴重損害。《南京條約》簽訂後，美國、法國接踵而來，乘機索取特權，強迫清政府簽訂了一系列不平等條約。鴉片戰爭標誌著中國近代史的開端，從此，中國開始陷入更加深重的苦難，中國人民面臨著更為複雜艱苦的鬥爭。

第一次鴉片戰爭後，西方資本主義列強相繼侵入中國。處於資本主義上升時期的英、法、美等國家由於工業革命後生產力的進一步發展，對原料產地和商品市場的需求越來越高，他們對第一次鴉片戰爭中從中國掠奪到的權益愈加不滿，要求同清政府在《南京條約》的基礎上簽訂新的不平等條約。1854年和1856年，英、法、美三國先後兩次以幫助鎮壓太平天國為藉口，向清政府提出包括中國全境開放、鴉片貿易合法化等各種無理要求，遭到了清政府的拒絕。英法兩國隨即策劃透過一場新的侵華戰爭，以武力逼迫清政府就範，達到其罪惡目的。這就是英法共同侵略中國的第二次鴉片戰爭。

法國以1856年2月法國神甫馬賴在廣西西林縣非法從事傳教活動被殺事件，作為侵華藉口。英國則拙劣地炮製了一個發動戰爭的藉口——「亞羅號」事件。亞羅號是一艘中國走私船，曾經在香港領過一張登記證，事發時已經過期。1856年10月，中國水師在廣州附近登上亞羅號逮捕海盜，此事遭到英國駐廣州領事巴夏禮的抗議。儘管兩廣總督葉名琛同意交還在亞羅號上被捕的中國水手，英方故意不予理睬。10月23日，英軍突然發動進攻，占領廣州以南沿江各炮臺，並一度衝進廣州城內。被廣州守軍擊退後英軍撤退到虎門，等待援軍。

1857年9月，英國全權代表額爾金統率海陸軍來到香港。10月，法國全權代表葛羅也率兵到達。12月中旬，英法聯軍5000餘人大舉進攻廣州。29日廣州淪陷，兩廣總督葉名琛被俘，廣東巡撫、廣州將軍等投降。隨後，英法建立了以柏貴為首的中國近代史上第一個地方傀儡政權，對

▼ 鴉片戰爭以後，鴉片的吸食者不減反增，全國各地都出現了圖中這樣的鴉片菸館。曾有文人做一副楹聯「一桿竹槍，殺遍英雄豪傑不見血；半盞燈火，燒盡房產地產並無灰」，專道鴉片之害。

鴉片之害

大清帝國年表6		
皇帝（朝）	時間	主要事件
嘉慶帝（7）	1820	嘉慶病逝，皇二子旻寧繼位，改元「道光」；清朝人口達38310萬。
道光帝（8）	1839	林則徐帶領虎門軍民銷毀鴉片、共禦外敵，掀開中華民族近代史的悲壯序幕。
	1840	英軍侵略中國，第一次鴉片戰爭爆發。
	1842	第一次鴉片戰爭以中國失敗告終，中英簽訂《南京條約》，英國占領香港島，開放廣州、廈門、福州、寧波、上海五個通商港口。
	1843	中英簽訂《五口通商章程》、《虎門條約》；洪秀全創立拜上帝會。
	1844	簽訂中美《望廈條約》、中法《黃埔條約》。
咸豐帝（9）	1850	道光病逝，皇四子奕詝繼位，改元「咸豐」。
	1851	清朝人口達43610萬；洪秀全的拜上帝會在廣西金田村起義，建立「太平天國」。
	1853	太平軍攻陷南京，將其定為國都，改名「天京」，頒布《天朝田畝制度》。
	1856	英法聯軍侵華，第二次鴉片戰爭爆發；太平天國發生「天京事變」，開始走向衰落。
	1858	英法聯軍攻陷大沽，清政府與兩國簽訂《天津條約》；中俄簽訂《璦琿條約》。
	1860	英法聯軍再次入侵中國。

廣州進行長達4年的殖民統治。

1858年4月，英法艦隊到達大沽口外海面。5月20日，聯軍發動進攻，大沽炮臺在經過頑強抵抗後失陷。英法艦隊隨即溯白河(海河)而上，占領天津城外望海樓一帶。清政府慌作一團，立即派大學士桂良、吏部尚書花沙納為全權代表趕往天津議和。在英法的威嚇下，桂良等於6月下旬分別與英、法簽訂了可恥的賣國條約——中英、中法《天津條約》。《天津條約》規定：外國公使進駐北京；開放牛莊(後改營口)、登州(後改菸臺)、臺南、淡水、潮州(後改汕頭)、瓊州、漢口、九江、江寧(南京)、鎮江為通商口岸；中國海關由英國人「幫辦稅務」；外國人可以自由到中國內地傳教、遊歷、經商；外國商船可在長江各港口自由航行；中國向英國賠銀400萬兩，法國200萬兩。在此以前，中俄、中美《天津條約》已先簽訂。

1859年，英法政府分別任命普魯斯和布爾布隆為駐華公使。6月，英法公使率軍艦會同美國公使抵達大沽口外，拒絕清政府指定從北塘登陸的路線，蠻橫地要經大沽口溯白河進京換約。6月25日，英法軍艦向大沽炮臺發動進攻。經過整頓的大沽守軍奮起反擊，擊沉擊傷英法兵艦10餘艘，俘獲2艘，斃傷侵略軍官兵464人。英法聯軍狼狽撤出大沽口。

1860年4月，英法全權代表額爾金和葛羅率大批軍隊再度開到中國。5月下旬，英軍占領大連灣。6月初，法軍占領菸臺，完成了對渤海灣的封鎖。8月1日，英法聯軍在俄國人的引導下在北塘登陸，21日攻陷大沽炮臺，24日占領天津。清軍退守張家灣、通州(今通縣)一線。9月9日，英法聯軍開始向北京進攻，21日，在通州八里橋大敗清軍。22日，咸豐皇帝倉皇逃往熱河。10月初，聯軍占領圓明園，在恣意搶劫破壞之後，又放火焚燒，一座世界上最瑰麗多姿的宮苑傑作就這樣毀於英法侵略軍之手。10月

13日，北京留守當局向英法投降，聯軍從安定門入城，控制了整個北京城。10月24、25日，清政府代表、恭親王奕訢與英法代表先後交換《天津條約》批准書，並訂立《北京條約》。條約規定：增開天津為商埠；准許華工出國；割讓九龍司地方給英國；發還天主教資產；對英法賠銀各增加至800萬兩。至此，第二次鴉片戰爭結束。

鴉片戰爭改變了中國歷史進程，使中國開始從一個獨立自主的封建帝國，逐漸淪為一個半殖民地半封建國家。西方列強透過一系列不平等條約，破壞了中國在領土、司法、政治、經濟等方面的主權。中國逐步被納入資本主義世界經濟體系，變成了工業原料產地和商品傾銷市場。中國社會矛盾也開始複雜化：壓在中國人民頭上的除了封建地主，又來了個外國資本主義列強。人民的苦難更加深重了。中國人民的歷史使命也發生了變化：從反封建求民主，變成了反侵略反封建，外求民族獨立，內求政治民主。總之，中國開始了100多年的屈辱和苦難歷程。第二次鴉片戰爭加速了這個過程，加深了中國半殖民地化的程度。

第2節

太平天國起義

西元1851年～西元1864年

鴉片戰爭後，西方資本主義國家利用侵略特權大肆向中國傾銷商品，使得沿海通商口岸及其附近地區的傳統手工業逐步遭到破壞。每年大量鴉片輸入引起的白銀外流、銀貴錢賤等問題，比戰前更為嚴重。清政府為了支付軍費和戰爭賠款，加重了對民間的搜刮。這些，都使底層勞動人民的負擔更加沉重，土地兼併愈演愈烈，地租剝削率越來越高。加上連年的自然災害，1846年至1850年，黃河流域和長江流域各省都連續遭到嚴重的水旱災害，兩廣地區也是水、旱、蝗災不斷。人禍天災，使人民陷於失業、破產、飢餓、死亡的困境。

晚清主要不平等條約一覽表1

條約名稱	簽訂國家	簽訂時間	主要內容
《南京條約》	中英	1842年8月29日	1.中國開放廣州、福州、廈門、寧波、上海為通商口岸； 2.中國割讓香港給英國； 3.中國向英國賠款銀圓2100萬； 4.協定關稅。
《天津條約》	中英	1858年6月26日	1.中國開放牛莊、登州、臺南、潮州、瓊州、漢口、九江、南京、鎮江為通商口岸； 2.英國兵船可駛入各通商口岸； 3.耶穌教、天主教教士可入內地自由傳教； 4.中國向英國賠款白銀400萬兩。
《天津條約》	中法	1858年6月27日	1.中國開放瓊州、潮州、臺南、淡水、登州、南京為通商口岸； 2.法國兵船可駛入各通商口岸； 3.耶穌教、天主教教士可入內地自由傳教； 4.中國向法國賠款白銀200萬兩。
《北京條約》	中英	1860年10月24日	1.中國開放天津為通商口岸； 2.中國割讓九龍司給英國； 3.中國向英國賠款白銀800萬兩。

清政府的黑暗統治和沉重的封建剝削，以及外強的侵略，激起人民群眾的反抗鬥爭。鴉片戰爭後10年間，漢、壯、苗、瑤、彝、回、藏等各族人民的起義和抗租抗糧等鬥爭，不下100多次，幾乎遍及全國。當時白蓮教、天理教鬥爭於北方各省，捻黨活動於河南、安徽、山東一帶，齋教散布於湖南、江西、福建、浙江等地，天地會勢力更遍及長江和珠江流域。各地掀起的反抗鬥爭，以廣西、廣東、湖南三省聲勢最大。廣西則成為三省反抗力量會合的基地。這些鬥爭沉重地打擊了清朝統治，使貪官污吏、土豪劣紳惶惶不可終日。

但是，遍布廣西、湖南等省的天地會由於缺乏統一的組織，山堂相峙，互不統屬，起義軍紀律也較差，「飢則蜂起，飽則遠揚」，旋起旋散，以至被清政府各個擊破，或分化瓦解。新出現的由洪秀全、馮雲山等創立的拜上帝會則表現出與天地會不同的特點，它有更加明確的綱領和嚴密的組織。

洪秀全，廣東花縣人。曾多次到廣州參加科舉，但都沒有考中。後來，他與表親馮雲山、族弟洪仁玕從神甫梁發送的《勸世良言》中吸取某些基督教教義，自行洗禮。道光二十四年（1844年），洪秀全和馮雲山到廣西貴縣一帶開始傳教，但是效果並不理想。洪秀全不久便返回廣東，馮雲山則留在廣西繼續傳教，拜上帝會在當地的信徒日增。道光二十七年（1847年），洪秀全和洪仁玕到廣州跟隨美國美南浸信會傳教士羅孝全學習《聖經》，4個月後離開廣州，前往廣西桂平與馮雲山會合。

道光二十七年十二月（1848年1月），馮雲山被紫荊山蒙衝鄉石人村地方團練以聚眾謀反罪名逮捕，送往廣西桂平知縣衙門囚禁。洪秀全前往廣州欲以「傳教自由」為由，找上層關係營救。後馮雲山被信徒集資賄賂桂平知縣王烈，得到釋放。道光三十年（1850年）夏，洪秀全發布團營令，要求會眾到廣西桂平縣金田村團營編伍。同年年底，太平軍先後在思旺和蔡村江與清

洪秀全畫像

▲ 洪秀全（1814年～1864年），太平天國以宗教名義發動民變的領袖，原名洪仁坤，1851年1月11日在廣西桂平的金田村舉行起義，建號太平天國，洪秀全稱天王，1853年以南京作為首都，改名天京，1864年在天京病逝，太平天國隨後滅亡。

軍展開戰鬥，由此開始了與清廷的武裝對立，初以「太平」為號，後建國號「太平天國」，並實行財產公有制。

洪秀全（1814年～1864年），太平天國以宗教名義發動民變的領袖，原名洪仁坤，1851年1月11日在廣西桂平的金田村舉行起義，建號太平天國，洪秀全稱天王，1853年以南京作為首都，改名天京，1864年在天京病逝，太平天國隨後滅亡。

道光三十年十二月十日（1851年1月11日），洪秀全在金田村誓師起義。這一天也是他38歲生日，世人也將這一天定為金田起義紀

念日。3月23日，洪秀全在廣西武宣登基，稱天王。同年秋，太平軍占廣西永安州（今蒙山縣）。12月，在永安城分封諸王：封原中軍主將楊秀清為「左輔正軍師」東王，稱九千歲；原前軍主將蕭朝貴為「右弼又正軍師」西王，稱八千歲；原後軍主將馮雲山為「前導副軍師」南王，稱七千歲；原右軍主將韋昌輝為「後護又副軍師」北王，稱六千歲；原左軍主將石達開為翼王，並詔令諸王皆受東王節制。太平天國在南王馮雲山的構想基礎上，建立了初期的官制、禮制、軍制，推行自創的曆法——「天歷」。這是太平天國運動史上極其重要的一個環節——永安建制。

1852年4月5日，太平軍自永安突圍，5月19日離開廣西進入湖南省，6月太平軍攻克全州，南王馮雲山在激戰中被清軍炮火擊中陣亡。8月，西王蕭朝貴聞長沙兵力空虛，率偏師進攻長沙，9月12日在攻城中也中炮犧牲。洪秀全、楊秀清聞訊後急率主力來到長沙城下，但此時清方已重兵雲集，太平軍攻長沙近三個月仍未能成功，撤圍北上。

1853年3月7日，太平軍陸路先鋒抵南京板橋。8日進駐南京城西南的西善橋，連營24座。9日太平軍占領城南雨花臺報恩寺，炮擊城內，水師則進攻草鞋峽。此時，清軍旗兵、綠營及募勇總數約兩萬人，入城拒守，將城門用土袋塞閉。12日，太平軍水師主力抵達下關、七里洲、土營，於儀鳳門外靜海寺秘掘地道設置炸藥，並分軍占浦口，南京至此合圍。13日，太平軍環攻諸門，其中南門攻城尤烈。另於城外搭高臺向市民宣傳，並派遣間諜入城宣傳，鼓動民眾。19日儀鳳門坑道點火，炸塌城牆二丈許，戰士數百名衝入，一隊向鼓樓，一隊繞神策門（今中央門）至成賢街直插小營，斬殺兩江總督陸建瀛於黃家塘。旋遇清軍反攻，敗出儀鳳門。次日，清軍城南守軍聞城破督死，紛紛潰散，林鳳祥、賴漢英率數千人沿梯入城，開聚寶、水西、旱（漢）西各門，太平軍大軍攻入內城，殺江寧將軍祥厚。3月29日，布告安民，宣布改南京為

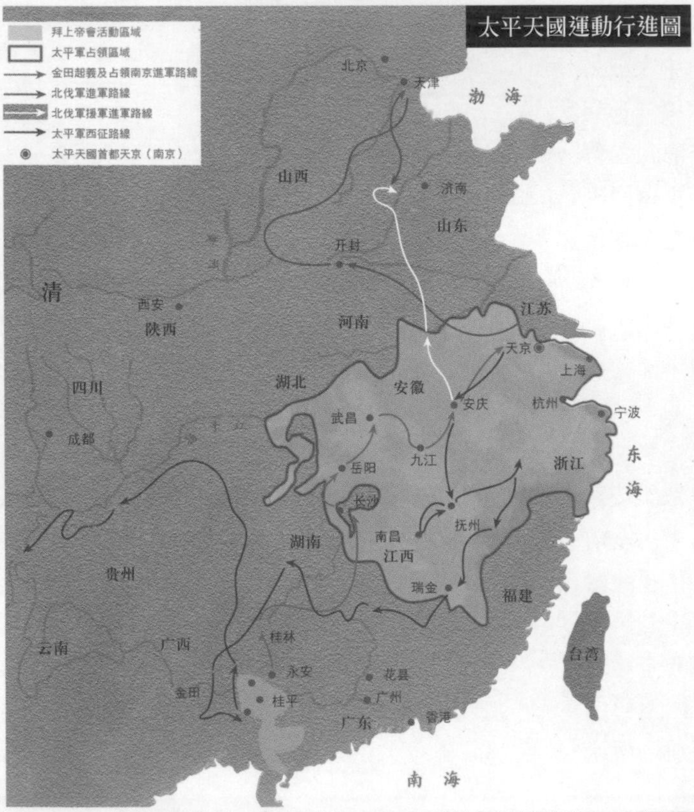

◀ 西元1851年，洪秀全領導人民於廣西金田村發動起義，轟轟烈烈的太平天國運動拉開序幕。起義軍分為西征和北征兩路，其中北征軍一路勢如破竹，很快便占領南京，將其改名為「天京」，定都於此。

▲ 愛新覺羅．奕詝（1831年～1861年），被後人稱為「無遠見、無膽識、無才能、無作為」的「四無」皇帝。他在位11年，朝廷內憂外患不斷，先有太平天國起義，後有英法聯軍進攻北京、火燒圓明園。他在中華民族生死存亡關頭難以決斷，反而沈迷酒色，荒廢朝政，寵愛葉赫那拉氏（慈禧），禍國殃民，致使大清帝國進一步走向滅亡。

天京，定為都城。

定都天京後，為了推翻滿清，洪秀全派林鳳祥、李開芳等率軍2萬人北伐，北伐軍勢如破竹，一路攻至天津附近，直逼北京。清朝廷大為震驚，咸豐帝準備逃往熱河。同時調集重兵圍剿，天津知縣挖開運河放水，北伐軍被水阻攔，被迫南撤，而後繼援軍也遭清軍擊敗。到1855年3月，林鳳祥、李開芳先後被捕，慷慨就義，北伐宣告失敗。

北伐的同時，洪秀全又派賴漢英率軍西征。西征軍攻占了安慶、九江、漢口、漢陽、武昌、岳州、湘潭等地，但最終在湖南敗於曾國藩組織的湘軍。到1854年10月，湘軍乘勝出省占領武漢，然後順江而下，西征軍敗退到安徽。此後，太平軍與湘軍在安徽、江西一帶反覆大戰，互有勝負。太平軍西征前後歷時3年，控制了天京上游武昌、九江、安慶三大重鎮，占領了安徽、江西和湖北大部分地區。

清軍在太平天國定都天京後，建立江南、江北大營，夾攻天京，太平軍被迫進行天京破圍戰。1856年2月，燕王秦日綱率陳玉成、李秀成等從西征前線回師，解除鎮江之圍。東王楊秀清又命石達開回師。1856年6月，各路太平軍合力摧毀了江南大營。至此，太平天國解除了清軍對天京的軍事威脅，控制了從長江上游的武漢到下游鎮江的廣大地區，軍事上達到全盛時期。

太平天國前期，軍政大事一直由東王負責，洪秀全則退居幕後少理朝政，東王楊秀清實權在手。1856年太平軍攻破清軍向榮的江南大營，解天京三年之圍後，東王楊秀清見當時太平天國形勢大好，便野心萌發，假裝「天父下凡」，迫天王將自己由「九千歲」封為「萬歲」。

這讓一直與楊秀清有矛盾的北王韋昌輝感到了危機。於是，韋昌輝從江西前線趕回天京，與秦日綱在夜間入城，9月2日凌晨偷襲東王府，擊殺楊秀清及其全家老少，然後搜殺東王幕府部屬、他們的家人及其他軍民共2萬多人，史稱「天京事變」。翼王石達開聞訊火速回京，勸阻韋昌輝不要濫殺，韋昌輝不聽，二人不歡而散。石達開當夜逃出金陵城外，韋昌輝盡殺翼王府中

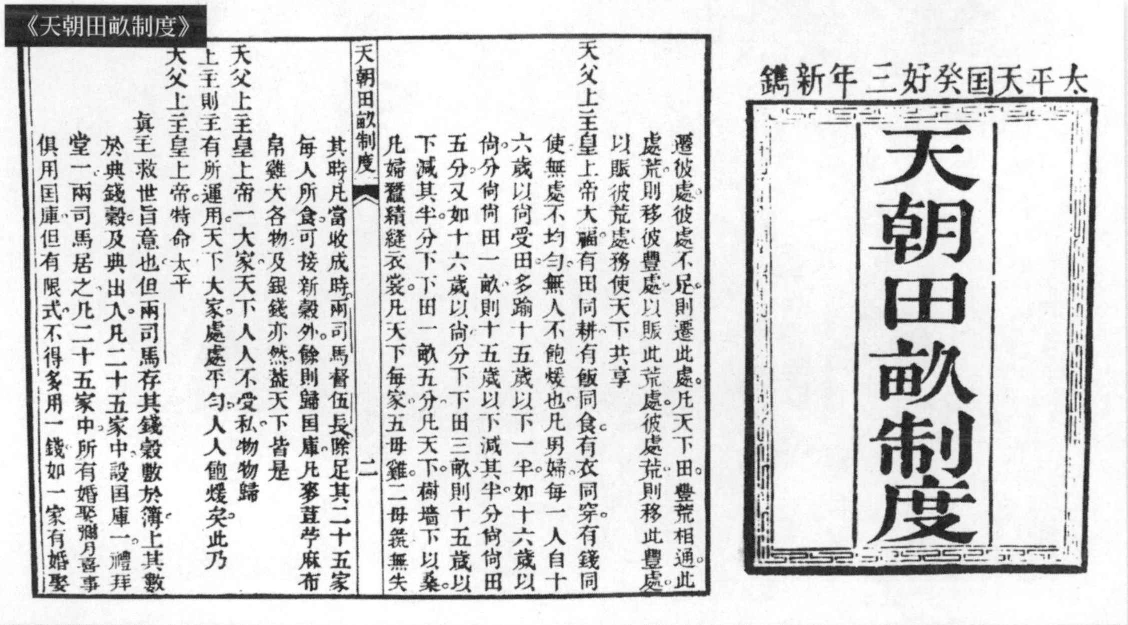
《天朝田畝制度》

遷彼處。彼處不足。則遷此處。凡天下田。豐荒相通。此
處荒則移彼豐處。以賑此荒處。彼處荒則移此豐處。
以賑彼荒處。務使天下共享
天父上主皇上帝大福。有田同耕。有飯同食。有衣同穿。有錢同
使。無處不均勻。無人不飽煖也。凡男婦每一人自十
六歲以尚受田。多踰十五歲以下一半。如十六歲以
尚分尚尚田一畝。則十五歲以下減其半。分尚尚田
五分。又如十六歲以尚分下下田三畝。則十五歲以
下減其半。分下下田一畝五分。凡天下。樹墻下以桑。
凡婦蠶績縫衣裳。凡天下每家五母雞。二母彘無失

天朝田畝制度　二

其時。凡當收成時。兩司馬督伍長。除足其二十五家
每人所食可接新穀外。餘則歸国庫。凡麥荳苧麻布
帛雞犬各物及銀錢亦然。蓋天下皆是
天父上主皇上帝一大家。天下人人不受私。物物歸
上主。則主有所運用。天下大家。處處平勻。人人飽煖矣。此乃
天父上主皇上帝特命太平
眞主救世旨意也。但兩司馬存其錢穀數於簿。上其數
於典錢穀及典出入。凡二十五家中設国庫一。禮拜
堂一。兩司馬居之。凡二十五家中所有婚娶彌月喜事
俱用国庫。但有限式。不得多用一錢。如一家有婚娶

太平天国癸好三年新鐫
天朝田畝制度

▲ 太平天國定都天京以後，頒布《天朝田畝制度》，想要建立一個「無處不均勻，無處不飽暖」的理想天國，但是這樣的願望在現實中卻難以實現。圖為《天朝田畝制度》封面及內文的影印版。

天朝田畝制度主要內容

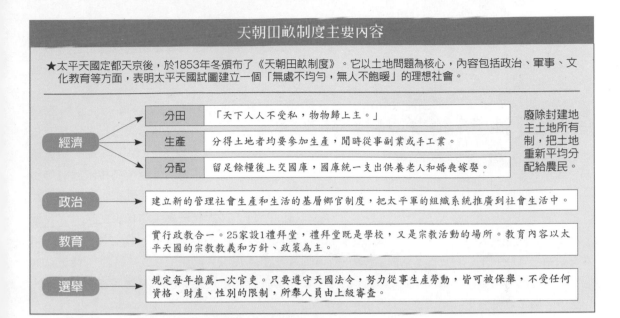

★太平天國定都天京後，於1853年冬頒布了《天朝田畝制度》。它以土地問題為核心，內容包括政治、軍事、文化教育等方面，表明太平天國試圖建立一個「無處不均勻，無人不飽暖」的理想社會。

經濟	分田	「天下人人不受私，物物歸上主。」	廢除封建地主土地所有制，把土地重新平均分配給農民。
	生產	分得土地者均要參加生產，閒時從事副業或手工業。	
	分配	留足餘糧後上交國庫，國庫統一支出供養老人和婚喪嫁娶。	
政治		建立新的管理社會生產和生活的基層鄉官制度，把太平軍的組織系統推廣到社會生活中。	
教育		實行政教合一。25家設1禮拜堂，禮拜堂既是學校，又是宗教活動的場所。教育內容以太平天國的宗教教義和方針、政策為主。	
選舉		規定每年推薦一次官吏。只要遵守天國法令，努力從事生產勞動，皆可被保舉，不受任何資格、財產、性別的限制，所舉人員由上級審查。	

家屬。

石達開在安徽舉兵靖難，上書天王，請殺北王以平民憤，天王見全體軍民都支持石達開，於是下詔誅韋。11月，石達開奉詔回京，被軍民尊為「義王」，合朝同舉「提理政務」。他不計私怨，追究屠殺責任時只懲首惡，不咎部屬，韋昌輝的親族得以保存，人心迅速安定下來。儘管武昌在石達開回京後不久即因糧盡援絕而陷落，但在石達開的部署下，太平軍穩守要隘，伺機反攻，陳玉成、李秀成、楊輔清、石鎮吉等年輕將領開始獨當一面，天京變亂造成的被動局面逐漸得到扭轉。1857年春天，李秀成與陳玉成擊敗清軍秦定三部，北上六安、霍丘，與捻軍會合，兵鋒直指湖北。

天京事變後，太平天國合朝推薦石達開主持朝政，然而洪秀全卻忌憚石達開的聲望才能，於是封兩個哥哥洪仁發、洪仁達為王，牽制石達開。傷心失望之下，石達開率部10萬精銳出走。同治二年（1863年），石達開在四川搶渡大渡河失敗被俘，被押至成都凌遲處死。

天京事變和石達開出走，給太平天國帶來嚴重創傷，從此，太平天國由盛轉衰。清軍得以休整反撲，1857年以後，江南大營、江北大營相繼重建，天京再次被圍。石達開出走後，洪秀全為挽救危局，在軍事上重用青年將領陳玉成、李秀成，但未對洪氏集團採取有效措施，無法解決太平天國日漸衰落的困局。

同治三年（1864年）正月，李秀成率部進攻曾國藩大營時，反被湘軍攻陷天保城，湘軍進而擁向天京東北部太平門及神策門外，將天京團團圍住，太平軍糧源斷絕。同年四月二十八日（6月1日），洪秀全去世。五月初二，洪秀全長子洪天貴福繼位，為幼天王。月底，地保城失守。六月十六日（7月19日），天京城牆被轟塌20多丈，天京失陷，標誌著太平天國運動徹底失敗。李秀成、林紹灣等人保護著幼天王突圍出城，九月二十五日，幼天王在江西石城荒山之中被清軍俘獲，並在十月二十日在南昌被殺。

太平天國歷時14年，占領長江中下游富庶地區多年，戰事波及半個中國，使清朝國力大傷。深刻影響了歷史的發展。太平天國運動以及英法聯軍之役所造成的「內憂外患」，分化了清朝統治階層，出現了革新勢力，從而推動清王朝結束閉關自守狀態，實行對外開放和洋務新政。由此，引發了統治集團內部革新與守舊的矛盾和鬥爭，並深刻地影響到晚清的政治結局。

第3節

爲挽救清朝的洋務運動

西元1861年～西元1894年

太平天國運動和兩次鴉片戰爭的失敗，使得清王朝第一次感到了生存危機。面對這種局面，一部分開明的官員提出為抵禦外侮和維護清王朝的統治，應當適時變更「祖宗之法」，引進西洋先進技術，以「中學為體，西學為用」，「師夷長技以自強」。利用西方先進科學技術，富國強兵，擺脫困境；利用資本主義發達的工商業手段來維護清朝的封建統治，這樣一來「可以剿發捻，可以勤遠略」。這部分開明官員被稱為「洋務派」，他們在19世紀60～90年代發動了一場旨在「富國強兵」的洋務運動。

然而，朝中以大學士倭仁為代表的頑固派盲目排外，他們抱殘守缺，幻想回到「閉關鎖國」的時代，高唱「立國之道，尚禮義不尚權謀，根本之圖，在人心不在技藝」。面對外國侵略，他們主張「以忠信為甲胄，禮義為干櫓」，在整個洋務運動期間，一直掣肘洋務派。

於是，洋務派與頑固派展開論戰，說頑固派的主張是「陳義甚高，持論甚正」，然而「以禮義為干櫓，以忠信為甲胄，無益於自強實際。二三十年來，中外臣僚正由於未得制敵之要，徒以空言塞責，以致釀成庚申之變」。洋務派與頑固派互相攻擊，鬥爭十分激烈。在當時內外交困的形勢下，要想維持清朝的統治，必須依靠擁有實力並得到外國侵略者賞識的洋務派。所以，當時的慈禧太后暫時採取了支持洋務派的策略。

總理衙門是推動洋務運動的中央機構，代表人物是總理衙門大臣恭親王奕訢。但洋務派的主力不在清朝中央，而在掌握地方實權的地方督撫。洋務運動主要是由兩江總督曾國藩、閩浙總督左宗棠、直隸總督李鴻章及湖廣總督張之洞等推動的。

奕訢（1833年～1898年），愛新覺羅氏，道光帝第六子，咸豐帝異母弟，咸豐元年（1851年）封為恭親王。1860年9月，咸豐帝於英法聯軍攻陷通州八里橋後逃往承德避暑山莊，令奕訢留守北京，「督辦和局」。10月24日、25日，奕訢先後與英法代表交換《天津條約》批准書，並訂立《北京條約》。1861年1月，總理各國事務衙門成立，奕訢、桂良、文祥受命為總署大臣。8月，咸豐帝在熱河病死。

慈禧太后像

▲葉赫那拉·杏貞（1835年～1908年），同治帝生母，後世常稱其為「慈禧太后」。咸豐逝世後，她以皇太后身分垂簾聽政，掌握大清政權48年。這期間，中國飽受西方列強侵略，清政府無力抵抗，不斷簽署喪權辱國的不平等條約。同時，以慈禧太后為首的保守派不斷干擾洋務派、維新派等人的改革措施，致使清朝後期數次革新運動都以失敗告終。

11月，奕訢與慈禧太后勾結，利用領有重兵駐紮北京一帶的勝保，發動政變，清除了以肅順為核心的顧命八大臣。從此，慈禧太后開始垂簾聽政，奕訢為議政王，掌管軍機處及總理衙門。後來，奕訢成為清廷中樞主持洋務的首腦人物。1865年因受慈禧猜忌，被罷去議政王職務。1884年中法戰爭中，被免去一切職務。1894年被重新起用為總理衙門大臣，後又受命督辦軍務。1898年戊戌變法之初病死。

曾國藩（1811年～1872年），字伯涵，號滌生，謚文正，湖南湘鄉人，出身於地主家庭。1838年中進士，1839年任侍郎。他崇尚程朱理學，是清末著名的理學大家。1853年，咸豐帝任命他為幫辦團練大臣，在湖南督辦團練。他以師生、親友關係建立了一支地主武裝，因兵勇及其將領全為湖南人，被稱為「湘軍」或「湘勇」。湘軍以地域的、封建的關係為紐帶來鞏固內部；以程朱理學作為思想武裝；以搶劫擄掠和官爵鼓舞士氣；將領大多數選自所謂「宿儒」、「生員」等地主知識分子。1854年2月，湘軍練成水陸兩軍約一萬七千人，成為清朝鎮壓太平天國的主力。他第一個舉辦洋務，建立新式軍火工業，製造武器武裝湘軍。1864年太平天國運動失敗後，以曾國藩為首的湘系成為地方上最大的實力派。1870年，他在直隸總督任內查辦天津教案，激起全國公憤。1872年在南京病逝。

李鴻章（1823年～1901年），字子黻、漸甫，號少荃，謚文忠，安徽合肥人，道光二十七年（1847年）進士。1853年回籍興辦團練，協助鎮壓太平軍，屢遭失敗，後投靠曾國藩當幕僚。1861年在安徽開始仿湘軍編制組織淮軍。1862年4月，李鴻章率淮軍調赴上海。4月25日，清政府任命李鴻章署理江蘇巡撫。在上海，李鴻章僱用外國軍官訓練淮軍，招募外國工匠製造軍火，加強了淮軍的武裝力量。1862年，淮軍配合「常勝軍」在江浙地區鎮壓太平軍。1865年，清政府派李鴻章任兩江總督，其勢力遍及長江和黃河一帶。1870年，在曾國藩推薦下，李鴻章代替曾國藩任直隸總督兼北洋大臣，掌管軍事、經濟、外交等大權，成為清末督撫中舉足輕重的人物。從19世紀70年代開始，他在任所陸續開辦軍火工廠和籌建北洋海軍。同時，又開辦了一些民用工業，如上海輪船招商局、開平煤礦、天津電報局、津榆鐵路、上海織布局等。對於外國侵略，

大清帝國年表7

皇帝（朝）	時間	主要事件
嘉慶帝（9）	1860	咸豐聽聞英法聯軍逼近北京，逃入避暑山莊；英法聯軍攻陷北京，火燒圓明園；中英、中法、中俄分別簽訂《北京條約》。
嘉慶帝（9）／同治帝（10）	1861	8月，咸豐於熱河駕崩，唯一的兒子、年僅6歲的載淳繼位，由顧命八大臣輔政，原定改年號為「祺祥」；11月，載淳之母葉赫那拉氏（慈禧）勾結恭親王奕訢發動「辛酉政變」，剝奪八大臣權力，實行兩宮太后「垂簾聽政」制，從此慈禧統治中國長達48年之久；洋務運動開始，各地開始創辦軍事工業、實業，編練陸海軍隊，設立西式學堂。
同治帝（10）	1864	洪秀全病死，清軍攻入南京，太平天國滅亡；中俄簽訂《勘分西北界約記》。
同治帝（10）	1875	同治病逝，無子，慈禧太后與群臣商議，立醇親王奕譞之子載湉即位，改元「光緒」；李鴻章與英國使臣威妥瑪簽訂《菸臺條約》；中俄簽訂《伊犁條約》。
光緒帝（11）	1883	清政府對法宣戰，中法戰爭正式爆發。
光緒帝（11）	1885	法軍攻陷諒山、鎮南關，李鴻章代表清政府簽訂中法《會訂越南條約》，法國占領越南。
光緒帝（11）	1887	光緒舉行親政儀式，但實際權力仍掌握在慈禧手中。

他一貫秉承以慈禧太后為首的統治集團意志，曾經多次直接參與或親手簽訂一系列喪權辱國條約，如中英《菸臺條約》、《中法新約》、《馬關條約》、《辛丑條約》、《中俄密約》和《旅大租地條約》。

左宗棠（1812年～1885年），字季高，自號今亮，謚文襄，湖南湘陰人，清末大臣，洋務派地方代表。1860年為曾國藩推薦，統領部分湘軍，曾自募約5000人，組成「楚軍」，屬於湘軍支系。1862年年初，經曾國藩舉薦升任浙江巡撫，與法國組織「常捷軍」，收復寧波、紹興等地。1866年以閩浙總督身分創辦福州船政局。次年調任陝甘總督，「身雖西去，心猶東注」。督陝甘期間，創辦蘭州製造局，因西北盛產羊毛，又辦蘭州織呢局。1875年任欽差大臣，督辦新疆軍務。次年率軍抬棺入疆，消滅阿古柏反動政權。1878年收復除伊犁以外新疆全境，建議在新疆設立行省，開發新疆。1881年升軍機大臣，調兩江總督。1884年中法戰爭爆發後極力主戰，督福建軍務。1885年病故於福州。

▼ 左宗棠是洋務運動的代表人物之一，他少年時參加科舉不中，後因平叛太平天國有功而入仕。他是清末難得的主戰派代表，曾率軍擊退沙俄侵略者，收復新疆部分領土，又在中法戰爭時期力主迎戰，位列《中華百將圖》第98位。

金闕奏凱——左宗棠

張之洞（1837年～1909年）字孝達，號香濤，直隸南皮（今河北南皮）人。同治二年（1863年）進士，先後任湖北學政、四川學政、翰林院侍講學士等職，1882年任山西巡撫。中法戰爭爆發，張之洞力主與法決戰，清廷授予兩廣總督之職，並奏請起用前廣西提督馮子材督師。馮子材在鎮南關、諒山大敗法軍，張之洞名聲大增。他於1889年任湖廣總督，在湖北建成湖北織布局、漢陽鐵廠、漢陽兵工廠等，成為與李鴻章齊名的洋務重臣。

在洋務運動前期，洋務派以「自強」為旗號，採用西方近代生產技術，創辦了一批近代軍工企業。

1861年，曾國藩創辦安慶軍械所，任用中國工匠，仿制西式槍炮，是中國第一個近代軍工企業。主要製造子彈、火藥、炸彈等，供應湘軍作戰使用，生產經費從湘軍的軍費中劃撥。從1862年起，用三年時間研製成功我國第一艘輪船「黃鵠」號。安慶軍械所的創建，標誌著洋務運動的開始。1864年，清軍攻陷南京後，該廠由安慶遷到南京，後來併入金陵機械製造局。

江南製造總局，又稱江南製造局，1865年由李鴻章在上海虹口創辦。1867年，由虹口遷至高昌廟，經過不斷投資、擴充，成為當時洋務派創辦的規模最大的軍工企業。該廠技術和機械設備主要向外國購買，除製造槍炮彈藥外，也能製造機器和修造輪船。1905年造船部分獨立，稱「江南船塢」，兵工廠部分仍稱製造局。後分別改稱「江南造船所」和「上海兵工廠」。

福州船政局，是當時設備最齊全、規模最大的新式輪船修造廠，1866年由左宗棠在福州馬尾創辦。船政局聘用外國人擔任技師，還附有船政學堂，培養了大批海軍人才和技術工人。1884年中法戰爭爆發後，在馬尾海戰中遭到嚴重破壞，後雖經恢復但已大不如前。船政局不僅能造民用輪船，還能自行設計建造鐵甲艦，在清末海防建設中貢獻很大。辛亥革命後，改稱海軍造船所。

洋務運動後期，洋務派發現興辦軍事工業過程中遇到的資金緊張、燃料短缺、運輸落後等方面的困難，嚴重影響了軍工企業的發展。在實踐中他們得出了「必先富而後能強」的認識，於是從19世紀70年代開始，打出「求富」的旗號，興辦了一批近代民用工業。

輪船招商局。1872年，李鴻章在上海開辦的輪船招商局，是中國第一家近代輪船公司，也是洋務派興辦的第一個民用企業，更是洋務企業從官辦轉為官督商辦的第一個企業。總局設在上海，分局設在菸臺、漢口、天津、福州、廣州、香港以及橫濱、神戶、呂宋、新加坡等27地。光緒十一年（1885年）改為官督商辦。宣統元年（1909年）歸郵傳部管轄。1912年改為商辦，更名商辦招商局輪船公司，後又改稱商辦招商輪船有限公司。

漢陽鐵廠。1889年春，兩廣總督張之洞籌劃在廣州建立煉鐵廠，同年他調任湖廣總督，籌辦的煉鐵廠也隨遷漢陽。1890年在大別山下動工興建，1893年漢陽鐵廠基本完工，共有六個大廠、四個小廠、煉鐵爐兩座，1894年正式投產。這是中國第一個近代化鋼鐵工業企業。從此，中國鋼鐵工業逐漸起步，被西方視為中國覺醒的標誌。開始均為官辦，從籌辦起至1895年，共用經費五百八十餘萬兩。中日甲午戰爭後，清政府因無力籌措經費，於1896年改為「官督商辦」。辛亥革命前夕，漢陽鐵廠工人約三千人，每年出鋼七萬噸。

在整個洋務運動期間，洋務派以「自強」、

洋務運動創辦企業一覽表

	企業名稱	創立者	創立時間	創立地點
軍事工業	江南製造總局	李鴻章	1865年	上海
	金陵製造局	李鴻章	1865年	南京
	福州船政局	左宗棠	1866年	福州
	天津機器製造局	崇厚	1867年	天津
航運業	輪船招商局*	李鴻章	1872年	上海
礦業	基隆煤礦	沈葆楨	1876年	基隆
	開平礦務局*	李鴻章	1878年	開平
	大冶鐵礦	張之洞	1882年	大冶
	平度、招遠金礦*	李宗岱	1883年	山東
	漠河金礦*	李鴻章	1889年	黑龍江
製鐵業	漢陽鐵廠	張之洞	1890年	漢陽
紡織業	上海機器織布局*	李鴻章、鄭觀應	1890年	上海
	湖北織布局	張之洞	1892年	武昌

注：*表示該企業為官督商辦。

「求富」為旗幟，創辦了中國最早的一批近代工業企業，培養了一批技術和管理人才，引進了一批近代西方工業技術，為現代中國的工業化奠定了基礎。可以說，沒有洋務運動，中國的工業化不知道會推遲到什麼時候。

隨著洋務運動的深入發展，洋務派還認識到，想要圖強必須培養現代化的人才。於是為了適應洋務運動的需要，洋務派開始對中國傳統的教育進行改革，以培養新型人才為目的，大力興學育才。創辦了中國第一批新式學堂，培養翻譯人才、軍事人才和科技人才；又選派學生赴歐美留學深造。

洋務派建立的第一所新式學堂就是京師同文館。在我國歷史上，很早就有人專門從事翻譯工作，但正式設立官方外語學校卻晚至1862年清政府在北京設立的京師同文館。在清政府與外國訂立《南京條約》、《天津條約》和《北京條約》時，竟連一個懂得外文的中國人都找不到，任憑侵略者的矇騙。1861年，主持外交的總理大臣、恭親王奕訢奏請設立外語學校，培養外語翻譯和外交人才。同治元年二月一日（1862年3月11日），京師同文館正式成立。同文館完全按正規學校來辦，以培養外語翻譯和外交人才為宗旨，附屬於總理各國事務衙門。陸續開設英文館、俄文館、德文館和東文（日文）館。只招收十三四歲以下八旗子弟，後又招收15～25歲的滿漢學員。同治六年（1867年），增設以培養自然科學技術人才為宗旨的天文算學館。1902年，京師同文館併入京師大學堂。

此後，洋務派在各地又相繼開辦多所新式學堂，如1866年福州船政學堂，1880年天津北洋水

▲ 洋務派明白，要想達到「富國強兵」的目的，必須首先發展軍工業。圖為1865年李鴻章在上海建立的中國當時最大的軍工廠──江南製造總局，該廠主要生產戰爭所需的槍炮子彈，同時也製造輪船等。

中國派出的最早留學生

▲ 在洋務運動發展中，洋務派開始選派留學生到歐美發達國家接受教育，先後派出四批留學生赴美留學。圖為中國派出最早的還是幼童的留學生。其背景隱約可見「輪船招商總局」的招牌。

師學堂，1885年天津武備學堂，1893年湖北自強學堂等。這些新式學堂的創立，為西學在近代中國的傳播奠定了一定的基礎，培養了相當規模的外語、科技、軍事、外交方面的人才。

隨著洋務運動的深入發展，急需各類人才。如果僅靠新式學堂的培養，實在是緩不濟急。所以，選派留學生出國，直接到歐美發達國家接受最先進的教育就成了洋務派必然的選擇。1870年，中國第一個赴美留學生容閎提出，由清政府選派學生赴美留學。這個建議得到了江蘇巡撫丁日昌的讚許，也獲得了曾國藩和李鴻章的支持。自同治十一年（1872年）起至光緒元年（1875年），按留美計畫，清政府先後派出四批幼童共120人赴美留學，先進入美國的小學、中學學習，然後進入大學深造。此後自同治十二年（1873年）至光緒十二年（1886年），清政府兩次派遣官費留學生赴歐洲留學和考察。這些人學成歸國後，在許多領域代替外國工程師工作，比如福州船政局的國產軍艦都是由他們製成的。北洋海軍中的艦艇管帶、大副也大都由歸國留學生擔任。中國第一條獨立修築的鐵路——京張鐵路，也是由留美幼童中的耶魯畢業生詹天佑設計修築的。這些舉措，對延續了幾千年的封建教育是一個重大突破，對溝通中西文化、學習西方科技發揮了重要作用。

雖然洋務運動沒有改變中國貧窮落後的社會狀況，更未實現他們富國強兵的願望，但在客觀上奠定了中國現代化的基礎，是現代中國的起點。

第4節

北洋水師與甲午中日戰爭

西元1875年～西元1895年

在洋務運動中，一個重要內容就是建立現代海防。

中國是一個傳統的大陸國家，在中國的軍事思想中沒有海防的概念。直到1840年鴉片戰爭，英國人用堅船利炮轟開了閉鎖已久的國門，中國人才意識到，海洋，不再是不可逾越的天然險阻，而是新的邊疆。

同治元年（1862年），為了鎮壓太平天國運動，清政府委託原海關總稅務司英國人李泰國在歐洲訂購船隻，組建一支新式水師。次年，李泰國在英國購齊艦船後，擅自招募水手並任命英國海軍上校阿思本為所謂的「中英聯合艦隊」司令，當年9月來到中國。由於對艦隊的指揮權問題爭執不下，清政府最後遣散了這支艦隊，並將李泰國驅逐出境。透過這一事件，清政府認識到獨立發展自己海軍的重要性。1866年，清政府批准了閩浙總督左宗棠的奏摺，在福建馬尾設立總理船政事務衙門，並開設造船廠和水師學堂，邁出了我國近代海軍建設的第一步。

1874年，日本海軍侵犯臺灣事件使得加強海防、建立海軍的呼聲高漲。光緒元年（1875年），清政府決定建立北洋、東洋、南洋三支海軍，並下令由兩江總督沈葆楨和直隸總督李鴻章分任南北洋大臣，從速建立南北洋水師。同時規定，每年撥款400萬兩白銀作為海軍軍費，計畫在十年內建成三支海軍。沈葆楨從大局出發，認為軍費分散則成功太慢，應全力先建設北洋水師，清政府採納了沈葆楨的建議。北洋海軍的成軍之路由此開始。

自1875年起，清政府陸續從英德等國購進各種軍艦多艘。光緒五年（1879年），李鴻章在天津設水師營務處，辦理北洋海軍事務。光緒六年（1880年），李鴻章設天津北洋水師學堂，不久又先後在旅順、大連、威海等地修築炮臺，建

李鴻章像

▲ 李鴻章是晚清時期顯赫一時的軍政重臣，北洋水師就是李鴻章一手操辦起來的艦隊。可以說，他是北洋海軍的締造者。圖為絹本李鴻章像。

北洋水師主要將領一覽表			
姓名	官職	管帶艦艇	主要事蹟
丁汝昌	水師提督	總領各艦	威海衛之戰，指揮北洋艦隊抗擊日軍圍攻，彈盡糧絕，又無援軍希望，服毒自盡以謝國人。
劉步蟾	右翼總兵	定遠號	黃海海戰中沉著指揮，英勇作戰，重創日本旗艦「松島」號；威海衛之戰，「定遠」號被日軍擊傷，因恐艦艇落入敵手，丁汝昌、劉步蟾下令炸毀艦艇，劉步蟾亦追隨愛艇自殺殉國。
林泰曾	左翼總兵	鎮遠號	黃海海戰中與「定遠」號密切配合，重創日本旗艦「松島」號；戰艦進入威海港時不慎碰撞受損，無法出戰，林泰曾憂憤自盡。
鄧世昌	中軍中副將	致遠號	黃海海戰，「致遠」號奮勇作戰，多處受傷、船身傾斜，鄧世昌與全艦官兵毅然駕艦撞向日本主力艦「吉野」號，不幸被日本炮彈擊中發射管中魚雷引起爆炸，艦艇沉沒，鄧世昌壯烈犧牲。
葉祖珪	中軍右副將	靖遠號	黃海海戰，「靖遠」號在旗艦受傷時指揮全隊，大振水軍聲勢；威海戰役後期為臨時旗艦，擊斃日軍左翼司令大寺安純，後被敵炮擊中要害而擱淺，自行炸沉，葉祖珪亦被革職；後擔任重建北洋水師重任，1905年因勞累過度病逝於軍中。
林永升	左翼左營副將	經遠號	黃海海戰，「經遠」號被日軍四艦圍攻、划出陣外，仍奮勇攻敵，激戰中林永升不幸中彈身亡，「經遠」艦多處中彈，最終在烈火中沉沒。
邱寶仁	右翼左營副將	來遠號	黃海海戰，「來遠」艦被烈焰包圍，全艦官兵始終恪守職責，使艦艇傷痕累累仍能返回港口；威海衛之戰，「來遠」艦遭日本魚雷艇偷襲，艦身傾覆，邱寶仁被水手救出；戰後被革職，從此再沒回到海軍。
黃建勛	左翼右營副將	超勇號	黃海海戰中，「超勇」號被日軍四艘主力戰艦包圍，全艦官兵誓死作戰，艦艇中彈甚多，最終被烈火焚沒，黃建勛落水殉國。
林履中	右翼右營副將	揚威號	黃海海戰中，「揚威」號與「超勇」號同遭日艦圍攻，中彈起火，危難中林履中親率副手發炮攻敵，但艦身受傷過多，沉入海中，林履中隨艦殉國。
楊用霖	左翼中營游擊	鎮遠號	林泰曾自盡後接任「鎮遠」號管帶，盡力將艦艇補好並在威海衛之戰中上陣抗敵，大勢已去後，楊用霖拒絕投降，自殺殉國。

設軍港。光緒七年（1881年），李鴻章奏准任命淮軍提督丁汝昌為北洋水師提督。光緒十一年（1885年），清政府設立海軍衙門；同年，從德國訂購的兩艘鐵甲艦編人北洋艦隊，分別被命名為定遠艦、鎮遠艦。光緒十四年（1888年），從英德兩國訂購的四艘巡洋艦也被編入北洋艦隊，分別被命名為致遠艦、靖遠艦、經遠艦、來遠艦。至此，北洋海軍正式編練成軍，共有軍艦25艘，包括2艘鐵甲艦、7艘巡洋艦，官兵4000餘人。此後，海軍衙門沒有添置新艦，也沒有更新裝備。海軍衙門總理大臣、醇親王奕譞為討好慈禧太后，將每年400萬兩的海軍軍費挪用修繕頤和園。

與此同時，明治維新後的日本傾全國之力擴充海軍，不惜血本購買鐵甲艦。而清政府上下對此毫無警惕之心。這就埋下了甲午中日戰中海戰失利的禍根。

日本發動對中國的侵略戰爭可謂蓄謀已久。早在同治七年（1868年），日本明治天皇登基開始，便極力鼓吹軍國主義，實行對外擴張的基本國策，並將侵略矛頭首先指向朝鮮和中國。清政府對日本的侵略野心雖然有所察覺，如李鴻章早就指出日本將成為「中土之患」。但是，並沒有給予足夠的重視。

光緒二十年（1894）春，農曆甲午年，朝鮮爆發「東學黨」農民起義，朝鮮政府於6月3日向宗主國中國請求支援，清政府於是派兵協助鎮壓。清軍首批部隊6月8日抵達朝鮮後，日本便以保護使館和僑民為藉口，調遣大批日軍入朝。1894年7月25日，日本海軍在豐島海面偷襲中國軍艦「濟遠」、「廣乙」，擊沉運兵船「高升」號。同時，日本陸軍襲擊駐紮在牙山的清軍。日本的不宣而戰、海陸偷襲，標誌著中日戰爭爆發，史稱「甲午中日戰爭」。

甲午中日戰爭的整個過程，包括3個階段。

第一階段，1894年7月25日至9月17日。在朝鮮半島及海上進行，海戰主要是黃海海戰，陸戰主要是平壤戰役。

1894年9月13日，日軍兵分四路進攻平壤，清軍將領葉志超消極備戰。9月15日凌晨，日軍猛攻平壤，平壤戰役開始。這是近代中日雙方陸軍首次大規模作戰，戰鬥在三個戰場同時展開：其一為大同江東岸戰場。日軍第九混成旅團首先向大同江東岸清軍發起進攻，太原鎮總兵馬玉崑督隊英勇抗擊，日軍官兵死傷慘重。其二為玄武門外戰場。玄武門為日軍的主攻方向，因此集中了優勢兵力，清軍總兵左寶貴中炮犧牲，隨後玄武門被日軍攻陷。其三為城西南戰場。野津道貫中將親率日本第五師團本隊，從平壤西南用炮火掩護步兵衝鋒，清軍將領衛汝貴指揮馬隊進行反擊。中午，日軍退回陣地，與清軍對峙。此時，雙方勝負未分，但清軍總統（總指揮）葉志超卻貪生怕死，強行命令豎白旗停止抵抗，並且一路狂奔500里逃回國內，引起清軍全線崩潰。當晚，日軍占領平壤，隨後乘勝推進，很快占領朝鮮全境。

平壤陷落兩天後，黃海海戰爆發。這是中日雙方海軍的一次主力決戰，是一次悲壯的海戰，也是世界海軍史上兩支裝甲艦隊的首次決戰。1894年9月17日，完成運兵護航任務的北洋海軍18艘艦艇（軍艦10艘，附屬艦隻8艘）在返航途中，於鴨綠江口大東溝（今遼寧東溝）附近海面與前來偷襲的日本海軍聯合艦隊12艘軍艦遭遇。12時05分，日軍以「吉野」、「浪速」、「秋津洲」、「高千穗」等大型快艦組成第一游擊隊打頭，旗艦「松島」坐鎮中央，呈一條龍陣勢（單縱陣）

甲午中日戰爭兩國主力軍艦對比表

	軍艦名稱	排水量（噸）	艦長（米）	艦寬（米）	主炮（門）	速度（節）
北洋艦隊	定遠號	7355	94.5	18.4	305 x 4	14.5
	鎮遠號	7220	91	18.3	305 x 4	15.4
	致遠號	2300	76.2	11.5	210 x 2	18
	濟遠號	2440	75	10.5	210 x 1	15
	平遠號	2640	60	12.1	260 x 1	10.5
日本聯合艦隊	軍艦名稱	排水量（噸）	艦長（米）	艦寬（米）	主炮（門）	速度（節）
	松島號	4217	89.9	15.6	320 x 1	16
	嚴島號	4217	89.9	15.6	320 x 1	16
	橋立號	4217	89.9	15.6	320 x 1	16
	千代田號	2439	92	13	120 x 10	19
	吉野號	4216	109.7	14.2	150 x 4	23
	浪速號	3709	91.4	14.1	260 x 2	18
	高千穗	3709	91.4	14,1	260 x 2	18

猛衝北洋艦隊。提督丁汝昌命令以「人」字陣型迎敵，「定遠」在「人」字頂端。但由於老舊艦隻過多，兩軍交戰時，北洋艦隊變陣尚未完成。

12時50分，雙方艦隊相距5300米，北洋水師旗艦「定遠」艦首先開炮。10秒鐘後，「鎮遠」艦也發出炮彈，緊接著，北洋艦隊各艦一齊發炮轟擊。3分鐘後，日本旗艦「松島」艦也開始發炮還擊。「定遠」主桅中炮，信號旗索被毀，丁汝昌受重傷，北洋艦隊失去指揮。但由於定鎮兩艦裝甲厚，炮火猛，起到了掩護整個艦隊的作用，北洋艦隊在炮戰中尚處於有利地位。

為了扭轉不利局勢，日第一游擊隊4艦利用航速優勢繞攻北洋艦隊右翼，「超勇」、「揚威」二艦相繼被擊中起火，退出戰鬥。與此同時，雙方艦隊主力也直接對攻，北洋艦隊重創日本「比睿」、「赤城」、「西京丸」諸艦。但北洋艦隊中「致遠」艦也中炮起火。第一游擊隊受令回援「赤城」、「比睿」，「吉野」衝在最前面，正遇上全身著火的「致遠」艦，鄧世昌見「吉野」倚仗航速和射速，橫行無忌，憤然說道：「倭艦專恃吉野，苟沉是船，則我軍可以集事。」決意衝撞「吉野」。「致遠」毅然全速撞向第一游擊隊主力艦「吉野」右舷，日本官兵見狀大驚失色，集中炮火向「致遠」射擊，「致遠」右側魚雷發射管被擊中，引起大爆炸後沉沒。全艦官兵除7人獲救外，包括鄧世昌在內全部壯烈殉國（戰後，民族英雄鄧世昌的氣節引起了全國人民的共鳴。光緒皇帝親筆為他撰寫了輓聯「此日漫揮天下淚，有公足壯海軍威」）。此後，「經遠」繼續迎戰日艦，遭「吉野」、「浪速」、「秋津洲」、「高千穗」四艦圍攻，中炮沉沒，全艦官兵除16人獲救外全部以身殉國。「濟遠」、「廣甲」、「靖遠」、

▲ 甲午中日戰爭是清政府與日本帝國主義之間進行的一場大規模戰役，這次作戰包括海、陸兩條路線，其中以北洋水師和日本聯合艦隊的海上交戰最為激烈。儘管北洋官兵們奮力抵抗，但清政府的懦弱無能導致清軍慘敗，最終只能以屈辱的《馬關條約》來結束這場戰爭。

▲ 甲午中日戰爭中，海戰主要包括黃海海戰和威海衛之戰。圖為北洋水師的艦艇被日艦炮彈擊中落水的慘烈場景，展現了北洋水師全體官兵英勇作戰、無懼犧牲的錚錚鐵骨，他們共同譜寫下一曲蕩氣迴腸的民族悲歌！

「來遠」諸艦先後退出戰鬥，北洋艦隊10艦中，只餘「定遠」、「鎮遠」兩艘鐵甲艦依然奮戰。15時30分，「鎮遠」主炮連續兩次擊中日本旗艦「松島」，致使「松島」發生爆炸，燃起大火。這時，「靖遠」、「來遠」兩艦搶修完畢，重返戰場。17時40分，日本聯合艦隊司令伊東佑亨下令撤出戰場，北洋艦隊稍加追擊後，也收隊返回旅順，歷時5個多小時的黃海海戰到此結束。此戰後，北洋艦隊再未出戰，日軍完全掌握黃海、渤海海域的制海權。

第二階段，從1894年9月17日至11月22日。戰爭在遼東半島進行，有鴨綠江防之戰和金旅之戰。

金旅之戰開始於10月24日，至11月22日旅順口陷落，這是甲午戰爭期間中日雙方的關鍵一戰。日本第二軍開始在旅順後路上的花園口登陸，登陸歷時12天，但清軍因喪失制海權只能坐視。11月6日，日軍進占金州（在今遼寧大連）。7日，日軍分三路向大連灣進攻，清軍早已潰散，日軍直接占領大連灣。10天後，日軍開始向旅順進犯。18日，日軍前鋒進犯土城子，徐邦道指揮拱衛軍奮勇抵抗，將日軍擊退。是日，清軍總辦龔照璵竟置諸軍於不顧，乘魚雷艇逃往菸臺。22日，日軍占領旅順口並血洗全城，僅有36人因掩埋屍體而活命。

鴨綠江防之戰也開始於10月24日，是清軍抗擊日軍入侵中國國土的首次保衛戰。清政府任命宋慶為諸軍統率，日軍進攻部隊是山縣有朋大將統率的第一軍。24日午前，日軍泅水過江，當夜又在虎山附近的鴨綠江中游架起浮橋，清軍竟毫無察覺。25日晨6時，日軍向虎山清軍陣地發起進攻，清軍守將馬金敘、聶士成率部奮勇還擊，因勢單力孤、傷亡重大而被迫撤出陣地，日軍占領虎山。其他清軍各部聞虎山失陷，紛紛不戰而逃。26日，日軍占領了九連城和安東縣（今丹東）。在不到3天內，清朝近3萬重兵駐守的鴨綠江防線竟全線崩潰。

第三階段，從1894年11月22日至1895年4月17日。戰爭在山東半島和遼東兩個戰場進行，有遼東之戰和威海衛之戰。

遼東之戰持續的時間很長。自日軍突破清軍鴨綠江防線後，連占鳳凰城、岫岩、海城等地。從1895年1月17日開始，清軍先後4次發動收復海城之戰，均遭失敗。2月28日，日軍從海城分路進犯，先後攻占牛莊、營口、田莊臺。僅10天時間，清軍百餘營6萬多人便從遼河東岸全線潰退。

威海衛之戰是保衛北洋海軍根據地的防禦戰，也是北洋艦隊對日的最後一戰。當時，威海衛軍港內尚有北洋海軍各種艦艇26艘。1895年1月20日，日本第二軍開始在榮成龍鬚島登陸。30日，日軍集中兵力進攻威海衛南幫炮臺。由於兵力眾寡懸殊，南幫炮臺終被日軍攻占。2月3日，日軍占領威海衛城，丁汝昌坐鎮指揮的劉公島成為孤島。日本聯合艦隊司令伊東佑亨致書勸降丁汝昌，遭丁汝昌拒絕。5日凌晨，旗艦「定遠」觸雷擱淺，仍做水炮臺使用，繼續搏戰。10日，「定遠」彈藥告罄，劉步蟾下令將艦炸沈，以免資敵，並自殺與艦共亡。11日，丁汝昌在主降將領的脅迫下，拒降自殺。12日，由美籍洋員浩威起草投降書，偽托丁汝昌的名義，送至日本旗艦。14日，威海營務處提調牛昶　與伊東祐亨簽訂《劉公島降約》，規定將威海衛港內艦隻、劉公島炮臺及島上所有軍械物資交給日軍。17日，日軍在劉公島登陸，威海衛海軍基地陷落，北洋艦隊全軍覆沒。這樣一來，洋務運動幾十年的最大成果毀於一旦。

隨著戰爭失利，清政府進一步加緊求和。2月11日，決定派李鴻章為全權大臣，赴日議和。4月17日，李鴻章與日本內閣總理大臣伊藤博文及外務大臣陸奧宗光在馬關春帆樓簽訂《馬關條約》，包括《講和條約》11款、《另約》3款、《議訂專條》3款以及《停戰展期專條》2款。主要內容包括：中國確認朝鮮為獨立自主國家；把遼東半島、臺灣、澎湖群島割讓給日本；中國支付日本賠款2億兩白銀；中國開放沙市、重慶、蘇州、杭州及認可日木最惠國待遇；許可日本人在中國通商口岸設立領事館和工廠；在賠款支付完畢前，中國承認日軍占領山東省威海衛。

《馬關條約》的簽訂，大大加深了中國社會的半殖民地化，此後，帝國主義掀起了瓜分中國的狂潮，中國的民族危機空前嚴重了。

中日甲午戰爭雖已結束，但它記錄著清王朝的腐朽無能和中國人民面對強敵不可侮的民族氣節！

晚清主要不平等條約一覽表2			
條約名稱	簽訂國家	簽訂時間	主要內容
《北京條約》	中法	1860年 10月25日	1.中國開放天津為通商口岸； 2.中國向法國賠款白銀800萬兩。
《馬關條約》	中日	1895年 4月17日	1.中國割讓臺灣島及所有附屬各島嶼、澎湖列島和遼東半島給日本； 2.中國賠償日本軍費2億兩白銀； 3.中國開放沙市、重慶、蘇州、杭州為商埠，日船可沿中國內河進入以上各埠； 4.日本可在中國通商口岸城市開設工廠； 5.日本在中國製造的貨物免徵一切捐稅，日本可在中國內地設置貨棧。
《辛丑條約》	中、英、美、日、俄、法、德、義、匈、比利時、西班牙、荷蘭	1901年 9月7日	1.中國向11國賠款白銀4億5千萬兩，分39年還清，年利四釐； 2.各國在北京及北京到山海關鐵路沿線派兵駐紮，拆毀大沽炮臺及大沽到北京各處炮臺； 3.中國劃東交民巷為使館區，各國可在區內駐兵； 4.清政府懲辦「首禍諸臣」，永禁中國人成立或加入反帝組織，違者處死。

第5節

八國聯軍入侵中華

西元1898年～西元1901年

自從甲午中日戰爭中國失敗後，西方列強對中國這塊肥肉垂涎三尺。19世紀末，西方列強掀起了瓜分中國的熱潮，民族危機愈加深重。

1898年，光緒帝任用康有為、梁啟超等推行戊戌變法，因與保守派對立而失敗。慈禧鎮壓了維新運動，軟禁光緒帝於瀛臺。世界各國大多同情維新派，協助康有為、梁啟超逃離中國。慈禧欲廢黜光緒帝，但因遭各國反對而不敢付諸行動，這令她懷恨在心。加上列強企圖瓜分中國，紛紛租借港灣和劃分勢力範圍，也增長了慈禧的仇外情緒。

在19世紀末列強瓜分狂潮之下，國內民族衝突更加尖銳，人民飽受剝削壓迫，不堪重負，爆發了反帝愛國的義和團運動。

義和團，源自在華北民間流傳的義和拳，是山東省學習神功的拳民組織，為山東巡撫毓賢利用來抗衡教會，威嚇教民脫離教會之用。清朝為外國所迫，改派袁世凱巡撫山東後取締，拳民逃到北京城外涿州各地。

當時，慈禧信任閉塞愚昧的守舊大臣，竟聽信毓賢之言，相信團民能「刀槍不入」、「槍炮不傷」，試圖藉助義和團排外。慈禧太后派軍機大臣剛毅往涿州視察，但剛毅竟向慈禧奏稱「天降義和團，以滅洋人」。因此，義和拳以「扶清滅洋」為口號，進入北京城內發展壯大。

拳民大多來自於底層農民，受到時代的局限，他們採取了盲目排外的做法：到處殺害外國人、教徒，燒教堂、拆電線、毀鐵路，攻進天津租界。各國公使要求清廷取締義和團，但未獲回應。

隨著義和團運動在直隸和京津地區的迅猛發展，外國列強多次脅迫清政府予以鎮壓。

1900年4月，義和團剛在北京近郊發展起來時，俄國公使就提議鎮壓。美國、英國、法國、德國等各國公使也奉本國政府密令，聯合照會清朝政府「剿除義和團」，並將艦隊聚集大沽口進行威脅。5月間，義和團在京津一帶迅速發展，

戊戌變法主要內容

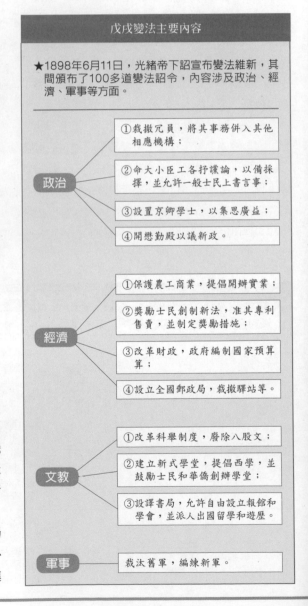

★1898年6月11日，光緒帝下詔宣布變法維新，其間頒布了100多道變法詔令，內容涉及政治、經濟、軍事等方面。

政治
- ①裁撤冗員，將其事務併入其他相應機構；
- ②命大小臣工各抒讜論，以備採擇，並允許一般士民上書言事；
- ③設置京卿學士，以集思廣益；
- ④開懋勤殿以議新政。

經濟
- ①保護農工商業，提倡開辦實業；
- ②獎勵士民創制新法，准其專利售賣，並制定獎勵措施；
- ③改革財政，政府編制國家預算算；
- ④設立全國郵政局，裁撤驛站等。

文教
- ①改革科舉制度，廢除八股文；
- ②建立新式學堂，提倡西學，並鼓勵士民和華僑創辦學堂；
- ③設譯書局，允許自由設立報館和學會，並派人出國留學和遊歷。

軍事
- 裁汰舊軍，編練新軍。

除了平民之外，越來越多的清軍士兵甚至王公貴族也紛紛參加義和團，以端親王愛新覺羅·載漪為首的排外勢力在清政府內占據上風。各國公使眼看形勢失控，便策劃直接出兵干涉。5月28日，英國、法國、德國、奧匈帝國、義大利、日本、俄國、美國八國在各國駐華公使會議上正式決定聯合出兵鎮壓義和團，以「保護使館」的名義，調兵入北京，清政府被迫同意。5月30日至6月2日，八國的海軍陸戰隊400多人陸續由天津乘火車開到北京，進駐東交民巷。隨後，各國繼續向中國增兵，各國軍艦共24艘集結大沽口外，聚集在天津租界的侵略軍達2000餘人。6月6日前後，八國聯合侵華政策相繼得到各自政府的批准，侵略中國的戰爭爆發。

1900年6月11日，在英國海軍中將西摩爾的帶領下，八國聯軍2000多人強占火車由天津駛往北京。帝國主義的野蠻侵略，激起義和團的堅決抵抗。6月12日，義和團與清軍董福祥、聶士成部聯合作戰，切斷侵略軍與天津的聯繫。6月14日至18日，侵略軍被義和團群眾包圍在廊坊、楊村一帶。面對用近代槍炮武裝的侵略軍，義和團視死如歸，不惜以血肉之軀與敵人拼搏，表現出極大的勇氣和愛國熱情，打死打傷敵軍300餘人。八國聯軍潰不成軍，被迫沿北運河退回天津，義和團粉碎了八國聯軍進犯北京的計畫。

6月中旬，各國海軍在沙俄海軍將領指揮下，聯合進攻大沽口炮臺，遭到守軍堅決抵抗，清軍共擊傷擊沉敵艦6艘，斃傷敵軍200餘人。正當戰事激烈時，守將羅榮光不幸中彈犧牲，清軍失去指揮後大沽炮臺失守。在此前後，日本使館書記生在前往永定門接應西摩爾聯軍時被清兵當做間諜處死，德駐華公使克林德在東單牌樓行凶被守軍擊斃。21日，清政府向各國「宣戰」。

大沽口失陷後，俄、英、德、美援軍數千人闖入天津海河西岸紫竹林租界，對天津城及其外圍發動猛攻，義和團奮起投入天津保衛戰。董福祥率義和團一部進攻老龍頭火車站，斃傷俄軍

▲ 民國時事漫畫，謝纘泰繪。該圖形象、生動地表現了19世紀末帝國主義列強瓜分中國的殘酷現狀，給國民以警示作用。其中熊代表沙俄，虎代表英國，青蛙代表法國，鷹代表美國，太陽代表日本，腸代表德國，圖上的三個人物則代表著昏庸無能的清政府。

500餘人，數度占領車站。張德成率義和團及清軍一部圍攻紫竹林，以「火牛陣」踏平雷區，衝入租界。聶士成部清軍堅守城南海光寺一帶，7月9日八里臺一戰，聶士成身中7彈，腹破腸流仍堅持戰鬥，直至血竭而亡。14日，天津淪陷。

8月4日，聯軍2萬餘人由天津進犯北京。13日進至北京城下，進攻東便門、朝陽門、東直門。英軍率先由廣渠門破城躥入。14日，北京失陷。次日晨，慈禧太后和光緒皇帝倉皇出逃。聯軍入城後，解除了義和團對東交民巷和西什庫教堂的圍攻，義和團被迫退出北京，轉往外地堅持

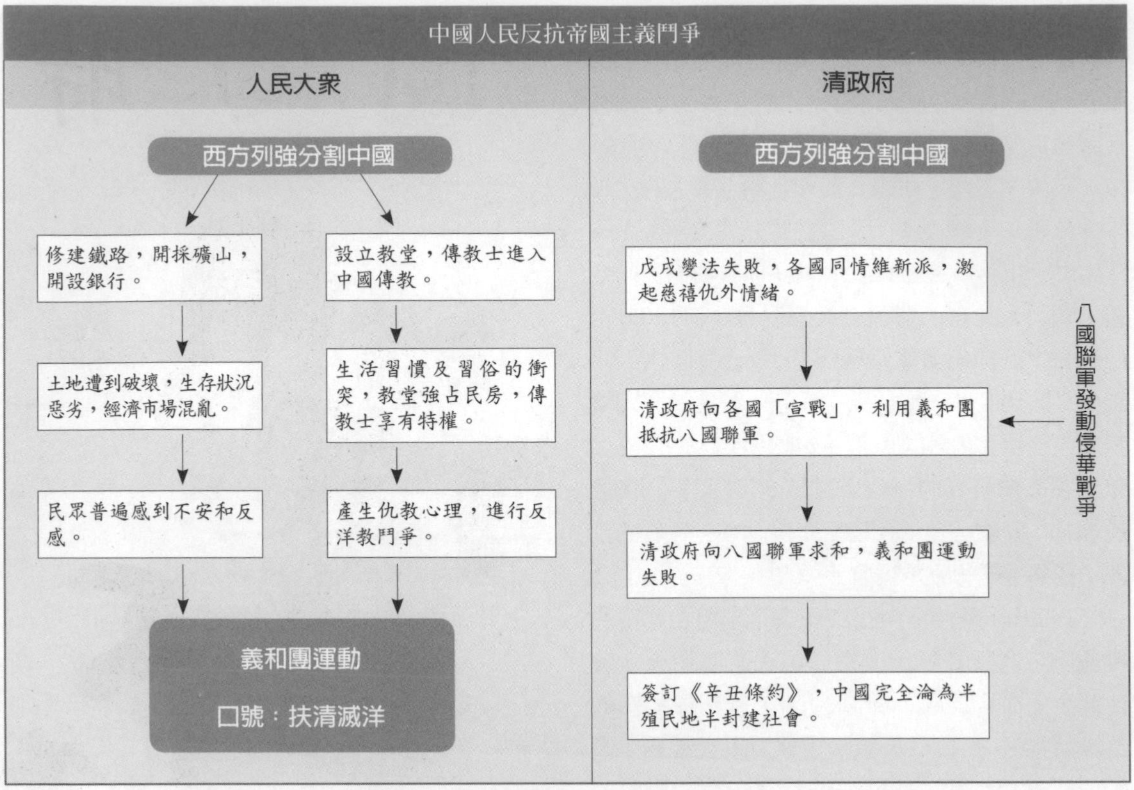
中國人民反抗帝國主義鬥爭
人民大衆
清政府
西方列強分割中國
修建鐵路，開採礦山，開設銀行。
土地遭到破壞，生存狀況惡劣，經濟市場混亂。
民眾普遍感到不安和反感。
設立教堂，傳教士進入中國傳教。
生活習慣及習俗的衝突，教堂強占民房，傳教士享有特權。
產生仇教心理，進行反洋教鬥爭。
義和團運動
口號：扶清滅洋
西方列強分割中國
戊戌變法失敗，各國同情維新派，激起慈禧仇外情緒。
清政府向各國「宣戰」，利用義和團抵抗八國聯軍。
清政府向八國聯軍求和，義和團運動失敗。
簽訂《辛丑條約》，中國完全淪為半殖民地半封建社會。
八國聯軍發動侵華戰爭

抗擊侵略者。慈禧太后在流亡途中，指定李鴻章為與列強議和全權代表，並發布徹底鏟除義和團的「上諭」，轟轟烈烈的義和團反帝愛國運動被中外反動勢力聯合絞殺了。

八國聯軍占領北京後，派兵四處攻城略地，擴大侵略。9月，俄軍在侵占秦皇島、山海關同時，集中龐大兵力，分五路對東北地區實行軍事占領。10月中旬，德軍統帥瓦德西率兵3萬來華，攻占保定、張家口等地。但法德聯軍在侵犯井陘、娘子關一帶時，遭到清軍劉光才部的頑強阻擊，付出重大傷亡後敗退。

八國聯軍侵華，給中國人民帶來了深重的災難。侵略軍所到之處，殺人放火、姦淫搶劫，無惡不作，無數村鎮變成廢墟，天津被燒毀三分之一，北京一片殘垣斷壁。連八國聯軍總司令瓦德西也供認：「所有中國此次所受毀損及搶劫之損失，其詳數將永遠不能查出，但為數必極重大無疑。」八國聯軍在北京公開大肆搶劫，清宮無數文物珍寶被洗擄一空，大批無辜人民慘遭屠殺。

1901年9月7日，弈劻和李鴻章代表清廷與帝國主義簽訂了空前屈辱的《辛丑條約》。條約規定：中國賠銀四億五千萬兩；北京使館區及北京至山海關鐵路沿線交由外國駐軍；禁止中國人民組織反帝組織等。《辛丑條約》保住了清政府的權位，加強了帝國主義對中國人民的統治，清政府由此成為帝國主義列強在華統治的代理人。

八國聯軍的侵華行動，自清政府藉義和團向「萬國宣戰」開始，以清政府與總共十一個國家簽訂的「辛丑條約」為終。其中，規定清政府賠款白銀四億五千萬兩意在羞辱中國人，因為當時中國人口4.5億，每個中國人需負擔一兩賠償，這筆巨額賠款被稱為庚子賠款。聯軍占領北京後，對北京皇城、衙門、官府大肆掠奪，因而造成大量中國文物和文化遺產（包括故宮、頤和園、西山以及圓明園）的失竊、破壞。在戰爭中，俄國出兵侵占中國東北全境，這也為日後的日俄戰爭埋下了伏筆。

《辛丑條約》的簽訂，標誌著中國半殖民地半封建社會秩序的完全形成，也標誌著清王朝徹底淪為帝國主義在華的代理人。中國的內政外交完全受控於帝國主義列強，清王朝成為名副其實的「洋人的朝廷」。更有甚者，《辛丑條約》簽訂後，慈禧太后還表示要「量中華之物力，結與國之歡心」，甘心充當帝國主義列強在中國的統治工具。

後來美國為了從知識和精神上支配中國，向清政府退還了約一千萬兩白銀的賠款。退款主要用於中國向美國派遣公費留學生，清華大學就是最初的清華留美預科學校。美國的退款產生了很大的國際影響，加上第一次世界大戰後中國也涉足於戰勝國的地位，各國都表示願與中國「友好」，以便用和平的辦法維護和擴張其在華利益，所以都緊步美國的後塵，紛紛退款。

第6節
帝制終結

西元1901年～西元1912年

《辛丑條約》簽訂後，帝國主義與中華民族的矛盾日益加劇，清朝統治者與中國人民的階級矛盾也空前激化。兩大矛盾合流，會聚在清王朝這一點。先進的中國人認識到：想要救亡圖存，首先要推翻滿清統治。一時間各地反清鬥爭高漲。

風雨飄搖中的大清帝國是不甘心退出歷史舞臺的。以慈禧太后為首的滿清統治集團展開積極的自救活動，開始了清末「新政」改革，以求對外取悅洋人，對內籠絡人心。1906年，慈禧太

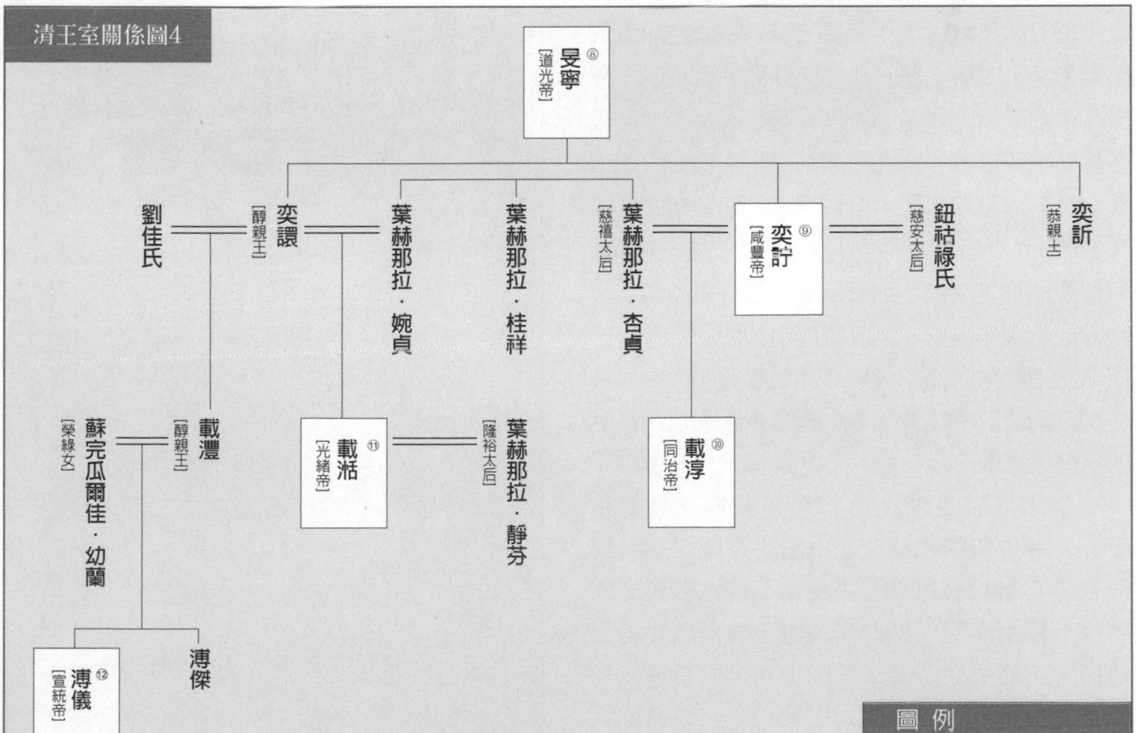

后發布「預備仿行憲政」諭旨，宣布預備立憲。但在未有結果之前，慈禧太后與光緒皇帝在1908年相繼去世，年僅3歲的宣統皇帝溥儀即位，其父醇親王載灃攝政。然而，1911年5月清政府公布的內閣名單中，滿族人有九名(其中七名是皇族)，漢族有四名，被稱為「皇族內閣」。立憲派對此大失所望，從此對清王朝不再抱有希望，還有一部分人轉而參加了革命黨。

為滿足列強掠奪中國鐵路的要求，獲得外國支持以維護其統治，清廷將廣東、四川、湖北、湖南等地的商辦鐵路收歸國有，然後再賣給外國，這一賣國舉措引發了全國大規模的保路運動。

保路運動又稱「鐵路風潮」。1911年(宣統三年)5月，清政府以鐵路國有為名，將已歸民間所有的川漢、粵漢鐵路築路權收歸「國有」，馬上又出賣給英、法、德、美4國銀行團，激起湖南、湖北、廣東、四川等省人民的強烈反對，開始了保路運動。運動在四川省尤其激烈，各地紛紛組織保路同志會，推舉立憲黨人蒲殿俊、羅綸為正副會長，以「破約保路」為宗旨，參加者數以十萬計。清政府下令鎮壓。9月7日，四川總督趙爾豐逮捕羅綸、蒲殿俊等保路同志會代表，還下令槍殺數百無辜請願群眾，第二天又下令解散各處保路同志會。由此激起了四川人民更大的憤怒，將各處電線搗毀，沿途設卡，斷絕官府來往文書。9月25日，「延安五老」之一的吳玉章，同盟會成員王天傑、龍鳴劍等人領導榮縣獨立。榮縣成為全中國第一個脫離清王朝的縣級政權，把保路運動推向高潮，成為武昌起義的先聲。驚恐萬分的清政府從湘鄂等省調集軍隊入川，鎮壓四川保路運動。

湖北位居長江腹地，武漢素稱「九省通衢」，是中國的水陸交通中心。帝國主義各國很早就在這裡闢租界、開商埠、辦工廠，掠奪原料，傾銷商品，把侵略的魔爪伸向城鄉各個角落。其結果是阻礙了民族工商業的發展，加快了農村經濟的破產，人民被迫走上革命的道路。1904年7月，在武昌出現了第一個革命團體——科學補習所，隨後又陸續成立了日知會、文學社、共進會等秘密革命組織。湖北革命黨人深入新軍，宣傳革命，在士兵中發展革命組織，進行了長期艱苦的工作。直到武昌起義前夕，新軍中已有三分之一的士兵參加了革命組織，成為起義的主力軍。

1911年4月，廣州黃花崗起義失敗以後，同盟會領導人決定把革命的重心轉移到長江流域，在同盟會中部總會的推動下，實現了湖北地區革命組織的大聯合。同年夏天爆發四川保路運動後，清廷為撲滅四川的人民起義，派出大臣端方率領部分湖北新軍入川鎮壓，致使清軍在湖北的防禦力量減弱，於是，革命黨人決定在武昌發動起義。

1911年9月14日，文學社和共進會在同盟會的推動下，建立了統一的起義領導機關，聯合反

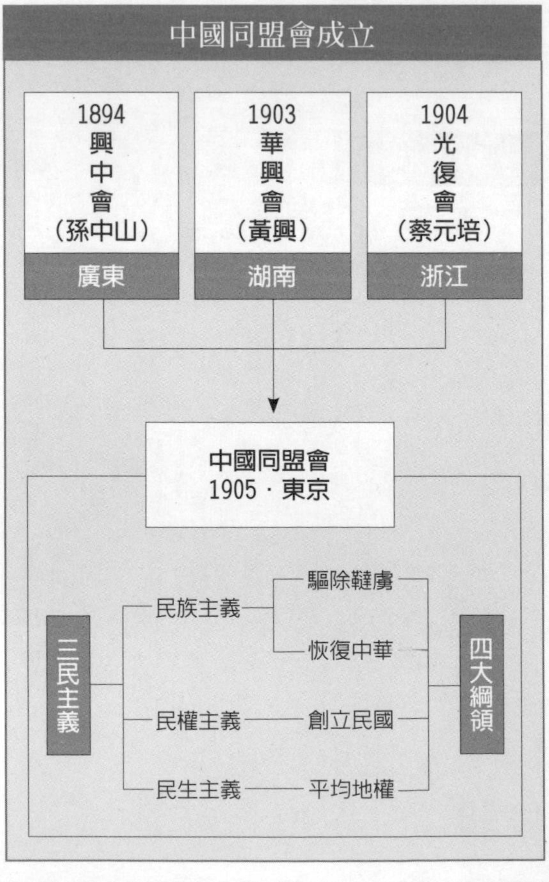

清。9月24日，兩個革命團體召開聯席會議，決定在10月6日發動起義。革命黨人的活動被湖北當局察覺，受到嚴密監察，再加上同盟會的重要領導人黃興、宋教仁等未能如期趕到武漢，起義被迫延期。10月9日，起義領導人孫武等在漢口俄租界寶善里革命總機關趕製炸彈時不慎發生爆炸，驚動了租界巡捕。孫武等人倉促撤離，起義文件被俄國巡捕搜走，漢口機關暴露。湖廣總督瑞澄下令搜捕革命黨人，武昌機關遭到破壞。另一領導人蔣翊武得知消息後，立即召集緊急會議，決定當晚起義。但因命令未能及時送到新軍中，起義沒有實現。

10月10日，瑞澄繼續按名冊抓人，形勢十分嚴重。在這緊急關頭，新軍中的革命黨人自發聯絡，約定以槍聲為號於當晚起義。當晚7時以後，工程第八營中革命黨的總代表、後隊正目（相當於班長）熊秉坤領導該營首先發難。他率領十多名革命士兵直奔楚望臺軍械庫，守庫的本營左隊士兵鳴槍配合，順利地占領了楚望臺軍械庫。工程營左隊隊官（相當於連長）吳兆麟被推為臨時總指揮。夜裡11時左右，起義軍分三路進攻總督署和旁邊的第八鎮司令部。並命已入城之炮8標在中和門及蛇山占領發射陣地，炮轟督署。起初，起義軍缺乏強有力的指揮，加上兵力不夠，進攻受挫。午夜時分，發起了第二次進攻，瑞澄聞炮喪膽，從督署後牆鑿洞逃遁。次日凌晨2時，革命軍再次發動進攻，終於在黎明前攻下督署。武昌首義勝利！11日晚及12日凌晨，革命軍先後占領漢陽、漢口，武漢三鎮完全光復。這是孫中山領導革命起義以來，同盟會第一次取得的勝利。消息傳出，全國和全世界為之震動。

武昌起義槍聲一停，湖北軍政府即於11日在武昌宣告成立。由於原來的起義領袖被捕、被殺、受傷或逃匿，群龍無首，加上革命黨人對掌握領導權的重要性缺乏認識，認為只有社會上有「名望」的人才能號召組織政府，於是擁戴新軍第二十一混成協統領黎元洪為軍政府都督，推舉湖北諮議局議長、立憲派首領湯化龍為民政總長。但黎元洪反覆推托不肯上任，革命黨人便組織謀略處，擔負軍政府的領導責任。五天以後，黎元洪見清王朝大勢已去，再也拖不下去，才宣誓就職。他上臺後，先將謀略處撤銷，改組軍政府，立憲派分子及反動官紳紛紛擠進革命政府。革命黨人雖然與之進行反覆鬥爭，終究未能扭轉以黎元洪為首的舊官僚、立憲黨人控制湖北軍政府的局面。

▲ 孫中山（1866年～1925年），名孫文，號逸仙，中國近代民主主義革命先驅。他提倡三民主義，主張推翻封建帝制，建立民主共和國。1905年，孫中山組織成立中國同盟會；1912年，辛亥革命成功，孫中山被推舉為中華民國臨時大總統。

湖北軍政府成立後，立即宣布廢除清朝「宣統」年號，建中華民國；又公布了《中華民國鄂州約法》，規定主權屬於人民。資產階級共和國的理想在中國第一次用法律形式固定下來。軍政府還發布各種文告，號召各省起義，促進了革命的繼續發展。在外交政策方面，軍政府宣布所有清政府以往與各國締結的條約繼續有效，賠款、外債照舊按期償付，各國在華既得利益「一體保護」，表示革命「並無絲毫排外性質」，希望能獲得帝國主義列強的支持。

武昌起義的勝利，引起了帝國主義和清王朝的惶恐不安。帝國主義各國迫於革命形勢的迅猛發展，不得不宣布「嚴守中立」，但又派軍艦集結武漢江面，做好了武裝干涉的準備。

1911年10月12日，清政府撤銷瑞澄的職務，命他戴罪立功，暫時署理湖廣總督；停止永平（今河北盧龍縣）秋操，令陸軍大臣蔭昌迅速趕赴湖北，所有湖北各軍及赴援軍隊均任其節制；令海軍提督薩鎮冰率領海軍和長江水師，迅速開往武漢江面。14日，清政府編組一、二、三軍，以隨蔭昌赴湖北的陸軍第四鎮及混成第三協、十一協為第一軍，蔭昌為軍統（也稱總統）；以陸軍第五鎮為第二軍，馮國璋為軍統；以禁衛軍和陸軍第一鎮為第三軍，載濤為軍統，三軍迅速向漢口附近集結。但由於清軍內部派系不一，矛盾重重，蔭昌根本指揮不動北洋新軍。

面對這一形勢，湖北軍政府於10月15日決定首先掃蕩漢口敵軍，然後向北推進，以阻止清軍南下。從10月18日出戰漢口，到11月27日漢陽失陷，前後戰鬥41天，史稱「陽夏保衛戰」。此後，黎元洪下令軍政府與北洋軍簽署停戰協定。

在這41天中，湖南、陝西、江西、山西、雲南、浙江、貴州、江蘇、安徽、廣西、福建、廣東、四川等省市，先後獨立。關內十八省中只剩下甘肅、河南、直隸、山東四省效忠清朝。清王朝的統治事實上已經土崩瓦解了。

1912年1月1日，中華民國臨時政府在南京成立，孫中山被推舉為臨時大總統。1912年2月12日，在內外交困之下，清帝溥儀宣布退位，清朝就此滅亡。

大清帝國年表8

皇帝（朝）	時間	主要事件
光緒帝（11）	1888	建立北洋水師，加強軍備，鞏固海防。
	1894	甲午中日戰爭爆發；孫中山在檀香山創立興中會。
	1895	北洋水師慘敗於日本，標誌著洋務運動的失敗；中日簽訂《馬關條約》，割讓臺灣及遼東半島，後在俄、法、德三國的干涉下還遼。
	1896	簽訂《中俄密約》，此後列強紛紛在華劃分勢力範圍。
	1897	德國強租山東膠州灣；沙俄占領旅順及大連等地。
	1898	光緒帝支持康有為、梁啟超等人進行「戊戌變法」，只維持百日即告失敗，光緒帝從此被囚禁。
	1899	義和團興起，在山東各地大殺西方教士、教民；康有為、梁啟超在日本成立保皇會。
	1900	清政府宣布對英美等八國同時開戰，義和團開始「扶清滅洋」運動；八國聯軍攻陷北京，慈禧攜光緒出逃西安；興中會於惠州發動起義，失敗。
	1901	清政府與西方十一國簽訂《辛丑條約》，標誌著中國半封建半殖民社會正式形成；清政府開始籌劃新政。
	1905	廢除科舉制度；孫中山創立中國同盟會，提出三民主義。
	1906	清政府宣布「預備立憲」。
	1908	光緒、慈禧先後駕崩，醇親王載灃長子溥儀即位，改元「宣統」，由光緒帝皇后隆裕和載灃攝政。
宣統帝（12）	1911	4月，黃花崗起義失敗；5月，保路運動爆發；10月，武昌起義爆發，南方各省紛紛宣布獨立，史稱「辛亥革命」。
	1912	中華民國成立；隆裕太后代溥儀頒布退位詔書，清朝統治結束。

精緻華美的服飾文化

「禮之大者，莫過於衣冠」，服飾文化自古就是中華禮儀的一部分，每個王朝都有自己的衣冠制度。清朝是保留自己傳統服飾文化最多的一個少數民族政權，圍繞清代服飾的滿漢鬥爭持續了上百年時間，直到乾隆年間才得到基本解決。

乾隆皇帝在保留游牧民族服飾緊身窄袖的基礎上，繼承了明代服飾的典章制度，發展出既具有滿族特點，又具有傳統文化內涵的清代服飾制度。例如，把十二章紋作爲皇帝特有的服飾紋飾，把禽獸紋作爲文武品官補服的主要紋飾，等等。

十二章紋——中華禮服文化之美

十二章紋是中國古代皇帝專用的服飾圖案，包括日、月、星辰、山、龍、華蟲、宗彝、藻、火、粉米、黼、黻這十二種紋飾。它們代表天子「如天地之大，萬物涵復載之中，如日月之明，八方圍照臨之內」，是一種至高無上的皇權象徵。清初，皇帝服飾上極少出現十二章紋；乾隆時期，十二章紋的使用成爲定制，以後諸帝皆遵從。這才使自秦漢以來便有的十二章紋飾傳統能夠延續至封建王朝的結束。

↑明黃色緞繡金龍袍——乾隆皇帝朝袍

十二章紋飾

① 「日」即太陽，其中常繪有烏鴉，「取其明也」。

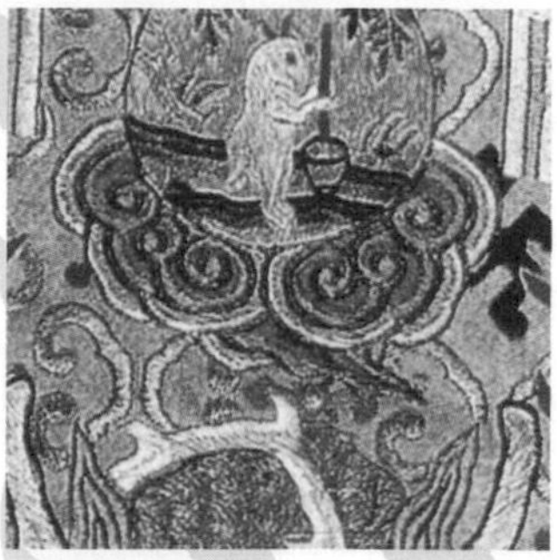

② 「月」即月亮，其中常繪有蟾蜍或白兔，「取其明也」。

③ 「星辰」即星宿，「取其明也」，與「日」、「月」共同象徵帝王皇恩浩蕩、普照四方。

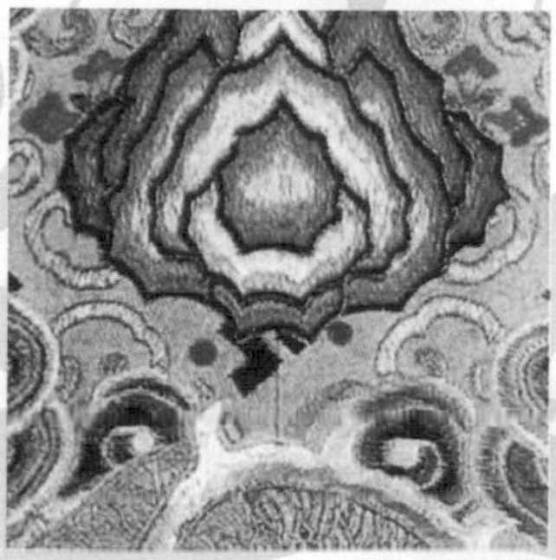

④ 「山」即群山，「取其人所仰」，象徵帝王治理四方水土的能力。

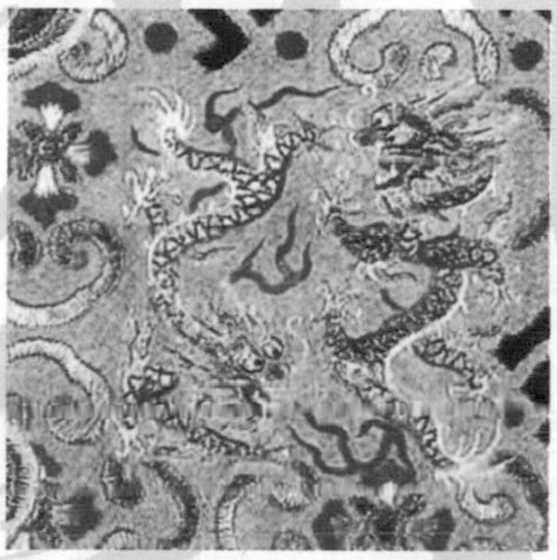

⑤ 「龍」為龍形，「取其能變化」，象徵帝王對人民的教誨和審時度勢地處理國家大事。

⑥ 「華蟲」即雉鳥，「取其文理」，象徵帝王的斐然文采。

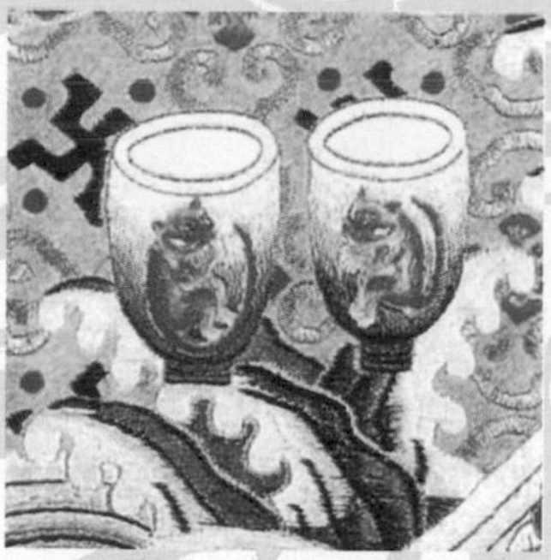

⑦ 「宗彝」即宗廟彝器，「取其智勇」，象徵帝王的忠孝美德。

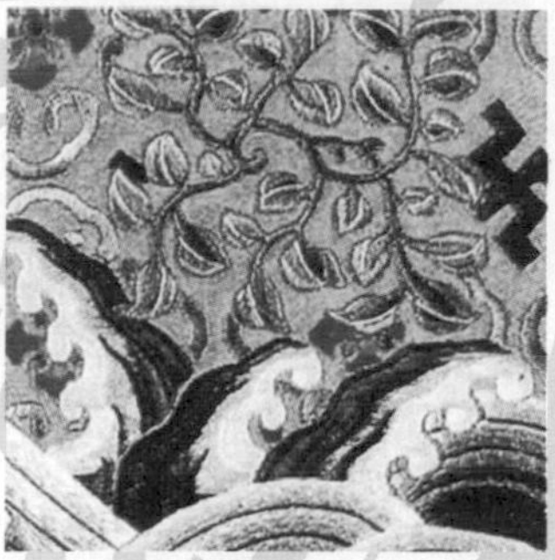

⑧ 「藻」即水藻，「取其潔淨」，象徵帝王冰清玉潔的品行。

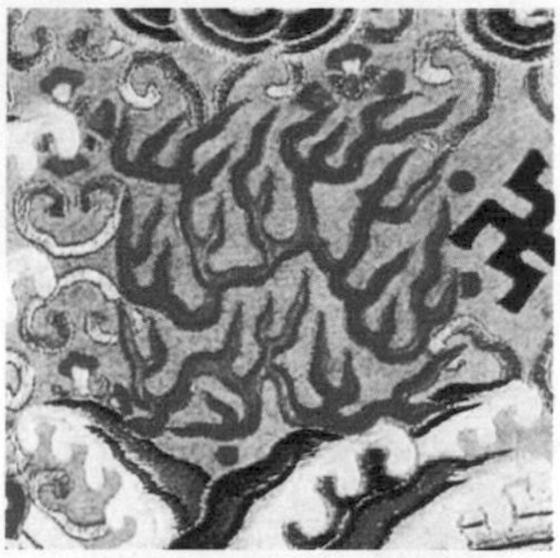

⑨ 「火」即火焰，「取其光明」，象徵帝王處事光明磊落。

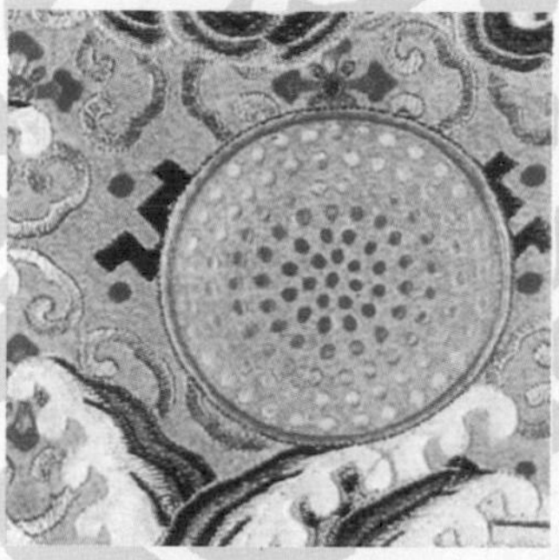

⑩ 「粉米」即白米，「取其養人」，象徵帝王重視農桑，治國安民。

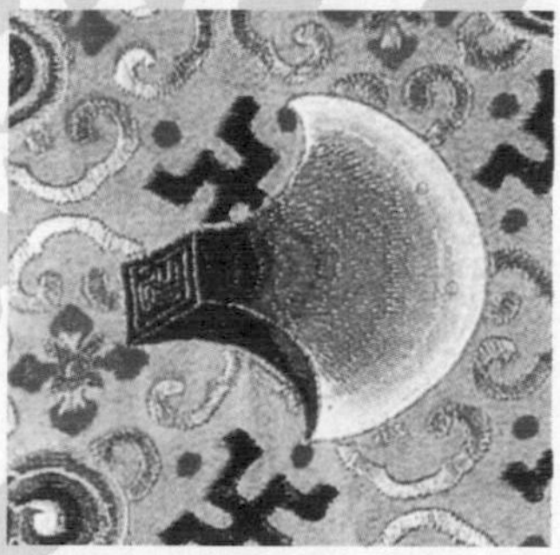

⑪ 「黼」即斧頭，「取其割斷」，象徵帝王做事幹練果敢。

⑫ 「黻」為兩己相背，「取其背惡向善」，象徵帝王明辨是非、知錯能改的美德。

母儀天下——清代皇后朝服詳解

朝服是帝后臣僚在朝會、祭祀之時所穿的禮服，又稱「具服」和「朝袍」。按《大清會典》的規定，朝服上皆繡符合各人身分等級的圖紋。皇帝、皇太后、皇后、皇貴妃的朝服皆以龍爲章，並以龍的數量來別尊卑。其中，皇后的朝服上織、繡五爪金龍紋17條，正龍6條，行龍11條。皇后朝服以朝冠、朝袍、朝褂、朝裙爲主，另外有采帨、領約、朝珠、耳墜等配飾，所有飾物皆有嚴格的等級區分，以彰顯皇后的尊貴身分。

孝康章皇后朝服像

←①皇后夏朝冠

清代皇后的朝冠從冠質到冠頂、飾物、垂帶均有嚴格規定，以彰顯皇后的身分。朝冠有冬夏兩類，一般冬用薰貂，夏用青絨。

↑②金鑲珠翠耳墜

耳飾是清代後宮嬪妃至七品命婦身著朝服時所戴耳墜，其中皇后的耳飾左右各三具，每具有金龍銜一等東珠兩顆。

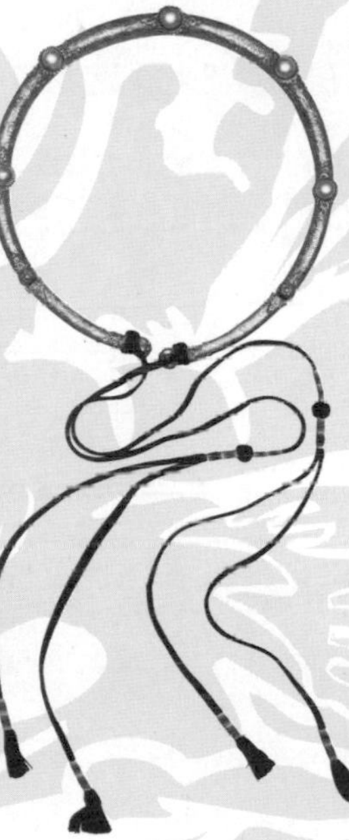

←③銀鍍金嵌珠寶金約

領約是佩戴在朝袍披領之上的一種類似項圈的裝飾品，皇后的領約為鏤金製成，上飾東珠11顆，間以珊瑚。

→④采帨

采帨是戴在胸前垂於下的一種裝飾品，以不同顏色的綢製成，形似領帶。皇后的采帨以綠色綢做成，上繡「五穀豐登」紋飾，其鍊為明黃色。

↓⑥皇后夏朝袍

清代皇后的朝袍為明黃色緞面料，基本款式由披領、護肩與袍身組成。朝袍有冬夏兩類，夏朝袍又分夾服與單服，春季常穿以緞、綢製成的夾朝袍，夏季則穿涼爽剔透的紗制單朝袍。

↓⑦石青繡雲龍朝褂

朝褂是穿在朝袍之外的服飾，其樣式為對襟、無領、無袖，類似背心，褂上繡有龍雲及八寶平水等紋樣。

↑⑤珊瑚朝珠

朝珠是清代帝后大臣身著朝服時所佩串珠，其淵源於佛教的數珠，每盤朝珠皆108顆，由4顆大珠將其分為4份，象徵一年四季。皇后的朝珠共三盤，其中玄珠1串，珊瑚2串，配戴時左右斜交叉各1盤，中間正掛1盤。

←⑧朝裙小樣

朝裙是清代後宮嬪妃至七品命婦在朝會、祭祀等場合穿在朝袍裡面的禮裙，其主要面料為緞。皇后的朝裙上部為紅色織金壽字緞，下部為石青色織五彩行龍妝花緞。

補服——帝王百官的身分象徵

補服是明、清兩朝皇帝與文武百官的章服和公服（處理公務時所穿的服裝），因衣服上綴有圖案「補子」，故稱「補服」。朝廷對官員的補服有著明確的限制，不能自行更改裝束。與明朝相比，清朝的補子小而簡單，前後成對，文官繡飛禽，武官繡猛獸，以花紋區分品級。

↑ **緞繡五彩緝米珠龍袞服**

皇帝的補服以龍為章，因此稱為「袞服」，「袞」即卷龍。袞服是皇帝在祭祀、冬至、聖節等重大慶典活動時穿用的禮服。

文官補服章紋

清代文官的補服，從正一品到未入流的小官皆以禽紋為章，衣服前後各有一方補子，上繡各種飛禽章紋，以示官員的等級和身分。

武官補服章紋

↑ 萬樹園賜宴圖（局部）

【清】郎世寧、王致誠等繪，現藏於故宮博物院。圖繪乾隆十九年（1754年），蒙古杜爾伯特部首領「三車凌」率部歸降大清，乾隆於避暑山莊萬樹園設宴款待「三車凌」及其部眾的場面。畫中氣氛莊嚴肅穆，杜爾伯特部眾首領及文武百官正井然有序地跪迎即將步入會場的乾隆皇帝，當時清朝官員們的穿著即為補服。

一品麒麟補紋

二品獅子補紋

三品豹補紋

四品虎補紋

五品熊補紋

六品彪補紋

七、八品犀牛補紋

農業

清朝作爲中國歷史上最後一個封建王朝，將中國傳統的小農經濟發展到極致。清朝初期，政府勸課農桑，鼓勵墾荒，將開荒數量作爲地方官員的考核政績，有力地促進了農業的恢復和發展，全國耕地面積和人口數量都急劇增長。此外，清代以束水攻沙的方法治理黃淮水患，取得了顯著成就；修荊江大堤，築浙江海塘等工程，不僅提高了農業生產，還能保證航運的暢通。

耕織圖之耕

【清】焦秉貞繪，現藏於中國國家博物館。《耕織圖》是一組描繪清代農業生產場景的畫冊，共46幅，此圖所示為耕種場景。從圖中可以看出，清代的耕作方式已經以牛耕為主，其農具也較前代有明顯改善。

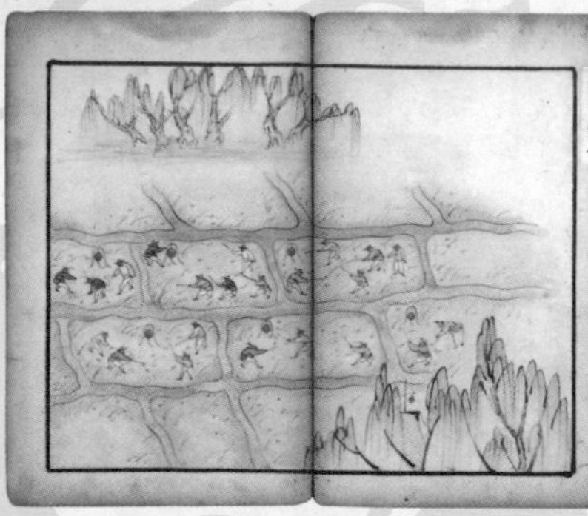

捕蝗圖冊之用燈捉捕

此圖冊是乾隆年間淮陰知府李源根據當時捕滅蝗蟲的經驗，請人繪製而成。這些辦法能夠有效防治蝗災，大大提升了農作物的產量，有利於農業發展。

黃河築堤圖

清宮廷畫師繪，現藏於中國國家博物館。自古以來，治河就是有關國計民生的重大政治、經濟問題。在1500公里的大運河中，黃河河道長達100公里，因此一旦黃淮發生災變，漕糧運輸將遭受極大阻礙。圖繪清朝初期，朝廷派人整治黃河的情況，圖中眾人正在努力修堤築壩，以防治黃河泛濫引起水災。

清朝農業科技史

【農具】

1747年	深耕犁見於文獻記載。
1856年	關中地區出現中耕農具漏鋤。
1874年前	發明捕粘蟲車。
1875年～1908年	掩青農具秧馬出現。
1896年	匍蓑出現。

【農田水利】

18世紀60年代	新疆坎兒井大發展。
18世紀	江南用「魚鱗塘」技術修海塘。
1723年～1741年	怡親王允祥修畿輔水利。
1737年	崔紀於陝西大力發展井灌。
1851年～1861年	新疆伊犁大興農田水利。

【土地利用】

18世紀中	山東、河北、陝西等省已普遍推行三年四熟或二年三熟制。
1778年	北方地區使用深翻、種植綠肥等方法改良鹽鹼土地。
1838年	北方出現植樹治鹼技術。
19世紀	西北乾旱地區創造砂田用地法。
19世紀中	臺灣開始種植三季稻。

【大田作物】

17世紀中	馬鈴薯傳入中國。
18世紀前期	採用單株選種法（一穗傳）育成水稻良種御稻。
19世紀前期	水稻分布北線達到伊犁，雙季稻北線達到里下河地區。
19世紀後期	大粒花生傳入山東、浙江等地。

【耕作栽培】

1658年	張履樣作《補農書》。
1705年	蒲松齡作《農桑經》；以砒霜煮毒穀，誘殺害蟲。
1742年	大型官修農書《按時通考》問世。
1747年	北方旱作採用淺耕滅茬技術；使用套犁深耕。
1776年	治蝗專著《捕蝗考》問世。
1821～1850年	使用菸莖治螟。

【肥料】

1747年	《知本提綱》將中國的肥料分為十大類，並提出施肥三宜原則。
1827年	浙江溫州地區稻田養萍以作肥料。
1903年	綠肥施磷，以磷增氮。

【園藝】

1688年	花卉名著《花鏡》問世，書中共記載352種花卉。
18世紀	荷蘭豆引入福建。
1760年	菜豆見於記載，稱「時季豆」。
1848年	甘藍見於記載，稱「葵花白菜」。
1895年	花椰菜見於記載，稱「椰花菜」。

【茶】

1708年	茶村採用扦插繁殖。
1897年	茶樹修剪見於記載。

【蠶桑與經濟昆蟲】

18世紀中期	柞蠶從山東向外傳播。
9世紀後期	地蠶放養見於記載；老桑更新技術出現；桑樹村形養成技術成熟。

【畜牧】

17世紀中期	創造家禽種蛋孵化法後期的運輸——嘌蛋。
1662年	出現照蛋法，開創家禽人工孵化看胎施溫技術。
1740年	使用「七宜八忌」養豬法。
1747年	根據豬的長相，鑑定豬的優劣。

【獸醫】

1760年	以針灸術治禽瘟。
1800年	牛病專著《養耕集》問世。
1886年	《牛經切要》問世。
1886年	《豬經大全》問世。

【水產養殖】

17世紀後期	使用火誘捕魚；貝類養殖中出現投石養蠔。

【食物加工】

1798年～1866年	烘青茶技術見於記載。

手工業・商業

清朝的家庭手工業也呈現出勃勃生機，不僅絲織業得到普遍推廣，造紙、陶器、製茶等手工業也相應地發展起來。具有資本主義性質的作坊和手工工場增多，主要出現在江南和廣東地區。商品生產的發展促進了各地商業的繁榮，許多城市恢復了明代後期的繁盛景象，有些地區甚至較明代更為發達。

清朝手工業地域分布表

行業	發達地區
絲織業	江寧、蘇州、杭州、佛山、廣州
棉織業	江南地區
陶瓷業	江西景德鎮
製糖業	臺灣、福建、廣東、四川
礦冶業	銅礦：雲南
	鉛礦：貴州
	鐵礦：廣東、山西、河南、山東

← 粉彩鏤空轉心瓶

此瓶是清代創制的一種新形式，鏤空瓶裡套裝內瓶，內瓶轉動時，透過外瓶的鏤孔可看到不同的畫面，說明清代的手工業水平較之前代有明顯進步。

↓ 前門街市圖

圖中描繪乾隆南巡時，由京師出發的宏偉場面。從紫禁城出正陽門就是前門大街，雖然當時戒備森嚴，百姓無法通行，但道路兩旁店鋪林立的景象仍然可以清晰地反映出清朝經濟的繁榮。

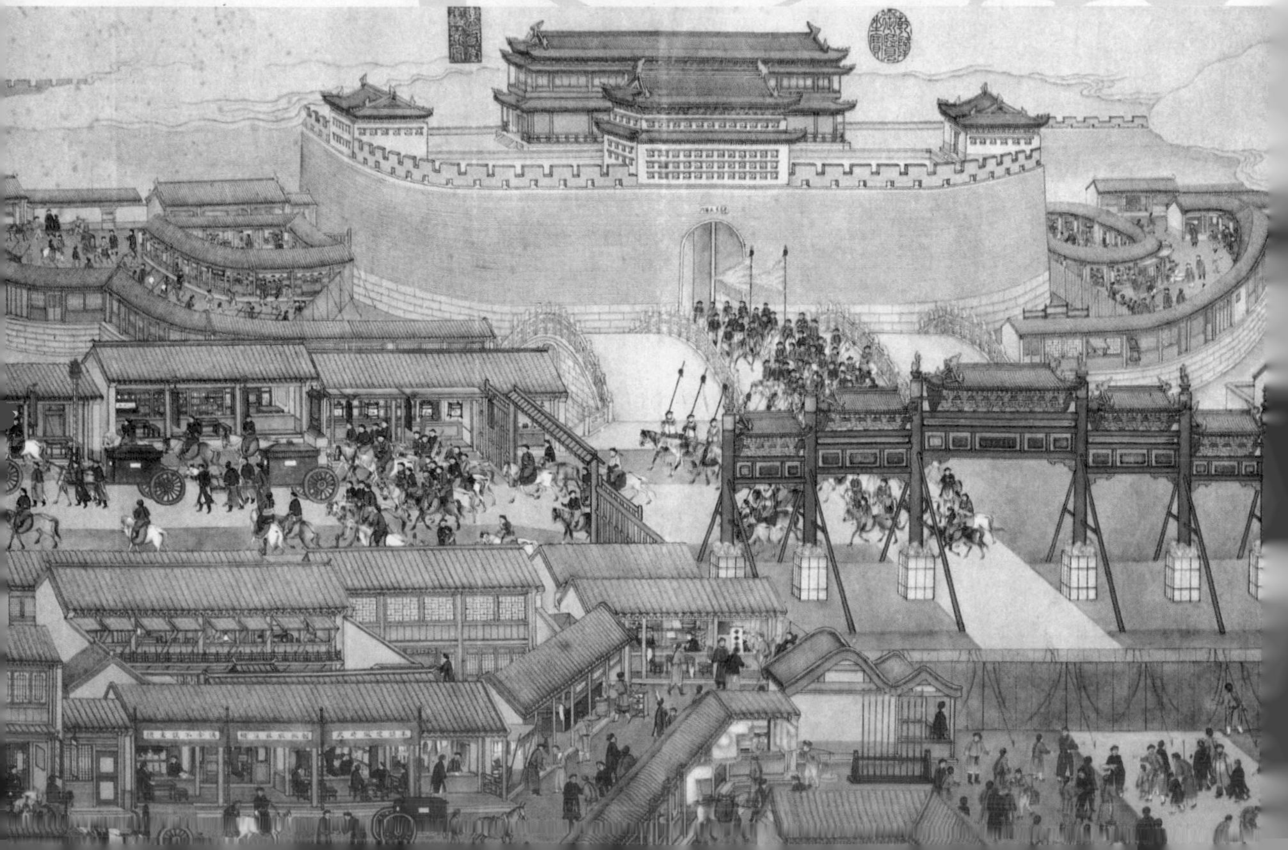

清朝前期的對外經濟交流

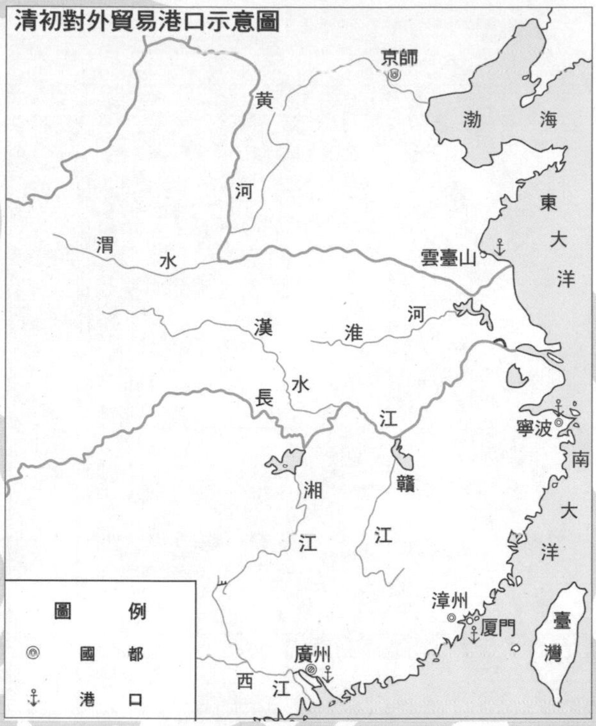

清朝初期，政府為集中精力平息內亂，對外實行閉關政策，嚴格控制中外通商和民間貿易往來。康熙二十一年（1682年），清朝收復臺灣，沿海地區已基本統一，於是政府開始允許出海貿易，開放廣州、漳州、寧波和雲臺山（今連雲港）為通商港口。康熙五十九年（1720年），廣州行商自發成立「公行」，專門負責對外貿易。中國的絲綢、茶葉、瓷器、棉布等源源不斷地出口西方各國，歐洲國家的鐘錶、呢絨、胡椒、象牙等商品也進入中國。中外經濟的交流，促進了各國之間的友好關係，民間交往和商貿活動更加頻繁，對中西文化交流也有著積極影響。

↑ 法蘭西國夷人與英吉利國夷人

《廣輿勝覽》，【清】金廷標等繪，現藏於中國國家博物館。這是記錄海外諸國和各少數民族情況的圖冊，各國繪男女一人，上方有漢文題記。以上兩圖表現的是18世紀法國人和英國人的形象。

↓ 義大利鼻菸

這兩瓶鼻菸是義大利贈送給清朝皇帝的禮物。清初開放對外貿易港口，使中國有更多機會與西方國家接觸。有關國家的軍、政界人士不斷來訪中國，也有不少耶穌會傳教士、商人、新聞記者、漢學家來到中國進行活動，有些人甚至還在清政府中擔任一官半職。

帝都・紫禁城・皇家園林

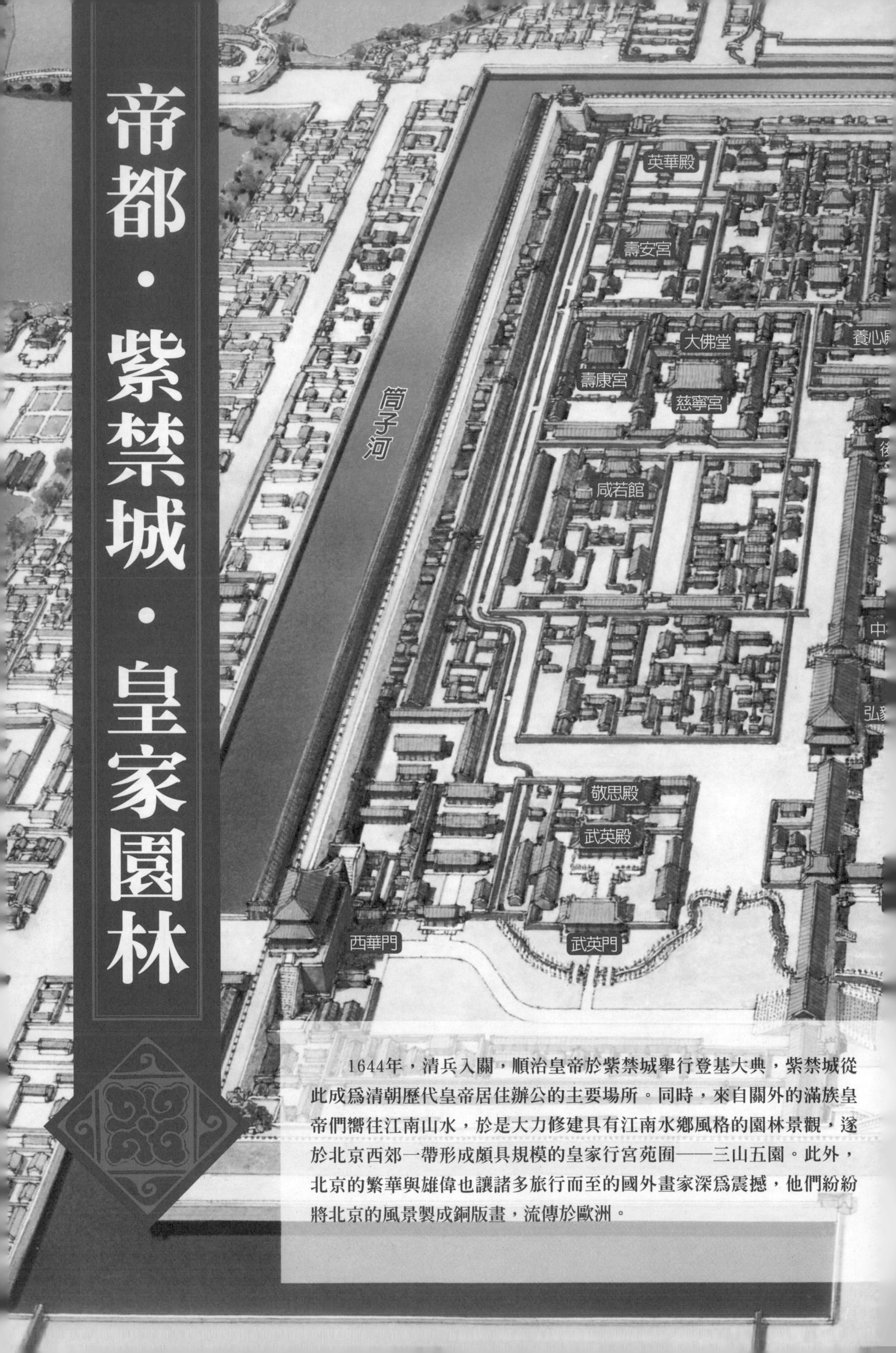

1644年，清兵入關，順治皇帝於紫禁城舉行登基大典，紫禁城從此成爲清朝歷代皇帝居住辦公的主要場所。同時，來自關外的滿族皇帝們嚮往江南山水，於是大力修建具有江南水鄉風格的園林景觀，遂於北京西郊一帶形成頗具規模的皇家行宮苑囿——三山五園。此外，北京的繁華與雄偉也讓諸多旅行而至的國外畫家深爲震撼，他們紛紛將北京的風景製成銅版畫，流傳於歐洲。

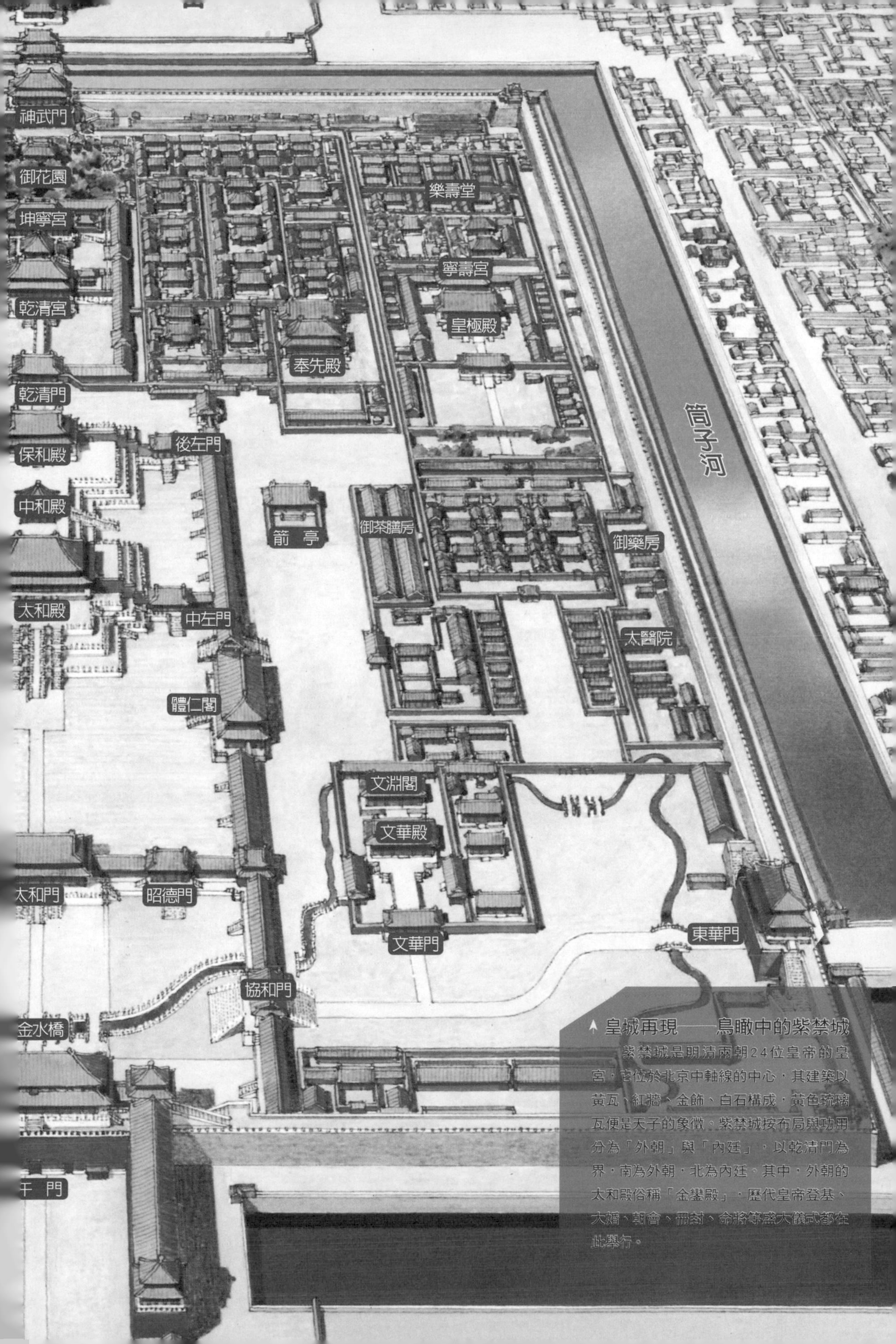

皇城再現——鳥瞰中的紫禁城

紫禁城是明清兩朝24位皇帝的皇宮，它位於北京中軸線的中心，其建築以黃瓦、紅牆、金飾、白石構成，黃色琉璃瓦便是天子的象徵。紫禁城按布局與功用分為「外朝」與「內廷」，以乾清門為界，南為外朝，北為內廷。其中，外朝的太和殿俗稱「金鑾殿」，歷代皇帝登基、大婚、朝會、冊封、命將等盛大儀式都在此舉行。

三山五園——北京西郊皇家園林

「三山五園」是北京西郊皇家園林的總稱，始建於康熙年間，興盛於乾隆時期，但大多在1860年英法聯軍入侵北京時被焚毀。自遼、金以來，北京西郊風景名勝衆多，具有江南水鄉的自然景觀。康熙即位後，下令修建暢春園，並將其周圍園林賜予各皇子和寵臣，「三山五園」初具形態。乾隆時期，造園活動達到鼎盛，自海淀鎮至香山，分布著大小九十多處皇家御苑與賜園，連綿二十餘里，蔚爲壯觀。

香山・靜宜園

靜宜園位於北京西郊的香山之上，始建於遼天顯年間。康熙皇帝即位後，下令修繕佛殿，建「香山行宮」；乾隆時期，朝廷繼續對香山進行大規模擴建，營造香山「二十八景」，又將其更名為「靜宜園」，取「山以仁為德，秋惟靜與宜」之意。這是香山靜宜園作為皇家園林的鼎盛時期。可惜，靜宜園於1860年和1900年先後遭受外國侵略軍的焚掠、破壞，大部分建築都已變為廢墟。如今，人們只能從「西山晴雪」和秋日的滿山紅葉中感受這裡曾經的美麗。

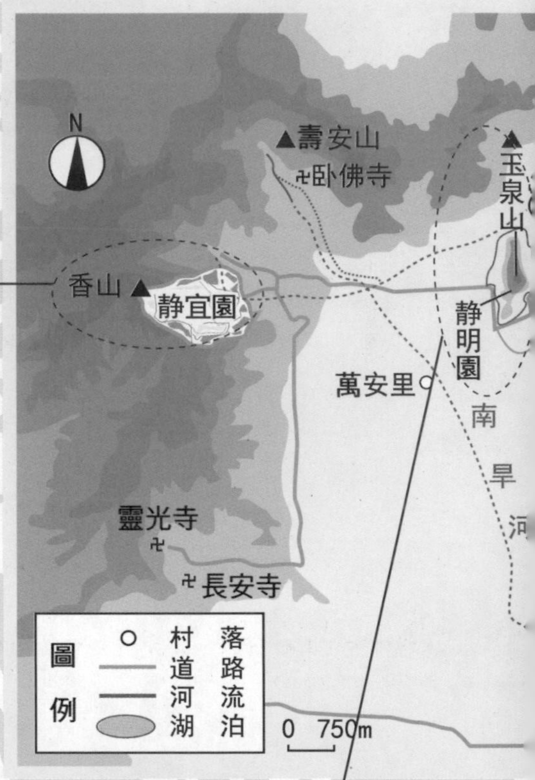

玉泉山・靜明園

靜明園位於北京西郊頤和園昆明湖西，由金代芙蓉殿發展而來。康熙十九年（1680年），康熙皇帝在此修建行宮，初名「澄心園」；康熙三十一年（1692年），更名為「靜明園」。乾隆年間進行大規模擴建，形成「靜明園十六景」。園內景物繁多，例如，被乾隆賜名「天下第一泉」的玉泉，燕京八景之一的「玉泉垂虹」以及玉峰塔、華藏塔、澄照關、楞伽洞等藝術價值極高的建築群。靜明園亦在歷史動蕩之時，兩遭劫難，後幾經波折，現已被列為全國重點文物保護單位，得到妥善保存和修護。

圓明園

圓明園始建於康熙四十六年（1709年），由康熙親題園名，取意為「圓而入神，君子之時中也；明而普照，達人之睿智也」。後經雍正、乾隆兩朝增建，圓明園日臻完善，形成圓明三園——圓明園、長春園、綺春園的基本格局。1860年10月，英法聯軍入侵北京，圓明園慘遭洗劫、焚毀，只留得殘垣斷壁。如今，圓明園作為遺址公園開放，時刻警醒我們不能忘記歷史的沈痛教訓。圖為圓明園中著名的大水法遺址。

萬壽山．頤和園

頤和園是以昆明湖、萬壽山為基址建成的天然山水園林，也是現今保存最為完整的一座清代行宮御苑。頤和園原名「清漪園」，始建於乾隆十五年（1750年），歷時15年竣工。咸豐十年（1860年），清漪園被英法聯軍焚毀。光緒十二年（1886年），朝廷下令重建；光緒十四年（1888年），改名為「頤和園」。由於修復工程巨大，慈禧太后挪用海軍經費才得以維持，至光緒二十一年（1895年）完成。光緒二十六年（1900年）又遭八國聯軍破壞，翌年修復。頤和園中的長廊、石舫、佛香閣、寶雲閣、大戲樓、十七孔橋、玉帶橋等建築堪稱世界建築文化中的珍品，在中外園林藝術史上有著極高的地位。圖中的清宴舫是園中唯一具有西洋風格的建築。

暢春園

暢春園位於圓明園南面，北京大學西邊，原址是明神宗時期修建的清華園。清代皇帝利用清華園殘存的水脈山石，在其舊址上仿江南山水營建暢春園，作為郊外避暑聽政的離宮。暢春園落成之後，康熙皇帝每年約有一半左右的時間都在園內居住。康熙於園內的清溪書屋逝世後，凝春堂一帶被改為歷代皇太后的居所。咸豐十年（1860年），英法聯軍攻入北京焚燒圓明園時，將其一併燒毀。光緒二十六年（1900年），八國聯軍占領北京，暢春園再次遭到附近居民及八旗駐軍的洗劫，園內樹木山石均被私分殆盡。目前，暢春園遺址範圍大部分屬北京大學，殘存的恩佑寺及恩慕寺山門被列為北京市海淀區文物保護單位。

西方人眼中的中國建築

▲ 雄偉的北京

圖為18世紀義大利畫師所繪北京西直門外的情景，此圖並非作者親眼所見，而是根據英國畫師亞歷山大繪製的原圖發展而成。雄偉的城牆，祥和的生活，是西方人一直以來對北京的直覺印象。

▲ 希臘化的圓明園

圖為18世紀義大利畫師繪製的北京圓明園銅版畫，這是早年西方人描繪圓明園的典範。圖中建築比例接近希臘神殿，與真實的中國建築存在著很大差距。

▲ 王爺府

圖中的王府是義大利畫師根據自己的經驗和習慣繪製，因此圍牆府邸之間的比例與真實情況有一定出入，但畫師想表現中國豪門大宅氣派的努力仍可見一斑。

▼ 午門

18世紀義大利畫師繪製北京紫禁城內廣場的銅版畫。午門是紫禁城的正門，位於紫禁城中軸線上，其特點是威嚴肅穆，外人初次步行至此，常常會被它壯觀的氣勢所震懾。

下篇 名家論史篇

本篇精心收錄了三篇歷史名家的學術論文，內容涉及政治、軍事、社會、經濟、文化等各方面。其中，史學大師呂思勉先生的《明清兩代的政治和社會》重點介紹了明清兩朝的官制、教育選舉、兵制、刑制、賦稅制度等五個方面，並對明、清兩朝各項制度的異同進行了分析。國學大師梁啓超先生的《清代學術變遷與政治的影響》以時間順序對清代學術變遷進行梳理，重在剖析學術與政治的關係。日本學者加藤繁先生的《清朝後期的財政》則詳細闡述了自嘉道中衰以後，清政府的財政收支情況，並分析了造成這種現狀的政治原因。

明清兩代的政治和社會

文/呂思勉

第1節　官　制

明清兩代的官制，也是沿襲前朝的。其中最特別的是：（一）內官的無相職；（二）外官的區域擴大，級別增多。

明太祖初年，本來仍元制，設立中書省，以為相職的。十三年，因宰相胡惟庸謀反廢去中書省。二十八年，並諭群臣：「……以後嗣君……毋得議置丞相。臣下有奏請設立者，論以極刑。」這時候，天下大政，都分隸六部，而天子以一人總其成（倒像共和時代，廢掉內閣制而行總統制似的）。但是這種辦法，須天子英明，方辦得到。後嗣的君主，都是庸儒無能的，或者怠荒不管事，其勢就不可行了。於是殿閣學士，就起而握宰相的實權。殿閣學士，中極、建極、文華、武英四殿。文淵閣及東閣「以其授餐大內，常在天子殿閣之下……故亦曰內閣」。本是文學侍從之臣，管「票擬」、「批答」等事，不過是前代翰林學士之流（詔浩的起草，在唐朝，本是中書舍人的職事。後來翰林學士，越俎代庖，本是件越職侵權的事情。明初既廢掉宰相，殿閣學士，起而承此職之乏，卻是勢極自然的）。但是其責職，終究不過在文字上而已。所以太祖時，尚不過預備顧問。成祖時，解縉等居此職，才參預起機務來。仁宗時，楊榮、楊士奇，都以東宮師傅舊臣，領部事而又兼學士之職，其地位才漸次隆重。以後累朝，什麼事情，都和內閣學士商量，其權限愈擴而愈大。到世宗時，夏言、嚴嵩，就都赫然變作真宰相了。但是實權雖大，在名義上，終不過是個文學侍從之臣，好比天子的書記官一樣，並沒有獨立的職權。明朝一代，弄得有權臣而無大臣（神宗時代，張居正頗以宰相自居，時人已大不謂然了）。君主的無所畏憚，宦官的能夠專權，未始不由於此。所以黃梨洲發憤說：有明一代，政治之壞，自高皇帝廢宰相始。見《明夷待訪錄》。清初以文華殿、武英殿、文淵閣、體仁閣大學士各一人，協理大學士二人，為相職。康熙中期，撰擬諭旨，都由南書房翰林。所以這時候，高士奇等一班人，頗有權勢。雍正用兵西北，說是怕軍機漏洩，乃特設軍機處於隆宗門內。選閣臣和部院卿貳，兼攝其政，謂之軍機大臣。另簡部曹和內閣中書等，管理擬稿編纂等事，謂之軍機章京。從此以後，樞務都歸軍機處了。

六部在明朝，都以尚書為長官，侍郎貳之。其下有郎中員外郎，分設許多清吏司，以辦一部的事務。這是庶政的總匯。清朝：尚書，滿漢各一。侍郎，滿漢各二。又於其上設管理部務的大臣。

吏、户、兵三部和理藩院都有。因最初設部的時候，原系以貝勒管理，後來雖設尚侍，吏、户、兵三部，都沿襲未廢。管部大臣，清初兼用親王、郡王。後來以權太重，但用大學士。以至尚侍的權柄，亦不完全。理藩院雖名為院，亦設尚侍，官制和六部相同。但所用都係滿蒙人。五口通商以前，西洋各國的交涉，也都是由理藩院辦理的。咸豐十年，才特設總理各國事務衙門。派王大臣管理。光緒二十七年，改為外交部。有管部大臣一，會辦大臣一，尚書一，侍郎一，又有左右丞及左右參議。派公使駐紮各國，起於光緒元年。其初繫以京卿出使，仍留原職。後來才獨立為一官，隸屬外務部。分頭二三等。平時所派，大概是二二等；遇有特別事務，才派頭等。又有總副領事和領事，駐紮各國，以保護僑民。光緒三十二年，改設外務、吏、民政（以新設的巡警部改）、度支（以户部改財政處稅務處併入、禮太常寺光祿寺鴻臚寺併入）、學（以新設的學務處改國子監併入）陸軍（以兵部改練兵處太僕寺併入）、農工商（工部改商部併入）、郵傳、理藩（理藩院改）、法（刑部改）十一部。除外務部外，都設一尚書，兩侍郎，不分滿漢。宣統元年，又增設海軍部諮議府。尚書都改為大臣。而將吏禮部併入內閣。裁軍機處政務處，另設總協理大臣，以圖設立責任內閣。

明清兩朝，都察院的權最重。明制：有左右都御史，左右副都御史，左右僉都御史，及十三道監察御史。清十五道。在外則巡按，清軍，提督學校，巡監，巡漕等事，都以委之。而巡按御史，代天子巡守，權最重。總督巡撫，本系臨時派遣的官。後來因與巡按御史，不相統屬，所以巡撫常派都御史。總督亦兼都御史。清朝則左都副御史，都滿漢並置。右都副御史，但為在外督撫的兼銜。六科給事中，掌諫諍及稽察，在明代亦為有實力的官。清朝雍正時，使給

理藩院

★理藩院是清朝特有的中央行政機構，主要負責蒙、回、藏等少數民族地區事務，同時也負責對俄羅斯的外交事務。

歷史沿革

- 崇德元年（1636年），清政府設立蒙古衙門，主要處理蒙古事務。
- 崇德三年（1638年），蒙古衙門改名為「理藩院」，隸屬禮部，其長官為承政、參政。
- 順治元年（1644年），改承政為尚書、參政為侍郎，擴大機構，增加人員。
- 康熙元年（1662年），理藩院從禮部獨立，地位與中央六部相當，內設錄勳、賓客、柔遠、理刑四司。
- 康熙三十八年（1699年），劃柔遠司為二，分別為柔遠前司和柔遠後司。
- 乾隆二十二年（1757年），改錄勳司為典屬司，賓客司為王會司，柔遠後司為旗籍司，柔遠前司復為柔遠司。
- 乾隆二十六年（1761年），增設徠遠一司專管新疆南部事務。
- 光緒三十二年（1906年），清政府預備立憲，理藩院更名為理藩部。
- 民國元年（1912年），清帝退位，理藩部改為蒙藏委員會。

主要職責

- 管理各少數民族王公、土司等官員的封襲、年班、進貢、隨圍、宴賞、給俸等事宜。
- 管理喇嘛事務，保護藏傳佛教格魯派。
- 管理蒙古會盟、劃界、驛道及商業貿易事務。
- 修訂關於少數民族的法律，參加審理刑名案件。
- 掌管部分外交、通商事務。

清代官員散階表				
階級	文散階	武散階	品級	授階方式
一等	光祿大夫	建威將軍	正一品	誥授
二等	榮祿大夫	振威將軍	從一品	誥授
三等	資政大夫	武顯將軍	正二品	誥授
四等	通奉大夫	武功將軍	從二品	誥授
五等	通議大夫	武義都尉	正三品	誥授
六等	中議大夫	武翼都	從三品	誥授
七等	中憲大夫	昭武都尉	正四品	誥授
八等	朝議大夫	宣武都尉	從四品	誥授
九等	奉政大夫	武德騎尉	正五品	誥授
十等	奉直大夫	武德佐騎尉	從五品	誥授
十一等	承德郎	武略騎尉	正六品	敕授
十二等	儒林郎	武略佐騎尉	從六品	敕授
十三等	文林郎	武信騎尉	正七品	敕授
十四等	徵仕郎	武信佐騎尉	從七品	敕授
十五等	修職郎	奮武校尉	正八品	敕授
十六等	修職佐郎	奮武佐校尉	從八品	敕授
十七等	登仕	修武校尉	正九品	敕授
十八等	登仕佐郎	修武佐校尉	從九品	敕授

★散階指沒有固定職事的官員品階，屬於榮譽稱號，本身並無實權，類似於今天部隊的軍銜稱號。

事中隸屬都察院，遂失其獨立的資格。

大理寺與刑部、都察院，並稱三法司，明清兩代都同。翰林院本係文學侍從之官，明朝從天順以後，非進士不入翰林，非翰林不入內閣；所以翰林院的位置，驟覺崇高。詹事府本東宮官，清朝不設太子，此官但為翰林院升轉之階。宗人府管理皇族，在明代關係本不甚重要。但在清代，宗室覺羅，係一特別階級，專歸宗人府管理。凡宗室覺羅議敘，專歸宗人府，議處亦由宗人府會同刑部辦理，所以宗人府亦頗有關係。歷代中央各官，大半為奉君主一人而設。清朝則此等官署，雖亦俱有，而實際上供奉天子的事情，大部分在內務府。又太監亦是為內務府管理的，所以又兼歷朝內侍省之職。

外官則明初改路為府。府之下為縣。州則屬州同於縣，直隸州同於府。其上設布政按察二司，布政司掌民政，按察司掌刑事。也是行的兩級制，而上有監司之官。但是元朝的行省，區域本嫌太大（這本不是認真的地方區劃）。明初雖廢去行省，而布政司所管的區域，卻沿其舊，以至龐大而無當。又布政司的參政參議，按察使的副使僉事，都分司各道，遂儼然於府縣之上，添設一級。道的名目很繁。在明時，最普通的，是「分巡」、「分守」和兵備。《明史》說：「明初制恐守令貪鄙不法，故於直隸府州縣設巡按御史，各布政司所屬設試僉事。已罷試僉事改按察分司四十一道，此分巡之始也。分守起於永樂間，每令方面官巡視民瘼，後遂定右參政右參議分守各屬府州縣。兵道之設，仿自洪熙間。以武臣於文墨，遣參政副使沈固、劉紹等往各總兵處整理文書，商榷機密，未嘗身領軍務也。至弘治中，本兵馬文升，慮武職不修，議增副金一員救之，自是兵備之員盈天下。」而明朝所遣總督巡撫，本是隨時而設的，在清代又成為常設之官，其權力遠出於兩司之上，就不啻更加一級而成五級了。

清朝對於東三省，治法頗為特別。奉天系陪都，設府尹，又有五部。除吏部。府尹但管漢人，旗人的民刑訴訟，都歸五部中的戶刑二部；而軍事上則屬將軍。其初盛京將軍，嘗為兼管府事大臣。後改於五部中簡一人為之。光緒二年，乃以將軍行總督事、府尹行巡撫事。吉、黑但有將軍副都統。末年乃設東三省總督，改為行省制。

對於蒙古、新疆、西藏，亦用駐防制度。新疆於中俄伊犁交涉後，亦改為行省；而蒙藏則始終未能改省。對於外蒙古的駐防，有定邊左副將軍和參贊大臣，駐紮烏里雅蘇臺。科布多參贊大臣，幫辦大臣，駐紮科布多。對於青海、蒙古，則有西寧辦事大臣，駐紮西寧，而對內蒙古和西套蒙古，無駐防。凡蒙旗都置札薩克，唯內屬察哈爾土默特無札薩克，直接歸將軍副都統管轄。對新疆：有伊犁將軍，統轄參贊、領隊、辦事、協辦諸大臣，分駐南北路各城。對西藏，有駐藏辦事大臣一人，幫辦大臣一人，分駐前後藏。宣統三年，裁幫辦大臣，設左右參贊。左參贊與駐藏大臣，同駐前藏；右參贊駐後藏。

第2節 學校選舉

中國選舉之法，從唐到清，可以稱為科舉時代。這時候的選舉，並非沒有別一條路，而其結果，總是科舉獨盛。

明初是學校、科目、薦舉，三途並用，而太祖學校看得很重。其制：國學名國子監。南北二京俱有。肄業於國子監的，謂之「監生」，而其中又有舉監、舉人。貢監、生員。蔭監、品官子弟。例監捐貲。起景帝時。之分。

府州縣皆立學，府置教授一，訓導四，生員四十人。州置學正一，訓導三，生員三十人。縣置教諭一，訓導二，生員二十人。其增廣於定額之外的，謂之增廣生員。前此所設，得食廩膳的，謂之廩膳生員。後來增廣亦有定額，更於定額之外增取，附於諸生之末的，謂之附學生員。生員入學，初由巡按御史布按兩司和府州縣官。英宗正統元年，專置提學官，以三年為一任。三年之中，考試兩次。一次第其優劣，分為六等，

◀ 北京國子監始建於元朝，是元、明、清時代政府管理教育的最高行政機關和國家最高學府，至今仍保留完好，是我國現存唯一的古代中央公辦大學建築。

謂之歲考。有科舉的年份，又考試一次，取列一二等的，得應鄉試，謂之科考（生員之額既多，初入學的，都稱附學生員。歲科兩考，名次高的，才得為廩膳增廣生員）。士子不曾入學的，通稱為童生。明朝立學最盛，府州縣之外，諸衛所亦皆立學。又應科舉的，必須先在學校肄業，而學校起家，可以不由科舉。太祖時候，對於國學，極為注重。「司教之官，必選耆宿。」規則亦極完備。國學諸生，皆令其分赴諸司，先習吏事，謂之「歷事監生」。洪武二十六年，嘗盡擢國子生六十四人為布政、按察兩使及參議副使僉事等官。其為四方大吏的尤多。而臺諫之選，亦出於此。就常調的，亦得為府州縣六品以下官。然「一再傳之後，進士日益重，薦舉遂廢，而舉貢日益輕。……迨開納粟之例，則流品漸淆。且庶民亦得援生員之例以入監，謂之民生，亦謂之俊秀。而監生益輕」。於是同處太學之中，而舉監、貢監、蔭監等，和援例監生，出身又各不相同。而舉人生員，亦都不願入監，國學就有名無實了。這個自由於科目之勢，積重已久。所以明太祖一個人的崇重學校，不能輓回。

其科舉之制，亦是但有進士一科。初場試四書義三道，經義四道。《易》、《書》、《詩》、《春秋》、《禮記》五經。二場試論一道，判五道，詔、浩、表內科一道。三場試經史，時務策五道。子、午、卯、酉之年，在直省考試，謂之「鄉試」，中式的謂之「舉人」。明年，到京師去，應禮部的考試，謂之「會試」。都分三場，所試如上所述。中式的更由天子廷試，對策。分一、二、三甲。一甲三人，謂之「狀元」、「榜眼」、「探花」，賜進士及第。二甲賜進士出身。三甲試同進士出身。其經義的格式，略仿宋朝的經義。然有兩特別之點：一須「用古人語氣為之」。二「體用排偶」。所以謂之「八股」。這種奇怪的文體，也有個發生的原故。因為考試時候，務求動試官之目。然應考的人多，取錄的人少。出了題目，限定體裁，無論怎樣高才博學的人，也不敢說我這一篇文章，一

古代科舉考試流程表

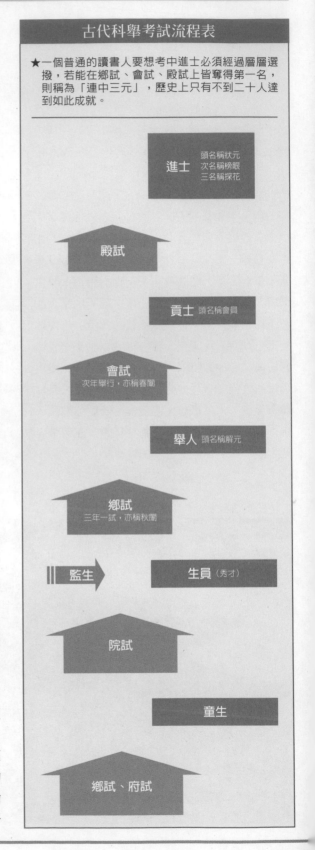

★一個普通的讀書人要想考中進士必須經過層層選拔，若能在鄉試、會試、殿試上皆奪得第一名，則稱為「連中三元」，歷史上只有不到二十人達到如此成就。

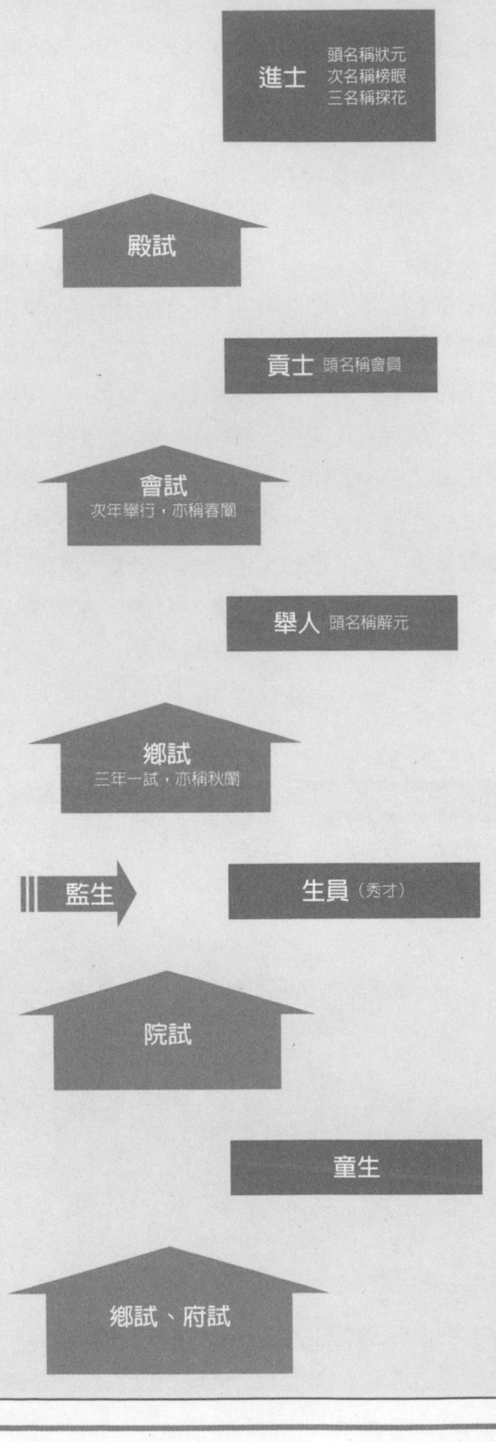

▲《考試圖橫軸》，明人繪，現藏於故宮博物院。圖繪考生於貢院參加科舉考試的情景：三位監考官端坐大堂正中，其餘官員各司其位，每位考生都在單獨的號舍內答題，每個號舍前均有人監視考生動向，可見明朝科舉考試紀律之嚴格。

定比人家做得好。而又定要動試官之目，就只有兩種法子：（1）是把文章做得奇奇怪怪，叫試官看了，吃其一嚇，不敢不取。（2）是把文章做得很長，也是嚇一嚇試官的意思。——這兩種毛病，是宋朝以來就極盛的。要限制這種弊病，就於文章的格式上，硬想出種種法子：第一種辦法，就是所以預防（1）的弊病。第二種辦法，則是所以預防（2）的弊病的。因為要代古人說話，就是限定了，只准說某時代某一個人的話。其所說的話，就有了一定範圍。自然不能十分奇怪，散文可以任意拉長（所謂「汗漫難知」），駢文卻不容易。然而文體卻弄得奇怪不堪了。

清朝的學校選舉制度，大抵沿明之舊。所不同的，則二場不試論判，及詔、誥、表，而於頭場試四書文三篇，五言試帖詩一首。二場試五經文三篇。三場試策五道。鄉會試同。殿試策一道。此外康熙十八年、乾隆元年，曾舉行博學鴻詞科。光緒二十九年，又曾舉行經濟特科，則係前朝制科之類。

明清的科舉制度，有可評論者兩端。其一，學校科目，歷代都是兩件事。明朝令應科目的必由學校，原是看重學校的意思。然其結果，反弄得入學校的，都以應科舉為目的，學校變成科舉的附屬品。一入學校的目的，既然專在應科舉，而應科舉的本事，又不必定要在學校裡學；則學校當然可以不入。到後來，學校遂成虛設。生員並不真正入學，教官也無事可做。其二，唐宋時代的科舉，設科很多。應這時代的科舉，一人懂得一件事就行了。這是可能的事情。從王荊公變法之後，罷「諸科」而獨存「進士」，強天下的人而出於一途，已經不合理了。然而這時候，進士所試的只是經義、論、策。經義所試的，是本經、兼經。一人不過要通得一兩經，比較上還是可能的事情。到明清兩朝，則應科舉的人：（一）於經之中，既須兼通《四書》、《五經》。（二）明朝要試論、判、詔、誥、表，清朝要試試帖詩，這是唐宋時「制科」和「詩賦進士科」所試的事情，一人又要兼通。（三）三場的策，前代也有個範圍的（大抵時務策居多）。明清兩朝，則又加之以經子，更其要無所不通。這種科舉，就不是人所能應的了。法律是不能違反自然的。強人家做不能做的事情，其結果，就連能做的，人家也索性不做。所以明清兩朝的科舉，其結果，變成只看幾篇《四書》文，其餘的都一概不管；就《四書》文也變成另外一種東西，會做《四書》文的人，連《四書》也不必懂得的。於是應科舉的人，就都變作一物不知的。人才敗壞，達於極點了。戊戌變法，曾廢八股，以策論經義試士。孝欽垂簾之後，仍復八股。辛丑回鑾，又廢八股，試策論經義。西元1905年，遂廢科舉。其事無甚效果，不足論。

第3節 兵 制

明朝的兵制，和唐朝的府兵，最為相像。其制：系以「衛」、「所」統兵，而以「都督府」和「都司」，統轄衛所。——凡都司，都屬於都督府，但衛所亦有屬都督府直轄的。其編制：以百二十人為一百戶，千二百人為一千戶，五千六百人為一衛。中、左、右、前、後五軍都督府，設於京城。有左右都督、同知、僉事。都司有都指揮使。衛有衛指揮使。千戶所有正副千戶。百戶所有百戶。每百戶之下，設總旗二名，小旗十名。自衛指揮使以下，官多世襲；其軍士亦父子相繼。凡衛所的兵，平時都從事於屯田。有事則命將統帶出征；還軍之後，將上所佩印，兵亦各歸衛所。統率之權，在於都督府；而征伐調遣，則由於兵部。天子的親軍，謂之「上直衛」。此外又有南北京衛，都以衛所之兵調充。凡此，都和唐朝的兵制，極相像的。但是後來，番上京師的「三大營」，既然腐敗得不堪；而在外的衛所，亦是有名無實。

清朝的兵制，則初分「旗兵」、「綠營」，後來有「勇營」，再後有「練兵」。末年又仿東西各國，行「徵兵」之制。

旗兵分滿洲八旗、蒙古八旗、漢軍八旗。滿洲八旗太祖時就有。其初但分正黃、正白、正紅、正藍四旗。後來兵多了，才續添出鑲黃、鑲白、鑲紅、鑲藍。蒙古、漢軍八旗，則均系太宗時所置。每旗置都統一，副都統二。凡轄五參領，一參領轄五佐領，一佐領轄三百人。入關之後，八旗兵在京城的，謂之禁旅八旗，仍統以都統副都統。駐守各處的，謂之駐防八旗，則統以

乾隆皇帝甲胄

▲ 這套鎧甲是乾隆皇帝閱兵及狩獵時所穿服飾。鎧甲材質為錦料，遍釘鍍金銅泡，全甲由甲掛、甲裙、左右護肩、護心鏡等十個部件組成。甲冑為皮胎黑漆，鑲有鍍金鏤空雲水龍紋，並配有各色寶石，華麗非凡。

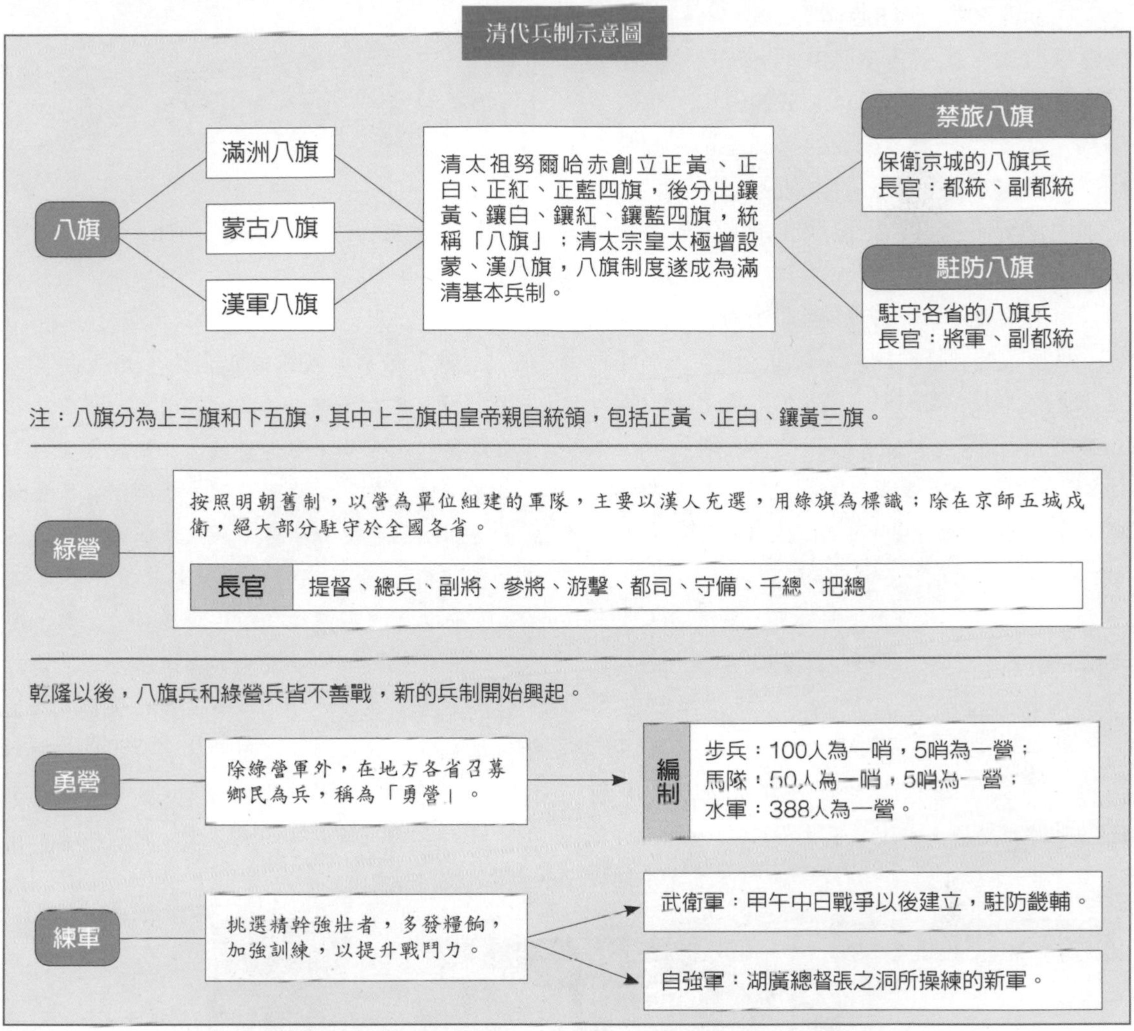

清代兵制示意圖
八旗
滿洲八旗
蒙古八旗
漢軍八旗
清太祖努爾哈赤創立正黃、正白、正紅、正藍四旗，後分出鑲黃、鑲白、鑲紅、鑲藍四旗，統稱「八旗」；清太宗皇太極增設蒙、漢八旗，八旗制度遂成為滿清基本兵制。
禁旅八旗
保衛京城的八旗兵
長官：都統、副都統
駐防八旗
駐守各省的八旗兵
長官：將軍、副都統
注：八旗分為上三旗和下五旗，其中上三旗由皇帝親自統領，包括正黃、正白、鑲黃三旗。
綠營
按照明朝舊制，以營為單位組建的軍隊，主要以漢人充選，用綠旗為標識；除在京師五城戍衛，絕大部分駐守於全國各省。
長官
提督、總兵、副將、參將、游擊、都司、守備、千總、把總
乾隆以後，八旗兵和綠營兵皆不善戰，新的兵制開始興起。
勇營
除綠營軍外，在地方各省召募鄉民為兵，稱為「勇營」。
編制
步兵：100人為一哨，5哨為一營；
馬隊：50人為一哨，5哨為一營；
水軍：388人為一營。
練軍
挑選精幹強壯者，多發糧餉，加強訓練，以提升戰鬥力。
武衛軍：甲午中日戰爭以後建立，駐防畿輔。
自強軍：湖廣總督張之洞所操練的新軍。

將軍副都統。八旗兵都係世襲。一丁受餉，全家坐食。其駐防各省的，亦都和漢人分城而居。尚武的風氣，既已消亡，而又不能從事生產。到如今，八旗生計，還成為一個很困難的問題。

綠營則沿自明朝，都以漢人充選，用綠旗為標幟，以別於八旗，所以謂之綠營。皆隸於提督、總兵。總兵之下，有副將、參將、游擊、都司、守備、千總、把總、外委等官。提鎮歸督撫節制。督撫手下，亦有直接之兵，謂之督標、撫標。其兵有馬步之別。

乾隆以前，大抵出征則用八旗，平定內亂，則用綠營。川楚教民起後，綠營旗兵，都毫無用處，反藉鄉兵應戰。於是於綠營之外，另募鄉民為兵，謂之練勇。太平軍起後，仍藉湘淮軍平定。於是全國兵力的重心，移於勇營（勇營的編制，以百人為一哨，五哨為一營。馬隊以五十人為一哨，五哨為一營。水師以三百八十八人為一營）。法越之役，勇營已覺得不可恃，中日之戰，更其情見勢絀了。

於是於勇營之外，挑選精壯，加餉重練，是為練軍。各省綠營，亦減其兵額，以所省的餉，加厚餉額，挑選重練。

練軍之中，最著名的，為甲午戰後所練的武衛軍。分中、左、右、前、後五軍，都駐紮畿輔。而其改練新操最早的，則推湖北的自強軍。張之洞總督湖廣時所練。

徵兵之制，實行於西元1907年。於各省設督練公所，挑選各州縣壯丁，有身家的，入伍訓練，為常備兵。三年，放歸田裡，謂之續備兵。又三年，退為後備兵。又三年，則脫軍籍。其軍官之制，分三等九級。上等三級，為正副協都統，中等為正副協參領，下等為正副協軍校。

水師之制，清初分內河、外海。江西、湖南、湖北戰船，屬於內河。天津、山東、福建戰船，屬於外海。江、浙、廣東，則兩者兼有。以水師提督節制之。太平軍起後，曾國藩首練水師，以與之角逐，遂成立所謂長江水師。而內河水師亦一變。事平以後，另練南北洋海軍，而外海水師之制亦一變。從前《廣智書局》出有夏氏所著《中國海軍志》一冊。於清代海軍沿革，敘述頗詳，可供參考。又甲午以前海軍情形，亦散見《東方兵事紀略》、《中東戰紀》兩書中。

火器沿革，見《明史》卷九十二，和《清朝全史》第十四第三十七兩章。文長不能備錄，可自取參考。

第④節 法　律

明清兩朝的法律，也是一貫的。日本織田萬說：

支那法制，與國民文化同生。悠哉久矣，唐虞三代，既已發布成文法（《尚書・舜典》之「象以典刑」云云，即當時成文法制定之證）。至編纂法典，在春秋戰國時代。魏李悝作法經六篇，是爲法典之嚆矢。秦商鞅改法爲律，漢蕭何據之，成律九章。……爾後歷朝皆有刑律之編纂；至於後世，益益完備。……至行政法典，起原何時，殊難確定。要其大成，端推唐代。唐作《六典》，載施政之準則，具法典之體裁，爲後代之模範。以視漢以來之所謂律，所謂令，所謂格，所謂式者，大有殊焉（《六典》作於開元十年，經十六年而始成。爲卷三十。曰六典者，理

「致遠」艦部分官兵合影

◄ 北洋水師是清政府後期建立起來的中國第一支近代化海軍，「致遠」艦是其中航速最快的戰艦之一。甲午中日戰爭時，「致遠」艦在黃海海戰中激戰五小時，艦身遭受重創，管帶鄧世昌下令全艦衝向日本「吉野」號欲與之同歸於盡，但被日艦擊沉。鄧世昌與艦共沉，全艦246名官兵殉國，譜寫出一曲蕩氣迴腸的民族悲歌。

典、教典、禮典、政典、刑典、事典也）。明及清之會典，以之爲藍本焉。

由是觀之，支那古來，即有二大法典：一爲刑法典，一爲行政法典。清國蹈襲古代遺制……用成《大清律》及《大清會典》二書：二書所載，爲永久不變之根本法。其適用之界限頗寬。且其性質以靜止爲主，不能隨時變遷。故於法典之外，爲種種成文法，以與時勢相推移。詳其細目，以便適用；而補苴法典之罅漏。……《清國行政法》，據法學研究社譯本。

這幾句話，於中國法律的沿革，說得很為清楚。便是：（一）中國歷代的所謂法典，只有行政法、刑法兩種。（二）而這兩種法典，只有唐、明、清三代編纂得較為整齊。

法律要隨時勢而變遷。中國歷代，變更法律的手續太難；又當其編纂之始，沿襲前代成文的地方太多，以至和事實不大適合，於是不得不補之以例。到後來，則又有所謂案。法學家的議論大抵謂「律主於簡，例求其繁」，「非簡不足以統宗，非繁不足資援引」，「律以定法，例以准情」。這也是無可如何之勢。但是例太多了，有時「主者不能遍覽」，人民更不能通曉，而幕友吏胥等，遂至因之以作弊。這正和漢朝時候，法文太簡，什麼「比」同「注釋」等，都當做法律適用，弊竇相同。都由法律的分類，太覺簡單，不曾分化得精密的原故。

明朝的刑法，就是所謂《大明律》，「草創於吳元年。更定於洪武六年，整齊於二十二年，至三十年，始頒行天下」。詳見《明史》卷九十三。當草創之初，律令總裁官李善長說：「歷代之律，皆以漢《九章》為宗，至唐始集其成。今制宜遵唐舊。太祖從其言。」所以《明律》的大體，是沿於《唐律》的。其諸律的總綱，謂之名例律，冠於篇首。此外則分吏、戶、禮、兵、刑、工六律。其刑法：亦分笞、杖、徒、流、死五等。五刑之外，又有充軍和凌遲。凌遲以處大逆不道者。充軍分極邊、菸瘴、邊遠、邊衛、沿海、附近各等。又有「終身」和「永遠」之別。

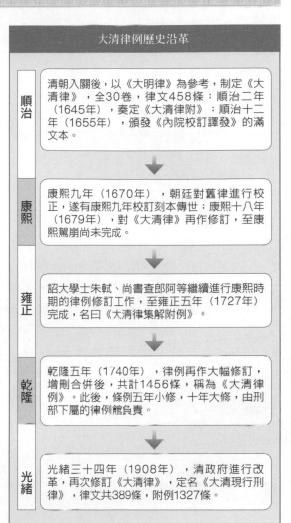

清朝的法律，編纂於順治三年，全以《明律》為藍本。名《大清律集解附例》。康熙十八年，命刑部：「律外條例，有應存者，詳加酌定，刊刻通行。」名曰《現行則例》。二十八年，御史盛符升奏請以現行則例，載入《大清律》內。詔以尚書圖納、張玉書等為總裁。至四十六年，繕寫進成，「留覽」而不曾「發布」。雍正元年，詔大學士朱軾、尚書查郎阿等續成之。至五年而全成，名曰《大清律集解附例》。高宗即位，命律例館總裁三泰等，更加考正。五年，纂入定例一千條，公布施行。自此以

大清律例歷史沿革

順治	清朝入關後，以《大明律》為參考，制定《大清律》，全30卷，律文458條；順治二年（1645年），奏定《大清律附》；順治十二年（1655年），頒發《內院校訂譯發》的滿文本。
康熙	康熙九年（1670年），朝廷對舊律進行校正，遂有康熙九年校訂刻本傳世；康熙十八年（1679年），對《大清律》再作修訂，至康熙駕崩尚未完成。
雍正	詔大學士朱軾、尚書查郎阿等繼續進行康熙時期的律例修訂工作，至雍正五年（1727年）完成，名曰《大清律集解附例》。
乾隆	乾隆五年（1740年），律例再作大幅修訂，增刪合併後，共計1456條，稱為《大清律例》。此後，條例五年小修，十年大修，由刑部下屬的律例館負責。
光緒	光緒三十四年（1908年），清政府進行改革，再次修訂《大清律》，定名《大清現行刑律》，律文共389條，附例1327條。

後，合律和條例為一書，遂稱為《大清律例》。條例五年一小修，十年一大修，有律例館，附屬於刑部。屆修纂之年，則由刑部官吏中，任命館員，事終即廢。參看《清國行政法》第一篇第二章。其律分為名例、吏、戶、禮、兵、刑、工七大目。刑分笞、杖、徒、流、死。五刑之外，又有凌遲，充軍，與明同。而凌遲之外，又有梟示。較充軍更重的，則發至黑龍江等處，給戍兵為奴，謂之發遣。充軍分附近、邊衛、邊遠、極邊、菸瘴五等。

司法的機關，除各級行政官都兼理刑獄外，在內則刑部、都察院、大理寺，並稱為三法司。刑部受天下刑名，都察院司糾察，大理寺主駁正。明清兩代，都是如此。亦係慎重刑獄之意。

而明朝最野蠻的制度，則係鎮撫司、錦衣衛、東西廠，並起而操刑獄之權。詳見《明史》卷九十五。清朝時候，對於八旗，本來不設治民之官，所以其刑獄，亦由將軍副都統兼管（八旗包衣，由內務府審理）。外藩如蒙古等的訴訟，則各由該部長自理。不服上訴，則在理藩院。這個都可稱為特別審判。

五刑之制，定於隋代。雖然遠較秦漢時代的法律為文明，而比諸近世的法律，則尚不免嫌其野蠻。且如裁判制度、訴訟手續等，亦覺其不完備。所以，從海通以後，各國藉口於我國的法律不完，遂都在我國施行領事裁判權。末年有改良法律之議。乃將梟示、凌遲刪除，軍遣、流、徒，改為做工。笞、仗，改為罰金。又編訂《刑律》、《民律》、《商律》和《刑民事訴訟法》。且擬改良審判制度。然均未及實行。參看第一節。

押解犯人

▲ 明清時代的刑罰仍然沿用隋唐五刑，主要有笞、杖、徒、流、死，又加入肉刑中的刺面。西方近代法律傳入中國以後，五刑漸顯野蠻，遂逐漸廢除。圖為官軍押解準備流放邊遠地區的犯人。

第⑤節 賦稅制度（上）

明初賦役的制度，卻較歷代為整齊。這個全由於有「黃冊」和「魚鱗冊」之故。明朝田賦，仍行兩稅之法。分為夏稅秋糧。其徵收之額，官田每畝五升三合五勺。民田減二升。租田八斗五合五勺。蘆地五合三勺四秒。草塌地三合一勺。沒官田一斗二升。役法：民年十六為成丁；成丁而役，六十而免。役有以戶計的，謂之甲役。以丁計的，謂之徭役。出於臨時命令的，謂之雜役。亦有力役雇役的區別。黃冊的編造，起於洪武十四年。「以一百十戶為一里。推丁糧多者十戶為長。餘百戶為十甲。甲凡十人。歲役里長一人，甲首一人，董一里之事。先後以丁糧多寡為序，凡十年一周，曰『排年』。在城曰坊，近城曰廂，鄉都曰里。里編為冊。冊首總為一圖。鰥寡孤獨不任役者，附十甲後為畸零。僧道給度牒。有田者，編冊如民科，無田者亦為畸零。每十年，有司更定其冊，以丁糧增減而升降之。冊凡四：一上戶部，其三則布政司府縣各存一焉。上產部者冊面黃紙，故謂之黃冊。」魚鱗冊之制，則起於洪武二十年。「黃冊以戶為主，詳具舊管，新收，開除，實在之數，為四柱式。魚鱗圖冊，以土田為主，諸原阪，墳衍，下隰，沃瘠，沙鹵之別畢具。魚鱗冊為經，土田之訟質焉。黃冊為緯，賦役之法定焉。」

黃冊是有田有丁的，一查黃冊，便可知道這一家有多少丁，多少田。而田的好壞，以及到底是誰所有，又可把魚鱗冊核對。據此以定賦役，一定可以公平了。但是到後來，魚鱗冊和黃冊，都糊塗不堪（魚鱗冊甚且沒有。黃冊因要定賦役之故，不能沒有，然亦因和實際不合，不能適用。有司「徵稅編徭」乃自為一冊，謂之「白冊」）。據了魚鱗冊，找到了田，因無黃冊之故，無從知田為何人所有。白冊上頭，載了某人有田，某人無田；某人田多，某人田少；也無從考核其到底是否如此。因為無魚鱗冊，不知其田之所在，無從實地調查之故。於是仍舊弄得窮的人有稅而無田，富的人有田而無稅。「無稅的田」的稅，不是責里甲賠償，便是向窮民攤徵。而國課一方面，也大受影響。歷代承平數世，墾

唐至清王朝稅制變遷

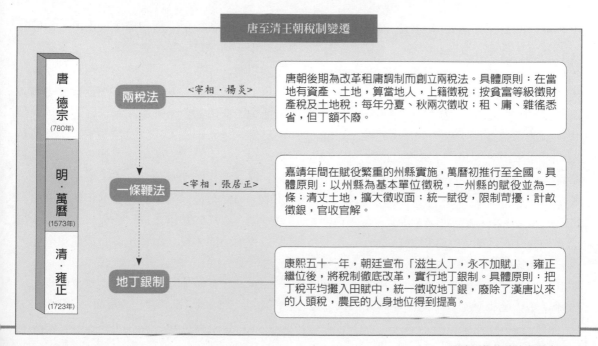

唐·德宗（780年）	兩稅法	<宰相·楊炎>	唐朝後期為改革租庸調制而創立兩稅法。具體原則：在當地有資產、土地，算當地人，上籍徵稅；按貧富等級徵財產稅及土地稅；每年分夏、秋兩次徵收；租、庸、雜徭悉省，但丁額不廢。
明·萬曆（1573年）	一條鞭法	<宰相·張居正>	嘉靖年間在賦役繁重的州縣實施，萬曆初推行至全國。具體原則：以州縣為基本單位徵稅，一州縣的賦役並為一條；清丈土地，擴大徵收面；統一賦役，限制苛擾；計畝徵銀，官收官解。
清·雍正（1723年）	地丁銀制		康熙五十一年，朝廷宣布「滋生人丁，永不加賦」，雍正繼位後，將稅制徹底改革，實行地丁銀制。具體原則：把丁稅平均攤入田賦中，統一徵收地丁銀，廢除了漢唐以來的人頭稅，農民的人身地位得到提高。

▲《曉耕圖》，明人繪，現藏於中國國家博物館。此圖描繪初春的江南，農民辛勤勞作的場景。清晨，山下一排排農舍草屋，農民正在水田中彎腰幹活，各處男女老幼皆在忙碌，一派生機勃勃的景象。

行募役。而到後來，輾轉變遷，總必仍出於雇役而後已，這也可見事勢之所趨，不容違逆的了。明初的役法，本來是銀差力差，銀差即雇役。各從其便的。當時法令甚嚴，「額外科一錢，役一夫者，罪至流徙」。所以役法還算寬平。後來法令日弛，役名日繁，人民苦累不堪。於是有「專論丁糧」之議。英宗正統初，僉事夏時，行之於江西，役法稍平。神宗以後，又行「一條鞭」之法。總計一州縣中，人民應出的租稅，和

田和歲入的數目，都要增加的，獨有明朝，則反而減少。洪武二十六年，即西元1393年，天下墾田八五〇七六二三項六八畝。弘治十五年，即西元1502年，反只四二二八〇五八項。於是有丈量之議，起於世宗時。然實行的不過幾處，神宗時，張居正當國，才令天下田畝，通行丈量，限以三年畢事。於是「豪猾不得欺隱，里甲免賠累，小民無處糧」，賦稅之制，總算略一整頓。但是明初量地的弓，本有大小之不同。這一次，州縣要求田多，都用小弓丈量，人民亦受些小害。其役法，則弄得名存實亡而後已。案力役之法，本來不大合理。與其課以力役，自不如課以一種賦稅，而官自募役之為得當。但自唐宋以來，除王荊公外，總不能爽爽快快，竟

應服徭役的代價，一概均攤之於田畝，徵收銀兩。而一切差役，都由官自募。這便竟是普加一次田賦，而豁免差役了。主張田稅和差役，不可並為一談的人，不過說「徭役應當由富人負擔的，有田的人，未必就是富人。所以力役的輕重，應當調查人戶的貧富另定」。然而貧富的調查，決難得實，徒然因此生出許多擾累來。儻然徵稅能別有公平之法，不必盡加之於田畝，自然是很好的事情。若其不然，則與其另行調查人戶的貧富，以定力役，還毋寧多徵些田稅而免除力役，讓有田的負擔偏重一點，因為儻使不然，徒然弄得農民的受害更甚。

魚鱗冊和黃冊是一種良法；一條鞭則出於事勢之自然；所以都為清代所遵循。清朝戶口之

法，其初係五年一編審。州縣造冊申府，府申司，司申督撫，督撫以達於部。以一百十戶為一里。推丁多者十人為長。十戶為一甲。甲係以戶，戶係以丁。民年六十以上「開除」，十六以上「添注」。計丁出賦，以代力役，都和明制相同。康熙五十一年，詔嗣後滋生人丁，永不加賦；丁賦之額，一以五十年冊籍為準。雍正間，遂將丁銀攤入地糧。於是乾隆初，停五年編審之制，民數憑保甲造冊。保甲之法：以十户為一牌，十牌為一甲，十甲為一保，各有長。每户發給印單，令其將姓名職業人數，都一一書寫明白。每年十一月，隨穀數奏報。八旗户口，三年一編審。由將軍、都統、副都統飭屬造冊送部。田稅亦分夏稅、秋糧。當編審未停以前，州縣亦有黃冊和魚鱗冊，用一條鞭法徵收。編審停後，就只剩一種魚鱗冊了。清朝徵稅之制，又有一種「串票」。寫明每畝應徵之數，交給納戶，以為徵收的憑據。其法起於順治十年。初用兩聯，官民各執其一。因為奸胥以查對為名，向納戶收回，以至納戶失掉憑據，就可上下其手。康熙二十八年，改為三聯。官民與收稅的人，各執其一。編審停後，造串票僅據魚鱗冊。因為丁賦業經攤入地糧，徵收只認著田，所以無甚弊病。

又歷代賦稅，都是徵收實物（明初所徵收的名目還很多。見《明史》卷七十八）。英宗正統三年，西元1438年。始令折徵金花銀，從此遂以銀為常賦了。清朝漕糧省分，有本色折色之分。折色徵銀，本色徵米。無漕糧處，一概徵銀。這也是稅法上的一個大變遷。

又明朝時候，浙西地方，田賦獨重。其原因：起於宋朝南渡之後，豪強之家，多占膏腴的田，收租極重。其後變作官田遂以私租為官稅。有元一代，這種弊竇，迄未革除。張士誠據浙西時，其部下官屬，田產遍於蘇松等處。明太祖攻張氏時，蘇州城守頗堅。太祖大怒，盡籍浙西富民之田，即以私租為稅額。而司農卿楊憲，又以為浙西地味膏腴，加其稅兩倍。於是一畝之賦，有收至兩三石的（大抵蘇、松最重，嘉、湖次之，杭州又次之）。邱濬《大學衍義補》說：江南之賦，當天下十分之九。浙東西當江南十分之九。蘇、松、常、嘉、湖，又當兩浙十分之九。負擔的不平均，可謂達於極點了。從建文以後，累次減少。宣宗時，周忱巡撫江南，所減尤多。然浙西之賦，畢竟仍比他處為重。以與張士誠一個人反對，而流毒及於江南全體的人民，這種政治，真是無從索解了。

明清時期人口增減表

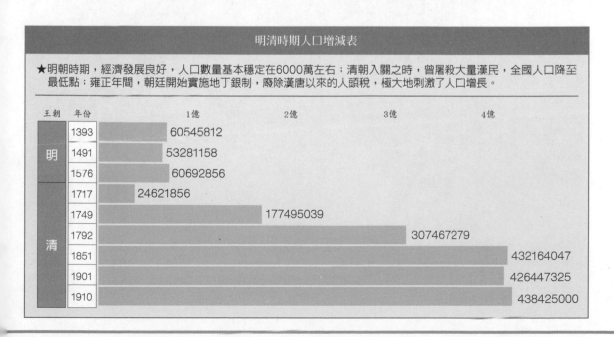

★明朝時期，經濟發展良好，人口數量基本穩定在6000萬左右；清朝入關之時，曾屠殺大量漢民，全國人口降至最低點；雍正年間，朝廷開始實施地丁銀制，廢除漢唐以來的人頭稅，極大地刺激了人口增長。

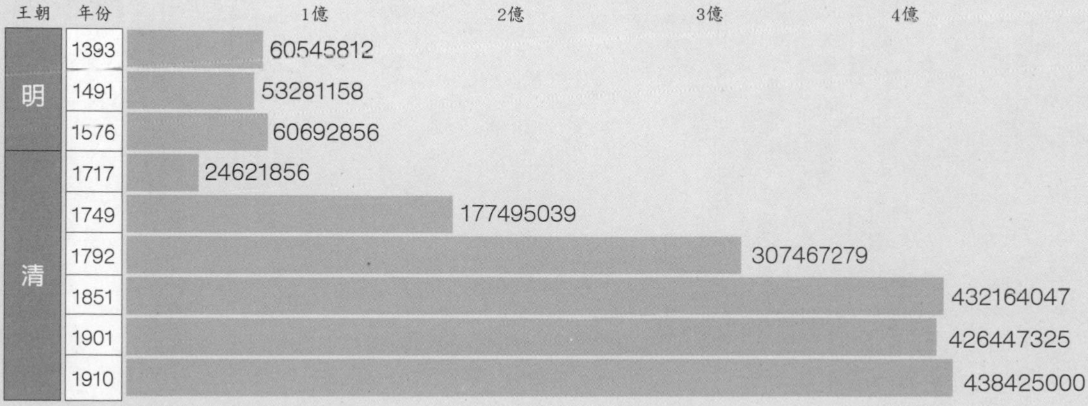

第⑥節 賦稅制度（下）

田稅而外，蔚為大宗的，就是鹽茶兩稅。明代的鹽，亦行通商法，而兩淮、兩浙的鹽，則又兼行入中法。謂之「開中」，其初頗於邊計有裨。後因濫發鹽引，付不出鹽，信用漸失。孝宗時，乃命商人納銀於運司，給之以引。而以銀供給邊用，謂之銀鹽法。清代的鹽：則由戶部發引；商人納課於運庫或道庫，鹽法道。然後領引行鹽。引地各有一定，商人亦均世襲，就變成一種商專賣的樣子（這種引謂之正引。有時引多商少，則另設票售之於民，謂之票引。票引是沒有地界的，商人亦係臨時投資）。國家為要收鹽稅起見，保護這幾個商人專賣，已不合理。而且（一）其初定制的時候，是算定什麼地方要多少鹽，然後發引的。所以引數和一地方需鹽之數，大略相當。到後來，戶口多了，鹽便不夠銷。——或因特別事故，戶口銳減，則又不能銷。（二）什麼地方吃什麼鹽，初時也是根據運輸的狀況定的。後來交通的情形變了，而引路依然，運輸上也不利益。（三）因鹽不夠銷之故，商人借官引為護符，夾帶私鹽，銷起來總要先私而後公，於是官鹽滯銷，而國課受其影響。（四）而且商人的得鹽，有種種費用，成本比私鹽為重。運輸又不及私販的便利。所以就商人夾帶的鹽，也敵不過私販的鹽，何況官鹽？（五）私販既有利可圖，就成無賴棍徒的巢窟；於產鹽和鄰近產

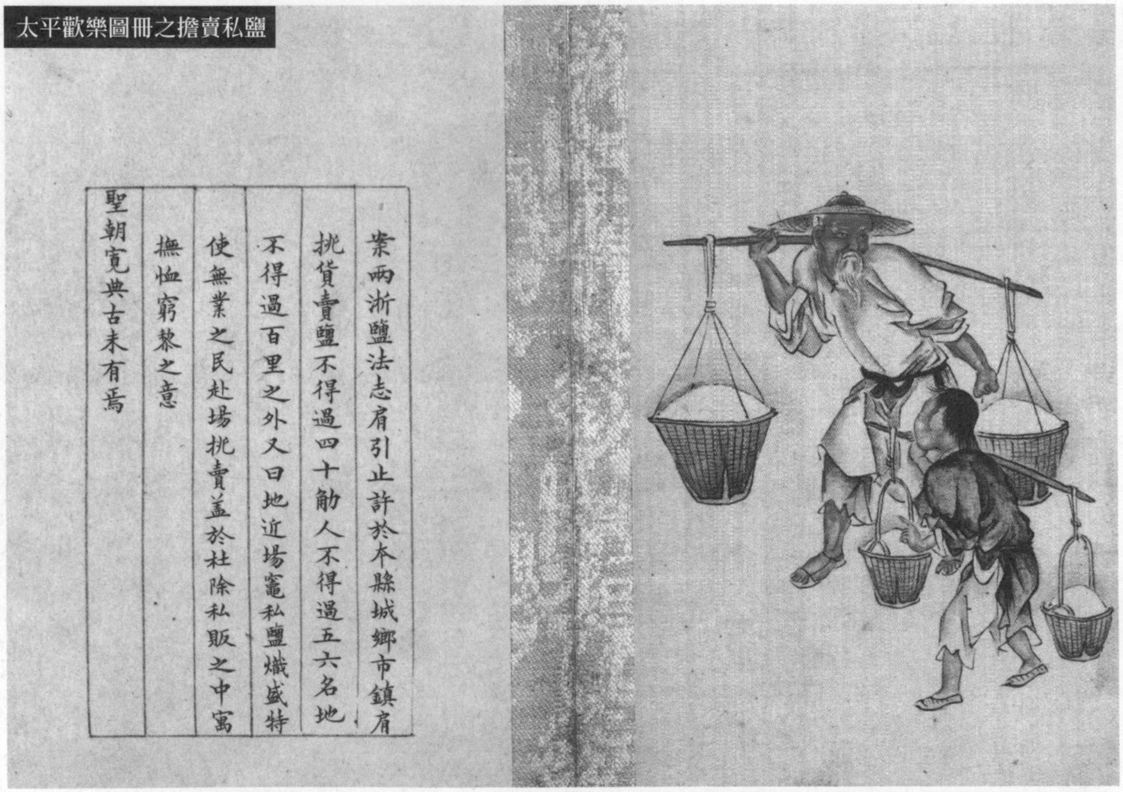
太平歡樂圖冊之擔賣私鹽
案兩浙鹽法志肩引止許於本縣城鄉市鎮肩
挑貨賣鹽不得過四十觔人不得過五六名地
不得過百里之外又曰地近場竈私鹽熾盛特
使無業之民赴場挑賣蓋於杜除私販之中寓
撫恤窮黎之意
聖朝寬典古未有焉

▲《太平歡樂圖冊》，【清】董棨繪，現藏於故宮博物院。這組畫冊以寫實的手法描繪了乾隆時期江浙一帶各行業風俗，真實地反映出當時普通勞動人民的生活狀況。清朝中後期，官鹽價格不斷上升，百姓難以負擔，於是價格較為便宜的私鹽便開始盛行起來。

鹽地方的治安，人有妨害。（六）私銷既盛，不得不設法巡緝。然實利之所在，巡緝是無甚大效的。其結果，反弄得巡緝之徒，也擾害起人民來。（七）保護部分人專利，使人民都食貴鹽等根本上的不公平，還沒說著，其流弊業已如此。這種違反自然狀況的稅法，是不可不根本改革的。茶亦行通商法。明代嘗設有茶馬司，由官以茶易西番之馬，禁止私運。初時也很有成效。後來私茶大行，價較官茶為賤，番人都不肯和官做交易，遂成為有名無實的事情。清代之茶，無官賣之事，但對蒙、藏，仍為輸出之一大宗。通商以後，絲茶亦為輸出之大宗。其事甚長，非本篇所能盡，故不論。

此外雜稅尚多。在明代，大抵以稅課司局收商稅，三十取一。抽分場所科竹木柴薪、河泊所取漁課。又有市肆門攤稅、塌房稅、官設的貨棧。契稅等。明代此項雜稅，大抵先簡而後繁。隨時隨地，設立的名目很多，就《明史》也不能盡舉。清代牙稅契稅，是通十八省都有的。此外蘆課、礦課、漁課、竹木稅、牛馬牲畜稅等，則隨地而設。都由地方官徵收。

商業上，內地的通過稅，明朝本來就有的。宣宗時，因鈔法不通，於各水陸衝衢，專一設關收鈔，謂之鈔關。其初本說鈔法流通之後，即行停止，然此後遂沿襲不廢，直到清朝，依然存在。清朝的關，有常關、海關之分。常關專收內地的通過稅。有特派王大臣監督的，京師崇文門左右翼。有派產部司員監督的，直隸的張家口、山西的殺虎口。有由將軍兼管的，福州閩海關。有由織造兼管的。蘇州滸墅關、杭州南北新關。各省鈔關稅，由督撫委道府監收。後來離海關較近之處，都歸併洋關管理。洋關則各關都有稅務司，其上又有總副稅務司，都以洋人充之。由海關道監督。光緒三十二年，又特設督辦稅務大臣，以董其事。稅額：洋貨進口，土貨出口的，都值百抽五，為進出口正稅。土貨轉運別口的，值百抽二點五，為復進口半稅。洋貨轉運別口的，在三十六個月以內免稅，逾期照正稅一樣完納，為復進口正稅。洋商運貨入內地，和入內地買土貨的，都值百抽二點五，為內地半稅。稅則列入約章上，成為協議稅率，是中國和外國人交涉以來，最吃虧的一件事。《辛丑條約》，曾訂明裁釐之後，加稅至一二點五，但到如今沒有實行。釐金起於洪楊之時，本說事平之後即行裁撤。其後藉口地方善後，就此相沿不廢。各省都由布政司監督，委員徵收。有分局，有總局，一省多者百餘處，少亦數十處。層層阻難，弄得商賈疾首蹙額。其實國家所得的進款，不及中飽的一半；可謂弊害無窮。

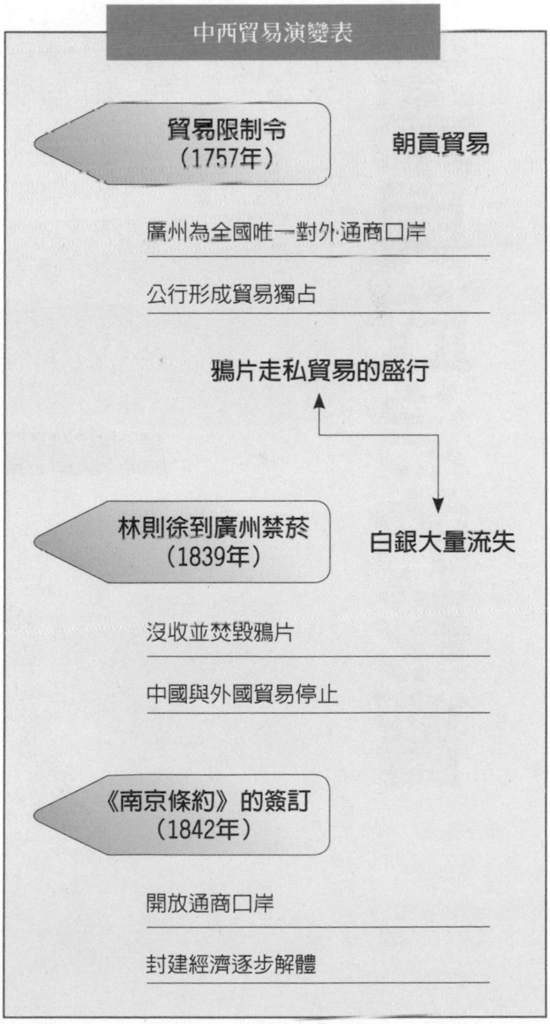

清代學術變遷與政治的影響

文/梁啟超

（上）

本講義目的，要將清學各部分稍微詳細解剖一番。但部分解剖以前，像應該先提挈大勢，令學者得著全部大概的印象。我現在為省事起見，將舊作《清代學術概論》頭一段抄下來做個引線。稍微（原書頁一至六）

「今之恆言，曰『時代思潮』。此其語最妙於形容。凡文化發展之國，其國民於一時期中，因環境之變遷與夫心理之感召，不期而思想之進路，同趨於一方向，於是相與呼應洶湧如潮然。始焉其勢甚微，幾莫之覺；寖假而漲——漲——漲，而達於滿度；過時焉則落，以漸至於衰熄。凡『思』非皆能成『潮』；能成潮者，則其思必有相當之價值，而又適合於其時代之要求者也。凡『時代』非皆有『思潮』，有思潮之時代，必文化昂進之時代也。其在我國自秦以後，確能成為時代思潮者，則漢之經學，隋唐之佛學，宋及明之理學，清之考證學，四者而已。」

「凡時代思潮無不由『繼續的群眾運動』而成。所謂運動者，非必有意識、有計畫、有組織，不能分為誰主動，誰被動。其參加運動之人員，每各不相謀，各不相知。其從事運動時所任之職役，各各不同，所採之手段亦互異。於同一運動之下，往往分無數小支派，甚且相嫉視相排擊。雖然，其中必有一種或數種之共同觀念

王夫之與《噩夢》

▼ 王夫之（1619年～1692年），衡陽人，明末清初三大名士之一。清兵南下時，積極參與抗清鬥爭，失敗後隱居衡陽石船山麓，世稱「船山先生」。其代表作《噩夢》從政治、經濟、軍事、法律等各方面分析了明王朝滅亡的歷史教訓。

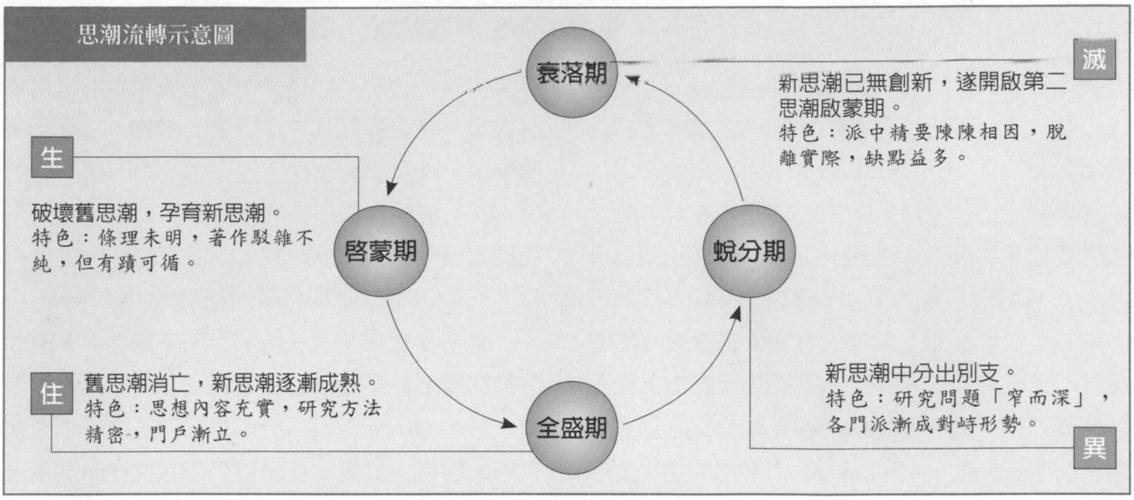
思潮流轉示意圖
衰落期
滅
新思潮已無創新，遂開啟第二思潮啟蒙期。
特色：派中精要陳陳相因，脫離實際，缺點益多。
生
破壞舊思潮，孕育新思潮。
特色：條理未明，著作駁雜不純，但有蹟可循。
啓蒙期
蛻分期
新思潮中分出別支。
特色：研究問題「窄而深」，各門派漸成對峙形勢。
住
舊思潮消亡，新思潮逐漸成熟。
特色：思想內容充實，研究方法精密，門戶漸立。
全盛期
異

焉，同根據之為思想之出發點。此中觀念之勢力，初時本甚微弱，愈運動則愈擴大，久之則成為一種權威。此觀念者，在其時代中，儼然現宗教之色彩：一部分人，以宣傳捍衛為己任，常以極純潔之犧牲的精神赴之；及其權威漸立，則在社會上成為一種公共之好尚，忘其所以然，而共以此為嗜。若此者，今之譯語，謂之『流行』，古之成語，則曰『風氣』。風氣者，一時的信仰也。人鮮敢嬰之，亦不樂嬰之。其性質幾比宗教矣。一思潮播為風氣，則其成熟之時也。」

「佛說一切流轉相，例分四期，曰：生、住、異、滅。思潮之流轉也正然，例分四期：一、啟蒙期（生）；二、全盛期（住）；三、蛻分期（異）；四、衰落期（滅）。無論何國何時代之思潮，其發展變遷，多循斯軌。啟蒙期者，對於舊思潮初起反動之期也。舊思潮經全盛之後，如果之極熟而致爛，如血之凝固而成瘀，則反動不得不起。反動者，凡以求建設新思潮也。然建設必先之以破壞。故此期之重要人物，其精力皆用於破壞，而建設蓋有所未遑。所謂未遑者，非閣置之謂。其建設之主要精神，在此期間必已孕育，如史家所謂『開國規模』者然。雖然，其條理未確立，其研究方法正在間錯試驗中，棄取未定。故此期之著作，恆駁而不純，但在淆亂粗糙之中，自有一種元氣淋漓之象。此啟蒙期之特色也，當佛說所謂『生』相。於是進為全盛期。破壞事業已告終，舊思潮屏息慴伏，不復能抗顏行，更無須攻擊防衛以靡精力。而經前期醞釀培灌之結果，思想內容日以充實，研究方法亦日以精密，門戶堂奧次第建樹，繼長增高，『宗廟之美，百官之富』，燦然矣。一世才智之士，以此為好尚，相與淬厲精進，闒冗者猶希聲附和，以不獲　於其林為恥。此全盛期之特色也，當佛說所謂『住』相。更進則入於蛻分期。境界國土，為前期人士開闢殆盡，然學者之聰明才力，終不能無所用也，只得取局部問題，為『窄而深』的研究，或取其研究方法，應用之於別方面，於是派中小派出焉。而其時之環境，必有以異乎前。晚出之派，進取氣較盛，易與環境順應，故往往以附庸蔚為大國。則新衍之別派與舊傳之正統派成對峙之形勢，或且駸駸乎奪其席。此蛻化期之特色也，當佛說所謂『異』相。過此以往，則衰落期至焉。凡一學派當全盛之後，社會中希附末光者日眾，陳陳相因，固已可厭。其時此派中精要之義，則先輩已濬發無餘。承其流者，不過捃摭末節以弄詭辯。且支派分裂，排軋隨之，益自暴露其缺點。環境既已變易，社會需要，別轉一方向，而猶欲以全盛期之權威臨之，則稍有志者必不樂受，而豪傑之士欲創新必先推舊，遂以彼為破壞之目標，於是入於第二思潮之啟蒙期，而此思潮遂告終焉。此衰落期無可逃避之命運，當佛說所謂『滅』相。」

「吾觀中外古今之所謂『思潮』者，皆循此歷程以遞相流轉。而有清二百餘年，則其最切著之例證也。」

我說的「環境之變遷與心理之感召」，這兩項要當為「一括搭」的研究。內中環境一項，包含範圍很廣，而政治現象，關係最大。所以我先要把這一朝政治上幾個重要關目稍微提挈，而說明其影響於學術界者何如。1644年3月19日以前，是明崇禎十七年；五月初十日之後，便變成清順治元年了。本來一姓興亡，在歷史上算不得什麼一回大事，但這回卻和從前有點不同。新朝是「非我族類」的滿洲，而且來得太過突兀，太過僥倖。北京、南京一年之中，唾手而得，抵抗力幾等於零。這種激刺，喚起國民極痛切的自覺，而自覺的率先表現實在是學者社會。魯王、唐王在浙、閩，永曆帝在兩廣、雲南，實際上不過幾十位白面書生——如黃石齋道周、錢忠介、張蒼水煌言、王完勛翌、瞿文忠式耜、陳文忠子壯、張文烈家玉……諸賢在那裡發動主持。他們多半是無官守無言責之人，盡可以不管閒事，不過想替本族保持一分人格，內則隱忍遷就於悍將暴卒之間，外則與「泰山壓卵」的新朝為敵。雖終歸失敗，究竟已把殘局支撐十幾年，成績也算可觀了。就這一點論，那時候的學者，雖厭惡陽明學派，我們卻應該從這裡頭認取陽明學派的價值。因為這些學者留下許多可歌可泣的事業，令我們永遠景仰。他們自身，卻都是——也許他們自己不認——從陽明學派的懷裡哺養出來。

這些學者雖生長在陽明學派空氣之下，因為時勢突變，他們的思想也像蠶蛾一般，經蛻化而得一新生命。他們對於明朝之亡，認為是學者社會的大恥辱大罪責，於是拋棄明心見性的空談，專講經世致用的實務。他們不是為學問而做學問，是為政治而做學問。他們許多人都是把大半生涯送在悲慘困苦的政治活動中，所做學問，原想用來作新政治建設的準備，到政治完全絕望，不得已才做學者生活。他們裡頭，因政治活動而死去的人很多，剩下生存的也斷斷不肯和滿洲人合作，寧可把夢想的「經世致用之學」依舊托諸空言，但求改變學風以收將來的效果。黃梨洲、顧亭林、王船山、朱舜水，便是這時候代表人物。他們的學風，都在這種環境中間發生出來。

顧炎武與《日知錄》

◀ 顧炎武（1613年～1682年），號亭林，蘇州昆山人，明末清初三大名士之一。年輕時研讀經世致用之學，提出「天下興亡，匹夫有責」，積極參加抗清義軍；兵敗後隱居不出，專心治學，開清代樸學風氣。他學識淵博，於經史、小學、典制、掌故、天文、兵農等多方面皆有研究，其代表著作是《日知錄》。

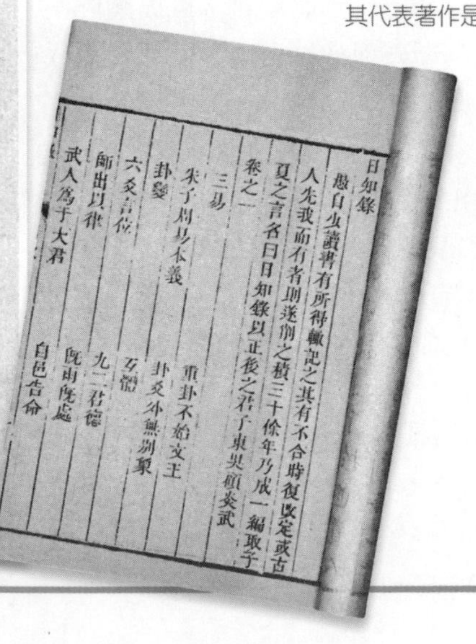
日知錄
愚自少讀書有所得輒記之其有不合時復改定或古
人先我而有者則遂削之積三十餘年乃成一編取子
夏之言名曰日知錄以正後之君子東吳顧炎武
卷之一
三易
朱子周易本義　重卦不始文王
卦變　卦爻外無別象
六爻言位　互體
師出以律　九二君德
武人為于大君　既雨既處
自邑告命

清王朝文字獄1					
皇帝	年份	主要被害人		相關事件	朝廷判罰
		姓名	籍貫		
順治	1660	劉正宗 張晉彥	山東 安丘	詩人劉正宗出版詩集，張晉彥作序，序文中有「將明之材」一句。	劉正宗絞死，張晉彥處斬。
康熙	1663	莊延瓏	浙江 湖州	莊延瓏主編的《明史》尊奉明朝年號，不承認大清正統，有些語句對滿清人不夠恭敬。	莊延瓏已死，剖棺判屍；其兄弟、子孫，參與編書者，書商，刻字工人全部處斬，家屬發配黑龍江為奴。
	1720	戴名世 方孝標	安徽 桐城	戴名世著《南山集》，曾用明朝永曆帝年號，又引方孝標《滇黔紀聞》，稱讚方孝標所記吳三桂事蹟正確。	戴名世全族屠戮；方孝標已死，剖棺判屍，其子孫一律處斬（後改為發配黑龍江為奴）。
雍正	1725	汪景祺	浙江 錢塘	汪景祺所著《西征隨筆》記載年羹堯征服青海時的見聞，雍正帝認為其中有對康熙帝不滿的暗示。	汪景祺處斬，妻子族人發配黑龍江為奴。
	1727	查嗣庭	浙江 海寧	禮部侍郎查嗣庭在江西主持考試，試題中有「維民所止」一句，雍正帝認為這是故意將「雍正」之頭砍掉。	查嗣庭畏懼自殺，仍剐屍；其子一律處斬；家屬流放極偏遠地區。

滿洲人的征服事業，初時像很容易，越下去越感困難。順治朝十八個年頭，除閩、粵、桂、滇之大部分始終奉明正朔外，其餘各地擾亂，未嘗停息。就文化中心之江浙等省，從清師渡江後，不斷地反抗。鄭延平成功、張蒼水煌言會師北伐時順治十六年，大江南北，一個月間，幾乎全部恢復。到永曆帝從緬甸人手上賣給吳三桂的時候，順治帝已死去七個月了。其年正月康熙帝即位那年順治十八年雲南蕩平，鄭氏也遁入臺灣，征服事業，總算告一個結束。但不久又有三藩之亂，擾攘十年，方才戡定。康熙十二年至二十一年所以滿洲人雖僅用四十日工夫便奠定北京，卻須用四十年工夫才得有全中國。他們在這四十年裡頭，對於統治中國人方針，積了好些經驗。他們覺得用武力制伏那降將悍卒沒有多大困難，最難纏的是一班「念書人」——尤其是少數有學問的學者。因為他們是民眾的指導人，統治前途暗礁，都在他們身上。滿洲政府用全副精神對付這問題，政策也因時因人而變。略舉大概可分二期：

第一期，順治元年至十年，約十年間，利用政策。

第二期，順治十一二年至康熙十年，約十七八年間，高壓政策。

第三期，康熙十一二年以後，懷柔政策。

第一期為睿親王多爾袞攝政時代。滿兵倉猝入關，一切要靠漢人為虎作倀。所以一面極力招納降臣，一面運用明代傳來的愚民工具——八股科舉，年年鬧什麼「開科取士」，把那些熱衷富貴的人先行絆住。第二期，自多爾袞死去，順治帝親政，順治七年政策漸變。那時除了福建、兩廣、雲南尚有問題外，其餘全國大部分，都已在實力統治之下。那群被「誘姦」過的下等「念書人」，不大用得著了。於是板起面孔，抓著機會便給他們點苦頭吃吃。其對於個人的操縱，如陳名夏、陳之遴、錢謙益、龔鼎孳那班貳臣，糟蹋得淋漓盡致。其對於全體的打擊，如順治十四年以後連年所起的科場案，把成千成萬的八股先生

《明史》纂修過程

順治二年（1645年）	四月，御史趙繼鼎奏請纂修《明史》，朝廷應允；五月，正式開館，以大學士馮銓、洪承疇、范文程等為總裁。但當時史料缺乏，朝廷又忙著平定各地抗清鬥爭，修史詔令成為一紙空文。
康熙四年（1665年）	重開明史館，卻因纂修《清世祖實錄》而停止。
康熙十八年（1679年）	以徐元文為監修，開始纂修《明史》。期間，以黃宗羲高徒、清初著名史學家萬斯同出力最多，他先後編寫和審定兩種《萬氏明史稿》，為最終《明史》定稿的雛形。
康熙五十三年（1714年）	明史總編王鴻緒在《萬氏明史稿》基礎上進行刪減，完成《明史》列傳部分，晉呈朝廷。
雍正元年（1723年）	王鴻緒再次進呈《明史稿》，包括紀、志、表、傳，共三百十卷。
乾隆四年（1739年）	以張廷玉為總裁修改《明史稿》；同年定稿，進呈刊刻。

嚇得人人打噤。那時滿廷最痛恨的是江浙人。因為這地方是人文淵藪，輿論的發縱指示所在，反滿洲的精神到處橫溢。所以自「窺江之役」順治十六年鄭、張北伐之役以後，借「江南奏銷案」名目，大大示威。被牽累者一萬三千餘人，縉紳之家無一獲免。這是順治十八年的事。其時康熙帝已即位，鰲拜一派執政，襲用順治末年政策，變本加厲。他們除糟蹋那等下等念書人外，對於真正知識階級，還興許多文字獄，加以特別摧殘。最著名的，如康熙二年湖州莊氏史案，一時名士如潘力田檉章、吳赤溟炎等七十多人同時遭難。此外，如孫夏峰於康熙三年被告對簿，顧亭林於康熙七年在濟南下獄，黃梨洲被懸購緝捕，前後四面，這類史料，若仔細搜集起來，還不知多少。這種政策，徒助長漢人反抗的氣焰，毫無效果。到第三期，值康熙帝親政後數年，三藩之亂繼起。康熙本人的性格，本來是闊達大度一路，當著這變亂時代，更不能不有戒心，於是一變高壓手段為懷柔手段。他的懷柔政策，分三著實施。第一著，為康熙十二年之薦舉山林隱逸。第二著，為康熙十七年之薦舉博學鴻儒。但這兩著總算失敗了，被買收的都是二三等人物，稍微好點的也不過新進後輩。那些負重望的大師，一位也網羅不著，倒惹起許多惡感。第三著，為康熙十八年之開《明史》館。這一著卻有相當的成功。因為許多學者，對於故國文獻，十分愛戀。他們別的事不肯和滿洲人合作，這件事到底不是私眾之力所能辦到，只得勉強將就了。以上所講，是滿洲入關後三四十年對漢政策變遷之大概。除第一期沒有多大關係外，第二期的高壓和第三期的懷柔，都對於當時學風很有影響。

還有應該附帶論及者一事，即康熙帝自身對於學問之態度。他是一位極聰明而精力強滿的人，熱心向慕文化，有多方面的興味。他極信學科學，對於天文曆算有很深的研究，能批評梅定九的算書。他把許多耶穌會的西洋人——南懷仁、安多、白進、徐日升、張誠等，放在南書房，叫他們輪日進講——講測量、數學、全體學、物理學等。他得他們的幫助，制定康熙永年曆，並著有《數理精蘊》、《曆象考成》等書，又造成極有名的觀象臺。他費三十年實測工夫，專用西洋人繪成一部《皇輿全覽圖》。這些都是在我們文化史上值得特筆大書的事實。他極喜歡美術，西洋畫家焦秉貞是他很得意的內廷供奉。三王的畫，也是他的嗜好品。他好講理學，崇拜程朱。他對於中國歷史也有相當的常識，《資治通鑑》終身不離手。他對中國文學也有相當的鑑賞能力。在專制政體之下，君主的好劣，影響全國甚大，所以他當然成為學術史上有關係的人。

把以上各種事實，綜合起來，我們可以瞭解清代初期學術變遷的形勢及其來由了。從順治元年到康熙二十年約三四十年間，完全是前明遺老支配學界。他們所努力者，對於王學實行革命（內中也有對於王學加以修正者）。他們所要建設的新學派方面頗多，而目的總在「經世致用」。他們元氣極旺盛，想用大刀闊斧打開局面，但條理不免疏闊。康熙二十年以後，形勢漸漸變了。遺老大師，凋謝略盡。後起之秀，多半在新朝生長，對於新朝的仇恨，自然減輕。先輩所講經世致用之學，本來預備推倒滿洲後實見施行。到這時候，眼看滿洲不是一時推得倒的，在當時政府之下實現他們理想的政治，也是無望。那麼，這些經世學都成為空談了。況且談到經世，不能不論到時政，開口便觸忌諱。經過屢次文字獄之後，人人都有戒心。一面社會日趨安寧，人人都有安心求學的餘裕，又有康熙帝這種「右文之主」極力提倡。所以這個時候的學術界，雖沒有前次之波瀾壯闊，然而日趨於健實有條理。其時學術重要潮流，約有四支：（一）閻百詩、胡東樵一派之經學，承顧、黃之緒，直接開後來乾嘉學派；（二）梅定九、王寅旭一派之曆算書，承晚明利、徐之緒，做科學先鋒；（三）陸桴亭、陸稼書一派之程朱學，在王學與漢學之間，折中過渡；（四）顏習齋、李剛主一派之實踐學，完成前期對王學革命事業而進一步。此則康熙一朝六十年間全學界之大概情形也。

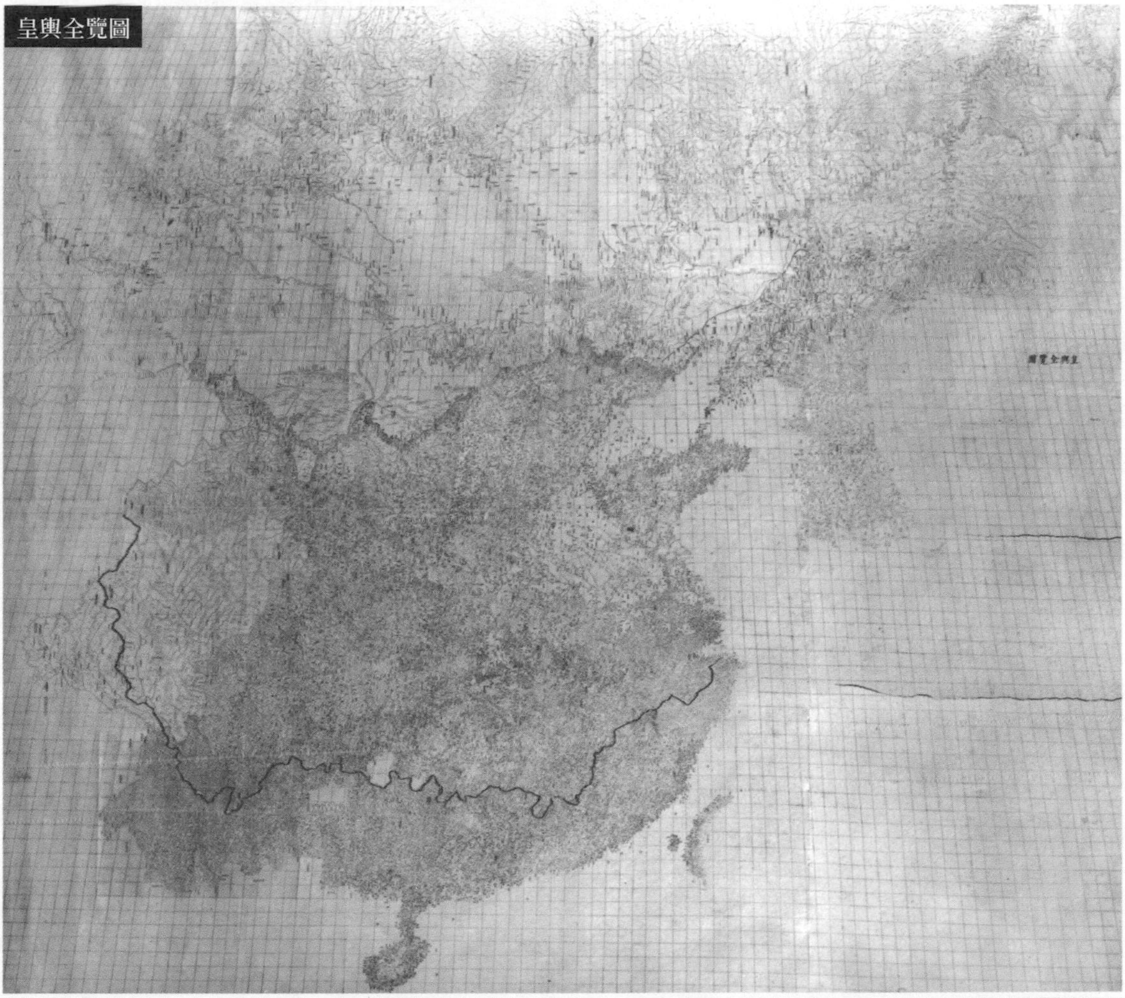

▲《皇輿全覽圖》是康熙皇帝花費30年心血，親自組織測繪的一套中國地圖，有總圖一幅，分省圖和地區圖二十八幅。此圖所繪地域遼闊，北至貝加爾湖，南至海南島，各處山脈河流、省府州縣皆標注完整。圖中注有經緯線，這在中國地圖史上實屬首創。

（中）

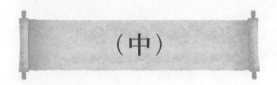

講到這裡，當然會發生兩個疑問：第一，那時候科學像有新興的機運，為什麼戛然中止？第二，那時候學派潮流很多，為什麼後來只偏向考證學一路發展？我現請先解答第一個問題。

學術界最大的障礙物，自然是八股。八股和一切學問都不相容，而科學為尤甚。清初襲用明朝的八股取士，不管他是否有意借此愚民，抑或誤認為一種良制度，總之當時功名富貴皆出於此途，有誰肯拋棄這種捷徑而去學艱辛迂遠的科學呢？我們最可惜的是，以當時康熙帝之熱心西方文物，為何不開個學校造就些人才？就算他不是有心窒塞民智，也不能不算他失策。因為這種專門學問，非專門教授不可。他既已好這些學問，為什麼不找些傳人呢？所以科舉制度，我認為是科學不興的一個原因。

此外還有很重大的原因，是耶穌會內部的分裂。明末清初那一點點科學萌芽，都是從耶穌會教士手中稗販進來，前文已經說過。該會初期的教士，傳教方法很巧妙。他們對於中國人心理研究得極深透。他們知道中國人不喜歡極端迷信的宗教，所以專把中國人所最感缺乏的科學知識來做引線，表面上像把傳教變成附屬事業，所有信教的人仍許他們拜「中國的天」和祖宗。這種方法，行之數十年，卓著成效。無奈在歐洲的羅馬教皇不懂情形，突然發出有名的「1704年康熙四十三年教令」。該教令的內容，現在不必詳述。總而言之，是談前此傳教方法之悖謬，勒令他們改變方針，最要的條件是禁拜祖宗。自該教令宣布後，從康熙帝起以至朝野人士都鼓噪憤怒，結果於康熙四十六年1707年把教皇派來的公使送到澳門監禁。傳教事業固然因此頓挫，並他們傳來那些學問也被帶累了。

還有一件附帶原因，也是教會行動影響到學界。我們都知道康熙末年因各皇子爭位鬧得烏菸瘴氣。這種宮闈私鬥，論理該不致影響到學問，殊不知專制政體之宮廷，一舉一動，都有牽一髮動全身的力量。相傳當時耶穌會教徒黨於皇太子允礽，喇嘛寺僧黨於雍正帝胤禛，雙方暗鬥，黑幕重重。後來雍正帝獲勝，耶穌會勢力遂一敗塗地。這種史料，現時雖未得有充分證據，然而口碑相傳，大致可信。雍正元年浙閩總督滿寶奏請，除在欽天監供職之西洋人外，其餘皆驅往澳門看管，不許闌入內地，得旨施行。這件事是否與宮廷陰謀有關，姑且不論。總之康熙五六十年間所延攬的許多歐洲學者，到雍正帝即位之第一年，忽然驅除淨盡。中國學界接近歐化的機會從此錯過，一擱便擱了二百年了。

青玉六蜻蜓環耳雙聯洗

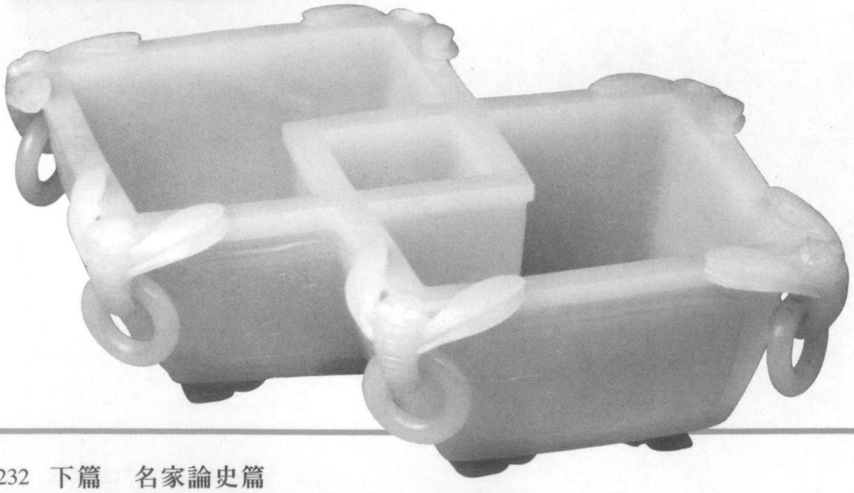

◀ 清代玉雕工藝十分出色，宮廷造辦處下屬的玉作聚集了全國各地名匠，專門從事皇家玉器的雕琢。這件青玉雙聯洗，將兩個四角洗的各一角相連為整體，其餘六角刻有口銜玉環的蜻蜓，造型別致而端莊大方。

清王朝文字獄2

皇帝	年份	主要被害人		相關事件	朝廷判罰
		姓名	籍貫		
雍正	1729	呂留良	浙江桐鄉	呂留良所著《維止集》堅持漢民族本位，斥責滿族人是「夷狄」。湖南學者曾靜偶爾讀到，深為感動，認為當時高級將領岳鍾琪是宋朝名將岳飛之後，於是派徒弟張熙去策動岳鍾琪謀反，被岳鍾琪逮捕告發。	呂留良剖棺判屍，其子孫處斬，家屬發配黑龍江；雍正赦免曾靜、張熙死罪，下詔說「即令我的子孫，也不可對二人加害」，以顯示其寬大；最終將關於此事的歷次諭旨及曾靜口供編為《大義覺迷錄》一書。
		謝濟世	廣西全州	御史謝濟世因彈劾河南巡撫田文鏡被發配阿爾泰山軍營，他在營中以古書註解《大學》，而不用理學大師朱熹的見解，雍正認為其毀謗聖人。	初判斬首，綁赴刑場時，忽又赦免，改做苦工。
		陸生楠	廣西全州	工部主事陸生楠與謝濟世同案發配，在軍營中著《通鑑論》，雍正認為其中某些言論毀謗帝王。	陸生楠立即處決。
乾隆	1735	曾靜 張熙	湖南靖州	雍正逝世後，乾隆不顧其遺詔，迫害曾靜、張熙等人。	曾靜、張熙處斬，家屬發配邊疆。
	1755	胡中藻	江西上饒	內閣學士胡中藻著《堅磨生詩鈔》，其中有句「一把心腸論濁清」，乾隆認為他將「濁」字放在「清」字之上，居心不良。	胡中藻處斬。

其次，要解答「為什麼古典考證學獨盛」之問題。

明季道學反動，學風自然要由蹈空而變為覈實——由主觀的推想而變為客觀的考察。客觀的考察有兩條路：一、自然界現象方面；二、社會文獻方面。以康熙間學界形勢論，本來有趨重自然科學的可能性，且當時實在也有點這種機兆。然而到底不成功者，其一，如前文所講，因為種種事故把科學媒介人失掉了。其二，則因中國學者根本習氣，看輕了「藝成而下」的學問，所以結果逼著專走文獻這條路。但還有個問題，文獻所包範圍很廣，為什麼專向古典部分發展，其他多付闕如呢？問到這裡，又須拿政治現象來說明。

康熙帝是比較有自由思想的人。他早年雖間興文字之獄，大抵都是他未親政以前的事，而且大半由奸民告訴官吏徼功，未必出自朝廷授意。他本身卻是闊達大度的人，不獨政治上常採寬仁之義，對於學問，亦有宏納眾流氣象。試讀他所著《庭訓格言》，便可以窺見一斑了。所以康熙朝學者，沒有什麼顧忌，對於各種問題，可以自由研究。到雍正、乾隆兩朝卻不同了。雍正帝是個極猜忌刻薄的人，而又十分雄鷙。他的地位本從陰謀攘奪而來，不得不立威以自固，屠殺兄弟，誅戮大臣，四處密派偵探，鬧得人人戰慄。不但待官吏如此，其對於士大夫社會，也極威嚇操縱之能事。汪景祺雍正二年、查嗣庭、呂留良俱雍正十四年之獄，都是雍正帝匠心獨運羅織出來。尤當注意者，雍正帝學問雖遠不及乃翁，他卻最愛出風頭和別人爭辯。他生平有兩部最得意的著作，一部是《揀魔辨異錄》，專和佛教禪宗底下的一位和尚名弘忍者辯論。（注一）一部是《大義覺迷錄》，專與呂晚村留良的門生曾靜辯論。（注二）以一位帝王而親著幾十萬字書和一位僧侶一位儒生打筆墨官司，在中外歷史上真算絕無僅有。從表面看，為研求真理而相辯論，雖帝王也該有這種自由。若僅讀他這兩部書，我們並不能說他態度不對，而且可以表相當的敬服。

但仔細搜求他的行徑，他著成《揀魔辨異錄》以後，跟著把弘忍的著述盡行焚毀，把弘忍的門徒勒令還俗或改宗。他著成《大義覺迷錄》以後，跟著把呂留良剖棺戮屍，全家殺盡，著作也都毀板。像這樣子，哪裡算得討論學問，簡直是歐洲中世教皇的牌子。在這種主權者之下，學者的思想自由，是剝奪淨盡了。他在位僅13年，影響原可以不至甚大，無奈他的兒子乾隆帝，也不是好惹的人。他學問又在乃祖乃父之下，卻偏要「附庸風雅」，恃強爭勝。他發布禁書令，自乾隆三十九年至四十七年繼續燒書二十四回，燒去的書一萬三千八百六十二部。直至乾隆五十三年，還有嚴諭。他一面說提倡文化，一面又抄襲秦始皇的藍本。所謂「黃金時代」的乾隆六十年，思想界如何的不自由，也可想而知了。

（注一）《揀魔辨異錄》這部書是雍正十一年御製。當時臨濟宗門下有一名僧曰法藏，著《五宗原》，其徒曰弘忍，著《五宗救》，皆對於當時禪學有所批評。雍正帝著此書專辟之。書首冠上諭，有云：「……朕今不加屏斥，魔法何時熄滅？著將《藏》內所有藏、忍語錄並《五宗原》《五宗救》等書，盡行毀板，僧徒不許私自收藏。有違旨隱匿者，發覺以不敬律論。……法藏一支所有徒眾，著直省督撫詳細察明，盡削去支派……果能於他方參學，得正知見，別嗣他宗，方許秉拂。……」這書有殿板存大內，外間向少見。民國四年，始由揚州藏經院刊行。平心而論，這書所駁藏、忍之說，也許駁得不錯。但這種「以人王而兼教主」的態度，太咄咄逼人。

（注二）《大義覺迷錄》這部書體裁甚奇，全部是親自審問曾靜的口供，冠以一篇極長的上諭當做序文。曾靜號蒲潭，湖南人，呂晚村私淑弟子。嘗上書岳鍾琪，力言夷夏之防，數雍正帝九大罪，勸其革命，被拿到京，帝親自審問他，和他反覆辯駁。內中最要者是辨夷夏問題，其次辨封建制度，還有關於雍正帝本身逼母、弒兄、屠弟等種種罪惡之辯護。據這部書說，曾靜完全折服了，還著有《歸仁說》一篇，附刻在後頭。雍正帝於是把曾靜赦免，放歸田裡。雖然如此，卻說曾靜學說出於呂留良，把留良戮屍滅族。後來乾隆帝到底把曾靜也殺了。這部書當時印刷許多，頒發各省府州縣學宮，令秀才們當做聖經讀。到乾隆朝，將頒出的書都收回，板也毀了，列在禁書書目中。

▼ 圖繪雍正坐於龍榻之上，手持書卷，面目和藹。雍正年輕時十分好學，經常讀書至深夜。他是歷史上最為勤政的一個皇帝，每日堅持批閱奏章、處理政務，正是由於他的努力，才為乾隆朝的輝煌盛世打下了基礎。

凡當主權者喜歡干涉人民思想的時代，學者的聰明才力，只有全部用去注釋古典。歐洲羅馬教皇權力最盛時，就是這種現象。我國雍、乾間也是一個例證。記得某家筆記說：「內廷唱戲，無論何種劇本都會觸犯忌諱，只得專搬演些『封神』、『西遊』之類，和現在社會情狀絲毫無關，不致鬧亂子。」雍、乾學者專務注釋古典，也許是被這種環境所構成。至於他們忠實研究的結果，在文獻上有意外的收穫和貢獻，這是別的

《四庫全書》的命運					
版本	藏書樓	藏書樓位置	藏書樓現狀	圖書現狀	出版情況
文淵閣本	文淵閣	北京故宮	書去樓空	藏於臺北「故宮博物院」	1986年影印出版，2010年再版
文源閣本	文源閣	北京圓明園	咸豐十年（1860年）毀於英法聯軍	殘本位於法國楓丹白露宮	——
文溯閣本	文溯閣	瀋陽故宮	書去樓空	藏於蘭州甘肅省圖書館	
文津閣本	文津閣	承德避暑山莊	書去樓空	藏於北京中國國家圖書館	2005年影印出版
文匯閣本	文匯閣	揚州大觀堂	咸豐三年（1853年）毀於太平天國運動	與藏書樓一同被毀	
文宗閣本	文宗閣	鎮江金山寺	咸豐三年（1853年）毀於太平天國運動	與藏書樓一同被毀	
文瀾閣本	文瀾閣	杭州聖因寺	咸豐十一年（1861年）毀於戰火 光緒六年（1880年）重建	半部殘本藏於杭州浙江省圖書館	2006年影印出版
底本	清代翰林院	北京東長安街	光緒二十六年（1900年）毀於八國聯軍	與翰林院一同被毀	

問題，後文再講。自康、雍以來，皇帝都提倡宋學——程朱學派，但民間——以江浙為中心，「反宋學」的氣勢日盛，標出「漢學」名目與之抵抗。到乾隆朝，漢學派殆占全勝。政府方面文化事有應該特筆大書的一件事，曰編纂《四庫全書》。四庫開館，始自乾隆三十八年，至四十七年而告成，著錄書3457部，79070卷；存目書6766部，93556卷。編成繕寫7本，頒貯各地：一、北京禁城之文淵閣本。今存。二、西郊圓明園之文源閣本。咸豐間毀於英法聯軍。三、奉天之文溯閣本。四、熱河之文津閣本。五、揚州之文匯閣本。六、鎮江之文宗閣本。並毀於洪楊之亂。七、杭州之文瀾閣本。洪楊之亂半毀，現已補抄，存浙江圖書館。原來搜集圖書制目錄，本屬歷朝承平時代之常事，但這回和前代卻有點不同，的確有他的特別意義和價值。著錄的書，每種都替他作一篇提要。這種事業，從前只有私人撰述——如晁公武《郡齋讀書志》、陳振孫《直齋書錄解題》……等，所有批評都不過私人意見。《四庫提要》這部書，卻是以公的形式表現時代思潮，為向來著述未曾有。當時四庫館中所網羅的學者三百多人，都是各門學問的專家。露骨地說，四庫館就是漢學家大本營，《四庫提要》就是漢學思想的結晶體。就這一點論，也可以說是康熙中葉以來漢宋之爭，到開四庫館而漢學派全占勝利。也可以說是朝廷所提倡的學風，被民間自然發展的學風壓倒。當朱筠（漢學家）初奏請開四庫館時，劉統勳（宋學家）極力反對，結果還是朱說實行。此中消息，研究學術史者不可輕輕放過也。

漢學家所樂道的是「乾嘉諸老」。因為乾隆、嘉慶兩朝，漢學思想正達於最高潮，學術界全部幾乎都被他占領。但漢學派中也可以分出兩個支派：一曰吳派，二曰皖派。吳派以惠定宇棟為中心，以信古為標幟，我們叫他做「純漢學」。皖派以戴東原震為中心，以求是為標幟，我們叫他做「考證學」。此外尚有揚州一派，領袖人物是焦里堂循、汪容甫中他們研究的範圍，比較的廣博。有浙東一派，領袖人物是全謝山祖望、章實齋學誠，他們最大的貢獻在史學。以上所舉派別，不過從個人學風上，以地域略事區分。其實各派共同之點甚多，許多著名學者，也不能說他們專屬哪一派。總之乾嘉間學者，實自成一種學風，和近世科學的研究法極相近，我們可以給他一個特別名稱，叫做「科學的古典學派」。他們所做的工作，方面很多，舉其重要者如下：

一、經書的箋釋。幾部經和傳記，逐句逐字爬梳，引申或改正舊解者不少，大部分是用筆記或專篇體裁，為部分的細密研究。研究進步的結果，有人綜合起來作全書的釋例或新注新疏，差不多每部經傳都有了。

二、史料之搜補鑑別。關於史籍之編著源流，各書中所記之異同真偽、遺文佚事之闕失或散見者，都分部搜集辨證。內中補訂各史表志，為功尤多。

三、辨偽書。許多偽書或年代錯誤之書，都用嚴正態度辨證，大半成為信讞。

四、輯佚書。許多亡佚掉的書，都從幾部大類書或較古的著述裡頭搜輯出來。

五、校勘。難讀的古書，都根據善本，或釐審字句，或推比章節，還他本來面目。

六、文字訓詁。此學本經學附庸——因注釋經文而起，但後來特別發展，對於各個字意義的變遷及文法的應用，在「小學」的名稱之下，別成為一種專門。

七、音韻。此學本「小學」附庸，後來亦變成獨立，對於古音、方音、聲母、韻母等，發明甚多。

八、算學。在科學中此學最為發達，經學大師，差不多人人都帶著研究。

九、地理。有價值的著述不少，但多屬於歷史沿革方面。

十、金石。此學極發達，裡頭所屬門類不少，近有移到古物學的方向。

十一、方志之編纂。各省府州縣，皆有創編或續訂之志書，多成於學者之手。

十二、類書之編纂。官私各方面，多努力於大類書之編纂，體裁多與前代不同，有價值的頗多。

十三、叢書之校刻。刻書之風大盛，單行善本固多，其最有文獻者，尤在許多大部頭的叢書。

以上所列十三項，不過舉其大概，分類並不精確，且亦不能包舉無遺，但乾嘉諸老的工作，可以略窺一斑了。至於他們的工作法及各項所已表見的成績如何，下文再分別說明。

乾嘉諸老中有三兩位——如戴東原、焦里

乾嘉學派

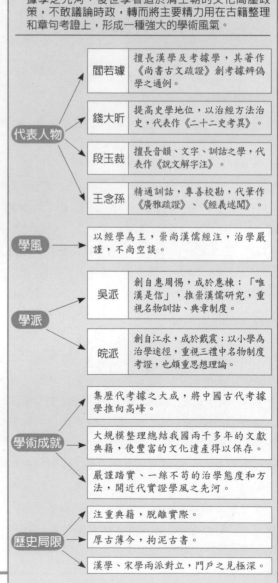

★乾嘉學派是以考據為主要研究範圍的一個學術流派，盛行於乾隆、嘉慶時期。清初顧炎武開清代考據學之先河，後世學者迫於清王朝的文化高壓政策，不敢議論時政，轉而將主要精力用在古籍整理和章句考證上，形成一種強大的學術風氣。

代表人物
- 閻若璩：擅長漢學及考據學，其著作《尚書古文疏證》創考據辨偽學之通例。
- 錢大昕：提高史學地位，以治經方法治史，代表作《二十二史考異》。
- 段玉裁：擅長音韻、文字、訓詁之學，代表作《說文解字注》。
- 王念孫：精通訓詁，專善校勘，代筆作《廣雅疏證》、《經義述聞》。

學風
- 以經學為主，崇尚漢儒經注，治學嚴謹，不尚空談。

學派
- 吳派：創自惠周惕，成於惠棟；「唯漢是信」，推崇漢儒研究，重視名物訓詁、典章制度。
- 皖派：創自江永，成於戴震；以小學為治學途徑，重視三禮中名物制度考證，也頗重思想理論。

學術成就
- 集歷代考據之大成，將中國古代考據學推向高峰。
- 大規模整理總結我國兩千多年的文獻典籍，使豐富的文化遺產得以保存。
- 嚴謹踏實、一絲不苟的治學態度和方法，開近代實證學風之先河。

歷史局限
- 注重典籍，脫離實際。
- 厚古薄今，拘泥古書。
- 漢學、宋學兩派對立，門戶之見極深。

▲ 曹雪芹的《紅樓夢》為中國古代四大名著之一，是中國最具藝術性的古典小說，在世界文學史上也占有重要地位。大觀園是《紅樓夢》中的重要場景，此圖出自清代民間畫工之手，描繪了書中人物在園內遊玩的情景。

堂、章實齋等，都有他們自己的哲學，超乎考證學以上，但在當時，不甚為學界所重視。這些內容，也待下文再講。

乾、嘉間之考證學，幾乎獨占學界勢力，雖以素崇宋學之清室帝王，尚且從風而靡，其他更不必說了。所以稍微時髦一點的闊官乃至富商大賈，都要「附庸風雅」，跟著這些大學者學幾句考證的內行話。這些學者得這種有力的外護，對於他們的工作進行，所得利便也不少。總而言之，乾、嘉間考證學，可以說是，清代三百年文化的結晶體，合全國人的力量所構成。凡在社會秩序安寧、物力豐盛的時候，學問都從分析整理一路發展。乾、嘉間考證學所以特別流行。也不外這種原則罷了。

（下）

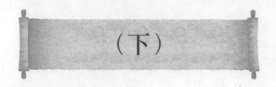

考證學直至今日還未曾破產，而且轉到別個方面，和各種社會科學會合發生影響。雖然，古典考證學，總以乾、嘉兩朝為全盛時期，以後便漸漸蛻變，而且大部分趨於衰落了。

蛻變趨衰落的原因，有一部分也可以從政治方面解答。前文講過，考證古典之學，半由「文網太密」所逼成。就這一點論，雍正十三年間最厲害，乾隆的前三四十年也還吃緊，以後便漸漸鬆動了。乾隆朝為清運轉移的最大樞紐。這位「十全老人」，席祖父之業，做了六十年太平天子，自謂「德邁三皇，功過五帝」。其實到他晚年，弄得民窮財盡，已種下後來大亂之根。即就他的本身論，因年老倦勤的結果，委政和珅，權威也漸失墜了，不過憑藉太厚，所以及身還沒有露出破綻來。到嘉慶、道光兩朝，乾隆帝種下的惡因，次第要食其報。川、湖、陝的教匪，甘、新的回亂，浙、閩的海寇，一波未平，一波又起。跟著便是鴉片戰爭，受國際上莫大的屈辱。在這種陰鬱不寧的狀態中，度過嘉道兩朝四十五年。

那時候學術界情形怎麼樣呢？大部分學者依然繼續他們考證的工作，但「絕對不問政治」的態度，已經稍變。如大經學家王懷祖念孫抗疏劾和珅，大史學家洪稚存亮吉應詔直言，以至遣戍。這種舉動，在明朝學者只算家常茶飯，在清朝學者真是鳳毛麟角了。但是這種一兩個人的特別行動，還算與大體無關。欲知思潮之暗地推移，最要注意的是新興之常州學派。常州派有兩個源頭，一是經學，二是文學，後來漸合為一。他們的經學是公羊家經說——用特別眼光去研究孔子的《春秋》，由莊方耕存與、劉申受逢祿開派。他們的文學是陽湖派古文——從桐城派轉手而加以解放，由張皋文惠言、李申耆兆洛開派。兩派合一來產出一種新精神，就是想在乾、嘉間考證學的基礎之上建設順、康間「經世致用」之學。代表這種精神的人是龔定庵自珍和魏默深源。這兩個人的著述，給後來光緒初期思想界很大的影響。這種新精神為什麼會發生呢？頭一件，考證古典的工作，大部分被前輩做完了，後

清王朝文字獄3

皇帝	年份	主要被害人		相關事件	朝廷判罰
		姓名	籍貫		
乾隆	1757	彭家屏	江蘇徐州	布政使彭家屏告老還鄉，刊行族譜，名《大彭統記》，模仿帝王世系。	彭家屏被迫自殺。
	1777	王錫侯	江西宜豐	王錫侯編撰《字貫》，乾隆認為他故意仿效《康熙字典》，冒犯唐突；該書在《凡例》一章中，遇「玄燁」、「胤禛」、「弘曆」諸字皆未缺筆，屬大不敬。	王錫侯處斬，所著書十種全部焚毀查禁。
	1778	徐述夔	江蘇東臺	徐述夔遺著《一柱樓詩》中有「清風不識字，何故亂翻書」、「舉杯忽見明天子，且把壺兒擱一邊」等句，弘曆認為「清風」、「明天子」、「壺兒」（胡兒）等字皆屬大逆不道。	徐述夔剖棺判屍，其兒孫和地方官員全部處斬。
		沈德潛	江蘇蘇州	沈德潛《詠黑牡丹》詩中有「奪朱非正色，異種也稱王」一句，乾隆認為其大不敬。	沈德潛剖棺判屍。
	1781	尹嘉銓	阿北博野	大理寺卿尹嘉銓告老還鄉，著述中自稱「古稀老人」，又有「為王者師」，乾隆認為其狂悖。	尹嘉銓絞死。

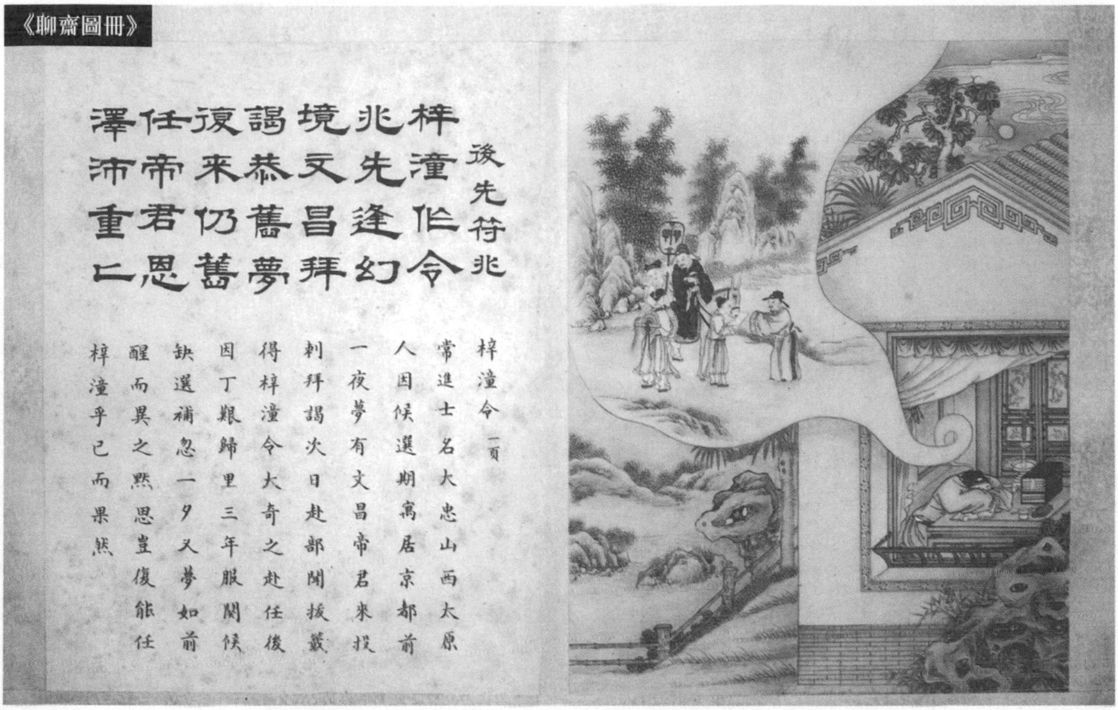
《聊齋圖冊》
後先符兆
梓潼作令兆先逢幻境文昌拜謁恭舊夢復來仍舊任帝君思澤沛重仁
梓潼令 一頁
常進士名大忠山西太原人因候選期寓居京都前一夜夢有文昌帝君來投刺拜謁次日赴部閱掣籤得梓潼令大奇之赴任後因丁艱歸里三年服闋候缺選補忽一夕又夢如前醒而異之然思豈復能任梓潼乎已而果然

▲《聊齋誌異》是中國古代最優秀的短篇小說集之一，由清代蒲松齡所著。作者在小說中構建出一個光怪陸離的狐鬼世界，以此來揭露黑暗的社會現實，表達人們追求美好生活的願望。《聊齋圖冊》則是清人根據這部小說編繪的一本畫冊。

起的人想開闢新天地，只好走別的路。第二件，當時政治現象，令人感覺不安，一面政府鉗制的威權也陵替了，所以思想漸漸解放，對於政治及社會的批評也漸漸起來了。但我們要知道，這派學風，在嘉、道間，不過一支「別動隊」。學界的大勢力仍在「考證學正統派」手中。這支別動隊的成績，也幼稚得很。

咸豐、同治二十多年間，算是清代最大的厄運。洪楊之亂，痛毒全國。跟著捻匪回匪苗匪，還有北方英法聯軍之難，到處風聲鶴唳，慘目傷心。政治上生計上所生的變動不用說了，學術上也受非常壞的影響。因為文化中心在江、皖、浙，而江、皖、浙糜爛最甚。公私藏書，蕩然無存。未刻的著述稿本，散亡的更不少。許多耆宿學者，遭難凋落。後輩在教育年齡，也多半失學，所謂「乾嘉諸老的風流文采」，到這會只成為「望古遙集」的資料。考證學本已在落潮的時代，到這會更不絕如縷了。

當洪楊亂事前後，思想界引出三條新路。其一，宋學復興。乾、嘉以來，漢學家門戶之見極深，「宋學」二字，幾為大雅所不道，而漢學家支離破碎，實漸已惹起人心厭倦。羅羅山澤南、曾滌生國藩在道、咸之交，獨以宋學相砥礪，其後卒以書生犯大難成功名。他們共事的人，多屬平時講學的門生或朋友。自此以後，學人輕蔑宋學的觀念一變。換個方面說，對於漢學的評價逐漸低落，「反漢學」的思想，常在醞釀中。

其二，西學之講求。自雍正元年放逐耶穌會教士以後，中國學界和外國學界斷絕來往已經一百多年了。道光間鴉片戰役失敗，逼著割讓香港，五口通商；咸豐間英法聯軍陷京師，燒圓明園，皇帝出走，客死於外。經這次痛苦，雖以麻木自大的中國人，也不能不受點激刺。所以亂定之後，經曾文正、李文忠這班人提倡，忽有「洋務」、「西學」等名詞出現。原來中國幾千年來所接觸者，除印度外，都是文化低下的民族，因此覺得學問為中國所獨有。「西學」名目，實自耶穌教會人來所創始。其時所謂西學者，除測算天文，測繪地圖外，最重要者便是製造大炮。陽瑪諾、畢方濟等之見重於明末，南懷仁、徐日升等之見重於清初，大半為此。（注一）西學中絕，雖有種種原因，但太平時代用不著大炮，最少亦應為原因之一。過去事實既已如此，那麼咸、同間所謂講求西學之動機及其進行路線，自然也該為這種心理所支配。質而言之，自從失香港、燒圓明園之後，感覺有發憤自強之必要，而推求西之所以強，最佩服的是他的「船堅炮利」。上海的江南機器製造局，福建的馬尾船政局，就因這種目的設立，又最足以代表當時所謂西學家之心理。同時又因國際交涉種種麻煩，覺得須有些懂外國話的人才能應付，於是在北京總理衙門附設同文館，在上海製造局附設廣方言館，又挑選十歲以下的小孩子送去美國專學說話。第一期所謂西學，大略如此。這種提倡西學法，不能在學界發生影響，自無待言。但江南製造局成立之後，很有幾位忠實的學者——如李王叔善蘭、華若汀蘅芳等輩在裡頭，譯出幾十種科學書，此外國際法及其他政治書也有幾種。自此，中國人才知道西人還有藏在「船堅炮利」背後的學問，對於「西學的觀念」漸漸變了。雖然，這是少數中之極少數，一般士大夫對於這種「洋貨」，依然極端的輕蔑排斥。當時最能瞭解西學的郭筠仙嵩燾，竟被所謂「清流輿論」者萬般排擠，侘傺以死。這類事實，最足為時代心理寫照了。

（注一）明天啓二年派人往澳門召羅如望、陽瑪諾入京專製炮以禦滿洲。崇禎二年，畢方濟上疏言改良槍炮，大蒙嘉賞。清康熙十三年，為討吳三桂，命南懷仁等製神威炮三百二十門。懷仁著有《神威圖說》一書晉呈，康熙帝大悅，加懷仁工部侍郎銜。康熙三十五年，親征噶爾丹，命懷仁、白進、安多等扈駕，專管炮術。這都是明末清初因鑄造兵器而引用西士的故事。

其三，排滿思想之引動。洪秀全之亂雖終歸平定，但他們所打的是「驅逐胡人」這個旗號，與一部分人民心理相應，所以有許多是斥馳不羈的人服從他。這種力量，在當時還沒有什麼，到後來光緒末年盛倡革命時，太平天國之「小說的」故事，實為宣傳資料之一種，鼓舞人心的地方很多，所以論史者也不能把這回亂事與一般流

「劉海戲蟾」筆筒

▲這件筆筒由清初著名竹雕藝術家吳之璠所制，其竹質精良，雕工細膩，刻有中國民間傳說《劉海戲金蟾》。筒上劉海袒胸赤足，笑容滿面，俯身逗弄一隻三足金蟾；另一面以陰文行書刻七絕一首，稱贊劉海的忘憂和逍遙。

寇同視，應該認識他在歷史上一種特殊價值了。還有幾句話要附帶一說。洪秀全之失敗，原因雖多，最重大的就是他拿那種「四不像的天主教」做招牌，因為這是和國民心理最相反的。他們那種殘忍的破壞手段，本已給國民留下莫大惡感，加以宗教招牌，買怨益甚。中國人對於外來宗教向來採寬容態度，到同治、光緒間，教案層見疊起，雖由許多原因湊成，然而洪秀全的「天父天兄」，當亦為原因之一。因厭惡西教而遷怒西學，也是思想界一種厄運了。

同治朝十三年間，為恢復秩序耗盡精力，所以文化方面無什麼特色可說。光緒初年，一口氣喘過來了，各種學問，都漸有向榮氣象。清朝正統學派——即考證學，當然也繼續工作。但普通經學史學的考證，多已被前人做盡，因此他們要走偏鋒，為局部的研究。其時最流行的有幾種學問：一、金石學；二、元史及西北地理學；三、諸子學。這都是從漢學家門庭滋衍出來。同時因曾文正提倡桐城古文，也有些宋學先生出來點綴點綴。當時所謂舊學的形勢，大略如此。

光緒初年，內部雖暫告安寧，外力的壓迫卻日緊一日。自六年中俄交涉改訂《伊犁條約》起，跟著十年中法開戰，失掉安南；十四年中英交涉，強爭西藏。這些事件，已經給關心國事的人不少的刺激。其最甚者，二十年中日戰役，割去臺灣及遼東半島；俄、法、德干涉還遼之後，轉而為膠州、旅順、威海之分別租借。這幾場接二連三的大颶風，把空氣振盪得異常劇烈，於是思想界根本動搖起來。

中國為什麼積弱到這樣田地呢？不如人的

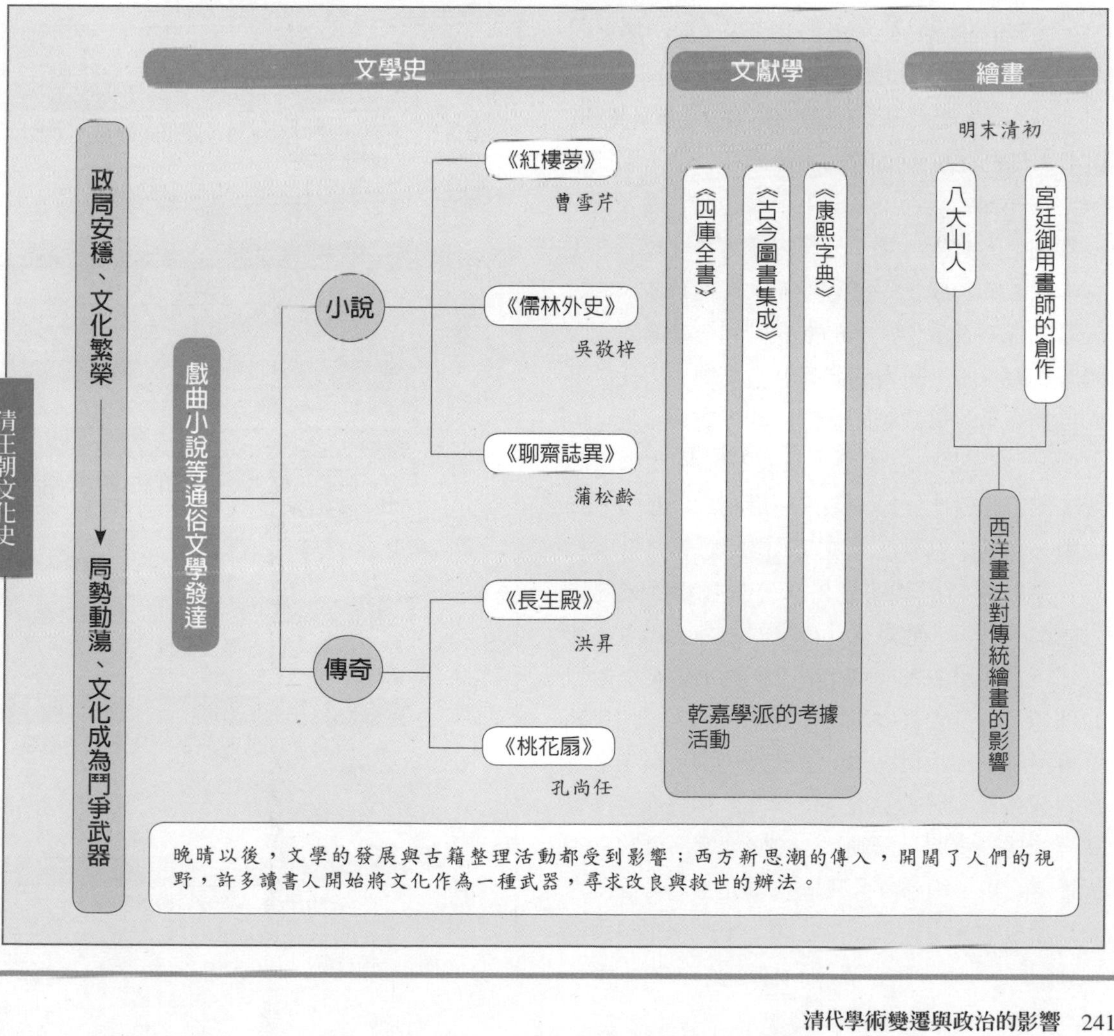

地方在哪裡呢？政治上的恥辱應該什麼人負責任呢？怎麼樣才能打開出一個新局面呢？這些問題，以半自覺的狀態日日向（那時候的新青年）腦子上旋轉。於是因政治的劇變，釀成思想的劇變，又因思想的劇變，致釀成政治上的劇變。前波後波展轉推蕩，至今日而未已。

凡大思想家所留下的話，雖或在當時不發生效力，然而那話灌輸到國民的「下意識」裡頭，碰著機緣，便會復活，而且其力極猛。清初幾位大師——實即殘明遺老——黃梨洲、顧亭林、朱舜水、王船山……之流、他們許多話，在過去二百多年間，大家熟視無睹，到這時忽然像電氣一般把許多青年的心弦震得直跳。他們所提倡的「經世致用之學」，其具體的理論，雖然許多不適用，然而那種精神是「超漢學」、「超宋學」的，能令學者對於二百多年的漢宋門戶得一種解放，大膽的獨求其是。他們曾痛論八股科舉之汩沒人才，到這時候讀起來覺得句句親切有味，引起一班人要和這件束縛思想、錮蝕人心的惡制度拼命。他們反抗滿洲的壯烈行動和言論，到這時因為在滿洲朝廷手上丟盡中國人的臉，國人正在要推勘他的責任，讀了先輩的書，驀地把二百年麻木過去的民族意識覺醒轉來。他們有些人曾對於君主專制暴威作大膽的批評，到這時拿外國政體來比較一番，覺得句句都饜心切理，因此從事於推翻幾千年舊政體的猛烈運動。總而言之，最近三十年思想界之變遷，雖波瀾一日比一日壯闊，內容一日比一日複雜，而最初的原動力，我敢用一句話來包舉他，是殘明遺獻思想之復活。

那時候新思想的急先鋒，是我親受業的先生康南海有為。他是從「常州派經學」出身，而以「經世致用」為標幟。他雖然有很奇特很激烈的理想，卻不大喜歡亂講。他門下的人，便狂熱不可壓制了，我自己便是這裡頭小小一員走卒。當時我在我主辦的上海《時務報》和長沙時務學堂裡頭猛烈宣傳，驚動了一位老名士而做闊官的張香濤之洞，糾率許多漢學宋學先生們著許多書和我們爭辯。學術上新舊之鬥，不久便牽連到政局。康南海正在用「變法維新」的旗號，得光緒帝的信用，舊派的人把西太后擁出來，演成「戊戌政變」一齣悲劇。表面上，所謂「新學家」完全失敗了。

反動日演日劇，仇恨新學之不已，遷怒到外國人，跟著鬧出義和團事件，丟盡中國的醜。而滿洲朝廷的權威，也同時掃地無餘，極恥辱的條約簽字了，出走的西太后也回到北京了。哈哈哈！滑稽得可笑，「變法維新」這面大旗，從義和團頭目手中重新　起來了。一切掩耳盜鈴的舉動且不必說他，唯內中有一件事不能不記載：八股科舉到底在這時候廢了。一千年來思想界之最

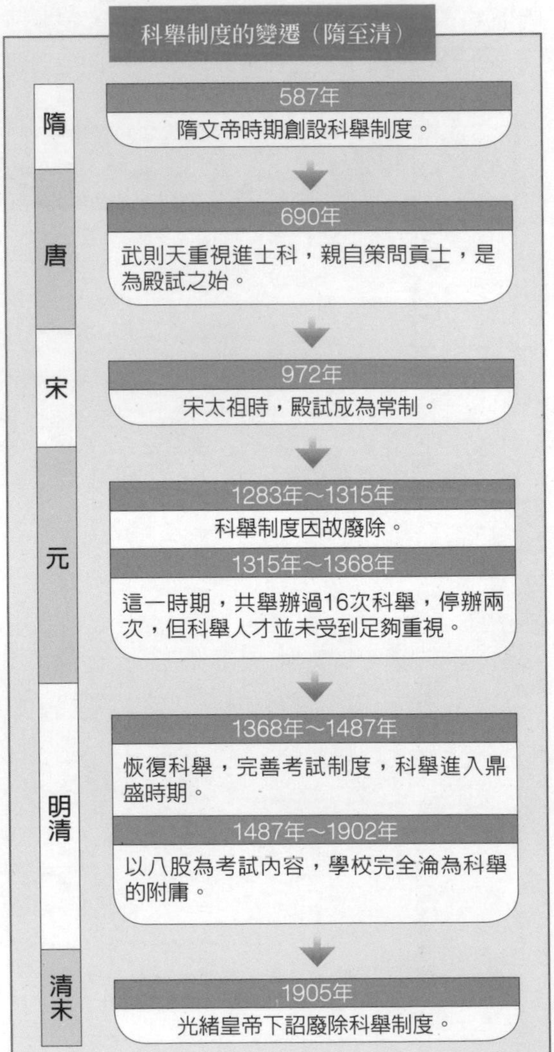
科舉制度的變遷（隋至清）
隋
587年
隋文帝時期創設科舉制度。
唐
690年
武則天重視進士科，親自策問貢士，是為殿試之始。
宋
972年
宋太祖時，殿試成為常制。
元
1283年～1315年
科舉制度因故廢除。
1315年～1368年
這一時期，共舉辦過16次科舉，停辦兩次，但科舉人才並未受到足夠重視。
明清
1368年～1487年
恢復科舉，完善考試制度，科舉進入鼎盛時期。
1487年～1902年
以八股為考試內容，學校完全淪為科舉的附庸。
清末
1905年
光緒皇帝下詔廢除科舉制度。

◀ 1911年爆發的辛亥革命是一場資產階級民主革命，它結束了兩千多年的君主專制制度，促成中國歷史上第一個共和政權——中華民國的建立。圖中是革命領導人孫中山和中國同盟會部分成員的留影，中間站立者為孫中山。

大障礙物，總算打破。

清廷政治一日一日的混亂，威權一日一日的失墜。因亡命客及留學生陡增的結果，新思想運動的中心，移到日本東京，而上海為之轉輸。其時主要潮流，約有數支：

第一，我自己和我的朋友。繼續我們從前的奮鬥，鼓吹政治革命，同時「無揀擇的」輸入外國學說，且力謀中國過去善良思想之復活。

第二，章太炎炳麟。他本是考證學出身，又是浙人，受浙東派黃梨洲、全謝山等影響甚深，專提倡種族革命，同時也想把考證學引到新方向。

第三，嚴又陵復。他是歐洲留學生出身，本國文學亦優長，專翻譯英國功利主義派書籍，成一家之言。

第四，孫逸仙文。他雖不是學者，但眼光極銳敏，提倡社會主義，以他為最先。

以上幾個人，各人的性質不同，早年所受教育根底不同，各自發展他自己個性，始終沒有什麼合作。要之，清末思想界，不能不推他們為重鎮。好的壞的影響，他們都要平分功罪。

同時還有應注意的一件事，是范靜生源廉所倡的「速成師範」、「速成法政」。他是為新思想普及起見，要想不必學外國語言文字而得有相當的學識，於是在日本特開師範、法政兩種速成班，最長者二年，最短者六個月畢業。當時趨者若鶩，前後人數以萬計。這些人多半年已長大，而且舊學略有根底，所以畢業後最形活動。辛亥革命成功之速，這些人與有力焉。而近十來年教育界政治界的權力，實大半在這班人手裡。成績如何，不用我說了。

總而論之。清末三四十年間，清代特產之考證學，雖依然有相當的部分進步，而學界活力之中樞，已經移到「外來思想之吸受」。一時元氣雖極旺盛，然而有兩種大毛病：一是混亂，二是膚淺。直到現在，還是一樣。這種狀態，或者為初解放時代所不能免，以後能否脫離這狀態而有所新建設，要看現時代新青年的努力如何了。

以上所論，專從政治和學術相為影響方面說，雖然有許多漏略地方，然而重要的關目也略見了。以後便要將各時期重要人物和他的學術成績分別說明。

清朝後期的財政

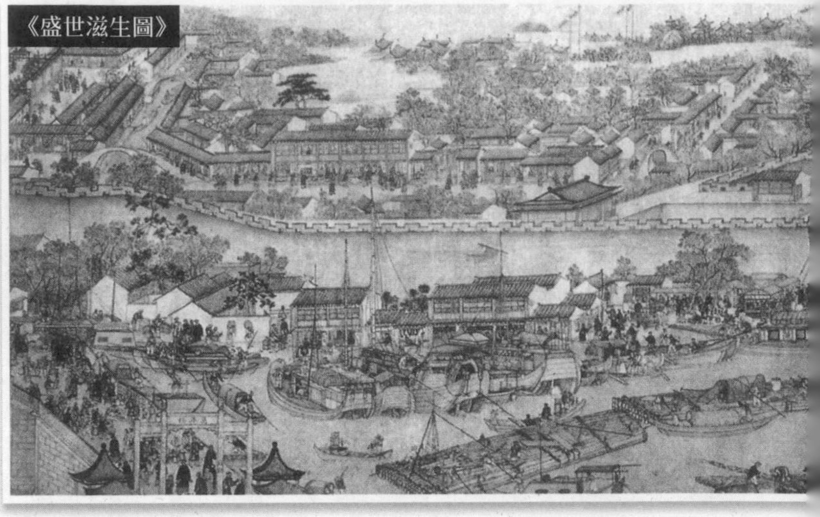
《盛世滋生圖》

清朝歷史本身分成前後兩期。太祖、太宗據有滿洲的時代，姑且不論；順治入關以後，經康熙、雍正而至乾隆末年，約153年，形成空前的大帝國，同時，內治也有成績，文化也很發達。這是前期。到嘉慶、道光、咸豐年間，「內亂」屢次發生，其中太平天國事件更是動搖了清朝的社稷。而且，前後和外國屢次發生糾紛，國勢逐年衰頹，至宣統而鼎革。其間，約計116年。這是後期。前期是創業發展的時代，後期是守成衰替的時代。我在這裡要說到的，是所謂後期的財政情況，但是必須先對前期的財政情況加以概括的考察。

清朝前期的財政，可以說是富裕的。明朝末年，財政非常窮乏。這是因為明朝建國以來種種積習年深月久地積累所致，帝室的費用也大為膨脹，並且多次出兵，費掉很多的軍費，在所謂遼餉、剿餉、練餉等的名目下，增收租稅，才能支辦。可是，到了清朝代替明朝統治中國的時候，財政顯著地緊縮。首先是因為節省了用於北方的軍費。並且，清朝的帝室本來是滿洲的落後民族，生活很是樸素，因此，即便在統治中國時，帝室的費用比起明朝來也要少得多。所以，在清朝初期，雖然屢次用兵（尤其是康熙年間），但康熙末年財政還頗有餘裕。根據乾隆朝宰相阿桂的奏章，康熙六十一年（1722年）餘銀800餘萬兩。雍正帝時餘銀積至6000餘萬兩。這主要是因為把以前作為地方官個人收入的耗羨（地租，即地丁錢糧的附加稅）改為公家收入的緣故。但是雍正末年，為了平定「準噶爾之亂」，需要很多軍費，因此，乾隆初年餘銀降至2400萬兩。

文/加藤繁

乾隆帝除了屢次用兵以外，又前後六次行幸南京、蘇州、杭州方面，費用很多，但是末年還餘銀7000餘萬兩。所以，從財政

▲《盛世滋生圖》，【清】徐揚繪，現藏於遼寧博物館。此圖又名《姑蘇繁華圖》，構圖模仿張擇端《清明上河圖》，以長卷形式描繪蘇州城的繁華場景。圖中商賈雲集、店鋪林立、人流如梭，再現了乾隆王朝的盛世景象。

上來說，乾隆時代也是清朝的最盛時期。因為財政這樣綽綽有餘，人民的負擔也得到減輕。原來，清朝仍明代之舊，男子16歲以上，60歲以下為丁，按丁徵收一定的銀數，名為丁銀；每五年調查人口，決定人丁數量，據此決定徵課丁銀。這是從古來的力役轉化而成的，交銀代替勞役。可是，到康熙五十一年（1712年），停止每五年調查人口的規定，以康熙五十年的丁數作為應課丁銀的人丁的定數，永遠不動，而對於康熙五十一年以後滋生的人口，一直免收丁銀。這個辦法，對於人民無疑是非常的好事。康熙帝又有一次把全國一年的地租（即地丁錢糧）完全免除。乾隆帝曾經免除地丁錢糧四次。第一次是乾隆十一年（1746年），第二次是乾隆三十五年（1770年），第三次是乾隆四十三年（1778年），第四次是乾隆五十五年（1790年），每次免除了全國地丁錢糧中的數千萬兩。但是，並不是一次把全國的地丁一起免除，而是把全國分為三個區域，每年免除一個區域，安排在三年內全部免除。這種免除全國一年的地租的措施，是漢文帝以來很少見的事。

以上是清朝前期財政的極簡單的輪廓，一進入後期，情況就發生很大的變化。嘉慶朝，有「白蓮教之亂」，遍及湖北、湖南、四川、陝西，動亂連續七年之久。清廷為了加以鎮壓，前後所費共計達二萬萬兩。並且因為黃河屢次決口，在曹州、睢州等修築堤坊，費掉不少銀兩。結果，乾隆末年所剩7000萬兩忽而用盡，歲入大告不足。為了填補虧空，實行了種種措施，其中最主要的，就是開捐納之例。所謂捐例，就是在民交納一定的銀兩後，授予官位，也就是賣官的制度（以後稍加詳述）。這樣，總算經費可以支辦了。據王慶雲的《石渠餘紀》卷三所記，嘉慶十七年（1812年）的歲入是銀4013萬餘兩，歲出是銀3510萬餘兩，約有500萬兩的剩餘。但是，我認為：這個歲出是常例的歲出，臨時的支出不在裡面，如果加進臨時的支出，恐怕就剩餘無幾了。

其次，說到道光朝的情況。這時財政上特別顯著的現象，就是歲入的減少。根據王慶雲的《石渠餘紀》，道光朝歲入的定額雖有銀4517萬兩，但是道光20年代歲入的實數，如下表所列：

道光年間稅收數額	
時間	收入（兩）
道光二十一年（1841年）	38597750
道光二十二年（1842年）	38715044
道光二十五年（1845年）	40612280
道光二十六年（1846年）	39222630
道光二十七年（1847年）	39387316
道光二十八年（1848年）	37940093
道光二十九年（1849年）	37000019

這就是說，定額銀4500餘萬兩，已經下降到3700餘萬到3900餘萬，減少了大約600萬兩乃至近800萬兩。清代經常歲入中的主要部分，是地丁錢糧（即地租）、鹽課和關稅（也稱為常關稅，即內地關稅），總稱為地丁鹽關。這裡也根據《石渠餘紀》，把道光20年代這三種收入的數字分列如下：

道光年間稅收種類（單位：兩）			
	地丁雜稅	鹽課	關稅
定額	33348034	7475879	4352208
二十一年實徵	29431765	4985290	4207695
二十二年實徵	29575722	4981845	4130455
二十五年實徵	30213800	5074164	5511445
二十九年實徵	32813340	4985871	4704814

地丁錢糧減少了約50萬乃至100萬，鹽課減少了250、260萬，只有關稅的定額和實徵額相差無幾。

地丁為什麼減少呢？就全體來說，清代的人口正在逐年增加，在《清續通考》所載的統計裡可以看到下列數字：

清三朝人口增長	
時間	丁口
乾隆五十七年（1792年）	307460000
嘉慶十七年（1812年）	361690000
道光二十四年（1844年）	419441336

因此，開墾自然盛行，耕地一定有所增加，地丁錢糧也一定有所增收，可是地丁錢糧卻反而減少。這主要是因為地方官的中飽。這種弊害，自古有之，而從嘉慶末年、道光初年以來特別厲害，在道光三年（1823年）的上諭中也可以看到：「地丁缺少甚多，報全額徵收之省份甚少，是皆不肖官員以完為缺之故。」馮桂芬的《校邠廬抗議》中的罷關徵議也說：「大抵田賦之數，民之所出者二三，而國之所入者一。」也就是說，地丁收入的減少，是由於地方官極端腐敗所造成的結果。

其次，鹽課也減少了二百五六十萬兩。清代，鹽的專賣限於兩三個地方，依照明代的遺制，對於鹽的製造販賣加以嚴密的統制。得到官府的准許而製造鹽的，叫做灶戶；對灶戶所課的稅，叫做灶課。在官府的監督之下，灶戶把鹽賣給引商。所謂引商，就是指曾經接受官府頒發的鹽引（鹽販賣許可證），特許買賣食鹽的商人。對引商所課的稅，叫做引課。灶課和引課，總稱為鹽課。灶課輕而引課重，鹽課的大部分起初都是引課，隨著年代的發展，引課上添設了種種附加稅，它的稅額越來越重。國家有大事的時候，強迫引商捐輸。所謂捐輸，就是貢獻銀兩。除了這些公的負擔以外，據說，鹽務官吏私自向引商勒索的所謂陋規之類，也是很多的。鹽的販賣是利益很多的一種營業，但是如果公私的要求太厲害，也必定會造成虧損。為了填補虧損，只有提高鹽的賣價。然而，如果引商承辦的鹽——即官鹽——的價格提高，那麼，私鹽——迴避官府耳目而製造販賣的鹽——必定橫行，官鹽無法賣掉，引商無法完納相當於承辦的鹽引的引課，於是滯納引課的就多起來了。道光20年代，鹽課也比定額減少二百幾十萬兩，實在就是這個原因。如上所述，清代人口逐年增加，因此，作為生活必需品的鹽的消費也一定逐年增加，鹽課收入也一定大有增加。然而，上面已經說過，鹽課不但不增加，反而大為減少，這是由於私鹽橫行的結果，而私鹽的橫行主要由於鹽價格太高，至於官鹽價格太高，那是因為對於引商的公私的誅求太厲害。因此，鹽稅減少的根本原因，不能不說就在於鹽務行政的頹廢和鹽務官吏的腐敗。

宣宗喜溢秋庭圖

▲《宣宗喜溢秋庭圖》，清宮廷畫師繪，現藏於故宮博物院。圖繪道光皇帝旻寧身穿常服，頭戴紅絨結頂常服冠，與妃子和兒女在後宮玩樂的場景，眾人皆著便服。道光皇帝繼位時清朝已開始走向衰落，儘管他一直提倡節儉治國，希望透過努力重現康乾盛世的輝煌，無奈此時的清王朝已積重難返，中國歷史即將迎來最黑暗的時刻。

再看關稅。實徵額有時比定額少，有時比定額多，即使多些，也只多35萬乃至110餘萬，總之，二者之間沒有大的差異。這裡所謂關稅，是常關（即內地稅關）的稅，是對內地商人的貨物所課的稅。常關有屬於戶部的和屬於工部的兩種，前者有24個，後者有5個，分散於南北各地。當時人口增加的結果，商業也日益繁盛，從而關稅的收入也大為增加，實際上似乎超過定額幾倍。然而，公家的收入，和定額沒有很大的差別，至多超過定額100萬兩左右，不用說，那是內子官吏中飽的緣故。馮桂芬在《罷關徵議》中說：「關稅之數，民之所出者十，而國之所入者一。」總之，道光朝歲入的總計減少不少，它的根本原因在於官吏的腐敗。

再說，到道光三十年（1850年），太平軍起。因此，本來歲入已告減少的財政更遭遇到非常的困難。首先，成為戰亂之區的地方，地丁錢糧和其他的稅入不能如前，而且，極大的軍事費用已成燃眉之急。無論中央政府還是地方的將領，似乎對於籌措軍費比戰爭更為急切。事件發生後的初期，中央政府把剩餘的銀款（不清楚有多少）和其他湊集在一起，供給戰區，到咸豐其年為止，數量達6500餘萬兩。又使鄰接動亂地區的各省輸送銀穀，加以援助。但這些都還不夠。因此，試圖另闢有力的財源，支辦膨脹的經費。它的主要的幾種，分述於下：

（一）釐金

這是咸豐三年創設的一種稅。三年初，洪秀全占領南京時，太常寺少卿雷以誠受命巡視黃河沿岸（當時黃河南流，自淮河口入海），調查太平軍有沒有向北方前進。雷以誠募兵組成一軍，駐於揚州東部。這個地方，有仙女鎮、邵伯鎮等鎮，都是繁華的小商業市鎮，米的買賣很興隆。南方——江蘇、浙江——的米都集中於這些市鎮，在這裡賣給北方的商人，運到直隸、山東、河南等地方去。中國的大小都市都設有商人的會館。會館是經營某種商業的商人的集會之所，那些商人組成行會，為供行會成員聚會、寄宿或其他之用，設置會館。在仙女鎮等地方也有這種會館。那些行會的商人從其他地方把貨物運來，會館按照貨物的分量收取一些佣金，作為會

太平天國銅幣

◀ 洪秀全領導的起義軍攻克南京，改名天京，定為國都。起義軍在此頒行各種制度，鑄造錢幣，南京商業一度繁榮。清政府為了鎮壓太平天國運動，花費巨大，不得不增加各種名目的稅收，以維持軍隊開銷。

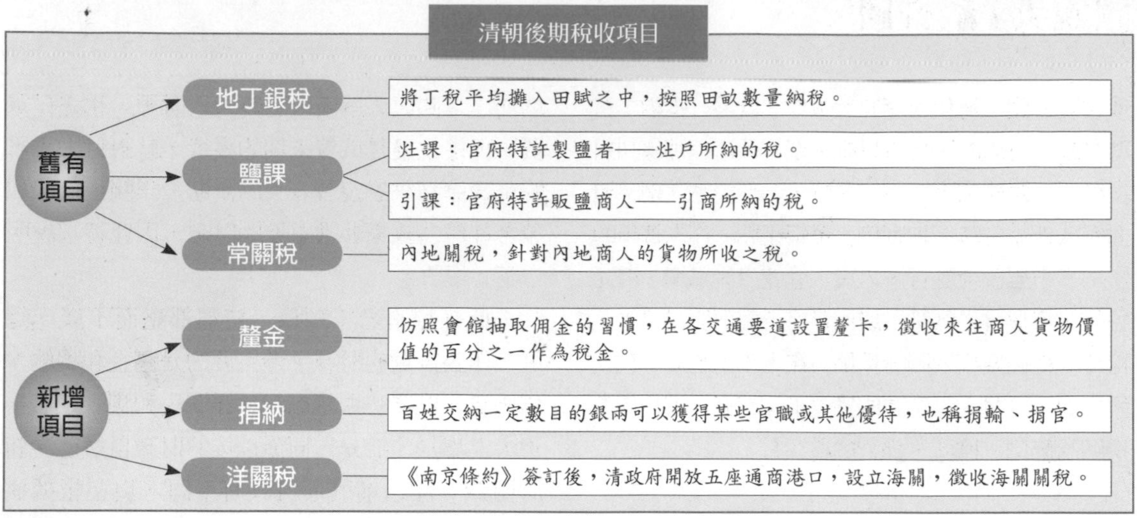
清朝後期稅收項目
舊有項目
地丁銀稅
將丁稅平均攤入田賦之中，按照田畝數量納稅。
鹽課
灶課：官府特許製鹽者——灶戶所納的稅。
引課：官府特許販鹽商人——引商所納的稅。
常關稅
內地關稅，針對內地商人的貨物所收之稅。
新增項目
釐金
仿照會館抽取佣金的習慣，在各交通要道設置釐卡，徵收來往商人貨物價值的百分之一作為稅金。
捐納
百姓交納一定數目的銀兩可以獲得某些官職或其他優待，也稱捐輸、捐官。
洋關稅
《南京條約》簽訂後，清政府開放五座通商港口，設立海關，徵收海關關稅。

館的經費。這種習慣，不但這個地方有，北京、上海和其他地方也有，幾乎是全國一般的習慣。在北京，取貨價的千分之五；仙女鎮大約也是一樣。雷以誠模仿會館的內規，創設新稅，先向米商徵收，每一石來徵稅五十錢。無論對於開設商店的商人，還是對於運米通過的商人，都加以徵收；為了向通過的商人徵稅，還特設收稅的地方。這種稅叫做釐金（或叫做釐捐），收稅的地方叫做釐卡。釐金這個用語不是這時候才有的，是以前會館所用的名稱。前面說過，會館收取貨價的千分之五作為佣金。中國在重量或長度方面，把標準單位的千分之一叫做釐。例如就重量的標準——兩來說，它的十分之一是錢，百分之一是分，千分之一是釐。由於抽取幾釐作為佣金，就出現了釐金的「釐」這個用語。總之，釐金本來是私自抽取的千分之幾的一種稅錢，由此著想而創設的公家的稅名，為了方便起見也就用了釐金這個名稱，終於成為專指公家的貨物稅的用語。雷以誠的上奏中也這樣說，每米一石抽稅五十文，相當於米價的百分之一。所以，作為公稅的釐金不是抽千分之幾，實際上是抽百分之一。雷以誠起初只對米商用這種稅法，繼而沿用於另外的主要商業，收到很大的功效，由此可以充分地供給他的軍隊的給養。於是，胡林翼行之於湖南省，左宗棠行之於武昌地方，都有成效，尤其在湖南有很好的成效。湖南在咸豐年間一時曾以一省之力支辦江蘇、安徽、江西等數省的軍費；據說，它的主要財源就是釐金。上海也在咸豐六年因曾國藩的上奏而施行，得到巨額的收入。各省這樣地逐步實行，數年之間，十八省之中沒有不實行的。最初行之於當交通要衝的繁華都市，以後為了防止商人逃稅，為了圖謀增加收入，增設釐卡，在偏僻之處也可以看到釐卡。最初主要使鄉紳掌管徵收的事務，在常關尚無官吏私自對商人誅求的弊害。這是成效顯著的原因。不久以後，主要任用官吏，就出現了勒索侵吞之弊，在咸豐末年已經有戒勒索侵吞的上諭。在同治三年（1864年）洪秀全被滅後，有人請廢釐金，但是，當時雖說戰亂略平，但善後措置需要財源，幾乎同戰時無異，因此無法廢止。這樣，這種稅法沿用到光緒、宣統，以至民國，由於濫設釐卡，以及掌管吏員的貪污腐敗，徵收釐金令人看做非常壞的制度，但最初不一定如此。至少它是支辦軍費的一種不可缺少的重要財源，因此曾國藩和他以下的人都努力於這種制度的普及。

（二）捐納

所謂捐納，就是使人民納銀，給予某種官職、資格或者優遇，也叫做捐輸、捐官。它的歷史久遠，漢文帝時，使民納粟於邊境，給予官爵，這也是類似的制度。以後，景帝、武帝時，後漢末年、宋代、明代等也有納錢穀授予官位的事。明代對於輸納糧草或馬匹的，也許用某種冠帶服制，給予監生的資格，有時也給予某種武職或文官。到了清代，每有大事件，就盛行捐納，資助財政。可以說，自古以來，沒有像清朝那樣利用捐納的。康熙帝平三藩之亂時，始開捐納之例，繼而親征外蒙古時又加實施。至雍正朝，作為每年的常例，小規模地施行，以後，歷乾隆、嘉慶、道光各朝，每遇發生戰亂，或因黃河泛濫而興辦治水工程時，就大規模地開辦捐納，在太平軍起後，也大興捐納。咸豐元年頒布的籌餉事例58條，就是規定捐納的條例。據此，捐納的種類有：

捐職官、捐花樣、加捐、改捐、捐升、降捐、捐出任、捐苑、捐加級記錄、加成過班、捐復、捐分發、捐職銜

等合計十餘種。捐職官，是給予真正的官職，因此，中央政府聽捐五品以下，即六部的郎中、員外郎以下，地方官聽捐四品以下，即道員、知府以下，以至最下級的未入流的官職。捐納的定額是：郎中銀6912兩，道員銀11808兩，以下隨品級下降遞減銀額。但是這種實官不是什麼人都可以捐的，只有貢生、監生才有資格。所謂貢生是在府州縣學的生員中選拔、給予進入北京國子監的資格的人；所謂監生就是國子監的學生。不是這兩種人，不能捐實官，但是這兩種資格也可以由捐納得來，因此，不論什麼人只要有銀子，就可以捐貢生、監生，更可以捐得以上的實官。行捐納之議，起於中央政府，又由中央政府加以實行，因此非從事軍務的將領等所可與聞。最盛行的時候似乎是咸豐初年。捐納的收入是秘密的，因此不知共確數，據說總計達數萬兩。

（三）洋關稅

洋關也叫海關。根據道光二十二年（1842年）的《南京條約》，廣州、福州、廈門、寧波、上海五港開放為貿易港，結果，在咸豐中期以後，逐漸設立海關，作為這些貿易港口徵收海關稅的機關。太平軍起後，輸入衰退，輸出反而增加，洋關收入逐漸成為有力的財源，也充作軍費。但這主要是咸豐末期的事情，就對付太平軍的軍費總額來說沒有多大的幫助。洋關稅以後和釐金都成為國家非常重要的財源，因此特別說明一下。

此外還有若干項目，這裡都略而不談。總之，作為軍費的財源，最主要的是釐金和捐納。這兩者，戰後也繼續施行。洋關稅和鹽課在戰後也大為增加。於是，同治以後的財政自然產生新的組織，和以前的面目頗有不同。現在根據劉岳雲的《光緒會計表》，把光緒十一年（1885年）、十五年（1889年）、二十年（1894年）的主要收入和總收入列表如下：

光緒年間稅收情況

		光緒十一年	光緒十五年	光緒二十年
常例（兩）	地丁雜稅等	32356768	32082832	32669085
	鹽課	7394228	7716272	6737469
	常關稅	2409293	2602862	2773123
新增（兩）	釐金	14249947	14930465	14216015
	洋關稅	13527580	16767282	10674032
	捐納	1514571	2001464	10476193
總收入（兩）		77086436	80761953	81033544

所謂常例，就是原來的收入；所謂新增，就是戰時增設的項目。常例，同上列道光年間的實徵額相比，地丁稅和關稅都沒有增加，只有鹽課是增加的。如下面所說，鹽課的增加是由於道光以後鹽法的改革。新增的項目中，釐金、洋關稅等的數字都很引人注目。可以說，清朝末期的財政，就是由於這些新財源和鹽稅收入的恢復才維持下來的。

在這裡再說一下鹽法改革。清代的鹽產地和它的供給區域共分為九個；其中，鹽的產額最多、供給區域最大的，就是兩淮。兩淮從清初以來也和其他一般地方一樣實行著鹽引的制度。如前所說，鹽引是鹽的販賣許可證，每年頒發，每引准許販賣鹽二百斤。商人每人經常領到幾十乃至數百千張鹽引，而且領受的權力是永久的，可以父子相傳。同時，准許販賣鹽的地域也各有一

定的規定。鹽商——精確地說，就是引商——享有在一定地域販賣鹽的世襲特權。這是在兩淮和其他一般地方實行的制度，在山東的一部分地區則另外使用鹽票。鹽票也是鹽的販賣許可證，是為了使小商人到偏僻地區賣鹽而頒發的，不管什麼人，只要交納手續費，就可以領到，沒有世襲領受的情況，販賣區域也不限於某些人。道光初年，兩淮鹽務相沿的弊害更加嚴重，痛感有改革的必要，兩江總督陶澍請於朝廷，在兩淮的鹽區內，對淮北的鹽，廢引用票，稍有成就。繼而，道光三十年，兩江總督陸建瀛又請對淮南的鹽使用票法，適遇太平軍起，因此沒有實行。到咸豐末年，曾國藩任總督，根據鹽票制度，改革鹽法，廢除惡稅惡習，官鹽的販賣又興盛起來。在四川、福建等省，也在道光末年到同治年間改革鹽法，得到相當的成效。由於上述原因，光緒年間的鹽課收入大為增加。

由以上所述，可以瞭解清代前期財政的一般情況和後期變遷的大要。在前期，財政是富裕的，從康熙以來，歷代都有剩餘，而進入後期以來，收入減少，或者應該增加的也沒有增加。這主要是由於官吏腐敗。太平軍後，歲入增加，大約可以順利維持膨脹的財政支出。這不是由於以前歲入減少的根本原因——官吏的貪污腐敗已經得到糾正，而是由於創設新的稅項，並對舊的稅製作了改革。中國國家百弊的根源——官吏的腐敗不但沒有得到糾正，而且由於在情非得已的說法下採用捐納作為增加收入的一種辦法而更加助長了官吏的腐敗。官吏的腐敗，以後一直沒有肅清的機會，直到清朝的滅亡。

（原文最初發表於1939年5月《歷史教育》第14卷第2期）

▲《香港開埠圖》，晚晴油畫，此圖描繪了香港開埠之初，港口的繁忙場景。鴉片戰爭失敗後，清政府於1842年簽署了《南京條約》，香港島被割讓給英國，成為英國強占香港之始。香港也因此成為中國對外貿易的重要通道之一。

附錄

清朝文學史年表

1644年～1911年

順治元年（1644年）	三月，李自成入北京，崇禎皇帝自縊於景山，明朝滅亡； 清軍入關，開始統治全國。
順治二年（1645年）	清兵南下，南京錢謙益等人迎降； 明唐王朱聿鍵在福州稱帝，魯王朱以海在紹興監國。
順治三年（1646年）	唐王朱聿鍵被俘，死於福州； 桂王朱由榔於肇慶稱帝； 馮夢龍卒（1574年～），編著有《喻世明言》、《警世通言》、《醒世恆言》、《平妖傳》等小說及《雙雄夢》等傳奇。
順治四年（1647年）	陳子龍卒（1608年～），有《陳忠裕公全集》、《皇明經世文編》傳世。
順治五年（1648年）	吳炳卒（1595年～），著有傳奇《西園記》、《綠牡丹》、《療妒羹》、《情郵記》、《畫中人》，合稱「粲花齋五種曲」。
順治十年（1653年）	吳偉業應薦入京，作傳奇《秣陵春》。
順治十一年（1654年）	侯方域卒（1618年～），有《壯悔堂文集》傳世。
順治十二年（1655年）	孟稱舜卒（1599年～），著有傳奇《嬌紅記》、雜劇《桃花人面》等。
順治十四年（1657年）	興南北科場舞弊案，吳兆騫被捕，後流放寧古塔。
順治十六年（1659年）	鄭成功、張煌言順長江反攻清軍，連破鎮江、蕪湖，後敗退入海； 朝廷興「通海案」。
順治十八年（1661年）	朝廷興「奏銷案」； 明永曆政權滅亡；鄭成功收復臺灣； 金聖嘆（1608年～）因哭廟案被斬，曾評《莊子》、《離騷》、《史記》、《杜詩》、《水滸》、《西廂》等書； 西周生的《醒世姻緣傳》成書。

康熙元年（1662年）	莊廷鑨《明史》案興。
康熙三年（1664年）	錢謙益卒（1582年～），著有《初學集》、《有學集》，編有《列朝詩集》； 陳忱著《水滸後傳》刊行。
康熙八年（1669年）	丁耀亢卒（1599年～），著有小說《續金瓶梅》、詩文集《丁野鶴遺稿》及《蚺蛇膽》等四種傳奇。
康熙十年（1671年）	吳偉業卒（1609年～），有《梅村家藏稿》傳世； 李玉約卒於此年前後，著有傳奇《一捧雪》、《清忠譜》等。
康熙十二年（1673年）	宋琬卒（1614年～），有《安雅堂全集》傳世； 歸莊卒（1613年～），有《恆軒詩集》、《玄恭文鈔》傳世。
康熙十三年（1674年）	袁于令卒（1592年～），著有傳奇《西樓記》、《金鎖記》等，小說《隋史遺文》。
康熙十八年（1679年）	朝廷開博學鴻詞科，應試者143人，取陳維崧、朱彝尊、汪琬、毛奇齡、施閏章、尤侗等50人； 張岱卒（1597年～），有《 嬛文集》、《陶庵憶夢》等傳世。
康熙十九年（1680年）	李漁卒（1611年～），有《笠翁全集》、《笠翁十種曲》、《連城璧》、《十二樓》等傳世。
康熙二十一年（1682年）	顧炎武卒（1613年～），有《日知錄》傳世； 陳維崧卒（1625年～），有《湖海樓全集》傳世。
康熙二十二年（1683年）	施閏章卒（1618年～），有《學餘堂詩文集》傳世。
康熙二十三年（1684年）	康熙至曲阜祭孔，孔子第六十四代孫孔尚任御前講經，被破格提拔為國子監博士； 吳兆騫卒（1631年～），有《秋笳集》傳世。

康熙二十四年（1685年）	納蘭性德卒（1655年～），有《飲水詞》、《通志堂集》等傳世。
康熙二十六年（1687年）	杜浚卒（1611年～），有《變雅堂文集》傳世。
康熙二十七年（1688年）	洪昇《長生殿》定稿。
康熙二十八年（1689年）	八月，洪昇招伶人表演《長生殿》，正值佟皇后喪服未除，被彈劾，革去國子生籍。
康熙二十九年（1690年）	汪琬卒，有《堯峰文鈔》傳世。
康熙三十一年（1692年）	王夫之卒（1619年～），著有《姜齋詩話》、《讀通鑑論》等，全存於《船山遺書》中。
康熙三十二年（1693年）	冒襄卒（1611年～），有《水繪園詩文集》等傳世，並曾編刻《同人集》；錢澄之卒（1629年～），有《藏山閣集》、《田間詩集》、《田間文集》等傳世。
康熙三十四年（1695年）	黃宗羲卒（1610年～），有《宋元學案》、《明儒學案》、《明夷待訪錄》、《南雷文定》等傳世。
康熙三十五年（1696年）	屈大均卒（1630年～），有《道援堂集》、《廣東新語》等傳世。
康熙三十八年（1699年）	六月，孔尚任的傳奇《桃花扇》劇本成，次年春因此罷官。
康熙四十二年（1703年）	葉燮卒（1627年～），有《己畦集》傳世。
康熙四十三年（1704年）	洪昇卒（1645年～），有《長生殿》、《稗畦集》、《嘯月樓集》等傳世； 尤侗卒（1618年～），有《鈞天樂》、《西堂全集》等傳世； 閻若璩卒（1636年～），著有《古文尚書疏證》。

康熙四十四年（1705年）	梁佩蘭卒（1629年～），有《六瑩堂集》傳世； 廖燕卒（1644年～），有《二十七松堂集》。
康熙四十八年（1709年）	朱彝尊卒（1629年～），曾著《曝書亭全集》，編有《詞綜》。
康熙五十年（1711年）	王士禎卒（1634年～），曾著《帶經堂集》、《池北偶談》、《香祖筆記》等。
康熙五十三年（1714年）	朝廷下令查禁「小說淫詞」，銷書毀板； 顧貞觀卒（1673年～），有《彈指詞》、《積山岩集》傳世。
康熙五十四年（1715年）	蒲松齡卒（1640年～），其傳世名作《聊齋志異》為中國古典文言小說之巔峰。
康熙五十五年（1716年）	毛奇齡卒（1623年～），有《西河全集》傳世。
康熙五十七年（1718年）	孔尚任卒（1648年～），有《桃花扇》、《岸堂集》、《湖海集》等傳世。
雍正五年（1727年）	查慎行卒（1650年～），有《敬業堂詩集》、《補注東坡編年詩》等傳世。
乾隆元年（1736年）	詔舉博學鴻詞科，取劉綸、杭世駿、齊如南等19人。
乾隆九年（1744年）	趙執信卒（1662年～），著有《飴山堂詩文集》、《聲調譜》、《談龍錄》等。
乾隆十四年（1749年）	方苞卒（1668年～），有《望溪先生文集》傳世； 吳敬梓《儒林外史》約定稿於本年。
乾隆十七年（1752年）	厲鶚卒（1692年～），著有《樊榭山房集》、《宋詩紀事》、《遼史拾遺》等。
乾隆十九年（1754年）	吳敬梓卒（1701年～），其傳世名作《儒林外史》是中國古典諷刺小說的典範。

乾隆二十八年（1763年）	曹雪芹約卒於此年前後（約1715年～），其傳世名著《紅樓夢》是中國古典小說的巔峰之作。
乾隆三十年（1765年）	鄭燮卒（1693年～），有《鄭板橋集》傳世。
乾隆三十一年（1766年）	趙起杲、鮑廷博編刻《聊齋志異》，稱「青柯亭本」。
乾隆三十四年（1769年）	沈德潛卒（1673年～），著有《沈歸愚詩文全集》，選有《古詩源》、《唐詩別裁》、《明詩別裁》、《國朝詩別裁》等詩集。
乾隆三十八年（1773年）	杭世駿卒（1696年～），有《道古堂詩文集》傳世。
乾隆四十二年（1777年）	戴震卒（1723年～），著有《孟子字義疏證》、《原善》、《方言疏證》、《屈原賦注》、《考工記圖》等。
乾隆四十四年（1779年）	劉大櫆卒（1698年～），有《海峰文集》傳世。
乾隆四十八年（1783年）	黃景仁卒（1749年～），有《兩當軒集》傳世。
乾隆五十年（1785年）	蔣士銓卒（1725年～），著有《忠雅堂集》、《藏園九種曲》。
乾隆五十二年（1787年）	夏敬渠卒（1705年～），著有《野叟曝言》、《浣玉軒詩文集》等。
乾隆五十五年（1790年）	「三慶」、「四喜」、「春臺」、「和春」四大徽班進京，並在嘉慶、道光兩朝融合發展，形成京劇。
乾隆五十六年（1791年）	陳偉元、高鶚將《紅樓夢》前80回與後40回以木活字排印出來，統稱「程甲本」。
乾隆五十九年（1794年）	汪中卒（1744年～），著有《述學內外篇》、《廣陵通典》等。

嘉慶元年（1796年）	陳端生（1751年～）約卒於此年，有彈詞《再生緣》傳世。
嘉慶二年（1797年）	畢沅卒（1730年～），曾主編《續資治通鑑》； 王鳴盛卒（1722年～），著有《十七史商榷》、《蛾術編》、《尚書後案》、《西莊始存稿》； 袁枚卒（1716年～），有《小倉山房全集》、《隨園詩話》、《子不語》傳世。
嘉慶三年（1798年）	《施公案》序文寫於本年，正文97回於嘉慶二十五年（1820年）刊行。
嘉慶七年（1802年）	張惠言卒（1761年～），著有《茗柯詞》、《茗柯文編》，與張琦合編有《詞選》。
嘉慶八年（1803年）	臥閒堂巾箱本《儒林外史》刊行，為流傳至今最早者。
嘉慶九年（1804年）	錢大昕卒（1728年～），有《廿二史考異》、《潛研堂文集》、《元詩紀事》、《十駕齋養新錄》等傳世。
嘉慶十年（1805年）	紀昀卒（1724年～），曾主編《四庫全書》，有《紀文達公遺集》、《閱微草堂筆記》傳世； 焦循撰成《劇說》。
嘉慶十三年（1808年）	沈復《浮生六記》約於此時寫成，今存四記，光緒三年（1877年）刊行。
嘉慶十四年（1809年）	洪亮吉卒（1746年～），著有《卷施閣集》、《更生齋集》、《北江詩話》、《春秋左傳詁》等。
嘉慶十八年（1813年）	龔自珍寫成《明良論》四篇。
嘉慶十九年（1814年）	趙翼卒（1727年～），有《廿二史札記》、《陔餘叢考》、《甌北詩話》、《甌北詩鈔》等傳世； 張問陶卒（1764年～），著有《船山詩草》。
嘉慶二十年（1815年）	姚鼐卒（1731年～），著有《惜抱軒全集》，選編有《古文辭類纂》等。

嘉慶二十一年（1816年）	龔自珍撰一組文章《乙丙之際箸議》，今存11篇； 舒位卒（1765年～），著有《瓶水齋詩集》。
嘉慶二十二年（1817年）	惲敬卒（1757年～），有《大雲山房文稿》傳世； 王曇卒（1760年～），著有傳奇《菸霞萬古樓集》、《回心院》、《萬花緣》等。
嘉慶二十三年（1818年）	翁方綱卒（1733年～），著有《復初齋集》、《石洲詩話》等。
嘉慶二十五年（1820年）	龔自珍任內閣中書，撰《東南罷番舶議》、《西域置行省議》； 焦循卒（1763年～），有《孟子正義》、《雕菰樓集》、《劇說》等傳世。
道光元年（1821年）	侯芝修訂、刊行長篇彈詞《再生緣》。
道光三年（1823年）	龔自珍自刊《定盦文集》三卷，又刊定《無著詞》、《懷人館詞》、《影事詞》、《小奢摩詞》，撰有《王癸之際胎觀》九篇。
道光五年（1825年）	龔自珍作《詠史》詩，撰《古史　沉論》，今存四篇； 陳沆卒（1785年～），著有《詩比興箋》、《簡學齋詩存》等。
道光六年（1826年）	魏源編成《皇朝經世文編》一百二十卷，次年刊行。
道光九年（1829年）	孫原湘卒（1760年～），有《天真閣集》傳世。
道光十年（1830年）	李汝珍約卒於此年（約1763年～），著有《鏡花緣》、《李氏音鑑》等。
道光十一年（1831年）	郭麐卒（1767年～），著有《靈芬館集》、《詞品》； 管同卒（1780年～），著有《因寄軒文集》。
道光十五年（1835年）	項鴻祚卒（1798年～），著有《憶雲詞》； 陳森《品花寶鑑》完稿，道光二十九年（1849年）刊行。

道光十七年（1837年）	陳恩澤卒（1785年～），有《程侍郎遺集》。
道光十八年（1838年）	林則徐即將赴廣東查禁鴉片，龔自珍作《送欽差大臣侯官林公序》。
道光十九年（1839年）	周濟卒（1781年～），著有《味雋齋詞》、《詞辨》、《介存齋論詞雜著》、《晉略》，選編有《宋四家詞選》； 龔自珍辭官南歸，作《病梅館記》、《己亥雜詩》。
道光二十年（1840年）	英國發動第一次鴉片戰爭； 龔自珍輯《庚子雅詞》一卷； 魏源著《寰海十章》。
道光二十一年（1841年）	奕經為揚威將軍赴浙督師，貝青喬撰《咄咄吟》紀浙東軍事情況； 廣州發生三元里民眾武裝抗英鬥爭，張維屏作《三元里》詩紀其事。
道光二十二年（1842年）	中英簽訂《南京條約》，第一次鴉片戰爭結束； 魏源完成《海國圖志》五十卷，作詩《寰海後十首》、《秋興十首》、《秋興後十首》等。
道光二十七年（1847年）	俞萬春《蕩寇志》完稿，經其子俞龍光潤色，於咸豐三年（1853年）刊行； 梁德繩卒（1771年～），曾續《再生緣》後12回，於道光三十年（1850年）刊行。
道光三十年（1850年）	文康《兒女英雄傳》40回本成書，光緒四年（1878年）始刊行。
咸豐元年（1851年）	洪秀全發動金田起義，攻占永安，建號太平天國。
咸豐三年（1853年）	三月，太平軍攻克南京，更名為天京並定都。
咸豐六年（1856年）	英軍轟擊廣州，挑起第二次鴉片戰爭。
咸豐七年（1857年）	英法聯軍侵占廣州； 邱心如彈詞《筆生花》32回本刊行。

咸豐八年（1858年）	魏予安開始寫作《花月痕》，最終於同治年間完稿，光緒十四年（1888年）刊行。
咸豐十年（1860年）	英法聯軍侵入北京，中英、中法簽訂《北京條約》，第二次鴉片戰爭結束。
咸豐十一年（1861年）	馮桂芬完成《校邠廬抗議》，光緒十年（1884年）刊行。
同治元年（1862年）	京師同文館成立。
同治三年（1864年）	天京陷落，太平天國運動失敗。
同治六年（1867年）	上海江南製造局設翻譯館，翻譯西方自然科學與技術書籍。
同治七年（1868年）	黃遵憲作《雜感》詩，提出「我手寫吾口」。
同治九年（1870年）	天津教案發生。
同治十三年（1874年）	王韜在香港創辦《循環日報》，刊登自撰政論文，後輯入《韜園文錄外編》。
光緒三年（1877年）	黃遵憲出使日本參贊，著有《日本雜事詩》等。
光緒四年（1878年）	俞達《青樓夢》成書。
光緒五年（1879年）	《忠烈俠義傳》（即《三俠五義》）刊行，署名石玉昆述。
光緒六年（1880年）	鄭觀應《易言》刊行，後擴充為《盛世危言》，於光緒二十一年（1895年）刊行全本。
光緒八年（1882年）	黃遵憲調任駐舊金山總領事，作《逐客篇》反映美國迫害華工之事。

光緒九年（1883年）	陳衍開始打出「同光體」的旗號。
光緒十年（1884年）	法軍挑起福建馬尾海戰，中法戰爭爆發。
光緒十一年（1885年）	馮子材獲鎮南關大捷，黃遵憲作《馮將軍歌》以贊頌此事； 清政府與法國簽訂《中法條約》，中法戰爭結束。
光緒十二年（1886年）	王闓運於長沙創立碧湖詩社，標榜漢魏六朝，影響漸大，世稱「漢魏六朝派」，亦稱「湖湘派」； 易順鼎在蘇州創立吳社聯吟，與樊增祥均學晚唐香豔體，被稱為「晚唐詩派」。
光緒十五年（1889年）	俞樾刪訂《三俠五義》，更名為《七俠五義》刊行。
光緒十六年（1890年）	黃遵憲為駐英使館參贊，作《倫敦大霧行》、《今別離》等詩。
光緒十七年（1891年）	黃遵憲調任新加坡總領事。
光緒十八年（1892年）	楊挹殿《彭公案》100回本刊行，署名為貪夢道人撰； 韓邦慶於上海創辦《海上奇書》雜誌，連載其小說《海上花列傳》，全本64回於光緒二十年（1894年）刊行。
光緒十九年（1893年）	黃遵憲於新加坡作《以蓮菊桃雜供一瓶作歌》。
光緒二十年（1894年）	七月，甲午中日戰爭爆發； 十一月，孫中山在檀香山創立興中會； 黃遵憲作《悲平壤》、《東溝行》、《哀旅順》諸詩紀中日戰事； 臺灣籍詩人丘逢甲在臺積極組織義軍抗日，失敗後內渡。
光緒二十一年（1895年）	中日簽訂《馬關條約》，中日戰爭結束； 五月，康有為、梁啟超發動「公車上書」，提出拒和、遷都、變法等； 康有為組織發起京師強學會，發行《中外紀聞》（初名《萬國公報》）； 黃遵憲作《哭威海》、《馬關紀事》、《降將軍歌》諸詩； 嚴復於《直報》發表《論世變之亟》、《原強》、《辟韓》、《救亡決論》。

光緒二十二年（1896年）	夏曾佑、譚嗣同、梁啟超等開始試作「新體」詩，雜用孔、耶、佛三教典故，撏扯新名詞，藝術上不夠成功； 梁啟超主編上海《時務報》，並刊載其自撰的《變法通議》等文，梁氏的「新文體」散文開始萌生，時人稱其為「時務文體」； 黃遵憲在《酬曾重伯編修》詩中首次稱自己的詩為「新派詩」； 譚嗣同著《仁學》； 李伯遠至上海編撰《指南報》，次年創辦《遊戲報》； 王鵬運、況周頤等人於京師組織咫村詞社，除切磋詞作外，也研討詞集整理與詞學問題。
光緒二十三年（1897年）	黃遵憲任湖南按察使，與梁啟超、譚嗣同等人在長沙創立時務堂、南學會等； 天津《國聞報》發表嚴復、夏曾佑合撰之《本館附印說部緣起》。
光緒二十四年（1898年）	六月，光緒帝下詔變法； 九月，頑固派反撲，誅殺譚嗣同等「六君子」，康有為、梁啟超流亡國外，變法失敗，時僅百日，史稱「百日維新」； 梁啟超於日本橫濱創辦《清議報》，並刊載其《譯印政治小說序》； 裘廷梁於《無錫白話報》上發表《論白話為維新之本》； 嚴復所譯《天演論》刊行。
光緒二十五年（1899年）	林紓與王壽昌合譯法國小仲馬的《茶花女》，取名為《巴黎茶花女遺事》刊行。
光緒二十六年（1900年）	義和團起事，英美法德俄日義奧等八國聯軍侵華，史稱「庚子事變」； 王鵬運與朱孝臧等唱和，成《庚子秋詞》。
光緒二十七年（1901年）	清政府明令科舉廢八股，改試策論，並將全國書院改為學堂； 清政府與八國「公使團」簽訂《辛丑和約》； 李寶嘉於上海創辦《世界繁華報》，並連載其《庚子國變彈詞》。
光緒二十八年（1902年）	梁啟超於日本橫濱創辦《新民叢報》，發表《少年中國說》等文，梁氏的新文體散文走向成熟；梁啟超又在該報連載其《飲冰室詩話》，將「詩界革命」推向高潮；年末創辦《新小說》，開始連載其《新中國未來記》，羅普《東歐女豪傑》，推動「小說界革命」，此後中國陸續出現小說專刊與雜誌； 黃遵憲寫定《人境廬詩草》。

光緒二十九年（1903年）	李寶嘉《官場現形記》開始連載於《世界繁華報》； 吳沃堯《二十年目睹之怪現狀》開始連載於《新小說》； 劉鶚《老殘遊記》開始連載於《繡像小說》，後重載於《天津日日新聞》； 金松岑《孽海花》前兩回發表於《江蘇月刊》； 鄒容《革命軍》於上海出版，章太炎於《蘇報》發表《序革命軍》與《駁康有為論革命書》摘要，引發「蘇報案」，章太炎、鄒容皆被捕入獄； 柳亞子入上海愛國學社讀書，參加中國教育會。
光緒三十年（1904年）	陳去病、柳亞子等於上海創辦戲劇專刊《二十世紀大舞臺》，提倡戲劇改良； 秋瑾赴日本留學，開始從事婦女解放與反清革命活動； 曾樸創建小說林社，接受金松岑所撰《孽海花》6回，於本年完成20回，光緒三十三年（1907年）又續撰5回發表於《小說林》。
光緒三十一年（1905年）	資產階級民主革命派組織中國同盟會於日本東京成立，推選孫中山為總理，創辦機關刊物《民報》。
光緒三十二年（1906年）	清政府正式廢除科舉制度； 柳亞子任教於健行公學，主筆《復報》，聲援革命派與改良派的論戰； 曾孝谷、李叔同等於日本東京創立早期話劇演出團體「春柳社」。
光緒三十三年（1907年）	「春柳社」在東京上演義大利名劇《茶花女》第三幕，以及根據美國小說《湯姆叔叔的小屋》改編的《黑奴吁天錄》，中國話劇由此誕生； 王鐘聲在上海組織春陽社； 商務印書館、小說林社等15家出版社出版創作小說43種，翻譯小說79種； 文廷式《雲起軒詞鈔》刊行； 秋瑾與徐錫麟準備於安徽、浙江發動反清起義，事洩被捕，壯烈就義； 王芷馥編《秋瑾詩詞》刊行。
光緒三十四年（1908年）	魯迅《摩羅詩力說》發表，首次介紹歐洲浪漫主義文學思潮。
宣統元年（1909年）	魯迅、周作人譯《域外小說集》，於東京出版； 資產階級革命派文學團體「南社」在蘇州虎丘成立，柳亞子任書記。
宣統二年（1910年）	《小說月報》在上海創刊； 任天知等成立新劇劇團——進化團，打出「天知派新劇」旗號。
宣統三年（1911年）	十月，武昌起義爆發，不久清朝滅亡。

國家圖書館出版品預行編目資料

圖解：大清帝國 ／ 陳楠作-- 二版，
-- 臺北市 ： 海鴿文化，2017.05
面 ； 公分. －－（文瀾圖鑑；39）
ISBN 978-986-392-086-1（平裝）

1. 清史

627 106005307

書　　名　圖解：大清帝國

作　　者：陳楠
美術構成：驟穎耙工作室
封面設計：斐類設計工作室
發 行 人：羅清維
企畫執行：林義傑
責任行政：陳淑貞

出　　版：海鴿文化出版圖書有限公司
出版登記：行政院新聞局局版北市業字第780號
發 行 部：台北市信義區林口街54-4號1樓
電　　話：02-27273008
傳　　真：02-27270603
信　　箱：seadove.book@msa.hinet.net

總 經 銷：創智文化有限公司
住　　址：新北市土城區忠承路89號6樓
電　　話：02-22683489
傳　　真：02-22696560
網　　址：www.booknews.com.tw

香港總經銷：和平圖書有限公司
住　　址：香港柴灣嘉業街12號百樂門大廈17樓
電　　話：（852）2804-6687
傳　　真：（852）2804-6409

出版日期：2017年05月01日　二版一刷
定　　價：350元
郵政劃撥：18989626　戶名：海鴿文化出版圖書有限公司

含章行文　《圖解：大清帝國》由含章行文圖書發行股份有限公司授權出版